4차 산업혁명시대

컴퓨터 과학개론

朴在年 著

21세기사

이 도서의 국립중앙도서관 출판예정도서목록(CIP)은 서지정보유통지원시스템 홈페이지(http://seoji.nl.go.kr)와 국가자료공동목록시스템(http://www.nl.go.kr/kolisnet)에서 이용하실 수 있습니다.(CIP제어번호: CIP2018002406)

개정 3판 머리말

인공지능 “알파고”가 작년 3월에 바둑계의 최고수 이세돌 9단을 이김으로서 컴퓨터가 주어진 명령에 따라 계산만하는 기계에서 사물들이 스스로 생각하고 행동하는 기계로 발전하면서 “4차 산업혁명” 시대를 열었다.

본서에서는 컴퓨터과학에서 다루는 하드웨어, 소프트웨어, 인터넷, 그리고 보안 등 전반적인 분야를 역사적 발전 순서로 개략적인 구조와 동작원리 그리고 이들 기술 간에 상호연결 성을 기술했다.

이번 증보판에서는 지난 4년 동안에 크게 부각되는 기술들로 1장 “컴퓨터개요”에 양자컴퓨터와 양자컴퓨팅을 그리고 8장 “소프트웨어”에는 객체지향 개념을 시각적으로 보여주는 스크래치 프로그래밍 예를 추가하였다.

9장 “운영체제”에서는 “스마트폰 운영체제”를 “임베디드시스템 운영체제” 에 포함시켰다. 이는 앞으로 자율주행 자동차나 자율주행 선박 등 자율 주행 시스템의 운영체제는 스마트폰기능 외에 주행과 안전이라는 기능이 추가되기 때문에 넓은 의미에서 이들도 임베디드(내장)시스템 운영체제로 분류했다.

마지막으로 “제 4차 산업혁명”을 15장으로 추가하였다.

정보기술 발전의 입장에서 보면 13장 유비쿼터스 컴퓨팅 기술이 고도화 되어 인터넷으로 사물까지 지능화되어 연결되면서 사람이 사는 방법과 일하는 방법이 코앞의 미래를 전혀 예측할 수 없는 초 연결사회가 되고 있다.

클라우스 슈밥은 2016년 세계경제 포럼에서 초 연결사회에서 일어나는 경제 사회적 격변 현상을 "제4차 산업혁명"이라고 주장했다. 이 장에서는 13장 "유비쿼터스 컴퓨팅"에서 설명하지 못한 새롭게 떠오르고 있는 인공지능, 빅 데이터, 사물인터넷, 5세대 무선 통신 그리고 블록체인 기술 등에 대해서 설명하였다.

이 책의 증보판을 낼 수 있게 해주신 21세기사의 이범만 사장님과 편집해주신 직원님들께 감사드린다.

2017년 12월 20

저자 : 박 재년

개정 2판 머리말

손으로 비비고 만지며 손가락으로 밀고 당기는 손안의 오감 인식 컴퓨터와 무선 인터넷의 결합은 손끝으로 똑똑해지는 2011년의 스마트시대를 열었다.

수치계산을 목적으로 1940년대 중반에 처음 등장한 컴퓨터가 1960년대와 1970년대의 대기업의 정보처리에 이용되었고, 1980년대에는 우리의 탁상위에 올라온 PC가 1990년대 중반 웹으로 다시 탄생하면서 인터넷으로 연결된 가상공간 사회가 등장하였다.

2000년 초반부터는 현실의 사물들에 전자태그라고 하는 컴퓨터 칩이 심어지고 전파로 인터넷에 연결되면서 가상공간과 현실공간이 결합된 유비쿼터스 공간이 교통카드에 그리고 2010년에는 시내버스 정류장의 도착예정시간 안내 전광판으로 등장했다.

세계적으로 엄청난 인기를 끈 2010년의 iPhone3 스마트 폰이 유비쿼터스 공간의 창문으로 등장하면서 모든 현실공간의 사물들과 인간이 언제 어디에서나 인터넷을 통해서 대화하고 일할 수 있는 스마트 시대가 되었다.

이제는 듀얼 코어프로세서, 멀티태스킹, SNS, 그리고 브로드밴드, 와이파이, LTE 등 컴퓨터 기술용어가 방송과 광고에 날마다 등장하면서 보통명사가 되고 있다.

이 책은 2002년 3월에 컴퓨터 기술들의 개략적인 구조와 동작원리 및 기능 그리고 이들 기술들 간의 상호 연계성을 설명하여 컴퓨터와 통신 기술을 기반으로 이루지는 미래사회의 바람직한 변화를 예측하고 창조하며 미리 준비할 수 있도록 하기 위해서 “컴퓨터과학개론”이라는 이름으로 처음 출간하였다. 그 이후 이렇게 빨리 발전하고 있는 컴퓨터과학의 최신 기술을 추가 보완하여 이번에 2번째로 이 책을 대폭 개정하였다.

이번 개정에서는 전체적으로 유비쿼터스 컴퓨팅과 스마트단말기에 맞추어 많은 부분을 수정보완 하였다. 제일 큰 특징은 유비쿼터스 컴퓨팅을 별도의 단원으로 분리하여 13장을 신설하였다. 13장에서는 유비쿼터스 컴퓨팅이 정의, 전파의 특성, 이동통신의 주요기술, GPS의 위치측정방법, RFID태그, 클라우드 컴퓨팅 등의 유비쿼터스 기반기술을 먼저 설명하였다. 그리고 스마트폰에 나타난 위치기반서비스, 증강현실, 생체인식기술, 홈 네트워크, 버스운행관리시스템,

SNS로 세상을 바꾸고 있는 소셜미디어 등의 최신 응용기술 사례들을 추가하였다.

이 책의 1장에서는 설명이 부족한 부분을 추가하였고 2장에서는 멀티미디어와 디지털 융합을 추가하였다. 3장에서는 설명을 수정 보완하였고 4장에서는 자유전자와 홀의 생성원리, 다이오드와 트랜지스터의 기능을, 발광다이오드와 포토다이오드의 물리적 구조를 추가하였다.

5장에서는 현재 사용되지 않는 장치들은 삭제하고 가상키보드, QR코드, 무선아크터치마우스와 3차원 프린터 그리고 멀티터치 스크린 기술을 추가하였고, 플라즈마디스플레는 다시 설명하였으며 LCD와 OLED의 경우에는 최신기술 등을 추가하였다. 6장에서는 확장포맷하드디스크, 반도체레이저의 동작원리 그리고 홀로그래피 저장장치의 구조와 기능을 추가 수정하였다. 7장에서는 명령어 수행과정을 수정하고 멀티코어와 캐시메모리를 추가하였다.

8장에서는 시스템프로그램을 간략하게 줄여서 설명하였고, 모바일 앱 소프트웨어를 추가하였으며, 9장에서는 설명이 부족한 부분을 수정하였고 스마트폰 운영체제의 정의와 종류를 추가하였다. 그리고 10장에서는 파일할당기법 부분을 다시 정리하여 보완 하였다.

11장에서는 망 운영체제, LAN카드 등을 다시 설명했으며, 전파와 통신위성 부분을 삭제하고 OSI 통신망 프로토콜도 쉬운 말로 풀어 간략하게 설명하였다. 그리고 인터넷의 망운영방법인 클라이언트/서버 컴퓨팅 외에 전자계시판과 화상회의 시스템 등은 삭제하였다. 12장에서는 전자우편 서비스부분을 다시 정리하였으며, 무선 근거리통신 프로토콜과 유비쿼터스 컴퓨팅은 삭제하고 신설한 13장에서 포함시켰다.

14장으로 옮긴 "유비쿼터스 시대의 정보보안"은 분산서비스거부(DDoS)공격과 PC가상화 기술에 의한 보안을 추가하였다.

강의교재로 사용할 경우에는 매주 1장씩 진행할 수 있게 15주정도의 강의 분량으로 집필하였지만 경우에 따라서는 1장은 자습으로 대신하고 강의자가 교재의 순서에 관계없이 중요한 부분만 선택하여 강의할 수 있도록 구성하였다.

이번 수정은 개정2판 1쇄에 나타난 오자들을 정정하고 보완하였으며, 13장에 개인용 클라우드 서비스와 폐쇄형 SNS를 삽입하였고 스마트폰에서 쌓은 기술과 경험이 옮겨지고 있는 스마트TV 셋톱박스를 별도의 절로 추가하였다.

2014년 2월

저자 박 재 년

머 리 말

수치계산을 위해서 1940년대 중반에 처음 등장한 컴퓨터가 60년대와 70년대에 기업의 정보처리에 이용되었고 1980년대에 우리의 책상위에까지 올라온 개인용 컴퓨터가 2000년부터 인터넷에 연결되면서 컴퓨터와 정보통신 그리고 방송 기술은 하나의 기술로 융합되었다. 그리고 이제는 컴퓨터가 핸드폰이나 교통카드 또는 상품 속에 심어져 이들 간에 통신이 이루어지는 유비쿼터스시대에 접어들었다.

이 책의 집필목적은 이렇게 빨리 발전하고 있는 컴퓨터에 관련된 현재까지의 기술과 발전추세를 학생들이 쉽게 이해할 수 있도록 하여 전공학생들에게는 전공심화를 위한 기반이 되게 하며 비전공자들에게는 마우스를 클릭하거나 교통카드를 찍거나 키보드를 두들일 때 컴퓨터 안에서 어떤 일이 벌어지고 있는지를 알게 하는 것이다.

이번 개정판에서는 유비쿼터스컴퓨팅 센서, 센서운영체제, 센서망 등의 개념들을 추가하였으며 프로그램 작성과 밀접한 관계가 있는 자료구조는 전공서적에 미루고 개정에서는 삭제하였다.

이 책의 구성은 제1장에서는 컴퓨터 개요와 역사를 소개했고 2장에서 7장까지는 하드웨어 분야, 8장에서 10장까지는 소프트웨어 분야, 11장에서 13장까지는 컴퓨터통신과 정보보안 분야 등 3개 영역으로 되어있고 부록에는 반도체의 핵심이론과 저장장치나 무선통신에 사용되는 빛과 전파에 대해서 설명하였다. 특히 유비쿼터스 센서망을 이해하기 위한 반도체칩 제조기술을 이해시키기 위해서 "컴퓨터 회로 구현"을 별도의 장으로 분리하였다.

강의 교재로 사용하는 경우에는 1장은 자습으로 대신하고 강의자의 필요에 따라 순서에 관계없이 선택하여 설명해도 강의 진행에는 무리가 없을 것이다.

이번 개정판을 낼 수 있게 해준 21세기 사장님과 편집에 수고해주신 이윤영씨에게 감사드린다.

2009년 2월

저자 박재년

차례

차례

차례

차례

차례

1장 컴퓨터의 개요

1장 컴퓨터의 개요

이장에서는 인간의 지적활동기능과 컴퓨터의 기능을 비유하여 컴퓨터의 개념을 설명하고, 인간이 사용하고 있는 정보를 컴퓨터정보로 변환하는 방법을 설명한다. 이러한 것을 이해함으로서 컴퓨터는 자동차나 세탁기와 같은 기계에 불과하지만 컴퓨터 속에 넣어준 정보에 따라서 인간과 달리 엄청난 일을 사람을 대신해서 할 수 있다는 것을 이해하도록 한다. 그리고 컴퓨터 발전의 대략적인 역사와 분류를 설명함으로서 컴퓨터에 대한 흥미를 느끼게 한다.

1.1 인간과 컴퓨터의 지적활동기능

"인간은 만물의 영장이다." 이 말은 체구도 작고 체력도 한계가 있음에도 불구하고 이 세상의 다른 어떤 동물보다도 인간이 이 악조건의 자연을 정복하여 현대와 같은 문명사회를 창조한 힘을 인간만이 가지고 있다는 뜻 일 것이다.

과연 이런 힘은 어디서 나오는 것일까 ? 그것은 인간이 다른 동물보다는 월등한 두뇌가 있기 때문이라고 하는데 이에 대해서 아니다라고 말할 수 있는 사람은 없을 것이다. 그래서 인간 두뇌의 활동이 끊임없이 이어지고 있는 한 인간의 생활은 더욱 발전할 것이다.

인간 두뇌 속에는 무엇이 있어서 이런 발전의 힘을 내는 것인가를 생각해 볼 필요가 있다. 그것은 우리 두뇌의 기억활동의 덕택이다. 만일 이 **기억기능**이 없다면 인간은 방금 본 것, 들은 것, 느낀 것 등을 기억할 수 없으므로 식물인간이나 마찬가지의 인간이 된다. 그러므로 인간 두뇌의 기억기능이야말로 인간을 만물의 영장으로 만들어 놓은 원동력이라고 할 수 있다.

기억기능 때문에 뇌 속에 기억된 것은 그 사람의 지식이 된다. 지식은 우리가 보고, 느끼고, 듣고 하여서 생기는 경험들이 뇌 속에 쓸모 있게 정리되어 기억된 상태이다.

교육은 다른 사람의 경험을 말과 글을 통해서 듣고 본 것을 우리 뇌 속에 기억시키는 일종의 간접 경험일 것이다.

우리의 온갖 경험은 우리의 눈과 귀와 같은 신체기관을 통해서 우리의 뇌 속에 기억하게 된다. 우리 인간의 눈은 물체에서 반사되는 빛을 우리의 뇌신경을 자극할 수 있는 전류로 바꾸어 주는 일을 하고, 우리의 귀는 물체에서 생기는 공기의 진동을 우리의 뇌가 인식할 수 있는 자극으로 바꾸어 준다. 이와 같은 기능을 **입력기능**이라고 한다. 입력기능을 수행하는 장치가 없으면 뇌가 아무리 좋아도 제구실을 할 수 없게 된다.

우리가 다른 사람과 대화할 때는 입으로 말하는 것을 귀로 듣거나, 손으로 쓴 글씨를 눈으로 보아야한다. 입으로 말할 때와 손으로 쓸 때는 그냥 소리가 나거나 글이 그냥 뭐라고 써지는 것은 아니다. 즉 우리의 뇌 속에 들어있는 지식을 동원해서 그 뇌가 시키는 대로 입으로 말하거나 손으로 쓰게된다. 따라서 경험과 지식이 많은 사람은 말과 글을 풍부하고 논리 정연하게 구사하여 표현할 수 있다. 즉 뇌 속에 기억된 지식을 입을 움직여 소리로 바꾸어 주거나, 손놀림으로 글자를 써서 타인에게 전달될 수 있는 것이다. 이와 같이 뇌 속에 기억된 지식을 타인이 알아듣도록 표현해 주는 기능을 **출력기능**이라고 한다.

그런데 입력되어진 대로만 기억하고 그 기억된 내용을 그대로 출력하는 것을 인간의 지적활동이라고 할 수는 없다. 사람은 보고싶은 것만을 선택해서 볼 수 있고, 남기고 싶은 것을 기억하려하며, 하고자 하는 말은 선택해서 할 수 있다. 이와 같이 입력, 기억, 출력의 기능을 통제하는 기능을 **제어기능**이라고 한다.

원하는 출력정보가 되도록 입력정보를 가공하는 것을 **연산기능**이라고 한다. 연산기능은 수치계산과 대소의 비교판단 등을 수행하는 기능이다.

이와 같이 인간의 지적 활동기능은 눈이나 귀와 같은 입력기능, 뇌와 같은 기억과 제어 및 연산기능 그리고 입, 손과 같은 출력기능을 통하여 수행되고 있음을 알 수 있다.

인간의 경험축적에 의한 지적활동의 결과로 인류는 유랑생활에서 농경사회로 정착하게 되어 농업혁명이 일어났고, 그 뒤를 이어 인간의 육체적인 힘을 대신하거나 확대해준 산업혁명이 일어나게 되었다. 그 결과 농경사회는 기계들의 발달로 공업 사회가 되었고 이것이 도시화 사회를 이루게 하였다.

그리고 기계산업과 반도체 산업의 발달에 의해서 컴퓨터가 급속히 보급되면서 이제는 인간의 지적 활동까지도 대신해 주거나 확대해 주는 정보화 사회가 되었다. 농사를 짓더라도 새로운 농업기술과 판매에 대한 정보가 필요하고, 장사를 하더라도 물가와 소비자의 취향을 빨리 알아내는 정보가 필요한 사회인 것이다.

정보화 사회에 있어서는 얼마나 많은 정보를 컴퓨터에 의해서 접할 수 있는 야 하는 것이 선진국 진입의 열쇠가 되는 것이다.

컴퓨터는 광학, 전자공학, 반도체공학 그리고 기계공학 등의 기술발달에 힘입어 입력기능을 수행하는 장치는 카메라 같은 것이, 출력기능 장치로는 TV화면과 같은 것이, 컴퓨터 두뇌(기억, 연산 그리고 제어장치)로는 반도체 집적회로가 그리고 자기디스크와 같은 것이 기억기능을 보조하는 저장장치로 이용되고 있다.

어떤 사람은 기억력이 좋다. 또 어떤 사람은 머리가 좋다는 말을 듣는데, 머리가 좋다는 것은 뇌 속에 기억세포가 많고 건강하다는 것을 의미하고, 머리가 빠르다는 것은 뇌 속에 기억된 내용을 빨리 찾아 신속하게 연산시키는 것을 의미한다고 할 수 있다. 컴퓨터의 경우에도 기억장치의 용량이 크면 클수록 또 제어 장치가 기억된 내용을 찾아내 그 내용을 해석하며 해석된 대로 수행시키는 속도가 빠르면 빠를수록 성능이 좋은 컴퓨터인 것이다.

인간에게는 다른 동물에서는 찾아볼 수 없는 기억 기능을 가지고 있다. 만약 인간이 머리는 있으나 입력된 지식을 기억할 수 없으면 인간은 다른 동물과 다를 바가 없다. 따라서 인간의 지적활동은 우리 뇌 속의 우수한 기억기능에 의해서 이루어지는 것이다. 그러나 소리의 진동행태나 문자와 같은 기호를 사용하여 그 의미가 약속되어야 의사소통이 가능한 것이다.

이런 약속이 인간의 언어이다. 따라서 인간은 태어나면서부터 지적활동을 할 수 있도록 그가 속해있는 사회의 말부터 배우게된다. 말을 배우고 나야 다른 사람과 이야기할 수 있어서 지식을 축적할 수 있게되는 것이다. 인간과 인간사이의 약속이 **인간언어**이고 컴퓨터와 사람사이의 약속을 **컴퓨터 언어**라고 한다.

인간의 육체에 해당하는 기능을 수행하는 여러 가지 물리적인 장치를 하드웨어(Hardware) 라고 하고, 컴퓨터 언어로 표현된 지식을 소프트웨어(Software)라고 한다.

따라서 컴퓨터를 배우려면 인간이 말부터 먼저 배우듯이 컴퓨터 언어부터 배워야 하는 것이다. 인간이 가지고 있는 지식을 컴퓨터 언어로 바꾸어 주는 것을 **프로그래밍(programming)**이라고 말한다. 어떤 업무를 프로그램으로 처리할 있도록 만드는 일을 전산화한다고 말한다. 따라서 컴퓨터 언어나 프로그램언어는 같은 용어로 해석할 수 있다.

컴퓨터 언어는 배우기가 어려울 것인가 ! 인간의 말이 단어와 문장으로 이루어지듯이 컴퓨터 언어도 인간이 배우기 쉽도록 인간언어와 비슷하게 약속해 놓고 있기 때문에 배우기가 쉬운 것이다. 그유는 단어의 숫자가 100여 개 이내이고, 구문(Syntax)이 더 엄격하기 때문이다. 그런데 컴퓨터언어도 인간의 언어가 지역에 따라 다르듯이 사용목적에 따라 여러 종류의 언어가 등장하고 있다. 또 우리 인간의 언어도 시대에 따라서 바뀌어 지듯이 컴퓨터 언어도 그 어휘와 표현능력이 계속 발전하고 있다.

1.2 컴퓨터의 구성요소와 그 기능

인간의 육체에 해당하는 부분을 **하드웨어(Hardware)**하고 인간의 정신과 지식에 해당하는 부분을 **소프트웨어(Software)**라고 한다. 인간에 있어서 정신이 없는 육체는 시체나 마찬가지이고, 지식이 없는 사람은 현대사회에서 쓸모가 없듯이 소프트웨어가 없는 컴퓨터는 그냥 고철이나 플라스틱 덩어리에 지나지 않는 것이다.

우리 인간의 육체적인 능력은 태어날 때 거의 결정되기 때문에 그 신체적 능력을 후천적으로 바꾸기가 어렵지만, 우리인간의 지적능력은 자라나는 환경에서 보고 느낀 것과 교육등 본인의 노력으로 얼마든지 극대화시킬 수 있는 것이다. 우리가 법학에 관한 공부를 많이 하면 판사가 되고 의학을 공부하면 의사가 된다. 태어날 때부터 육체적으로 직업이 결정되는 것이 아니고, 그 사람이 무엇을 공부하느냐. 즉 그 사람의 머리 속에 무엇이 기억되어 있느냐가 중요한 것이 된다. 따라서 인간에게 있어서 인간의 육체적인 능력보다 지적능력이 그 인간의 가치가 높듯이 컴퓨터에 있어서도 소프트웨어가 더욱 중요한 재산인 것이다.

우리가 좋은 대학에 들어가려고 입시전쟁을 치르는 것은 좋은 지식을 얻고자하는데 있는 것이다. 따라서 좋은 하드웨어에 좋은 소프트웨어를 갖추어 놓는 것이 좋은 컴퓨터를 가지는 것이 된다. 본서3장과 13장에 걸쳐 자세히 설명되고 있지만 여기서는 본서를 쉽게 읽을 수 있도록 먼저 간단히 구성요소와 기능에 대해서 간단하게 설명한다.

1.2.1 하드웨어적 구성요소

모든 컴퓨터의 하드웨어적 구성요소는 크기나 속도에 관계없이 인간의 눈이나 귀 등에 해당되는 입력장치와 입이나 손에 해당하는 출력장치가 있고 이는 본서5장 "컴퓨터 대화창구"설명되었다.

또 인간의 뇌의 기능 즉, 인간이 보고 들은 것을 기억하는 기능을 하는 기억장치, 기억된 데이터를 이용해 계산 기능을 하는 연산장치 그리고 생각하고 판단하여 우리 몸을 필요한 방향으로 움직이게 해주는 기능을 하는 제어장치가 있다. 또 제어장치와 연산장치를 중앙처리장치(CPU: Central Processing Unit)라고 한다. 이는 본서 7 장 "컴퓨터두뇌"에 설명 되었다.

그리고 마지막으로 우리의 뇌는 기억하는데 한계가 있기 때문에 이를 종이에 기록해서 책 같은 것으로 만들어 도서관 등에 비치하여 여러 사람 볼 수도 있게 한다, 이에 해당하는 장치를 컴퓨터 초창기에는 보조기억장치라고 하였다. 이는 본서 6장"저장장치"에 설명되었다.

1.2.2 소프트웨어적 구성요소

인간이 보고 이해할 수 있게 표현된 인간의 지식을 컴퓨터가 읽고 처리할 수 있는 데이터와 프로그램언어로 작성된 지식을 소프트웨어라고 한다. 이 경우 데이터도 컴퓨터가 읽을 수 있는 디지털 데이터로 작성되어야한다. 컴퓨터가 이해할 수 있는 프로그램 언어로 작성된 지식을 우리가 일반적으로 말하는 좁은 의미의 소프트웨어이고, 프로그램이 처리하는 데이터까지 포함하는 지식을 넓은 의미의 소프트웨어라고 한다.

우리가 콘텐츠라고 말할 때는 저장장치에 기록된 게임이나 음악 및 동영상은 데이터를 의미하고, 재생기라고 하면 콘텐츠를 재생시켜주는 프로그램을 의미한다. 이 교재에서의 소프트웨어는 데이터를 읽고 처리해주는 프로그램을 주로 의미한다.

프로그램이란 일의 처리방법을 시작에서 끝까지 논리적 순서로 계획해서 작성해 놓은 문서를 의미하는데 여기서는 컴퓨터 언어로 번역한 것을 일반적으로 프로그램이라 한다. 그리고 인간이 고안해 낸 일처리 방법을 컴퓨터 언어로 바꾸는 사람을 프로그래머라고 하며, 번역작업을 하는 것을 프로그래밍을 한다고 한다.

소프트웨어는 그 기능에 따라 문서 작성기와 같은 응용소프트웨어와 응용소프트웨어를 하드웨어가 잘 처리할 수 있도록 지원해 주는 시스템소프트웨어로 크게 분류된다.

응용소프트웨어는 패키지, 주문, 앱, 내장 소프트웨어로 나누어지고 시스템소프트웨어는 그 안에 컴퓨터 운영의 핵심인 운영체제와 시스템 운영을 도와주는 소프트웨어로 분류된다.

이는 본서 8장 '소프트웨어' 와 9장 '운영체제' 에서 설명하였다.

1.2.3 컴퓨터의 동작원리

컴퓨터의 동작원리를 이해하기위해서 [그림 1.2]의 하드웨어 구성요소와 기억장치에 기억된 프로그램 명령으로 2개의 수를 더하는 과정을 생각해 보자. 먼저 기억장치에는 다음과 같은 프로그램 명령이 1번지부터 순서대로 기억되어 있다고 하자.

1번지 : a와 b를 키보드에서 읽어라.
2번지 : a와 b를 더해서 c에 기억시켜라.
3번지 : c를 화면에 보여라.
4번지 : a, b, c를 저장장치에 기록하라.
5번지 : 이 프로그램을 끝내라.

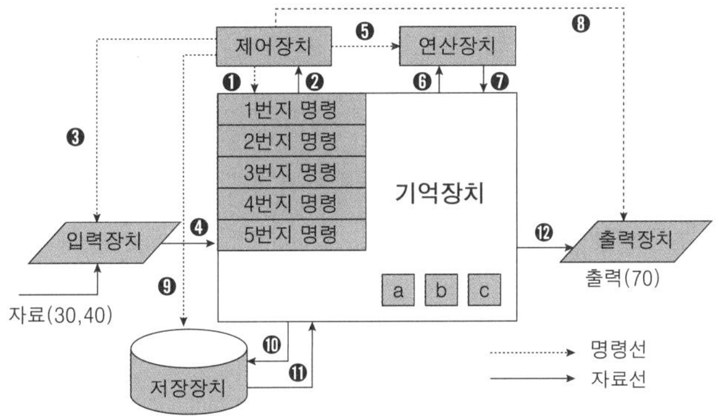

[그림 1.2] 하드웨어의 구성요소와 동작원리

이 프로그램을 수행시키기 위해서 제어장치에는 시계와 같이 자동적으로 숫자가 하나씩 증가되는 **프로그램 계수기**(program counter)라는 것이 있어서 한 명령을 수행할 때마다 그 값이 하나씩 증가된다. 따라서 프로그램이 처음 명령부터 수행되기 위해서는 이 계수기에는 1로 기억되어 있다고 가정한다. 실제로 운영체제 프로그램이 이 계수기에 프로그램의 시작번지를 넣고 중앙처리장치의 사용권을 이 프로그램에 넘겨준 후 "끝내라"는 명령에 도달하면 제어장치 사용권을 다시 가져와서 기다리는 다른 프로그램에게 넘겨준다.

1) **1번지 명령채취 :** 제어장치가 프로그램 계수기의 값 1을 기억장치 주소로 알고 〈명령선 1〉로 기억장치의 1번지에 기억된 내용 "a와 b를 키보드에서 읽어라"를 〈자료 선2〉를 통해 제어장치로 가져온다. 동시에 계수기 값은 자동으로 증가되어 2가 된다.

2) **1번지 명령수행 :** 제어장치는 이 명령을 해독하여 〈명령선 3〉으로 입력장치를 동작하게 하여 자료 30과 40을 감지하여 〈자료선 4〉를 통해서 기억장치로 들어오게 하고 이를 〈명령선 1〉로 기억장치의 a와 b에 기억되게 한다.

3) **2번지 명령채취 :** 제어장치는 프로그램 계수기의 값 2를 가지고 〈명령선 1〉로 2번지 명령 "a와 b를 더해서 c에 기억하라."를 〈자료선 2〉로 가져온다. 동시에 계수기 값은 3으로 증가된다.

4) **2번지 명령수행 :** 제어장치는 이 명령을 해석하여 관련된 각 장치에 명령을 내린다. 즉, 〈명령선 5〉로 연산장치에 더하라는 명령을 내리고 〈명령선 1〉로 기억장치의 a번지와 b번지의 내용 30과 40을 〈자료선 6〉을 통해 연산장치로 보내고 〈명령선 5〉로 연산장치를 작동하게 하여 더하게 한 후 그 결과 70을 〈자료선 7〉을 통해 기억장치의 c번지에 기억되게 한다.

5) **3번지 명령 채취 :** 제어장치는 프로그램 카운터에 값 3을 가지고 〈명령선 1〉로 기억장치를 작동하게 하여 3번지 명령 "c를 출력화면에 써라"를 제어장치로 가져오고 동시에 프로그램 카운터 값은 4로 증가된다.

6) **3번지 명령 수행 :** 제어장치는 이 명령을 해석하여 〈명령선 1〉로 기억장치를 작동하여 c에 기억된 70을 〈자료선 12〉를 통하여 출력장치로 보내고 동시에 〈명령선 8〉로 출력장치를 동작시켜 전달된 70을 화면에 쓰게 한다.

7) **4번지 명령 채취 :** 제어장치는 프로그램 카운터의 값 4를 가지고 〈명령선 1〉로 기억장치를 동작시켜 4번지의 명령 "a, b, c를 저장장치에 기록하라"를 제어장치로 가져온다. 그리고 동시에 프로그램 계수기의 값은 5로 증가된다.

8) **4번지 명령 수행 :** 제어장치는 가져온 명령을 해석하여 〈명령선 1〉과 〈명령선 9〉로 기억장치와 저장장치를 동작시켜 기억장치의 a, b, c번지에 기억된 내용이 〈자료선 10〉을 통해 저장장치에 30,40,70이 기록되게 한다.

9) **5번지 명령 채취 :** 제어장치는 프로그램 계수기의 값 5를 가지고 〈명령선 1〉로 기억장치에서 5번지 명령 '끝내라'를 제어장치로 〈자료선 2〉를 통해 가져오고 프로그램 카

운터의 값은 6이 된다.

10) **5번지 명령 수행 :** 제어장치는 가져온 명령 '끝내라'을 해석하여 수행한다. 이 때의 "끝내라"은 프로그램 수행을 끝낸다는 의미이므로 프로그램 계수기의 값 "6"이 운영체제의 시작번지로 바뀌게 된다.

1.3 컴퓨터의 역사

과학기술계산 뿐만 아니라 상업을 하는데도 계산을 하는 것은 필요했으며 계산을 쉽게 하려는 인간의 노력은 깊은 역사를 가지고 있다. 여기에서는 자동으로 계산을 수행할 수 있는 컴퓨터의 탄생이전과 이후로 나누어서 수동계산장치와 오늘날 컴퓨터의 발전과정을 살펴본다.

1.3.1 수동계산기 시대

아무런 동력을 이용하지 않고 오직 손으로 조작하여 계산할 수 있는 도구를 수동계산기라 한다.

1 주판

최초 계산도구로는 기원전 3,000년에서 기원전 300년 사이에 생긴 것으로 추측되는 [그림 1.3]과 같은 주판이 우리나라를 비롯하여 중국과 일본에서 주로 20세기 말경까지 사용되었다. 주판의 특징은 수의 표시와 연산 방법이 디지털 (digital)적 이지만 손가락 놀림으로 계산이 수행되므로 숙달된 계산을 하려면 많은 연습과정을 거쳐야 했다.

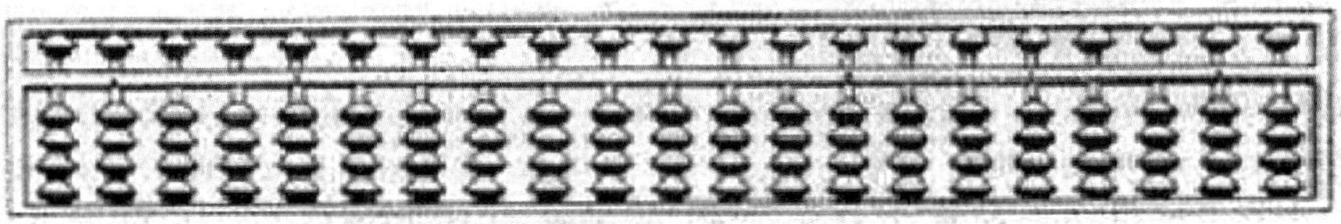

[그림 1.3] 주판의 예

2 네피어 봉(棒)

네피어 봉(Napier' bone)은 스코트랜드의 귀족이며 정치가이고 자연대수(logarithm)의 창시자인 네피어(John Napier, 1550-1617)가 곱셈과 나눗셈을 쉽게 할 수 있도록 고안한 [그림 1.4]과 같은 것이다.

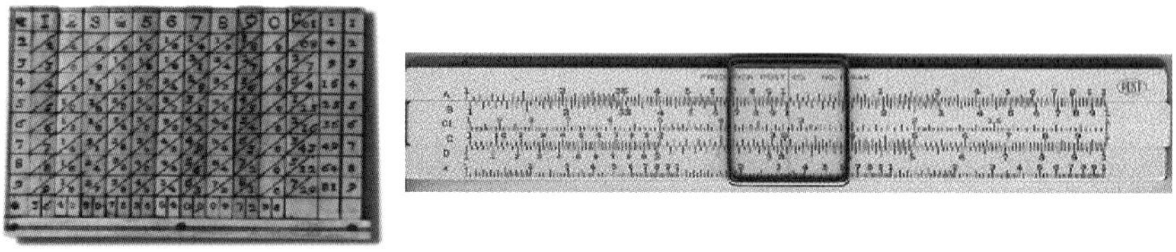

[그림 1.4] 존 네피어 봉과 계산자

이 것을 기초로 하여 곱셈과 나눗셈을 대수척도가 새겨진 2개의 자를 이용하여 덧셈과 뺄셈으로 간단히 할 수 있는 **계산자(slide rule)**가 만들어 졌고 1980년대까지도 공학계산 도구로 사용되었다.

3 파스칼의 계산기 (1642)

프랑스의 수학자이며 철학자인 **파스칼**(Blaise Pascal,1623-1662)이 그의 나이 19세때 세무서에 근무하는 아버지를 돕기 위해 [그림 1.5]와 같이 톱니바퀴로 연동되는 계산기를 만들었다. 이 기계는 가감산을 쉽게 할 수 있는 계산의 자동화에 크게 공헌하였다.

[그림 1.5] 파스칼과 그의 계산기

4 라이프니츠의 탁상계산기 (1694)

독일의 수학자인 **라이프니츠**(Gottfried Wilhelm von **leibnitz**, 1646-1716)는 1673년 파스칼 계산기를 개량하여 곱셈과 나눗셈을 자동으로 할 수 있는 [그림 1.6]과 같이 왼쪽에 손잡이가 달린 계산기를 발명하였는데 이것이 1970년대까지도 손잡이를 돌려서 계산한 탁상 계산기의 원조가 되고 있다.

그는 만유인력을 발견한 영국의 뉴턴과 독립적으로 미분적분에도 많은 관심을 가졌고 2진법연산의 단순성과 경제성을 이용하여 이의 실용화를 위해서 노력하였으나 이를 컴퓨터에 연결시키지는 못하였다.

[그림 1.6] 라이프니츠와 그의 탁상계산기

5 재쿼드의 방직기 (1801)

프랑스 리용의 작은 직물공장 종업원인 **재쿼드**(J.M.**Jackquard**, 1752-1834)는 1801년에 [그림 1.7]과 같은 천공된 카드를 방직기에 부착시켜 원하는 색상의 실이 골라져 베가 짜지도록 하였다. 이 천공된 카드가 현대 초창기 컴퓨터의 입력장치인 카드입력장치의 시조가 되었다고 볼 수 있다.

[그림 1.7] 재쿼드의 방직기와 현대의 방직기

이 그림에서 보이는 천공된 카드는 카드라기보다는 방직기의 상부에서 아래로 늘어져서 회전하는 단단한 나무 조각의 두루마리에 구멍을 뚫어 놓은 것이다

1.3.2 자동 계산기 시대

수증기의 압력이나 전기를 동력으로 이용해서 사람의 힘을 이용하지 않고 신속하게 계산할 수 있는 도구를 자동 계산기라 한다.

1 배비지 해석장치 (1833)

영국의 케임 브리지 대학 영예 수학교수인 **배비지**(Charles Babbage,1792-1871)는 1833년 증기기관에서 발생된 수증기의 힘으로 돌아가는 **해석장치**(Analytical Engine)을 설계하였다.

이 계산기는 오늘날의 컴퓨터 구조와 개념적으로 같은 것이었으나 제작에는 실패하였다. 그 이유는 전기도 없었던 당시의 기술수준보다 이 생각이 100여 년이나 앞선 것이었기 때문이다. 100년이 지나서야 이 기계의 많은 설계부분을 복사하여 MARK-I 이 만들어졌다.

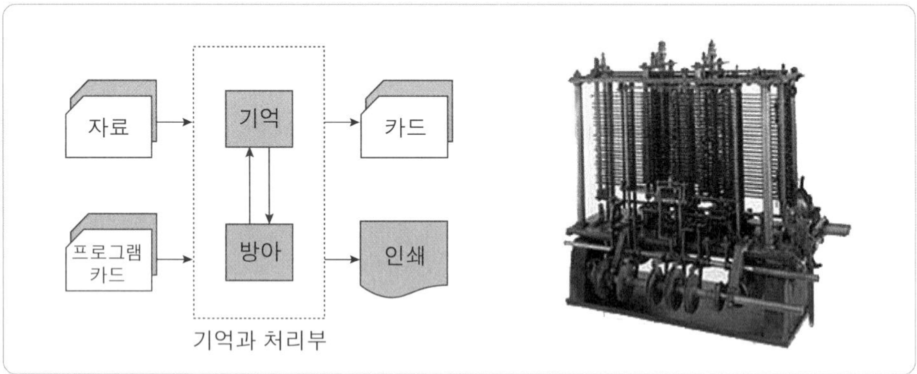

[그림 1.8] 배비지의 계산기 개념과 해석장치

배비지는 계산기 설계에 주력하는 한편 시인 바이런(Lord.Byron)의 딸인 **에이다**(Augusta **Ada** Lovelace 1815-1852) 부인은 그를 도와서 세계 최초로 수학문제를 처리할 수 있는 프로그램을 만들었다. [그림 1.8]에서 제어카드는 프로그램이고 방아는 연산장치이다. 그리고 프로그램이 기억장치 내에 들어있지 않은 것이 특징이다. 배비지가 사망 하던 해인 1871년 배비지의 설계도에 의거 톱니바퀴와 지렛대들로 극히 일부분만 제작된 거대한 해석 장치는 런던의 과학 박물관에 전시되어있다.

[그림 1.9] 찰스 배비지와 에이다 부인

2 홀러리스 천공기(1890)

미국에서는 1790년이래 10년마다 인구조사를 인구조사통계국이 실시하였다. 그런데 18세기 말에는 해외이민 등에 의해서 인구가 폭증하여 조사결과를 분석하는데 만도 7,8년이 소요되어 집계방법의 개선이 필요하게 되었다. 1890년의 인구조사통계처리기간을 단축시키기 위해서 당시 인구통계국의 직원인 **홀러리스**(Herman **Hollerith**, 1860 – 1929)는 자료를 [그림 1.10]과 같은 형태의 문자를 종이카드에 구멍으로 부호화시켜 뚫을 수 있는 천공기(key punch machine)와 구멍에 따라 카드를 분류하여 집계할 수 있는 제표기(tabulating Machine)를 만들었다.

[그림 1.10] 홀러리스와 그의 종이 펀치카드

그 후 천공기는 거듭 발전하여 1970 년 초반까지 가장 많이 쓰였다.

홀러리스의 공덕으로 1890 년도의 인구통계결과는 3년 만에 발표될 수 있었다. 홀러리스는 인구조사 통계국을 사직하고 1896년 제표기회사(tabulating machine company)를 설립하였으나 사업은 성공하지 못하고 그의 회사는 1924 년에 IBM 이라는 회사에 흡수되었다.

3 MARK-I (1944)

20세기에 들어와서 증기기관에서 발생된 수증기의 압력대신 발전기에서 생성되는 전기를 동력으로 하는 기술이 발달하였다. 이에 따라 톱니바퀴와 지렛대로 이루어진 기계들이 전기로 작동되는 기계로 발전하게 되었다.

미국 하버드 대학 에이컨(H. Aiken, 1900-1973)교수는 1937년에 완전자동 디지털 컴퓨터를 제작하기 시작하여 1944년에 완성하였다. 이것이 ASCC(Automatic Sequence Controlled Calculator) 또는 MARK-I으로 알려진 [그림 1.11]과 같은 기계이다.

[그림 1.11] 에이컨과 MARK-I

이 기계는 3천 개의 전기 스위치로 작동되는 연결대로 이루어 졌고, 그 높이는 2.4미터 길이는 17미터나 되었으며 4마력의 모터를 동력으로 사용하는 괴물이어서 미국에서는 그 당시에 굉장한 관광 물건이었다. 그런데도 그 계산 속도는 23자리 숫자의 가감산을 매초 3회씩 곱셈은 3초에 1회씩 계산할 수 있는 정도였다.

이 기계의 특징은 수치의 입력은 천공된 카드로, 계산의 제어는 재쿼드 방직기에 사용된 것 같은 구멍 뚫린 종이 띠를 그리고 출력은 타이프라이터나 종이카드에 천공되었다. 이 종이 띠에는 수행할 명령이 종이에 구멍으로 코드화 된 것이다. 구멍이 뚫린 카드나 종이 띠가 철선의 열로 된 전극사이를 지나갈 때 구멍이 지나가는 부분에는 전류가 통과하고 없는 부분이 지나갈 때에는 전류가 흐르지 않는다. 즉 구멍으로 부호화된 정보는 전류의 단락신호(디지털)로 되어 기계에 입력된 것이다.

1.3.3 제1세대 진공관 컴퓨터(1950~1957)

1906년에 발명되어 라디오 회로에 사용되었던 3극 진공관이 사용된 컴퓨터를 제 1세대 또는 진공관 세대라고 한다.

진공관의 발명으로 인하여 진공관을 이용한 전자공학의 기술이 발전함에 따라 전기적 스위치로 이루어진 기계들이 진공관으로 대신하게된 기술의 진보가 있었다.

아이오와 주립대학 물리학과 **아타나소프**(J.Atanasoff, 1903-1995) 교수와 그의 조수 **베리**(C.Berry. 1918-1963)는 45개의 진공관을 사용하여 ABC(Atanasof Berry Computer)를 1942 년에 제작하였다.

[그림 1.12] 좌로부터 아나타소프, 벨리, ABC 컴퓨터, 진공관

그러나 이 컴퓨터는 컴퓨터의 기본개념을 갖추지 못했기 때문에 최초의 진공관 컴퓨터로 생각되지 않고 다만 스위치로 진공관을 사용한데 큰 의미가 있는 것이다.

1 Colossus(1943)

콜로서스(거인; Colossus)는 는 영국 캠브리지 대학의 수학자 **튜링**(Alan. M. Turing, 1912~1954)이 1936년에 발표한 **튜링머신**(Turing Machine)로 알려진 컴퓨터 이론으로 프라워즈(T. H. Flowers: 1905~1998)을 팀장으로 튜링과 그의 동료들에 의해서 1943년 12월에 제작이 완료된 세계최초의 진공관 컴퓨터이다. 이 컴퓨터는 불가능으로 여겨졌든 독일군의 에니그마(Enigma)라는 암호기계로 만들어진 암호를 해독하여 2차대전을 승리하게 하는데 결정적인 역할을 하였다. 이 컴퓨터는 1975년 영국정부가 비밀문서를 공개한후 세상에 알려지게 되었다.

[그림1.13] 튜링과 콜로서스

Apple 사 Logo

콜로서스는 높이가 3미터이고 그 안에 2천 4백 개의 진공관과 800개의 전기릴레이가 들어 있어서 수를 세거나 비교하고, 간단한 산술 연산을 할 수 있고 계산결과는 전기타자기로 인쇄되었으며 프로그램은 플러그 판의 스위치를 조작하여 작성되었다. 2차대전 중에 10대의 콜로서스가 활동하였다고 알려지고 있기 때문에 지금까지 세계최초의 진공관 컴퓨터로 알려진 ENIAC은 11번째 진공관 컴퓨터가 되는 것이다.

세계대전을 종식시킨 컴퓨터를 만들고 1950년에 발표한 "컴퓨터와 지능"이라는 논문으로 **인공지능의 개념**을 창시한 위대한 수학자 튜링은 42세의 나이에 동성연애자로 고발되어 형을 받고 사과에 청산가리를 주입하여 한입물고 자살한다. 그리고 20년후 세계최초의 개인용 컴퓨터(PC)를 만든 스티브잡스는 **애플컴퓨터사(Apple Computer)**사를 설립하고 한입 베어 먹고 남은 사과를 회사의 로고로 만들어 그를 추모하고 있다.

2 ENIAC(1946)

ENIAC(Electronic Numerical Integrator and Calculator)은 펜실바니아대학 전기학과 **모클리**(J.W.Mauchly,1907~1980)와 **에커트**(J.P.Eckert,1919~1995) 교수가 이끄는 팀이 ABC 컴퓨터와 2차 대전 중에 개발된 레이더 기술을 이용하여 1946년에 완성한 컴퓨터이다. 이 컴퓨터는 18,000 개의 진공관으로 구성되어 있고 무게가 30톤이나 되며 40평의 공간을 차지하였다. 속도는 초당 5,000 회의 가감산을 할 수 있었다.

이 컴퓨터의 기억 용량은 극히 작고, 프로그램은 회로기판에 전선을 연결하여 작성하였으나 그래도 속도가 빨랐기 때문에 1955년까지 9년 동안 탄도미사일 문제를 계산하는데 이용되었다. Colossus가 암호해독에만 이용된 세계 최초의 진공관 컴퓨터라면 ENIAC은 미사일의 탄도 계산 문제와 수소폭탄 개발 업무에도 사용된 **최초의 다목적 컴퓨터**가 되는 것이다.

[그림 1.14] 좌로부터 모클리, 에커드, ENIAC 컴퓨터

3 EDSAC(1949)

[그림 1.15] 노이만과 EDVAC

ENIAC의 불편한 점을 연구한 프린스턴 고등과학연구소(Prinston Institute of Advanced Study) 수학 교수인 헝가리 출신의 **노이만**(John von **Neumann**,1903-1957)은 1945년의 논문에서 "컴퓨터에 기억장치를 갖추고 계산의 순서를 10진 대신 2진으로 부호화하여 기억시킨 후 기억내용을 순차적으로 꺼내서 그 명령을 해독하여 해독된 명령대로 수행한다." 라는 **프로그램 내장방식**을 고안하였다. 이 방법으로 노이만이 펜실바니아 대학에서 1946년에 시작하여 1952년에 완성한 컴퓨터가 **EDVAC**(Electronic Discrete Variable Computer)이다.

2진 부호체계와 프로그램 내장방식을 도입함으로서 컴퓨터설계는 쉬워졌으며 계산속도는 빨라지고 결과는 정확해졌다.

그러나 EDVAC의 제작이 늦어진 관계로 영국 켐블리지 대학의 **윌키스**(Maurice V. **Wilkes**) 교수에 1949년에 의해 제작된 **EDSAC**(Electronic Delay Storage Automatic Calculator)이 나타남으로서 이것이 세계 최초의 프로그램 내장방식 컴퓨터가 되었다.

4 UNIVAC-I (1951)

[그림 1.16] UNIVAC-I

대학의 교수직을 그만둔 에커트와 모클리 교수는 자신들의 회사를 설립하였으나 Remington -Rand 라는 회사에 흡수되어 1951년에 5000 개 정도의 진공관으로 된 **UNIVAC-I** (Universal Automatic Computer I)을 제작하였다.

이후 이 컴퓨터는 인구통계국에 설치되어 10년 동안이나 사용되었다. 이 컴퓨터는 카드리더와 라인프린터가 부착되었고, 자기테이프를 저장장치로 처음 사용했고, 수식 계산뿐만이 아니라 문자처리도 가능해서 1952년 아이젠하워 대통령의 당선을 예측하였다. 이 컴퓨터가 1954년에는 General Electric 회사에 상업용으로 팔려 최초로 급여계산 등의 업무에 사용되었다.

5 IBM 701 (1953)

홀럴리스(H. Hollerith)가 1911년에 설립한 CTR(Computing Tabulating Recording)사를 사들인 **왓슨**(Thomas J. Watson, 1874-1956)이 1924년에 IBM사로 이름을 바꾸고 컴퓨터산업 발전의 주역을 담당하였다.

[그림 1.17] IBM 701

IBM 701 컴퓨터는 초당 16,000회의 가산을 행할 수 있고, 1분에 150줄을 인쇄할 수 있는 라인프린터를 갖추고 자기드럼을 기억장치로 자기 테이프를 저장장치로 사용하였다. 이 기계는 1953년에 만들어 져서 속도도 빠르고 기억장치도 새롭기 때문에 상업용으로 많이 팔리기 시작했다.

0과1의 조합으로 이루어져 배우기가 어려운 기계어 대신 인간언어와 비슷한 FORTRAN 언어가 **백커스**(John Backus,1924-2007)팀에 의해서 최초로 개발되어 1954년에 IBM704에 적용되었다.

6 IBM 305 (1956)

IBM 305는 저장장치로 지금도 가장 각광을 받고있는 자기디스크 장치를 처음 사용한 컴퓨터이다. 이 디스크장치는 반지름이 24인치인 디스크가 15장으로 이루어 져 하나의 축에 고정되었고 그 용량은 500만 바이트이었다.

이후 CDC, GE, NCR등 많은 컴퓨터 회사들이 설립되어 컴퓨터가 과학기술의 수치계산 전용에서 기업체의 문자처리 사무용으로 이용되기 시작하였다.

1.3.4 제2세대 트랜지스터 컴퓨터 시대(1959~1963)

전자공학과 고체물리학(solid state physics)의 발전에 힘입어 컴퓨터의 내부구성 성분은 더욱 새로워지고 좋아지게 되었다. 미국 벨 연구소(Bell Labs)의 **쇼크리**(William Bradford Shockley,1910–1989)팀은 1947년에 **트랜지스터**(Transistor는 Transfer register의 약어)를 발명하였고, 미국 MIT 대학 포리스터(Forester,1918–) 교수는 자기코어 기억장치(magnetic core memory device)를 1949년에 개발하였다.

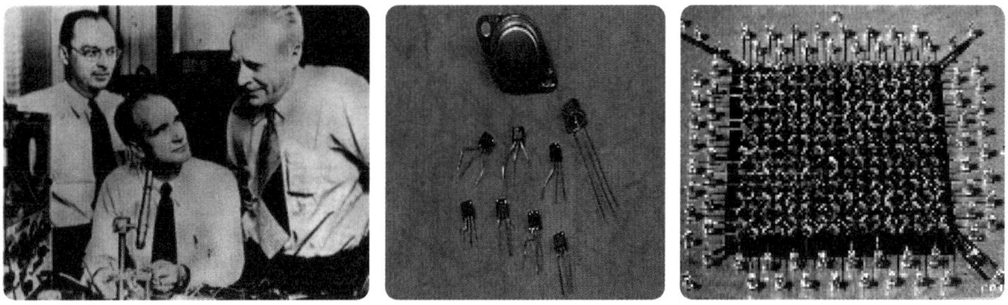

[그림 1.18] 좌로부터 W.Brattain W.Shockley, J.Bardeen, 트랜지스터, 자기코어

컴퓨터의 각종 기능회로를 진공관 대신 트랜지스터로 대체하여 나타난 컴퓨터들을 제2세대 컴퓨터라고 한다. 최초로 소개된 컴퓨터는 UNIVAC–Ⅱ로서 1959년 발표되었다 이후 60년대 초에 나타난 IBM 1400 시리즈는 17,000대 이상이 설치되었다.

트랜지스터로 만들어진 제 2 세대 컴퓨터는 진공관에 비하여 크기는 100배 이상 축소되었고, 속도는 100배 이상 빨라졌으며, 전력사용량과 열의발생이 적어 졌다.

이시기의 특징은 자기디스크장치에 넣다 뺏다 할 수 있는 자기디스크 팩(mgnetic disk pack)이 등장하였다.

1.3.5 제3세대 집적회로 컴퓨터(1964 ~ 1971)

기술이 발달하여 트랜지스터, 축전기(capacitor), 저항(register)들로 만들어진 컴퓨터의 회로요소들을 수작업으로 연결하지 않고 넓이가 5 미리 제곱센티미터 이하인 규소 칩(chip)에 화학적 방법으로 생성시킨 **집적회로**(IC : Integrated Circuit) 제조기술이 1959년 페어차일드(Fairchild)사의 **노이스**(Robert Noyce,1927–1990)에 의해서 발명되었다.

그런데 그 1년 전인 1958년에 텍사스 인스트르먼츠사(Texas Instruments)의 **킬비**(Jack

Kilby, 1923-2004)에 의해서 집적회로 제조이론이 발표되어서 두 회사간에 특허권 분쟁이 일어났으나 칩(chip)으로 알려진 집적회로 공동발명가로 두 사람을 모두 인정하고 있다. 킬비는 2,000년에 노벨 물리학상을 받았다.

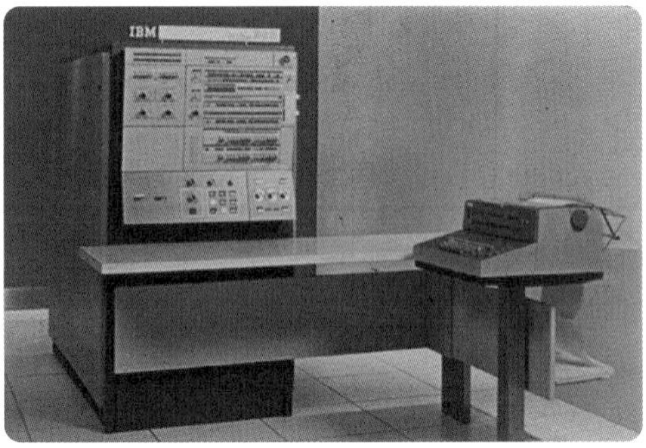

[그림 1.19] IBM SYSTEM/360

집적회로로 1964년에 IBM SYSTEM/360 이 제작되었다. 이 컴퓨터는 40대의 입출력 장치와 저장장치를 부착할 수 있으며 기억 용량도 100만 글자 단위를 기억할 만큼 그 당시로는 상상하기 힘들 정도로 큰 것이었다.

제어, 연산, 기억장치 등이 집적회로로 대체됨으로서 컴퓨터는 발전이 아니라 대 변혁이 일어나게 되었고, 그 위력은 일반사람들에게 알려주는 계기가 되었다.

즉 부피와 무게는 엄청나게 줄어들었고, 소비전력 뿐만이 아니라 열의 발생이 크게 줄어들었으며 속도와 신뢰도는 이전 세대보다 1000 배 이상 크게되었다.

IBM SYSTEM/360 정도는 일반기업체에서도 설치할 수 있는 가격이 되었고 일반사용자들이 늘어남에 하드웨어 발전 못지 않게 소프트웨어의 발전을 가져왔다.

이때 태어난 것이 기계를 효율적으로 사용할 수 있도록 해주는 다중프로그래밍(multiprogramming)과 시간 분할 시스템 (time sharing)을 포함하는 운영체제 프로그램이 개발되었으며, 사무용을 위한 COBOL 이 **호퍼**(Grace **Hopper**,1906-1992)에 의해서 탄생한 후 많은 종류의 고급언어들이 났다.

이 시대의 특기할 만한 것으로는 1965년 세계최초의 **미니 컴퓨터(minicomputer)**가 DEC(Digital Equipment Cooperation) 에서 탄생되어 각광받기 시작하였다. 이 미니컴퓨터는 2세대의 대형보다 계산능력이 월등했으며 가격이 IBM 이나 UNIVAC 계열보다 훨씬 저렴했기 때문에 컴퓨터의 보급이 급속도로 확장되었다. 그 결과 1960년대 말에 들어서면서 대학에도 컴퓨터관련학과들이 생기기 시작하였다.

제3세대에 오늘날과 같은 컴퓨터의 구조와 소프트웨어의 개념들이 확립되어 컴퓨터의 응용은 눈부시게 발전하였고 이 사회가 정보화 사회로 이행할 수 있는 초석이 되었다.

이는 4장에서 설명된 집적회로 제조기술의 발달 때문이다. 집적회로는 수천 수만 개의 트랜지스터로 이루어진 컴퓨터 회로를 사진기술을 이용하여 반도체 물질인 규소웨이퍼

(silicon wafer)의 얇은 막에 생성시킨 것이다.

IC제조 기술의 발달 때문에 컴퓨터의 하드웨어는 소형화, 고속화, 대용량화, 저렴화 되는 방향으로 소프트웨어는 자동화, 지능화 추세로 진행되고 있는 것이다.

1.3.6 제4세대 대규모 집적회로 컴퓨터 세대(1972~1985)

제 4세대의 탄생이라고 부를 수 있는 컴퓨터의 발전은 고 밀도 집적회로의 사용에서부터 시작된다. 제4세대에서는 기능회로요소가 바뀐 것이 아니고 컴퓨터의 제조기술과 이용분야에 커다란 진화가 이루어진 세대이다. 즉 컴퓨터의 제어연산회로와 기억회로들을 대규모 집적회로(LSI : Large Scale Integration circuit)로 대체하여 IBM이 1972년에 IBM 370 시리즈를 발표한 것이다. 이로서 제 2세대와 3세대까지 사용되었던 자기코어 기억장치는 반도체 기억장치로 바뀌어져서 더욱 소형화, 저렴화, 용량의 대형화가 이루어지게 되었다.

그 결과 컴퓨터는 대형연구소나 대학에서 일반 기업으로 확산하기 시작하였으며 입력디스케이라는 입력장치와 스캐너 등이 등장하고 은행업무가 단말기로 이루어지는 데이터통신산업이 시작하였다. 그라고 본격적으로 정보산업이 탄생하고 컴퓨터 바이러스와 백신프로그램이 등장하였다

이 4세대의 가장 큰 사건은 마이크로프로세서의 등장으로 시작한 개인용 컴퓨터(PC : Personal Computer)의 등장으로 PC시대를 열었으며, 멀티미디어 PC에서 노트북으로 그리고 이제는 스마트 폰 시대를 탄생하게 한 기반 기술이 되었다.

1 마이크로프로세서의 등장(1971)

대규모 집적회로 LSI 기술의 발달사에서 가장 중요한 사건은 1969년에서 1971년 사이에 일어났다. 그것은 칩의 밀도가 아니라 칩의 구조에서 일어났다. 그때까지는 한 개의 규소 칩에 형성된 회로들은 매우 복잡한 기능을 수행했지만 그 기능은 제조과정에서 고정되어버리므로 하나의 목적으로 만들어진 칩은 그 목적에만 사용되었다.

그런데 집적회로 제조기술의 창시자인 노이스(Robert Noyce,1927-1990)가 1968년에 설립한 인텔사(Intel : Integrated Electronics Corporation)의 기술자 **호프**(Ted **Hoff**, 1937-) 팀은 1969년에 연구를 시작하여 제어와 연산장치를 하나의 칩 속에 만들어 넣은 **마이크로프로세서(microprocessor) 인텔 4004**를 1971년에 발표하였다.

[그림 1.20] 호프와 INTEL4004

이 마이크로프로세서는 2,300개의 논리소자로 구성되는 ENIAC 정도의 중앙처리장치를 손톱보다 작은 크기인 반도체 칩에 넣어버린 것이다.

이 마이크로프로세서 칩은 처음에 전자시계에 그리고 오락기계와 장난감등에 제일 중요한 부품이 되었으나 이제는 빵을 굽는 기계에서 전기밥솥, 세탁기, 텔레비전, 자동차, 우주선 등 모든 가정용 기기에서 산업용 제어장치까지 가장 중요한 부품으로 쓰이게 되었다.

1971년에는 수천개정도 팔렸던 마이크로프로세서는 1981년에는 세계적으로 2억 개가 팔렸다. 1974년 360달러정도였던 Intel 8080은 1984년에는 3달러도 안되었다. 마이크로프로세서는 컴퓨터 산업을 위시해서 모든 산업분야의 기계를 돌리는 전자공업의 원유가 되었다.

2 마이크로 컴퓨터의 등장(1974)

마이크로 프로세서를 중앙처리장치로 해서 태어난 개인용 컴퓨터는 1980년대에 들어와서 그 수요가 폭발적으로 증가하기 시작하여 계속 강력하고 값이 싸고 기능이 확대되고 있다. 그래서 이제는 모든 생활의 필수품이 되었다.

1974년에는 8비트 마이크로프로세서 Intel 8080의 개발이 이루어져서 1975년에는 세계 최초의 마이크로 컴퓨터인 알테어(Altair) 8800 의 중앙처리장치로 사용되었다.

[그림 1.21] 알테어 컴퓨터와 빌게이츠

이 컴퓨터는 MIT의 로버츠(E. Roberts)와 예이츠 (B.Yates)가 설계 제작한 것이다. 이 컴퓨터는 그 후 개인용 컴퓨터 (PC Personal Computer) 산업의 기폭제가 되었으며 동시에 오늘날 정보화 사회의 주역이 된 PC의 시조이다. 그리고 이때 Intel 8080 마이크로 컴퓨터의 운영체제인 CP/M(control program for microcomputer)을 인텔사의 킬달(Gary Kildall)이 개발하여 큰 인기를 끌었다. 그러나 이 CP/M은 Intel 8080에서만 동작하였으나 킬달은 디지털리서치사를 설립하고 각종의 마이크로프로세서에 동작하는 CP/M을 만들어 거부가 되었다.

1975년에는 **빌 게이츠**(B. Gates,1955-)와 알렌(P. Allen)이 마이크로소프트사(Microsoft Corp.)를 설립하고, 알테어 컴퓨터에 BASIC 언어를 탑재하여 개인용 컴퓨터에서 사용할 수 있는 각종소프트웨어를 개발하였다. 그리고 윈도우즈의 전신인 MS-DOS 라는 운영체제 프로그램도 1981년에 만들었다.

3 개인용 컴퓨터 등장(1977)

1,300 달러로 잡스의 차고에서 사업을 시작한 **잡스**(Steve Paul **Jobs**; 1955~2011)와 **워즈니악** (Stephen G. **Wozniak**; 1950~)은 1976년에 애플(Apple)사를 설립였다.

그리고 1976년에는 4KB RAM의 기억장치에 MOS테크놀로지사의 마이크로프로세서 6502칩을 CPU로 택한 프라스틱 보드형태의 애플I 컴퓨터를 저렴한 값으로 바이트라는 컴퓨터상점에서 팔기 시작하였고 1977년에는 모터롤라사의 M6800 칩을 CPU로하고 그래픽기능과 BASIC 언어를 탑재한 애플II를 발표하였다.

[그림 1.22] 워즈니악과 잡스 그리고 애플I, 애플II

애플II 컴퓨터는 1978년에 플로피디스크 장치를 붙일 수 있도록 하여 세계최초의 범용 개인용 컴퓨터(Personal Computer)시대의 문을 활짝 열었고, 1984년에는 세계 최초로 마우스를 사용한 화려한 그래픽 화면의 **매킨토시 컴퓨터**를 발표하였다.

1.3.7 제4세대 이후(1986 ~ 현재)

컴퓨터 세대는 기계적인 회로요소의 획기적 발전과 이용기술로 구분을 하고있다. 그러나 4세대이후 하드웨어적인 측면에서는 다른 세대와 구분시켜줄 두드러진 혁신은 없다고 말하고 있다. 그러나 고 밀도 집적화기술이 엄청나게 발전하여 초고밀도 집적회로(VLSI)를 어디서부터 구분해야할지 구분이 없을 정도가 되었다. 현재 논리회로의 속도는 10억 분의 1초 단위에서 10억 분의 1초의 일천 분의 1로 빨라지고 있다.

광 디스크와 같은 저장장치 기술의 발달, 병렬처리기술의 발달, 무선통신 기술발달 등으로 현재 정보통신기술의 발달과 이용의 혁명이 거듭 새롭게 일어나고 있는 것이다.

컴퓨터 제조업체들은 비록 5세대 , 6세대 컴퓨터라고 말하고 있으나 컴퓨터 구조가 획기적으로 바뀌는 발달은 없기 때문에 세대를 구분하기가 어려운 것이다. 그러나 어떤 학자는 제5세대를 1980년대의 **PC시대**, 제6세대를 1990년대의 **멀티미디어시대**, 제7세대를 2000년대의 **인터넷시대**, 그리고 사물에도 컴퓨터가 심어져 사물과도 통화할 수 있는 2010년대의유비쿼터스 컴퓨팅 기술을 기반으로 하는 **스마트시대**로 구분하는 경우도 있다.

소프트웨어적으로는 문자인식, 음성인식에 관한 연구가 크게 발전하고 있어서 2011년 11월 부터 음성인식 소프트에어 시리(siri)가 탑재된 "아이폰 4s"가 시판되면서 이제는 실 생활에서도 무선 마우스나 손가락터치 대신에 음성으로 각종 청소 로봇을 비롯하여 TV는 물론 각종 정보기기들과 대화하는 세상이 되었다.

2016년부터는 반도체 대신에 양자컴퓨터가 등장하고 있으며 앞으로 빛을 가두고 제어할 수 있으면 나타나게 될 **광컴퓨터(optical computer)** 인간의 신경회로를 이루는 단백질로 만들어질 **바이오컴퓨터(biocomputer)**도 예견해 볼 수 있다.

1.4 컴퓨터의 분류

오늘날 컴퓨터는 그 성능이 엄청나게 향상되고 있으며 컴퓨터 이용 기술도 눈부시게 발전하고 있기 때문에 분류기준을 설정하기가 매우 어렵다.

컴퓨터는 먼저 처리하는 정보의 형태에 따라서 디지털 컴퓨터(digital computer)와 아날로그 컴퓨터(analog computer)로 크게 나누고 이 둘의 장점을 혼합한 하이브리드 컴퓨터(hybrid computer)로 구분하고 있는데 오늘날 아날로그나 하이브리드 컴퓨터는 거의 사용되고 있지 않기 때문에 컴퓨터 하면 **디지털 컴퓨터**를 의미하고 있다.

그리고 디지털 컴퓨터는 주로 컴퓨터의 성능과 사용자의 수 그리고 가격 등에 의해서 분류되고 있는데, 1980년대까지만 해도 초대형(super), 메인프레임(mainframe), 미니(mini), 마이크로(micro)컴퓨터로 분류되었으나, 1980년대 말부터 미니와 마이크로 컴퓨터 대신에 워크스테이션(workstation)과 개인용(personal) 컴퓨터로 분류되어 있다. 이는 마이크로 컴퓨터의 성능이 혁신적으로 커지면서 그 영역이 미니 컴퓨터 내지 메인프레임 영역까지 확장되고 있기 때문이다.

1.4.1 개인용 컴퓨터

개인용 컴퓨터(PC)는 1970년대 후반부터 8 비트형 컴퓨터인 애플(Apple)컴퓨터가 상업적으로 많이 팔리기 시작한 이래 1978년에는 인텔사의 마이크로프로세서 8086, 8088 을 사용한 16 비트형 PC-XT 가 나왔고 곧 이어 80286 마이크로프로세서를 사용한 PC-AT 가 등장했다. 1981년에는 인텔 30386 등의 마이크로프로세서를 이용한 32 비트형 컴퓨터가 나타나게 되었다.

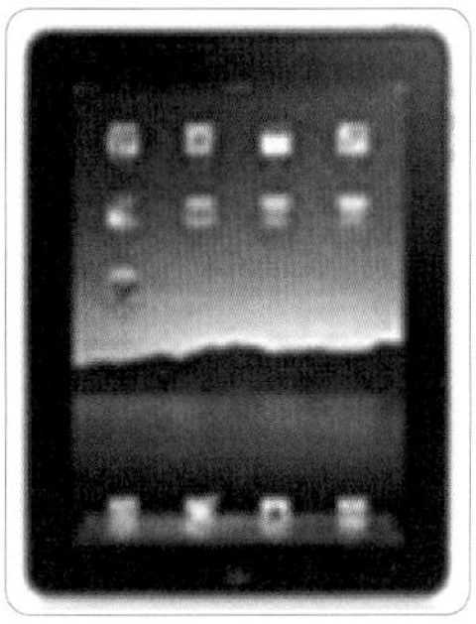

[그림 1.23] 태블릿의 예

1995년 부터 멀티미디어용 컴퓨터들이 등장하였고 2005년 부터는 64비트 PC가 등장하였다.

개인용 컴퓨터는 개인이 혼자서 이용할 수 있는 가격이 100만 원 이하의 수준을 이 범주에 넣을 수 있다. 개인용 컴퓨터는 다시 책상 위나 옆에 놓고 쓸 수 있는 탁상용 PC, 무릎 위에다 올려놓을 수 있는 랩탑 (laptop) PC, 서류가방에 넣어 가지고 다닐 수 있는 노트북 PC, 주머니에 넣어 가지고 다닐 수 있는 스마트폰과 태블릿(tablet), 자동차에 부착되는 PC 등으로 그 크기와 설치장소에 따라서 여러 방법으로 분류할 수 있다.

1.4.2 워크스테이션

워크스테이션(workstation) 컴퓨터는 마이크로프로세서의 성능 향상으로 기억 용량도 크고 계산능력도 빨라서 개인용 컴퓨터의 영역을 넘어서 여러 사람이 공통으로 사용할 수 있고, 과학기술 계산에 이용할 수 있으며, 그래픽 자료를 빠르게 처리할 수 있는 능력이 있고, 통신망에서도 중요한 구실을 할 수 있는 컴퓨터로서 가격은 몇 백만 원에서 수천만 원대까지의 컴퓨터를 이 범주에 넣을 수 있다.

1.4.3 메인프레임 컴퓨터

메인프레임 컴퓨터(main frame computer)는 중앙처리 장치로 마이크로프로세서 칩을 쓰고 있는 개인용 컴퓨터나 워크스테이션 컴퓨터와는 달리 중앙처리 장치가 별도의 회로로 구성되어 있어서 그 성능이 워크스테이션과 비교할 수 없을 만큼 큰 컴퓨터들이다. 또 외관상으로도 이 계열의 컴퓨터는 주로 IBM 등 대형컴퓨터회사에서 만들고 있으며 외관상 특징은 보통 디스크나 테이프 장치가 별도의 캐비닛에 들어있는 것이다.

또 이 계열의 컴퓨터는 주로 회사전체의 업무를 처리하기 때문에 단말기와 개인용 컴퓨터가 많이 부착되어 자료를 이 들로부터 받거나 이들에게 분배해 주는 등 온라인 업무의 대형 서버로 이용된다. 즉 큰 기관이나 회사단위에서 이용할 수 있는 컴퓨터들이다. 이 때문에 이 범주의 컴퓨터는 전문적인 운영요원과 별도의 전산실이 필요하다. 이 계열의 컴퓨터는 다시 그 처리성능과 가격, 붙일 수 있는 주변장치 개수 등에 따라서 소형, 중형, 대형으로 구분하고 있다.

1.4.4 슈퍼컴퓨터

슈퍼(super)컴퓨터는 크기가 커서 슈퍼가 아니다. 처리 속도가 메인프레임의 대형과 비교할 수 없을 정도로 빠르기 때문에 붙여진 이름이다. 이 컴퓨터는 여러 개의 CPU를 묶어서 병렬처리(Parallel Processing)가 가능한 컴퓨터로 인공위성을 통한 기상자료, 우주선에서 보내오는 자료 등을 분석하고 또 재구성하여 인간에게 필요한 정보를 즉각 준다든지, 시간이 오래 걸리는 초고밀도 집적회로의 설계와 같은 과학 기술 연구 분야와 광물탐사와 지도 작성 등에 응용되고 있다.

최초의 슈퍼컴퓨터의 하나인 ILLIACIV 는 64개의 중앙처리장치를 연결하여 병렬처리할 수 있도록 1960 년대 말에 만들어져서 당시로는 지상에서 가장 빠른 컴퓨터였다.

2000년 6월에는 IBM사가 개발한 ASCI화이트 시스템(Accelerated Strategic Computing Initiative White System)이 미국 핵무기 저장관리의 안정성과 신뢰성을 실

제적 현장검사 없이 확보하는데 사용되도록 설치되었다. ASCI화이트 시스템은 8,192개의 마이크로프로세서에 6TB의 기억용량과 160TB의 디스크장치로 구성된 병렬처리시스템으로 농구장 2개의 넓이를 차지하고 있다.

[그림 1.24] 블루진/Q 세콰이어

2002년 2월에 개발된 일본 NEC사의 **지구시뮬레이터(Earth Simulator)**는 8개의 마이크로프로세서를 내장한 640개의 컴퓨터로 구성되어 5,120개의 마이크로 프로세서에 10TB의 기억용량에 처리속도는 초당 4조개의 실수연산을 수행할 수 있는 병렬형 컴퓨터로 지구 온난화 현상이나 태풍의 진로 및 지진예측 등에 쓰이게 되었다.

블루진/L(BlueGene/L)은 IBM이 내장 시스템 온 칩 기술(embedded System on Chip)과 Linux 운영체제 기술을 적용하여 2005년 11월에 California대학 Lawrence Livermore 국립연구소에 설치된 슈퍼컴퓨터 명이다. BlueGene/L은 테니스 코트 장의 반 정도의 넓이에 131,072개의 마이크로프로세서가 64개의 캐비넷으로 분산되어 병렬처리 할 수 있도록 제조되었다.

BlueGene/L은 16TB기억용량에 400TB 디스크 용량을 가지고 "지구시뮬레이터" 보다 10배의 성능을 가지면서도 소모 전력은 7배나 적고 차지하는 면적은 14배나 적다고 한다.

블루진/Q는 Livermore 연구소에 블루진/L을 대체해 2011년에 설치되었고 블루진/L보다 코어 수가 12배인 1,572,864개의 마이크로프로세서(core)로 제조되어 초당 1경6,320조개의 실수(floating point)연산이 가능하다.

성능 좋은 슈퍼컴퓨터를 계속 개발하는 이유는 우주신비를 찾아 개척하는 인공위성 발사 기술이나 물질의 궁극적 요소를 찾아 우주의 생성원리를 찾으려는 입자가속기 기술 등과 함께 국가의 자존심을 높일 뿐만 아니라 상상할 수 없는 새로운 첨단기술이 개발되는 원천이기 때문인 것이다.

예를 들어 최첨단 슈퍼컴퓨터 개발경쟁에서 새롭게 탄생되는 기술은 전력소모를 획기적으로 줄이고 성능을 더욱 더 향상시킬 컴퓨터구조를 개발하고, 이들을 초고속으로 안전하게 연결하는 통신 방법과 이에 맞는 새로운 알고리즘과 소프트웨어 개발 기술 등이다.

이렇게 엄청난 돈을 들이는 프로젝트 수행과정에서 탄생한 신 기술들은 컴퓨터과학기술 뿐만 아니라 모든 응용관련 분야에 파급되어 또다시 사회 전반적 기술수준을 향상시킨다.

1.4.5 양자컴퓨터

양자(量子)컴퓨터(quantum computer)의 개념은 1982년 1965년에 노벨물리학상을 받은 양자역학의 대가 파인만(R. Feyman:1918-1988)이 제안했다.

반도체 컴퓨터의 논리회로는 분자단위의 실리콘으로 만들어 져있다. 그리고 집적도 기술의 비약적 발전으로 나노시대를 열었다. 원자의 크기가 0.1나노미터 정도이니 이제 집적도 기술도 한계에 도달했다.

원자는 양성자와 중성자로 구성된 원자핵이 있고 그 주위를 양성자수와 같은 전자들이 돌고 있다. 그리고 전자는 원자핵을 돌면서 스스로 왼쪽 또는 오른쪽으로 회전하는 자전 방향이 있는데 그 자전 방향을 **스핀**(spin)이라고 한다.

이들 소립자들이 가지는 최소단위의 에너지를 **양자**(quantum)라고 하며 특정 에너지 상태로 올라가기 위해서는 외부에서 에너지를 받아야하며 내려가기 위해서는 에너지를 방출해야 한다. 이때 에너지 상태는 연속적으로 변하는 것이 아니라 1, 2, 3 등 양자의 정수배로만 변하는 불연속상태를 가진다. 빛이 에너지 덩어리인 입자로 나타날 때 광자(photon)라고 한다. 미시세계 입자들의 물리적 상태는 우리의 상식으로는 이해할 수 없는 양자역학(quantum mechanics)으로 설명된다. 이들 특정 양자상태를 제어하기 위해서는 물리적으로 제어가 가능한 전자가 자전할 수 없도록 절대 온도 0도에 근접하는 냉동기술과 특정 전자의 회전방향(spin)을 제어 할 수 있는 자기적(磁氣的) 또는 광학적 기술개발이 필수적이다.

[그림 1.25] NASA 에임스 연구센터에 설치된 D웨이브 2X 양자컴퓨터.

양자와 양자역학을 이해한다는 것은 매우 어렵기 때문에 피상적 개념만을 설명하였다.

현재 컴퓨터 용량 단위는 한 개의 셀에 0이나 1중 하나의 상태를 나타내는 비트((bit)로 표현하고 있는 데 양자컴퓨터에서는 한 개의 전자에 2개의 상태를 동시에 중첩의 원리로 표현할 수 있는 **큐비트**(qubit :quantum bit)로 표현하고 있다.

미 항공우주국(NASA)과 구글이 공동으로 설립한 양자인공지능 연구소에서 세계최초의 상용 컴퓨터라고 불리는 [그림 1.25] 와 같은 1,097큐비트 D-Wave2X의 실물을 2015년 12월 8일 언론에 공개하고 시험 운영한 결과 기존 컴퓨터 보다 최대 1억 배 빠르다는 것을 발표했다.

이 양자컴퓨터의 칩이 작동하는 온도는 절대 0도보다 0.015도 높은 수준이며 차디찬 우주 공간의 온도(2.7K · 영하 270.45℃)보다 180배나 차갑다.

2017년 현재 그 기술은 공개되지 않았지만 구글, IBM, 마이크로소프트 등이 상용 양자컴퓨터를 출시하기 위해 경쟁하고 있다.

양자컴퓨터는 그 계산 속도가 양자현상을 이용하여 상상이상으로 빠르기 때문에 **퀀텀컴퓨팅(quantum computing)**이라고도 한다.

연습문제

컴퓨터 과학개론

1.1 인간의 육체적 기능 중에서 가장 중요한 기능은 ?

1.2 인간과 컴퓨터 사이에 약속된 언어를 무엇이라고 하는가 ?

1.3 인간의 지식에 해당하는 컴퓨터의 부분을 무엇이라고 하는가 ?

1.4 제어장치와 연산장치를 총칭하는 명칭은 ?

1.5 컴퓨터 하드웨어를 효과적으로 사용하기 위한 기술의 총칭은 ?

1.6 일의 해결방법을 컴퓨터 언어로 표시하여 놓은 것의 명칭은 ?

1.7 세계 최초의 자동 컴퓨터 개념을 고안한 사람은 ?

1.8 세계 최초의 프로그래머는 ?

1.9 세계 최초의 진공관 컴퓨터이름은?

1.10 세계 최초의 프로그램 내장방식 컴퓨터이름은 ?

1.11 프로그램 내장방식과 2진법 부호화를 제안한 사람은 ?

1.12 세계 최초의 문자처리를 가능하게 한 사무용 컴퓨터이름은 ?

1.13 자기 디스크 장치를 이용한 컴퓨터이름은 ?

1.14 트랜지스터를 발명한 사람은 ?

1.15 세계 최초의 마이크로 프로세서의 명칭은 ?

1.16 세계 최초 개인용 컴퓨터 이름은 ?

1.17 인공위성 자료를 처리할 수 있는 컴퓨터의 분류는 ?

1.18 컴퓨터의 5대 장치를 나열하고, 그 기능을 설명하시오.

1.19 최초의 PC이름은?

1.20 인간과 컴퓨터의 근본적인 차이점을 설명하시오.

2장 정보의 표현

2장 정보의 표현

사람과 사람사이 그리고 사람과 기계 사이에 주고받을 수 있는 의사 표시의 모든 형태를 정보라고 한다. 이 때 정보의 형태는 소리, 문자, 숫자, 기호, 그림, 사진, 색깔 등 여러 형태가 있다.

그런데 우리가 듣고 보아서 알 수 있는 이들 아날로그 형태로 표현된 정보를 컴퓨터회로에 표현하기 위해서는 이들 정보를 전기상태의 조합으로 변환해서 표현해야한다. 컴퓨터는 전기가 흐르는 전자장치이기 때문이다. [그림 2.1]은 2개의 전구에 들어오는 전기의 상태에 따라 아날로그 형태의 정보를 종류별로 각각 약속하여 표현한 하나의 예를 보인 것이다.

정보 / 상태	숫자	문자		명령	색	음계
 0 0	0	ㄱ	A	읽어라		도
 0 1	1	ㄴ	B	더하라		레
 1 0	2	ㄷ	C	써라		미
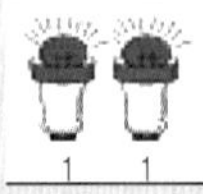 1 1	3	ㄹ	D	끝내라		파

[그림 2.1] 전구 2개의 정보표현 약속 예

위 그림에서 전구가 꺼진(off)상태를 0으로 켜진(on)상태를 1이라는 기호로 약속하면 가능한 조합은 00, 01, 10, 11로 표현되는 4개의 2진수 상태가 있다. 따라서 2진수로 부호화하여 붙일 수 있는 약속의 수는 정보의 종류별로 각각 최대 4개까지가 가능하다. 즉, 2진수 10의 상태는 10진수로 2이고, 한글문자로는 "ㄷ"이며, 명령문으로는 "써라"이고 색상으로는 노란색을 의미하는 것으로 약속된 것을 보이고 있다.

여기 2장에서는 문자, 숫자, 그림, 소리, 영상 등 아날로그 형태의 다양한 정보를 2진수로 부호화하는 방법과 2진수로 표현된 수치의 연산방법이 설명된다.

2.1 수의 표현과 연산

2치 소자로 표현되는 상태를 하나는 0으로 또 다른 하나는 1로 대응시킬 수 있다. 0과 1의 두개의 숫자로만 이루어진 수의 체계를 2진법체계(binary number system)라고 한다. 이 0과 1만의 상태를 표현할 수 있는 자리를 비트(binary digit)라 부르며 컴퓨터 기억장치의 제일 작은 기억 단위이다.

그런데 컴퓨터의 정보는 2진법 수를 이용하여 표현하기 때문에 3장에서 설명된 컴퓨터의 동작원리와 정보표현 방법을 이해하기 위해서는 2진수에 대한 이해가 먼저 있어야 한다.

2.1.1 진법표현

일반적으로 수는 나열된 숫자를 그 위치 즉, 자리에 따라 그 크기를 달리하고 있다. 예를 들면 10진법 수 232.4를 기수(base)와 거듭제곱 형태로 바꾸어 쓰면 다음과 같이 표현된다.

$$232.4 = 2\times10^2 + 3\times10^1 + 2\times10^0 + 4\times10^{-1}$$

여기서 10진법의 기수는 10인 것이다. 일반적으로 수는 기수의 승수와 그 계수로 나열하여 다음과 같이 표현하고 있다.

$$d_n\, d_{n-1}\ldots\ldots\ldots\ldots d_0.\ d_{-1}\, d_{-2}\ldots\ldots$$

여기서 n는 소수점을 기준으로 생각한 위치를 의미한다. 이 수를 위치에 따라 기수가 b인 수로 표현하면 다음과 같다.

$$d_nb_n + d_{n-1}b_{n-1} + \ldots\ldots + d_0b_0 + d_{-1}b_{-1} + d_{-2}b_{-2}+\ldots\ldots$$

10진법은 0,1,2,.....,9까지 10개의 수로 구성되고 있는 것을 알 수 있다. 그러면 0과 1은 2개의 수로 구성되었으니 **2진법**이고 0, 1, 2, 3은 4개의 수로 구성되었으니 4진법, 0에서 7까지로 된 수의 체계는 8개의 숫자가 있으니 **8진법**이 되는 것이다. 여기서 중요한 것은 계수는 기수보다 작은 수로 표현된다는 것이다. 즉 d_1d_2 등은 기수 b보다 작은 수로 표현된다. 진법을 구별하기 위해서 숫자에 괄호를 치고 진법 수를 첨자로 붙여 표현한다.

2진법으로 표현된 수의 체계를 알아보자. 2진법은 0과 1로만 표현되기 때문에 각 자리에는 언제나 0이 아니면 1인 어느 한쪽만을 표시하게 된다. 이와 같이 2진법의 각 자리를 비트(bit: binary digit)라고 한다. 다음 2진수 1011 예를 들어보자.

$$
\begin{aligned}
(1011)_2 &= 1\times 2^3 + 0\times 2^2 + 1\times 2^1 + 1\times 2^0 \\
&= 1\times 8 + 0\times 4 + 1\times 2 + 1\times 1 \\
&= 8 + 0 + 2 + 1 \\
&= (11)_{10}
\end{aligned}
$$

그런데 왼쪽의 1011과 오른쪽의 11은 그냥 보면 그 수가 몇 진법 수인지 알 수가 없다. 따라서 혼돈할 염려가 있을 때는 보통 ( )내에 숫자를 쓰고 그 기수를 첨가로 붙여서 진법을 나타내거나 숫자에 그 기수를 아래 첨자로 사용하여 나타내기도 한다.

2진수와 10진수를 물리적 소자로 표현하는 경우 2진수는 각 자리마다 1개의 소자가 필요하지만 10진수는 각 자리마다 9개의 소자중 전부 꺼진 상태를 0으로 하고 1개가 켜지면 1로 9개가 모두 켜지면 9로 표현 해야 하므로 9개의 소자가 필요하다. 앞에서 표현된 2진수 1011은 4자리이기 때문에 4개의 물리적 소자가 필요하지만, 10진수11은 2자리이기 때문에 각 자리마다 9개씩 18개의 물리적 소자가 필요하게 된다.

그래서 10진수는 2진수로 바꾸어 표현하면 자리 수는 많이 늘어나지만 물리적인 소자 수는 그만큼 감소되기 때문에 2진수로의 표현이 표현하는 소자 수에서 훨씬 경제적이다. 또 2진수의 연산은 뒤에 설명된 바와 같이 훨씬 빠르고 정확하며. 그 계산의 기계적 조작이 간단하다.

컴퓨터의 정보는 전구와 같은 물리적 소자에 전기의 유무로 표시할 수밖에 없다. 전기의 유무를 각각 0과 1로 약속하면 그 상태를 2진수로 대응하여 표현할 수 있다. 즉, 0은 전기가 없는 상태를 그리고 1은 전기가 있는 상태로 약속할 수 있다.

[그림 2.2]는 10진수 11을 전구를 가지고 2진수로 바꾸어 물리적으로 표현한 예이다.

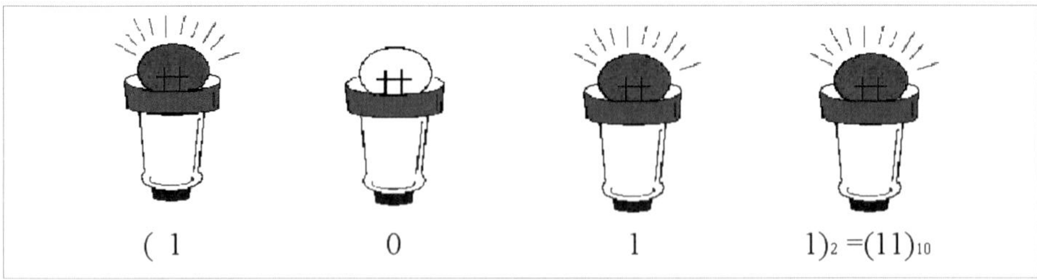

[그림 2.2] 전구에 의한 수치의 표현

10진법 수를 2, 4, 8 그리고 16진법 수와 대비하여 [표 2.1]에 표시되었다. [표 2.1]에서 알 수 있는 것은 한 자리의 숫자를 표현하기 위해서 비트 1개는 0에서 1까지의 2진법, 비트 2개는 0에서 3까지의 4진법, 비트 3개는 0에서 7까지의 8진법, 비트 4개는 0에서 15까지의 16진법 수를 나타낼 수 있다는 것이다.

[표 2.1] 진법 대비표

10진법	2진법	4진법	8진법	16진법
0	0	0	0	0
1	1	1	1	1
2	10	2	2	2
3	11	3	3	3
4	100	10	4	4
5	101	11	5	5
6	110	12	6	6
7	111	13	7	7
8	1000	20	10	8
9	1001	21	11	9
10	1010	22	12	A
11	1011	23	13	B
12	1100	30	14	C
13	1101	31	15	D
14	1110	32	16	E
15	1111	33	17	F
16	10000	100	20	10
17	10001	101	21	11

그런데 2진법은 인간이 익숙하지 않기 때문에 2진법 상태로 표현된 컴퓨터의 정보를 3개의 비트로 묶은 **8진법**이나 4개의 비트로 묶은 **16진법**으로 쓰고 읽는 것이 편리하다. 16진법에서 기수는 16이므로 1에서 9까지의 10개의 숫자와 A(10), B(11), C(12), D(13), E(14), F(15)의 6개의 숫자를 포함해서 모두 16개의 숫자로 구성된다.

2.1.2 진법 변환

우리가 사용하는 10진법 수를 컴퓨터에 그대로 적용하면 정보 표현의 물리적인 요소의 개수에서 그리고 계산 방법의 복잡성 때문에 2진법 수를 이용하는 방법보다 컴퓨터의 설계가 복잡해진다. 그 결과 컴퓨터의 제조 단가가 높아지게 되며 계산 속도가 느려지게 된다.

따라서 인간은 10진법으로 기계는 2진법으로 이해하도록 해서 기계에 들어갈 때에는 2진법 수로 바뀌고 기계에서 나올 때는 10진수로 변환해주는 전자 회로를 설계하면 **진법 변환**의 문제는 간단히 해결되는 것이다.

1 10진수의 2진 변환

10진수의 정수 부분은 다음과 같이 몫과 나머지를 이용해서 기계적으로 계산하는 방법이 있다. 그 것은 5를 2진수로 변환하는 예로 설명을 대신한다. 즉, $(5)_{10}$을 2로 나누어 그 나머지 1을 오른쪽에 표시하고 그 몫 1을 다시 2로 나누어 그 나머지 0을 오른쪽에 표시한다. 이와 같은 과정을 계속하여 더 이상 그 몫이 2로 나누어질 수 없을 때까지 계속한 후 이 최후의 몫을 맨 윗자리로 취해서 그 뒤에 나머지를 거꾸로 거슬러 올라가면서 차례로 적으면 2진법 수가된다.

```
2 | 5 ········ 1
  └────
2 | 2 ········ 0
  └────
    1
```

따라서 10진수 5는 2진수 3자리 101로 표현되고 이를 4자리로 표현하면 0101이 된다. 10진수 5가 3자리 이진수로 변환되는 컴퓨터회로의 원리는 3장 [그림 3.11] 10진수의 2진수 변환 부호기를 참고하기 바란다.

소수점이하의 10진수를 2진수로 변환하는 방법은 주어진 소수 부분에 2를 곱하고 그 결과 나타난 정수를 오른쪽에 쓰고, 다시 그 소수 부분을 취하여 2를 곱하고 그 결과의 정수 부분을 오른쪽에 쓴다. 이와 같이 소수부분에 2를 곱하고 정수부분을 치하는 과정을 소수부분이 없어지거나 원하는 자리수가 될 때까지 계속 반복한다. 그리고 소수점을 찍고 그 다음에 오른쪽에 정리한 숫자를 위에서 아래로 차례로 취하면 변환된 소수가 된다. 즉 소수점이 없어지는 경우의 예로 10진수 0.625를 2진수로 고치면 다음과 같다.

$$0.625 \times 2 = 1.25 \longrightarrow 1$$
$$0.25 \times 2 = 0.5 \longrightarrow 0$$
$$0.5 \times 2 = 1.0 \longrightarrow 1$$

따라서 10진수 0.625는 2진수 0.101이 된다. 그리고 무한히 길어지는 경우의 예로 10진수 0.1을 2진수로 변환하면 다음과 같이 무한하게 길어진다.

```
     0.1×2 = 0.2 ───→ 0
  ┌─0.2×2 = 0.4 ───→ 0
반│  0.4×2 = 0.8 ───→ 0
복│  0.8×2 = 1.6 ───→ 1
  └─0.6×2 = 1.2 ───→ 1
```

$$
\begin{aligned}
0.2\times2 &= 0.4 \longrightarrow 0 \\
0.4\times2 &= 0.8 \longrightarrow 0
\end{aligned}
$$

따라서 그 결과는 (0.000110011...)이므로 순환 소수가 되고 있음을 알 수 있다.

일반적으로 10진 소수를 2진수로 바꾸면 대부분의 경우 순환 소수가 되므로 그것을 표현하기 위해서 무수한 자리수가 필요하게 된다. 따라서 어느 정도에서 잘라야 하므로 10진수가 2진수로 변환되었을 때에는 근사 값으로 표현할 수밖에 없다.

2 2진수(binary)의 10진수(decimal)변환

수치는 정수 부분과 소수 부분으로 되어 있다. 먼저 정수 부분의 변환 방법부터 알아보자. 전 절에서 설명한 바와 같이 n자리의 2진수를 10진수로 바꾸는 방법은 2진수의 맨 아랫자리에서부터 차례로 2진법의 기수 2^0, 2^1, 2^2, …… .2^n과 그의 계수 0또는 1을 곱한 다음 이들을 모두 더해 준다. 즉 2진수 101은

$$
\begin{aligned}
(101)_2 &= 1\times2^2+0\times2^1+1\times2^0 \\
&= 1\times4+0\times2+1\times1 \\
&= 4+0+1 \\
&= 5
\end{aligned}
$$

이 된다.

한편 소수 부분의 변환은 소수점 아래 첫자리부터 오른쪽으로 2^{-1}, 2^{-2},...을 각 자리의 숫자에 차례로 곱하여 계산한 후 모두 더해주면 된다.

3 2진수의 8진수(octal)변환

2진수 1자리는 1비트이고 또 3비트를 묶으면 **8진수** 1자리를 표현한다. 그러므로 다음 2진수로 표현된 수를 제일 작은 자리부터 시작하여 3개씩 묶어 10진수로 읽으면 8진법 수가된다.

010	111	011	101	100
•	•	•	•	•
•	•	•	•	•
2	7	3	5	4

따라서 그 결과 8진수 27354가 된다.

3자리 2진수 신호 101을 1자리 8진수 신호 5로 변환하는 컴퓨터회로는 3장 [그림 3.12] 2진수의 8진수 변환 해독기의 예를 참조하기 바란다.

4 8진수의 2진수 변환

이 변환은 2진수의 8진수의 변환과 반대 과정을 거쳐 수행한다. 이 경우에는 8진수의 각 숫자를 3비트의 2진수로 나타내고 이것을 순서대로 배열시키면 2진수로 된다.

즉 $(237)_8$을 2진수로 고치면 다음과 같다.

$$(237)_8 = (010\ \ 011\ \ 111)$$

위에서 제일 왼쪽의 0을 없애고 쓰면 $(10011111)_2$이다

5 2진수의 16(hexadecimal)진수 변환

2진수의 16진수로의 변환은 2진수 4자리(4bit)가 16진수로 표시되므로 2진수를 제일 아래 자리부터 시작하여 4자리씩 묶어서 이를 16진수의 표현으로 쓰면 된다. 즉 $(1011100010)_2$는

$$\begin{aligned}(1011100010)_2 &= (0010\ \ 1110\ \ 0010)_2 \\ &= (\ 2\qquad E\qquad 2\ )_{16}\end{aligned}$$

로 된다. 제일 큰 자리에서 4자리의 묶음으로 끝나지 않는 경우에는 0을 그 왼쪽에 추가하여 4자리가 되게 한다.

6 16진수의 2진수 변환

이 방법은 앞에서 설명한 2진수의 16진수로의 변환을 거꾸로 진행하면 된다. 즉 16진수 1자리를 2진수 4자리로 표현하면 된다. 예를 들어 16진수 206을 각 자리마다 4자리의 2진수로 풀어쓰면 (0010 0000 0110)이 된다. 그리고 의미가 없는 제일 왼쪽의 0은 무시해도 된다.

이와 같이 10진수를 2진수로 표현하기 위해서 2로 계속 나누거나 곱하면 그 계산 과정이 길어지나, 8진수나 16진수로 먼저 변환하고 나서 이를 다시 2진수로 변환하면 그 계산 과정이 짧아서 변환하기가 쉽고 읽기에도 편리하게 된다.

2.1.3 2진수의 연산

2진수의 연산은 10진수의 비해서 그 계산 조작이 간단하다. 그 이유는 10진수에서의 연산은 0,1,2,...9인 10개의 숫자 각각에 대해서 더해지거나 곱해지는 등의 숫자가 다시 10개이므로 그 계산 결과는 100가지 경우가 있으나, 2진수의 연산에는 0과 1의 2개의 숫자밖에 없으므로 그 연산결과는 4가지의 경우밖에 없다. 따라서 4가지의 경우를 생각하는 것이 100가지의 경우를 생각하는 것보다는 훨씬 쉬운 것이다. 즉, 2진수의 연산에서는 자리올림 숫자가 1밖에 없으므로 올림이 있으면 1이고 없으면 0이지 얼마만큼 올라갔는지 신경쓸 필요가 없다. 그래서 구구단 같은 것을 외울 필요가 없다.

1 덧셈

다음 예로써 설명을 대신한다. 즉 15+6은 다음과 같다.

```
       1 1    ......................  (자리올림)
       1 1 1 1  ..........  15
  +    0 1 1 0  ..........  +06
  ----------------      -----
     1 0 1 0 1  ..........  21
```

위의 예에서 왼쪽 숫자는 2진수이고 오른쪽 숫자는 10진수이며, 자리올림 줄의 숫자는 그 아래 자리에서 올라온 것을 뜻한다. 이 예에서 더하는 수나 더해지는 수를 숫자로 생각하는 것 보다 같은 위치의 자리에 있는 0과 1의 상태에 따라 다음 3가지의 논리 덧셈법칙을 적용한다.

첫째 두 수의 상태가 모두 0인 경우에는 그 자리의 값은 0이고 자리 올림이 없다.
둘째 두 수의 상태가 모두 1인 경우에는 그 자리의 값은 0이고 1을 윗자리로 올린다.
세째 두 수의 상태가 서로 다른 경우에는 그 자리의 값은 1이고 자리올림이 없다.

10진수의 덧셈에서는 정확하게 합산하고 그 결과 제자리에는 얼마가 남고 또 얼마가 다음 윗자리로 올라가는 숫자를 기억해야 하는 불편이 있지만 2진수 덧셈은 위와 같이 간단히 행할 수 있어서 컴퓨터의 덧셈회로의 3장 [그림3.8] 1비트 전가산기회로에서 보인 것처럼 설계를 단순하게 할 수 있다.

2 뺄셈

뺄셈은 빼는 수의 보수를 빼지는 수에 더하는 덧셈 방법으로 수행한다.

10진수에서 10의 보수(complement number))란 더해야 할 두수 중에 자릿수가 많은 수의 윗자릿수 보다 1자리 높은 수중에 서 제일 작은 수를 보수의 기준으로 취한 수이다. 같은 자릿수 중에 최대 수를 기준으로 한 보수를 9의 보수라 하고, 한자리 높은 수중에 제일 작은 수 기준으로 한 보수를 10의 보수라고 한다.

예를 들어 99-7 = 92인 경우 큰 수의 2자릿수 보다 한 자리 많은 수중에서 제일 작은 수는 100이다 그래서 100에 대한 7의 보수는 93이다. 99에서 7을 빼는 대신에 보수 93을 더해주고 자리올림이 있으면 자리올림을 제거한 수가 답이 되는 계산방법을 보수에 의한 뺄셈이라고 한다. 즉, 99 +93 = 192 이다. 이 결과에서 자리올림 1을 떼어낸 92가 답인 것이다.

2진수에서는 두 수중 큰 자릿수에 맞추어 0을 1로 1은 0으로 상태를 바꾸면 1의 보수가 되고 여기에 1을 더하면 2의 보수가 된다.

예를 들어 즉 5-3 = 2인 경우 이를 2진수로 바꾸면 101 - 11 = 10 이다. 여기서 큰 수101은 3자리이고 빼는 수 11은 2자릿수이기 때문에 11을 3자리수로 표현하면 011이 된다. 011의 1의 보수는, 상태를 뒤집은 100이고, 여기에 1을 더하면 2의 보수 101이 된다.

이제 11의 보수 101을 빼는 대신에 빼어지는 수 101에 논리 덧셈법칙으로 더하면 결과가 1010이 된다. 1010에서 3자리보다 큰 자리올림 수 1을 제거하면 010이 답이다.

3 곱셈과 나눗셈

곱셈은 곱하는 수만큼 곱하여지는 수를 반복적으로 더하면 되고 나눗셈은 반대로 나누어지는 수에서 나누는 수를 뺄셈으로 반복하여 빼어지는 횟수를 몫으로 취하면서 원하는 정도까지 빼면 된다. 그러나 2진법의 경우에서는 곱하여지는 수의 제일 아래 자리의 오른쪽에 0을 하나씩 더 추가함으로써 2,4,8,16...등으로 곱하는 결과가 되고 제일 아래 자리를 하나씩 계속 떼어냄으로써 2,4,8...등으로 나누는 결과가 된다.

따라서 곱셈의 경우에는 덧셈과 자리를 왼쪽으로 이동시키는 것을 반복하고 나눗셈은 뺄셈과 자리를 오른쪽으로 이동시키는 것을 반복하여 수행하면 그 연산 속도를 더욱 빠르게 할 수 있다. 이상과 같이 2진 연산은 모두 덧셈으로 처리 할 수 있다는 것이다.

2.2 문자정보의 표현

컴퓨터는 전기상태의 유무로 표현되는 2치 소자로 되어 있으므로 인간이 사용하고 있는 모든 정보는 2치 정보 즉 비트로 표현되어야 한다. 따라서 인간의 정보를 비트 정보로 부호화(coded)해야 한다.

문자 정보의 표현은 한글, 한자, 영문자 등의 문자와 +, % 등 특수문자 그리고 0, 1, 2.. 등 숫자 등을 각각 구별 할 수 있도록 여러 개의 비트를 한 조로 모아 이들 상태가 가지는 값에 대응하여 나타낼 수 있다. 이들을 나타내는 방법으로는 여러 가지가 있는데 초창기 컴퓨터는 미국위주로 발달되었으므로 아직도 미국에서 부호화 시켜 놓은 것을 그대로 많이 쓰고 있으므로 이들을 먼저 소개하고 한글의 표현 방법을 설명한다.

2.2.1 영문자의 표현

영문자의 표현 형식은 여러가지가 있었으나 여기에서는 1968년에 만들어진 미국 표준코드만을 설명한다.

미국 표준 코드(ASCII: american standard code for information interchange)는 처음에 7개의 비트로 구성되어 128문자까지 부호화 할 수 있는 코드로 소형 컴퓨터에 많이 쓰이게 되었다.

이 코드의 특징은 왼쪽 3개의 비트를 존 비트 나머지 4개의 비트를 디지트 비트로 나누어 [표2.2]와 같이 영문자영역, 숫자영역, 특수문자영역 등을 구분할 수 있게 하였다.

[표 2.2] ASCII 코드표의 일부

코드	0	1	2	3	4	5	6	7	8	9	A	B	C	D	E	F
2		!	“	#	$	%	&	‘	(	)	*	+	,	−	.	/
3	0	1	2	3	4	5	6	7	8	9	:	;	〈	=	〉	?
4	@	A	B	C	D	E	F	G	H	I	J	K	L	M	N	O
5	P	Q	R	S	T	U	V	W	X	Y	Z	[	/	]	^	_
6	`	a	b	c	d	e	f	g	h	i	j	k	l	m	n	o
7	P	a	r	s	t	u	v	w	x	y	z	{	:	}		

[표 2.2]에서 1열의 숫자는 3비트로 표현되는 8진법 수이고 제1행은 4비트로 표현되는 16진수이다. 제 1열을 존비트 제 1행을 디지트비트라고 한다. 따라서 죤비트가 5이고 디지트비트가 A이면 2진코드는 1011010(5A)이고 문자 값은 Z가 된다. 만약 “A2C”를 ASCII 코드로 표현하면 16진법으로 A는 41, 2는 32, C는 43이므로 7비트에 표현된 2진 코드는 “1000001 0110010 1000011”이 된다.

그러나 7비트 ASCII코드는 코드화해야 할 문자수가 증가함에 따라 256개의 문자코드를 부여할 수 있는 8비트로 화장되었다. 이를 확장 미국 표준코드(Extended ASCII)라고 한다. 확장ASCII코드는 기존 7 비트코드에 0을 왼쪽에 추가하여 128개의 문자코드 값은 변함이 없다.

그리고 처음비트 값이 1로 시작하는 나머지 128개는 키보드로는 입력할 수 없는 그래픽 문자나 수학기호들로 사용되고 있다. 특히 이들 추가된 코드들은 메모장 같은 문서작성 프로그램(text editor)에서 “ctrl ”이나 “Alt” 키와 함께 문자키를 눌러 단축키 문자로 사용되어 문서작성과 편집을 쉽고 빠르게 작성할 수 있게 한다.

2.2.2 한글의 표현

한글의 특성은 영문자와는 달리 최소단위가 자소이다. 이 자소들이 일정한 규칙에 따라 조합되면 한 개의 음절을 형성한다. 이 음절이 영어의 A, B, C처럼 하나의 문자를 형성한다. 이 음절이 하나의 발음 단위이면서 또한 의미 단위, 처리 단위가 된다. 영어를 포함한 라틴계열의 문자는 하나의 문자가 글씨로 표현될 때 일정한 크기로 쓰여지지만 한글은 2개 내지 5개의 자소들이 모여서 일정한 크기의 음절 문자로 표현되어야 한다.

따라서 영어 문자를 표현할 때는 입력, 출력 및 처리의 단위가 모두 같으므로 컴퓨터에서 사용하는 부호는 한 문자 단위로 부여하면 된다. 그러나 한글은 자소 단위로 풀어서 입력하고 출력할 때는 음절 단위로 모아서 써야 하기 때문에 한글 부호는 자소 단위와 음절 단위의 부호가 있어야 입출력 및 처리에 효율적이 된다.

따라서 한글 코드를 어떻게 선택하느냐에 따라 한글 처리가 매우 다르게 된다. 한글 표준이 채택되기 전까지는 컴퓨터 회사마다 한글 처리를 다르게 하였기 때문에 제조회사가 다른 컴퓨터의 한글문서는 읽을 수가 없었다. 현재는 2바이트 완성형과 조합형이 한글표준과 국제표준으로 되었다.

1 2바이트 조합형 한글

2바이트 **조합형 한글**은 [그림 2.3]와 같이 16비트로 된 2바이트를 묶어 초성 중성 종성에 따라 자소단위로 5비트에 코트화 한 것이다.

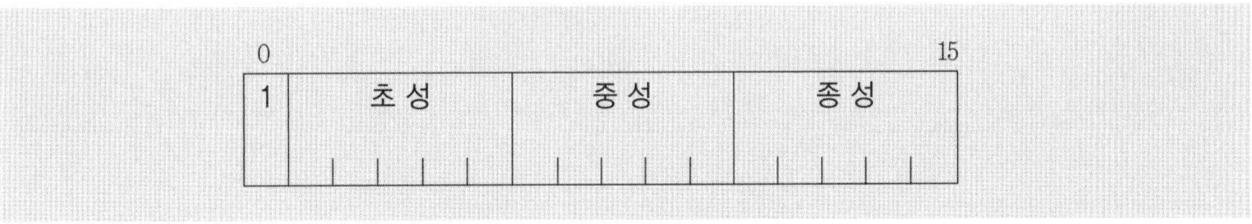

[그림 2.3] 조합형 한글코드의 형식

여기서 0번지 비트가 1인 것은 다음 2바이트는 한글임을 표시하고 0인 경우에는 영문임을 표시한다. 여기서 초성, 중성, 종성에 각각 5비트씩 할당하였으므로 각각 32(2의 5승)까지의 자소를 배정할 수 있다.

예를 들어 "황"이라는 글자중에 하나의 초성에 "ㅎ"을, 중성에 "ㅘ"을 종성에 "ㅇ"에 대응하는 코드 값이 각각 배정된다. 이 코드는 정부에서 한글표준으로 채택되었고, 그 내용은 [표 2.3]과 같다.

조합형은 고어까지 포함해 의성어를 비롯하여 모든 형태의 한글을 입력하여 처리할 수 있는 장점이 있으나 출력 방법에서는 다시 모아써야 하는 불편과 글자 모양이 예쁘지 않다는 단점이 있다.

[표 2.3] 한글 2바이트 조합형 코드 예

코드	초 성	중 성	종 성	코드	초 성	중 성	종 성
00000	〈않씀〉	〈않씀〉	〈않씀〉	10000	ㅊ	〈않씀〉	ㄹㅎ
00001	〈채움〉	〈않씀〉	〈채움〉	10001	ㅋ	〈않씀〉	ㅁ
00010	ㄱ	〈채움〉	ㄱ	10010	ㅌ	ㅚ	ㄹㅎ
00011	ㄲ	ㅏ	ㄲ	10011	ㅍ	ㅛ	ㅂ
00100	ㄴ	ㅐ	ㄳ	10100	ㅎ	ㅜ	ㅄ
00101	ㄷ	ㅑ	ㄴ	10101	〈한자〉	ㅝ	ㅅ
00110	ㄸ	ㅒ	ㄵ	10110	〈한자〉	ㅞ	ㅆ
01000	ㅁ	〈않씀〉	ㄷ	11000	〈한자〉	〈않씀〉	ㅈ
01001	ㅂ	〈않씀〉	ㄹ	11001	〈한자〉	〈않씀〉	ㅊ
01011	ㅃ	ㅔ	ㄺ	11010	〈한자〉	ㅠ	ㅋ
01100	ㅅ	ㅕ	ㄻ	11011	〈한자〉	ㅡ	ㅌ
01100	ㅆ	ㅖ	ㄼ	11100	〈한자〉	ㅢ	ㅍ
01101	ㅇ	ㅗ	ㄽ	11101	〈한자〉	ㅣ	ㅎ
01110	ㅈ	ㅘ	ㄾ	11110	〈한자〉	.	ㆁ
01111	ㅉ	ㅙ	ㄿ	11111	〈않씀〉	. ㅣ	〈않씀〉

2 2바이트 완성형 한글

음절단위로 16비트에 1개의 코드를 배정한 것이 **완성형 한글**이다. 영문자는 입력 처리, 통신, 출력에 까지 한 바이트에 1개의 코드로 약속된 완성형 문자이다. 또한 일어나 한자 등도 음절문자이기 때문에 완성형 문자이다. 완성형 문자는 입력코드와 출력코드가 같기 때문에 그 처리가 조합형에 비해서 매우 단순하다. 그래서 한글도 완성형을 취하지 않을 수 없게 되었다.

현재 한글 완성형은 2바이트 코드로 정부가 1987년에 한국표준으로 정한 것이다. 여기에는 한글음절 사용빈도 수에 따라 현대 한글 2350자, 한자 4888자 각종 학술 기호, 외국 문자 등을 영역 별로 나누어 배열시켜 놓았다. 즉 한글 완성형은 ㄱ, ㄴ, ㄷ 등에 대응하는 코드는 없고 가, 나, 다, 황 등에 대응하는 코드만 있는 것이다.

완성형에서는 문자마다 문자의 모양을 그림으로 만들어 기억시켜 놓고, 코드 값에 대응하는 그림으로 된 문자를 찾아 출력하기 때문에 같은 음절의 문자를 여러 종류의 폰트들과 연결시킬 수 있으므로 예쁘고 특색 있는 서체를 골라 쓸 수 있는 장점이 있다.

그러나 이 완성형 한글 코드는 국제 표준에 맞추어져 다른 언어들과 코드를 같이 사용하여야 함으로 글자 수에 제한이 있다는 것이 단점이 되지만 한글의 국제화에는 큰 도움이 된다.

2.2.3 UNICODE

컴퓨터의 사용이 영어권에만 사용되는 것이 아니라 동양의 한자 문화권까지 필수적으로 사용되게 되었다. 또한 정보 통신 기술의 발전에 따라 모든 나라가 자기들의 문자를 가지고 다른 언어로 변환 과정 없이 통신할 수 있어야 한다. 그래서 나타난 코드체계가 UNICODE이다. 이 코드는 ASCII코드를 사용하는 컴퓨터에서도 사용 가능하도록 2바이트에 세계 모든 문자를 배열한 것이다. 94개의 한글조합형과 11,172(초성 19개×중성21개×종성 받침 없는것 포함 종성 28개)개의 완성형은 1995년도에 모두 UNICODE에 코드를 할당받았다.

이제 UNICODE를 지원하는 컴퓨터를 사용하면 세계 어느 곳에 있는 컴퓨터를 사용하든지 간에 한글 때문에 고통받는 일은 없게되었다.

> **참 고** 윈도우 운영체제에서 제공하는 "메모장" 은 꾸미지 않은 글자를 입력하고 *.txt 파일로 저장하며 출력하는 문서작성 프로그램이다. 이에 비해 "아래한글"이나 파워포인트, HTML 문서 등은 글자의 크기, 농도, 색상 등을 문자 앞뒤에 태그를 추가하여 꾸며준다.

2.3 음성과 영상정보의 표현

화상과 음성은 약속된 길이에 표현되는 문자나 수자와는 달리 그 길이에 제한을 둘 수 없다. 영상정보는 화면에 표시할 좌표와 그 좌표에 나타내어야 할 색깔정보로 표현되어야 하고 또 음성은 시간에 따른 소리의 높낮이를 2진수로 표현해야 하므로 이들 정보는 문자정보와는 다르게 표현하고 있다.

2.3.1 음성 정보의 표현

1990년대에 들어서면서부터 **음성 정보**를 디지털화하여 처리할 수 있는 기술이 발전됨에 따라 음성정보의 수요는 매우 폭발적으로 그 활용도가 넓어 졌다.

음성은 소리의 시간의 흐름에 따른 연속적인 높낮이를 2진수로 변환하여 컴퓨터에 기억시킨다. 즉, 파동으로 표현되는 소리의 세기와 모양이 마이크를 통해서 전류세기의 높낮이로 표현되는 파동으로 변한다. 이러한 파동을 아날로그 파동이라고 한다.

이 아날로그 신호의 순간 순간의 높이를 수치화하고 이를 2진수로 디지털화하여 비트모음에 표현한다. 한 순간의 소리의 높이를 8비트에 표현한다면 256등급으로 소리의 높이를 구별할 수 있는 것이다.

예로서 "hello" 라는 음성의 전류 파형을 [그림 2.4]에 보였다.

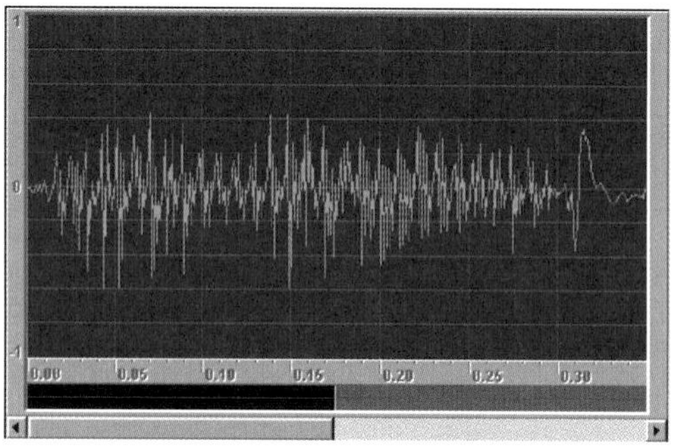

[그림 2.4] "hello"의 전류 파형

[그림 2.4]와 같이 표현된 음성 파는 아날로그(analog)파형이기 때문에 이를 2진 디지털 파형으로 변환해야 컴퓨터에서 처리할 수 있는 음성정보가 된다. [그림 2.5]는 1초 길이의 음성신호를 1,000등분하고 음성의 높이를 0에서 9까지 10등분하여 1,000분의 10초 동안의 디지털 파형의 예를 그려놓은 것이다. 초당 측정 개수를 **샘플링 율**(sampling rate)이라 하고 음량의 높이를 **양자화 등급**(quantization level)이라고 한다.

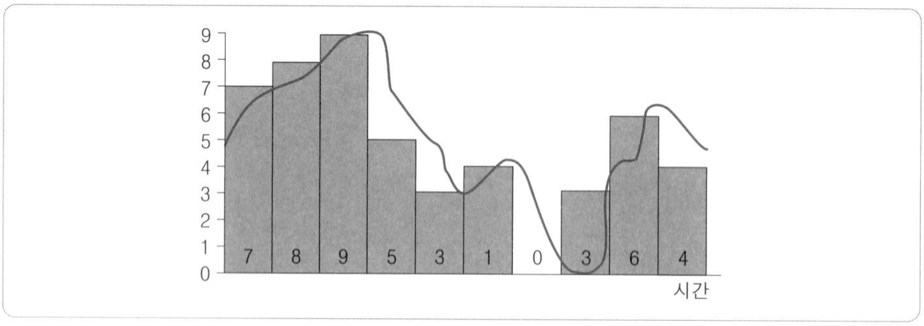

[그림 2.5] 음성의 디지털 화(샘플링 율:1,000 양자화등급:10)

[그림 2.5]에서 소리의 세기는 왼쪽부터 7,8,9,5,3,2,0,3,6,4로 샘플링 되었다. 10진수로 표현된 음성정보를 다시 2진 정보로 바꾸어 컴퓨터의 기억장치에 기억시킨다. 수치로 표

현된 정보를 다시 아날로그 파형으로 변환시키어 재생하면 [그림 2.6]에서 보는 것 같이 꺽은 직선으로 나타난다. 여기서 보는 봐와 같이 곡선으로 표현된 원래의 음파와는 차이가 나서 스피커에 재생되는 소리는 원음과 다르게 들린다.

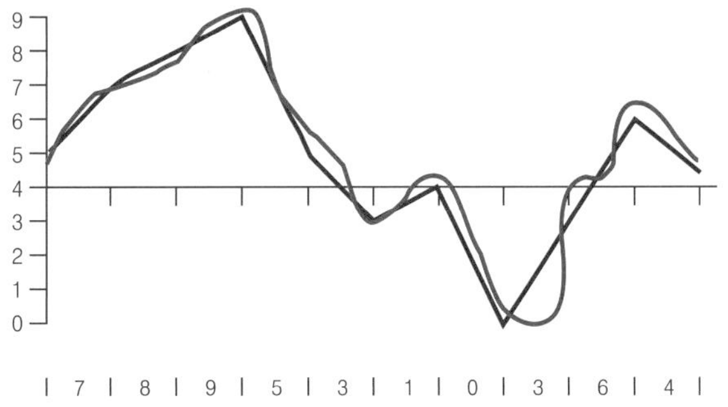

[그림 2.6] 디지털 음성정보를 아날로그로 변환한 파형

따라서 음성을 정확하게 디지털화하기 위해서는 샘플링 율을 높이고 음량의 등급을 많이 해야한다.

[그림 2.7]에는 초당 4,000번의 샘플링과 40등급으로 채취되는 음파를 보이고 있다.

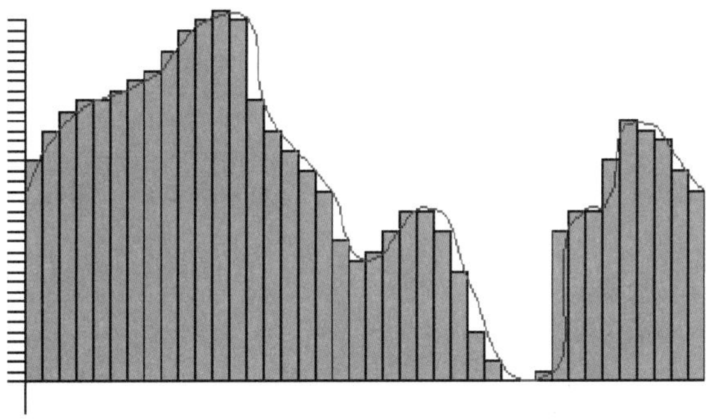

[그림 2.7] 음파의 디지털화(40등급의 4,000 샘인 경우)

이 그림에서 보는 봐와 같이 디지털화되는 파형이 곡선으로 표현된 아날로그 파형과 비슷해짐을 알 수 있다.

현재 CD음반의 경우 65,536등급의 44,100샘플링 율로 제작되고 있으며 원음과 같게 들을 수 있다. 여기서 2 바이트인 16비트에 표현될 수 있는 최대의 양자화 등급은 65,538등급이 가능한 것이다.

따라서 순간순간의 측정길이가 짧을수록 또 그 양자화등급을 표현할 비트의 개수가 많으면 많을수록 자연 음에 가까운 음을 표현할 수 있다. 그런데 원음에 근사 할수록 기억용량이 많이 필요하고 속도도 빠른 컴퓨터가 요구된다. 더구나 인터넷상에서 이들 자료를 실시간으로 전송하기 위해서는 더 많은 시간이 소요되기 때문에 더 빠른 전송기술이 요구된다.

실제로 아날로그 신호를 디지털 신호로 변환하여 주는 마이크로프로세서 칩을 **아날로그 디지털 변환기**(ADC : Analog to Digital Converter)라고 한다.

아날로그란 소리나, 빛, 압력, 온도, 전류 등 시간에 따라 연속적으로 그 세기가 변하는 현상을 파동의 형태로 비슷하게 표현해 놓은 데이터를 말하며, 디지털이란 손가락이란 뜻을 가진 디지트(digit)에서 유래한 단어로, 지속과 단절이 분명하여 임의의 시간에서 지속 신호의 높이를 최소단위의 정수배만으로 표현한 데이터를 의미한다.

그런데 컴퓨터회로는 0이나 1만의 신호를 전기적 상태로 표현할 수 있기 때문에 디지털이라고 하면 일반적으로 2진수로 표현된 데이터를 의미한다.

2.3.2 영상정보의 표현

영상 정보는 영상표시장치에 화소(Pixel)이라고 부르는 행과 열로 구성된 좌표에 해당하는 색상을 뿌려 주어서 영상을 만든다. 이 영상도 ADC로 음성의 세기를 양자화하여 디지털 정보를 만들었듯이 똑 같은 방법으로 빛의 세기를 대응하는 화소마다 연속적으로 양자화 하여 [그림 2.8]에서 보인 것처럼 디지털화 한다.

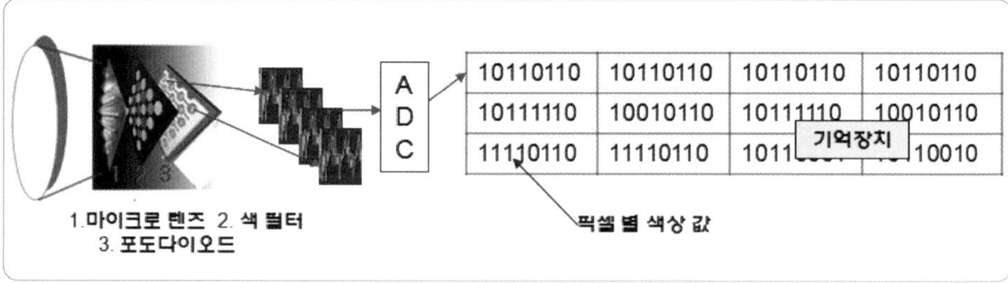

[그림 2.8] 영상정보의 디지털화 개념

픽셀의 최대 수는 4장 "컴퓨터회로구현"에 설명된 포도다이드인 광센서의 숫자에 비례한다. 그리고 선명도는 색상의 등급을 표현하는 비트수에 비례한다.

[그림2.8]에서 보는 봐와 같이 물체에서 반사되어 렌즈를 통해 들어온 빛은 색 필터를 통해 3원색으로 분해된다. 그리고 픽셀 역할을 하는 포토다이오드에서 빛의 세기에 비례하는 전류로 바뀐 후에 ADC에서 디지털 신호로 변환된다. 그리고 마지막으로 카메라안의

포토다이오드의 좌표와 ADC에서 측정된 색상 값이 기억장치에 기록된다.

영상화면에 출력할 때에는 픽셀의 좌표와 색상 값을 이용하여 그래픽프로세서 프로그램과 화면 구동프로그램이 화려한 색상을 만들어 모니터에 보여준다.

2.4 멀티미디어와 디지털 융합

사전적의미의 매체(media)란 "어떤 작용을 한쪽에서 다른 쪽으로 전달하는 물체. 또는 그런 수단"을 의미한다. 본서에서는 사람과 사람 사이에서의 미디어란 "의사소통수단"으로 정의한다. 가장 대표적인 미디어는 문자(text), 음성(sound), 도형(graphic) 그리고 영상(image) 등이다.

이들 각각의 매체는 서로 관련이 없는 아날로그 신호로 제작되어 종이나 전화 또는 전파에 실어 따로 따로 전달된다.

그러나 키보드로 텍스트만을 처리했던 컴퓨터가 1990년대부터 [그림2.9]에 보인 것처럼 텍스트이외에 음성과 영상 정보들을 처리할 수 있게 되었다.

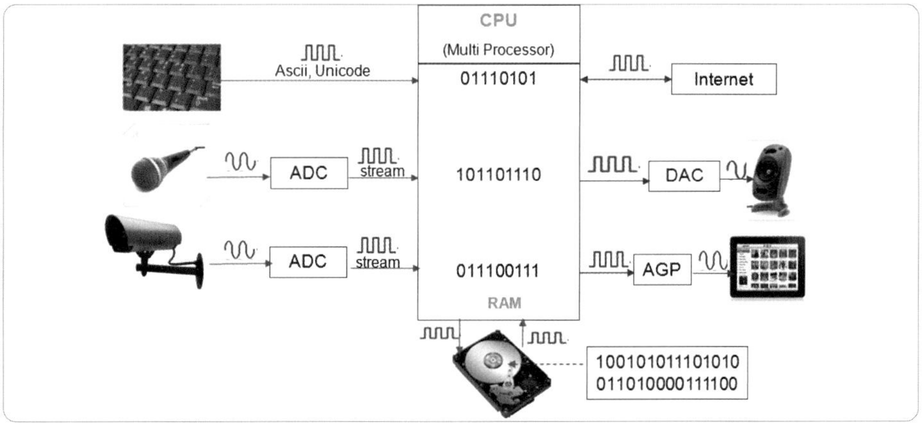

[그림 2.9] 다양한 매체의 디지털화와 전송

멀티미디어(multimedia)란 여러 개의 서로 다른 미디어들이 [그림2.9]에서 보인 것과 같이 한 가지 형태로 통합되어 2진수로 표현된 디지털정보를 의미한다.

그리고 2진 신호만으로 표현된 디지털 데이터는 하드디스크나 CD에 저장될 때 그 것이 어떤 미디어 인지를 알려주는 파일확장자와 함께 파일 단위로 저장된다. 파일은 확장자에 따라 관련된 프로그램이 이를 읽어 우리가 알아볼 수 있게 문자나 영상 또는 음성으로 변환하여 화면에 스마트폰처럼 화려하게 출력해주거나, 디지털 데이터만을 고속으로 전송할 수 있는 인터넷으로 멀리 전송한다.

즉, 멀티미디어 기기는 2개 이상의 미디어가 통합된 디지털 데이터를 소프트웨어 기술로 처리하는 컴퓨터나 마이크로프로세서가 내장된 디지털 기기들을 의미한다.

앞으로 마우스나 스마트폰을 쥐고 있는 손바닥의 체온도 디지털화되어 전달할 수 있을 정도로 멀티미디어의 활용 용도는 무궁무진하게 발전할 수 있는 것이다.

디지털 융합(digital convergence)이란 서로 다른 기술로 만들어진 여러 가지 제품과 서비스들이 멀티미디어 처리기술(소프트웨어기술)로 그 기능이 결합하여 이제까지 없었던 제품과 서비스로 새롭게 탄생하는 현상을 말한다.

제품융합의 예로는 가전기기들 안에 마이크로프로세서 칩이 내장된 TV나 냉장고가 컴퓨터 기능을 하고, 컴퓨터는 TV나 전화기능을 할 수 있게 되어, 외모만 다르지 기능은 TV인지 컴퓨터인지 전화기인지 시계인지 구별하기 어렵게 서로 유사해지는 현상을 말한다. 현재 가장 많은 기능이 융합되어 나타난 제품은 스마트폰이다.

이들 디지털 융합 제품의 특징은 컴퓨터로 지능화되고, 인터넷에 무선으로 연결되어 똑똑(smart)해지며, 크기는 소형화 되고, 가격은 매우 저렴해지는 것이다.

서비스융합의 예로는 금융, 제조, 유통, 판매 등 사업영역이 다른 기업의 업무가, 디지털 신호만을 전송할 수 있는, 인터넷으로 결합하여 나타난 교통카드 또는 신용카드로 이루어지는 전자상거래와 같은 서비스 들이다. 또 국가나 지방단체에서 운영하는 각종 생활안전 시스템들도 융합서비스의 예이다. .

이들 융합서비스의 특징은 사람의 개입이 없이 그리고 시간과 장소에 관계없이 언제 어디서나 요구하는 해당 서비스가 즉시 이루어진 다는 것이다.

2.5 정보의 표현단위

정보의 표현단위는 처리 목적과 포함된 정보의 양에 따라서 비트(bit), 바이트(byte), 워드(word), 필드(field), 레코드(record), 파일(file) 그리고 데이터베이스(database) 단위로 구분되어 표현되고 있다.

1 비트(bit: binary digit)

비트는 2진수 한자리를 의미하며 하나의 전구와 같이 2치 정보를 표현할 수 있는 최소의 물리적 기본 단위 이다. 전구가 켜진 상태를 1로 꺼진 상태를 0으로 약속하면 전구 한 개로 2가지(2치)정보로 표현할 수 있는 것이다.

2 바이트(byte)

바이트는 기억 장치의 주소단위이고 기억용량의 기본단위이다. 비트는 두 가지 상태만을 표현하기 때문에 인간이 사용하는 글자단위의 표현을 할 수 없다. 그래서 컴퓨터 초창기에 영문자를 표현할 수 있는 8비트를 묶어 바이트라고 하였다. 기억장치의 크기를 나타내는 용량 단위도 바이트를 이용하고 있으며, 기억장치의 주소도 0번지부터 차례로 바이트 마다 연속적으로 주소를 할당할 수 있도록 컴퓨터도 설계 제작되었다.

3 워드(word)

워드는 명령이나 수치표현의 기본단위이다. 바이트는 256 가지 상태밖에 표현할 수 없으므로 우리가 사용하는 수치자료를 기억하기에는 부족하다. 또 컴퓨터 명령을 처리하기 위한 한 개의 명령문을 기억하기에도 부족하다. 그래서 2 바이트를 한 조로 해서 반 워드(half word) 라고 하고 4 바이트를 묶어서 워드(full word)라고 한다. 컴퓨터에서의 명령문의 처리는 워드단위로 이루어 이고 있다.

4 필드(field)

필드는 인간에게 의미가 있는 정보의 기본단위이다. 주소나 이름 등 인간이 이해할 수 있는 정보의 단위를 필드(field) 또는 자료요소(data element)라고 한다. 따라서 필드는 1개 이상의 바이트를 모아서 이루어진다. 필드의 이름과 길이는 인간이 지정할 수 있어서 프로그램에서 취급할 수 있는 기본단위이다.

5 레코드(record)

레코드는 입력이나 출력의 기본단위이다. 주민등록증을 볼 때 이름만 보고 마는 법은 없다. 보통은 주민등록증에 나타난 신상, 즉 이름, 주소, 나이, 사진 등을 모두 한번에 쳐다본다. 이와 같이 주민등록증에 나타난 필드들을 모두 모아서 하나의 뭉치로 보았을 때 이를 레코드(record)라고 한다. 레코드는 인간이 눈을 한번 뜨고 주민등록증의 내용을 한번에 읽어보는 것처럼 컴퓨터의 입력장치가 한번의 입력동작으로 읽어드리거나 출력장치에 써내는 필드들의 모음이다. 레코드 명이나 그에 딸린 필드의 개수는 프로그래머가 처리하기 쉽게 지정한다.

6 파일(file)

파일은 저장장치의 정보저장단위이다. 같은 형태의 레코드들의 모임을 파일(file)이라고 한다. 다음에 이용할 정보는 파일단위로 디스크장치와 같은 영구적 저장장치에 기록해두었다가 필요할 때마다 파일에서 레코드 단위로 읽게 하는 것이다.

파일명은 프로그래머가 명명하고 이는 저장장치의 폴더(folder)라고도 불리는 디렉토리(directory)에 등록된다.

7 데이터베이스(database)

데이터베이스는 자료의 중복이 없는 파일의 집합체이다. 하나의 파일은 같은 종류의 레코드들의 모임이기 때문에 한 기관에서는 여러 종류의 파일이 필요하다. 그런데 하나의 파일을 보안문제 때문에 여러 프로그램이 공유하여 동시에 사용할 수 없다. 그래서 한 기관내의 파일들에는 같은 내용의 자료가 중복적으로 만들어져 저장된다. 한 기관의 자료가 중복되지 않도록 파일을 통합하여 저장장치에 저장해 놓고 사용이 허가된 여러 사람이 공유하여 동시에 이용할 수 있도록 한 것이 데이터베이스이다.

자료중복이나 공유문제를 해결하여 사용자가 데이터베이스 구조에는 신경을 쓰지 않고 데이터 베이스를 사용할 수 있도록 서비스해주는 프로그램이 **데이터베이스관리 프로그램**(DBMS; data base management system)이다.

이상을 학적부를 비유하여 설명하면 다음과 같다. 적부는 학생의 전공, 학번, 성명, 성별, 가족사항 등의 신상, 학기별 성적, 징계 및 휴/복학, 동아리 소속 등 학생에 관한 모든 자료가 한군데 모아진 데이터베이스이다. 그리고 출석부, 장학생명부, 복학생명부 등은 파일에 비유할 수 있다.

만약 한 학생이 복학생이면서 장학생이라면 전공, 학번, 성명이 출석부, 복학생명부, 장학생명부에 중복되어 기록되고, 또 출석부는 교수가 가지게되며 복학생명부는 학적과에 그리고 장학생명부는 학생과에 보관되기 때문에 이들 장부를 동시에 공유할 수 없는 것이다. 출석부파일은 전공, 학번, 성명 등의 필드로 구성된 레코드의 모음이다. 이를 다시 종합하면 [그림 2.10]과 같다.

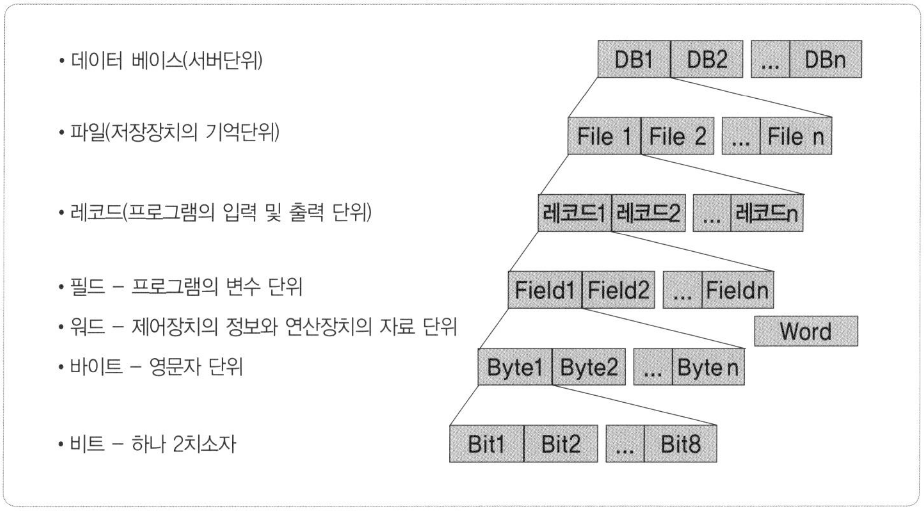

[그림 2.10] 정보의 표현단위

이들 단위 중에 필드, 레코드, 파일, 데이터베이스는 인간이 다룰 수 있는 정보표현과 정보저장 단위이다. 필드는 컴퓨터 기억장치에 바이트 단위의 주소로 배정되어야 하고, 바이트는 다시 전류의 유무 또는 자기의 방향 등으로 표현되는 비트상태로 나타나 진다.

2.6 수의 단위

정보표현의 방법과 정보저장 용량 및 정보통신 속도에 관계되어 컴퓨터의 성능을 나타내는 수의 단위를 알아야한다. {표 2.4}에 수의 단위를 표로 보였다.

[표 2.4] 수의 단위

단위	우리단위	10의 승수	2의 승수	단위	10의 승수
K(ilo)	천	3	10(=1024)	m(ili)	-3
M(ega)	백만	6	20	μ(micro)	-6
G(iga)	십억	9	30	n(ano)	-9
T(era)	조	12	40	p(ico)	-12
P(eta)	천조	15	50	f(emto)	-15
E(xa)	백경	18	60	a(tto)	-18
Z(etta)	천경	21	70	z(opto)	-21
Y(otta)	백만백경	24	80	y(octo)	-24

10억이 기가이고 10억 분의 1 이 나노 단위임

따라서 수는 1을 기준으로 1,000배씩 증가할 때마다 숫자 단위를 숫자 다음에 붙여 표현하면 수의 크기를 알아보기가 쉽게 된다.

즉, 3,000은 3K로 5,000,000은 5M 등으로 표현하면 알아보기가 쉽게 된다.

그런데 기억장치의 주소는 2진법 수로 표현하기 때문에 1,000의 배수로 생각하면 어림수가 된다. 용량을 정확하게 표현하려면 1,000에 가까운 2의 10승(=1,024)배씩 증가할 때마다 숫자단위를 붙여야한다. 즉 3KB의 3,000바이트는 근사 값이고 3x1024바이트가 정확한 값이다. 또 2MB는 2,000,000바이트는 근사 값이고 2x1024x1024바이트가 정확한 값이다.

액세스 시간(access time)등의 컴퓨터 처리의 속도 단위는 1초(second)를 기준으로 하여 1,000분의 1씩 작아질 때마다 해당 숫자 단위를 수의 다음에 표기한다.

중앙처리장치는 하나의 계산에 10억 분의1초인 나노 초(ns)정도가 소요되고, 입출력장치가 한 글자를 읽는데 걸리는 시간은 미리 초(ms)와 마이크로 초(μs)단위이다. 그리고 정보통신선에서의 초당 정보전송량은 메가비트(Mbps)에서 기가비트(Gbps)정도이다. 그러나 로드러너 슈퍼컴퓨터는 천조분의 1초인 펨토초(fs)의 속도를 2008년 5월에 실현하였다. bps는 bit per second의 줄인 말로 통신 속도의 단위이다. 그리고 무선통신에 사용되는 전파의 초당 진동수는 메가헤르츠(MHz)에서 기가헤르츠(GHz)정도이다.

연습문제

컴퓨터 과학개론

2.1 4개의 손가락에는 몇개의 약속(상태)를 붙일 수 있는가?

2.2 다음 10진수를 2진수로 변환하라.

① 37 ② 25.7

③ 0.9 ④ 17.42

2.3 다음 2진수를 3자리씩 묶어 8진수와 4자리로 묶어 16진수로 표현하라.

① 111.001 ② 1010111

③ 11011011 ④ 11100011

2.4 문제 2.3을 10진수로 표현하라.

2.5 16진수 FF를 4자리 2진수로 풀어 표현하시오.

2.6 16비트 코드는 몇 문자까지 부호화 할 수 있는가?

2.7 확장미국 표준 코드는 몇 개의 문자를 표시할 수 있는가?

2.8 2바이트 한글의 조합형과 완성형 코드의 장단점에 대하여 설명하시오.

2.9 화상 정보의 표현 단위는 무엇인가?

2.10 다음 한글을 2바이트 조합형 2진수로 표현하라.

① 황포 ② 돗대

2.11 다음 한글의 UNICODE 완성형 코드를 www.unicode.org에서 찾아 2진수나 16진수로 표현하시오.

① 대한 ② 민국

2.12 한글이 UNICODE에 등재됨으로써 생기는 장점은 무엇인가??

2.13 화상 정보로 픽셀마다 5비트를 색깔 정보로 준다면 몇 가지 색상의 표현이 가능한가?

2.14 정보를 2진수로 디지털화 해서 얻을 수 있는 장점들을 설명하시오.

2.15 빨강, 초록, 검정색의 24비트 영상정보 색상 코드를 찾아 쓰시오.

2.16 [그림2.5]의 량자화된 값을 4비트에 2진수로 표현하시오.

2.17 멀티미디어란 무엇인지 간단히 설명하시오.

2.18 다음 용어를 설명하라.

① 바이트 ② 필드

③ 레코드 ④ 파일

2.19 다음 수의 단위를 간단히 설명하시오.

① Pbyte ② Tbps

③ nsec ④ GHz

3장 컴퓨터 논리회로

3장 컴퓨터 논리회로

컴퓨터가 어떻게 제어, 연산, 기억, 입력 그리고 출력 기능을 수행하는가를 이해하기 위해서는 그 기능을 수행하는 컴퓨터회로의 구성요소와 동작원리를 이해해야 한다.

이 장에서는 컴퓨터회로 설계의 기본 수학인 논리대수법칙이 설명된다. 그리고 컴퓨터의 기본논리회로가 설명되고, 입력, 출력, 제어, 연산 기능을 수행하는 조합논리회로와 기억기능을 수행하는 순서논리회의 구성과 그 동작원리가 설명된다.

3.1 명제와 명제의 합성

영국의 수학자 **부울(George Boole)**이 1854년에 참(true)과 거짓(false)의 명제논리의 철학적 문제를 공식화하고 또 풀 수 있는 하나의 논리수학을 개발하였다. 이것이 부울대수 또는 논리대수로 알려지고 있으며 컴퓨터 회로설계를 위한 기본 수학이 되었다.

명제란 주어진 문장이 참인가 거짓인가를 판단할 수 있는 문장을 말하는 것으로 “비가 오고 있다.”와 같은 문장에서 비가 오고 있으면 이 문장은 참이고, 비가 오지 않고 있으면 이 문장은 거짓이다. 그런데 “이 과일을 더 집으시오.”와 같은 문장은 참과, 거짓을 판단할 수 없으므로 명제라고 하지 않는다.

모든 명제는 참 또는 거짓으로만 그 값이 표현되므로 어떤 명제가 참인 것을 1, 거짓인 것을 0으로 표시하고 그 수의 값을 진리 값(truth value)으로 대신하면 0과 1로 된 논리 수학으로 명제를 합성할 수 있다.

기본 논리연산자에는 논리합(OR), 논리곱(AND) 그리고 논리부정(NOT)이 있다.

3.1.1 논리합

2개의 명제 A와 B를 ‘또는 (OR)”이라는 말로 연결하면 새로운 합성 명제

A 또는 B

를 만든다.

이것을 명제 A 와 B의 **논리합**(logical sum, disjunction) 이라고 말하고,

A ∨ B

로 표시한다. 예를 들면

명제 A는 "그는 선생이다."

명제 B는 "그는 발명가이다."

라고 할 때 A∨B의 합성 명제는

"그는 선생이거나 또는 발명가이다."

라고 된다. 이 합성 명제가 참이 되는 조건은

A가 참인 경우

B가 참인 경우

A 와 B가 모두 참인 경우

이고, 거짓이 되는 조건은

A 와 B가 모두 거짓인 경우

이다.

이상 4가지 경우의 합성명제의 진리표는 [표 3.1]과 같다.

[표 3.1] 논리합의 진리표

A	B	A∨B
0	0	0
0	1	1
1	0	1
1	1	1

논리합의 진리표에서 알 수 있는 것은 두 명제의 수치 값을 더하면 그 결과는 A와 B가 동시에 1인 경우를 제외하고는 모두 대수적 합산과 같다. 그래서 "또는(OR)"으로 연결된 합성명제를 논리합이라고 하며 더하기부호(+)로 표현한다.

3.1.2 논리곱

2개의 명제 A와 B를 "그리고 (AND)"라는 말로 결합하면 새로운 결론 명제

A 이고 B

를 만든다.

이것을 명제 A 와 B의 **논리곱**(logical production, conjunction) 이라고 부르며

A ∧ B

로 표시한다. 이것을 앞의 예로 다시 설명하면

A∧B는 "그는 선생이며 발명가이다."

로 된 합성 명제를 얻는다. 이 합성명제가 참이 되기 위해서는 A와 B가 모두 참인 경우에만 참이 된다. 이것의 진리표는 표 3.2와 같다.

[표 3.2] 논리곱의 진리표

A	B	A∧B
0	0	0
0	1	0
1	0	0
1	1	1

논리곱의 진리표의 결과는 두 명제의 진리값을 단순히 곱셈한 결과와 같음을 알 수 있다.

그래서 곱셈기호(•)로 논리곱을 표현한다.

3.1.3 논리 부정

하나의 명제 A에 대하여 '아니다' 라는 말로 부정하는 것을 논리 부정이라고 말하고,

A′ 또는 $\overline{A}$

로 표시한다. 앞의 A의 명제에서 A′ 는

"그는 선생이 아니다."

로 표시된다. 이것을 진리표로 나타내면 [표 3.3]과 같다.

[표 3.3] 논리 부정 진리표

A	A′
0	1
1	0

3.1.4 부울 대수 연산법칙

일반적으로 몇 개의 명제를 논리합, 논리곱, 논리 부정을 써서 새로운 합성명제를 만들 수 있다. 이것을 명제의 합성 또는 명제의 연산이라고 한다.

불대수를 이용한 기본논리연산 법칙을 정리하면 [표 3.4]와 같다.

[표 3.4] 기본논리 연산법칙

논리합	① $A + 0 = A$ ② $A + 1 = 1$ ③ $A + A = A$ ④ $A + A' = 1$
논리곱	① $A \cdot 0 = 0$ ② $A \cdot A = 1$ ③ $A \cdot A = A$ ④ $A \cdot A' = 0$
교환법칙	① $A + B = B + A$
결합법칙	① $(A + B) + C = A + (B + C)$ ② $(A \cdot B) \cdot C = A \cdot (B \cdot C)$
분배법칙	① $A \cdot (B + C) = A \cdot B + A \cdot C$
드 모르간 법칙	① $(A + B)' = A' \cdot B'$ ② $(A \cdot B)' = A' + B'$

그리고 이 연산법칙은 논리합, 논리곱, 논리부정의 진리표를 이용하여 이들 연산법칙이 성립함을 증명할 수 있다.

위의 기본 연산법칙을 이용하면 다음 사항들을 쉽게 증명 할 수 있다.

$$A + A \cdot B = A \cdot 1 + A \cdot B = A \cdot (1 + B) = A$$
$$A \cdot (A + B) = A \cdot A + A \cdot B = A + A \cdot B = A \cdot (1+B) = A$$
$$A + A' \cdot B = A \cdot (1+B) + A' \cdot B = A + A \cdot B + A' \cdot B = A + (A + A') \cdot B = A + B$$
$$A \cdot B + A \cdot B' = A \cdot (B + B') = A$$
$$(A + B') \cdot B = A \cdot B + B' \cdot B = A \cdot B$$

논리 값으로 표현되는 변수를 논리변수 또는 부울 변수라고 하며 논리 변수가 가질 수 있는 0과 1을 논리상수 또는 부울 상수라고 한다. 그리고 논리변수와 논리상수로 이루어진 식을 논리식(logical expression, Boolean expression)이라고 한다.

이 **논리대수**(boolean algebra)연산법칙은 컴퓨터의 여러 가지 회로를 설계하는 이론으로 사용된다.

3.2 기본 논리회로

미국의 수학자 **샤논**(Claude E. **Shannon**, 1916~2002)은 불 대수 수학을 전기회로의 스위치 상태(ON 또는 OFF)에 응용하여 컴퓨터 회로를 설계할 수 있는 방법을 1938년에 제안하였다. 그 결과 컴퓨터회로를 논리회로(logic circuit)라고 한다. 또 0과 1의 상태로 표현되기 때문에 디지털회로(digital circuit)라고 한다, 또 전류흐름의 단락을 나타내기 때문에 스위칭 회로(switching circuit)라고도 하며, 입력신호의 상태에 따라서 출력상태가 결정되기 때문에 게이트회로(gate circuit)라고도 한다.

여기서 기본 논리회로란 논리합, 논리곱, 논리부정 등의 명제논리합성법칙을 전기회로와 같은 물리적 방법으로 구현한 것을 기본 논리회로라고 한다

기본 논리회로를 논리게이트(logical gate) 또는 단순히 게이트라고 하는데 보통 2개 이상의 입력단자와 1개의 출력단자를 가지고 있다. 입력단자에 가해지거나 출력단자에 나타나는 전압의 상태에 따라 게이트의 상태를 결정한다. 예를 들어 전압이 0볼트이면 0상태로 5볼트이면 1상태로 취한다.

1 NOT 게이트

NOT 게이트는 논리 부정의 명제합성을 수행하는 회로이다. 예를 들면 건전지, 스위치 그리고 전구로 된 [그림3.1]의 (a)와 같은 회로는 NOT 게이트이다. 즉, 아래 그림에서와 같이 스위치 A를 누르면 스위치 B가 열려서 전구에는 불이 꺼지며, 위 그림에서와 같이 반대로 스위치 A를 위로 당기면 스위치 B가 닫혀서 전구는 불이 켜진다. 즉 스위치 A에 전기가 흐르면 전구 X에는 전기가 흐르지 않고 A에 전기가 흐르지 않으면 전구에는 전기가 흘러 A와 X는 서로 그 전기상태가 반대로 된 논리부정의 기능을 수행한다.

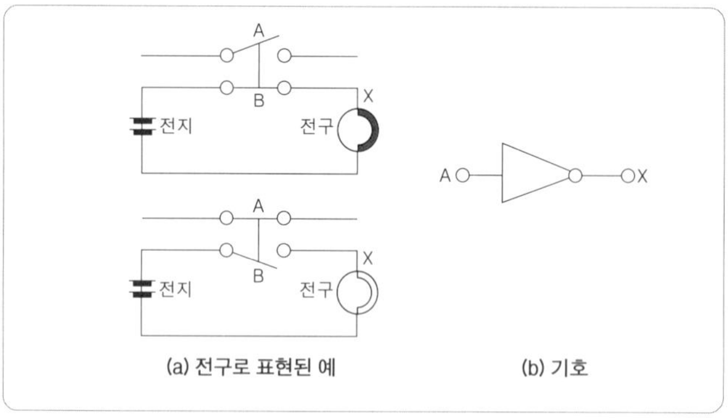

[그림 3.1] NOT 게이트

이 회로를 기호(symbol)로 그리면 [그림 3.1]의 (b)와 같다. 논리식으로 쓰면

$$X = A'$$

이다.

2 OR 게이트

OR 게이트는 논리합의 연산 기능을 수행하는 회로이다. 전기 회로로 예를 들면, [그림 3.2]의 (a)와 같다.

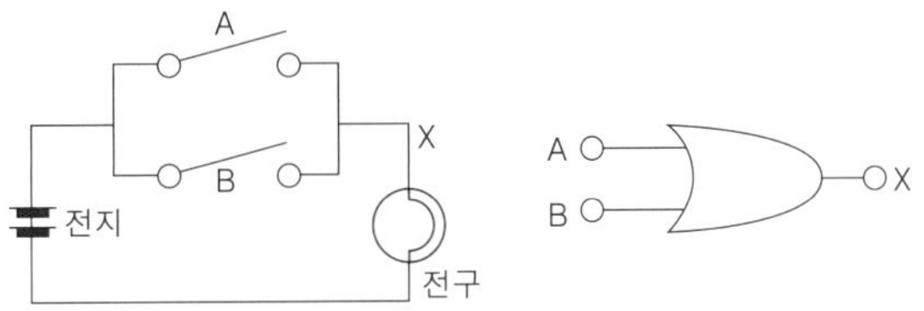

(a) 전구로 표현된 예 (b) 기호

[그림 3.2] OR 게이트

스위치 A 나 또는 B 중 어느 하나만이라도 닫으면 그 스위치에는 전기가 흐르고 전구 X 에는 전기가 흘러 불이 켜진다. 이것을 기호로 그리면 [그림 3.2]의 (b)와 같고, 논리식으로 표시하면

$$X = A + B$$

이다.

3 AND 게이트

AND 게이트는 논리곱의 기능을 수행하는 회로로서 전기 회로로 그려보면 [그림 3.3]의 (a)와 같이 스위치를 직렬로 연결한 회로에 비유할 수 있다.

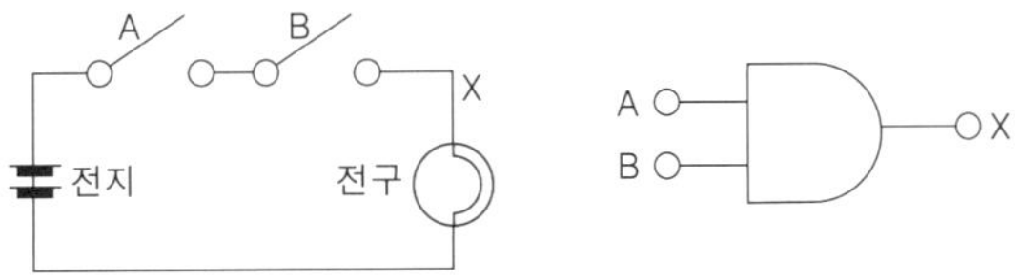

(a) 전구로 표현된 예 (b) 기호

[그림 3.3] AND 게이트

이 회로에서는 스위치 A 와 B 가 둘 다 동시에 닫혀야 전구 X 에 불이 켜지는 것을 알 수

있다. A 나 B 중 어느 하나라도 열리면 X 에는 불이 켜지지 않는다. 스위치가 닫힌 상태를 on으로 열린 상태를 off으로 그리고 전구에 불이 켜진 상태를 on 꺼진 상태를 off이라고 하면 2개의 스위치가 동시에 on상태인 경우에만 전구는 on상태가 되다.

on상태를 1로 off상태를 0으로 약속하면 논리곱의 진리표가 된다.

이 회로를 논리식으로 표시하면

$$X = A \cdot B$$

이다.

4 범용 게이트

앞에서 보인 3가지 게이트를 조합하여 많은 기능 회로를 만든다. 그러나, 흔히 많이 쓰이는 기본 회로는 OR 회로의 출력 단자에 인버터를 붙인 **NOR** 회로와, AND 회로의 출력 단자에 인버터를 붙인 **NAND** 회로이다. 이들을 논리 기호로 표시하면 [그림 3.4]와 같다

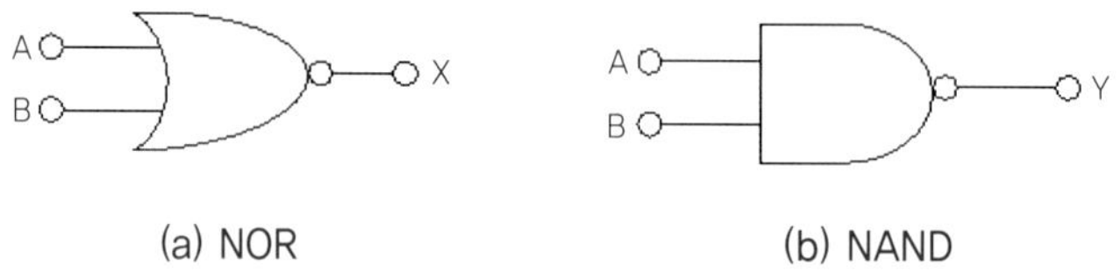

[그림 3.4] NOR 게이트와 NAND 게이트 기호

NOR 게이트를 논리식으로 표시하면

$$X = (A + B)'$$

이고 NAND를 논리식으로 표시하면

$$Y = (A \cdot B)'$$

이다. 그리고 진리표로 나타내면 [표 3.5]와 같다.

[표 3.5] NOR 와 NAND 의 진리표

NOR			NAND		
A	B	X	A	B	Y
0	0	1	0	0	1
0	1	0	0	1	1
1	0	0	1	0	1
1	1	0	1	1	0

그런데 NOR 나 NAND 만으로 AND, OR 그리고 NOT 게이트 등의 기본 회로

를 만들 수 있기 때문에 이들을 **범용회로**라고 한다. 따라서 모든 논리회로는 NOR 나 NAND 만으로 만들 수 있는 것이다.

다음 논리식

$$F = A \cdot B + C \cdot D + E$$

의 논리회로는 [그림 3.5]의 (a)와 같다.

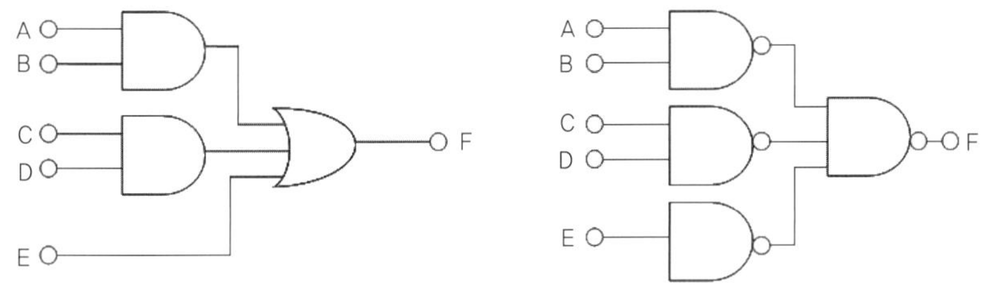

[그림 3.5] NAND 게이트만으로 구성된 회로 예

그런데 주어진 명제의 부정의 부정은 긍정이므로 위 논리식을 등가인 부정의 부정으로 다시 쓰면

$$F = (A \cdot B + C \cdot D + E)''$$

이다. 이 논리식에 몰간 법칙을 적용하면

$$F = ((A \cdot B)' \cdot (C \cdot D)' \cdot (E)')'$$

이다. 이 논리식은 3개 NAND의 곱의 부정이 된다. 이 회로를 [그림 3.5]의 (b)에 표시하였다. 따라서 [그림 3.5]의 (a)와 (b)는 **등가 회로**임을 알 수 있다

3.3 조합 논리회로

조합 논리회로(combinational logic circuit)는 임의 시간에서의 출력이 현재의 입력 상태로만 결정지어지는 회로를 말한다. 이 회로는 주어진 논리식만으로 그 출력 값이 결정된다.

이들 회로들의 동작원리를 이해함으로서 하드웨어의 각 장치의 회로 구조와 동작원리를

이해를 할 수 있다.

여기에서는 기본 논리 게이트를 이용하여 만들어진 연산장치의 덧셈 회로와 크기비교기 회로, 입력장치의 부호기(coder)회로, 출력장치와 제어장치의 구성요소가 되는 해독기(decoder)회로를 간략히 설명한다.

그리고 컴퓨터 구성요소들이 공동으로, 사용하는 버스(bus)라고 하는, 정보를 전송하고 수신하는 통신회로의 터미널 기능을 하는 멀티플렉서와 디멀티플렉서 회로를 설명한다.

마지막으로 통신장치에 사용되는 병렬신호의 직렬신호로의 변환과 그 반대 방향의 변환을 해주는 멀티플렉서와 디멀티플렉서에 대해서 설명한다.

3.3.1 반가산기

연산 회로에서 가장 많이 쓰이는 것이 가산기인데 여기서는 설명의 편의상 2진수 2개를 더하는 **반가산기**(half adder)에 대해서 설명한다. 2진수 덧셈의 결과는 [표 3.6]과 같다. 즉, A와 B를 더할 때 이 두 변수는 모두 2진수이므로 조합의 결과는 4가지가 있으며, 결과로는 0이냐, 아니면 1이냐 그리고 다음 높은 자리로 올라가느냐의 3가지 경우가 있다.

[표 3.6] 반가산기의 진리표

입 력		출 력	
A	B	C	S
0	0	0	0
0	1	0	1
1	0	0	1
1	1	1	0

[표 3.6]을 진리표로 생각하여 논리식으로 표현하면 제자리 논리변수 S는

$$S = (A + B) \cdot (A \cdot B)'$$

이고, 자리올림 논리변수 C는

$$C = A \cdot B = (A \cdot B)''$$

이다. 이 논리식을 논리 회로와 기호로 나타내면 [그림 3.6]과 같다. 예를 들어 A =1이고 B = 1의 경우에는 자리올림 C =1 이고 제자리 S = 0이 나타난다.

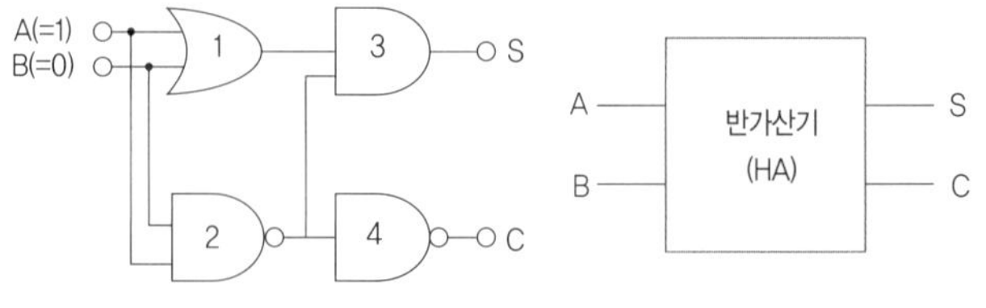

(a) 회로 (b) 기호

[그림 3.6] 반가산기 회로와 기호

3.3.2 전가산기

반가산기는 한 자리만의 연산에는 유효하나 두 자리 이상인 경우에는 입력 단자가 3개 있어야 한다. 즉, 아래 자리에서 올라온 숫자가 입력되어서 같이 합산되어야 하기 때문이다.

이때 아래 자리의 올림수까지 포함하여 3비트를 더하는 논리회로를 **전가산기(full adder)**라 한다. 전가산기의 진리표는 [표 3.7]과 같다.

[표 3.7] 전가산기 진리표

입 력			출 력		입 력			출 력	
A_n	B_n	C_{n-1}	C_n	S_n	A_n	B_n	C_{n-1}	C_n	S_n
0	0	0	0	0	1	0	0	0	1
0	0	1	0	1	1	0	1	1	0
0	1	0	0	1	1	1	0	1	0
0	1	1	1	0	1	1	1	1	1

전가산기의 회로는 [그림 3.8]과 같이 2개의 반가산기와 하나의 OR게이트로 구성 할 수 있다.

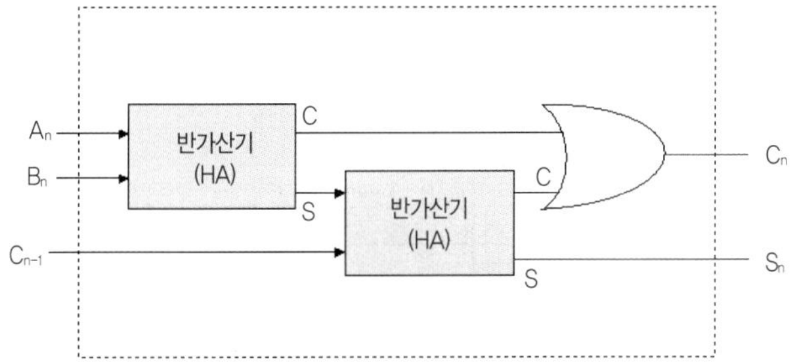

[그림 3.8] 1비트 전가산기 회로

[그림 3.8]에서 첨자 n 는 n 번째 자리에 있는 비트를 나타낸다. 따라서 C_{n-1}이라 함은 n 번째의 아랫자리에서 올라온 올림자리를 의미한다. 입력이 모두 1인 경우 왼쪽 반가산기의 출력 C와 S는 각각 1과 0이므로 오른쪽 반가산기의 입력은 0과 1이 되어 그 출력 C와 S는 0과 1이 된다. 그래서 OR회로의 입력은 1과 0이 되기 때문에 그 출력은 1이 된다. 결과적으로 전가산기의 출력은 모두 1이 되어 [표 3.7]의 진리표의 조건을 만족한다.

1비트 가산기만으로는 계산속도가 느리기 때문에 여러 개의 전가산기를 이용해 병렬로 계산할 수 있도록 가산회로는 설계 제작된다. [그림 3.9]에는 4개를 병렬로 연결한 4비트 **병렬 가산기**를 보이고 있다.

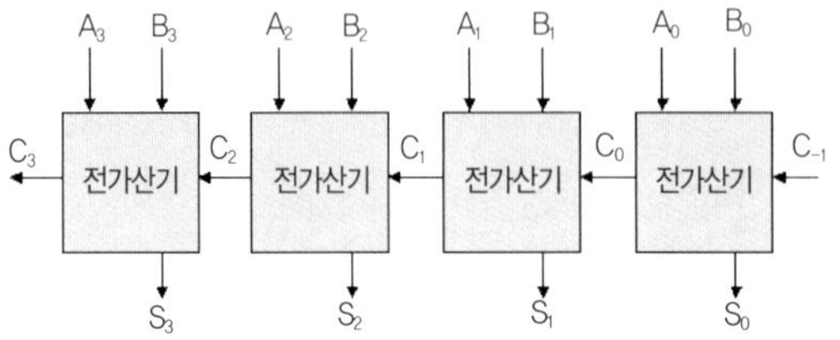

[그림 3.9] 4비트 병렬 가산기

실제적으로 32비트 병렬가산기와 64비트 병렬 가산기가 주로 사용되고 있으며, 덧셈이 실행되는 방법은 최하위자리부터 상위로 올라가면서 순서적으로 수행되는 것이 아니라 동시에 병렬로 수행되도록 회로가 설계된다.

3.3.3 크기 비교기

두개의 2진 코드 값을 비교하여 한 수가 다른 수 보다 큰가, 작은가, 같은 가를 결정하여 주는 회로이다. [그림 3.10]에는 4비트 크기 **비교기**의 한 가지 예를 보인 것이다..

이 [그림 3.10]에서 하나의 수는 레지스터 A에 $A_3A_2A_1A_0$로 또 다른 하나의 수는

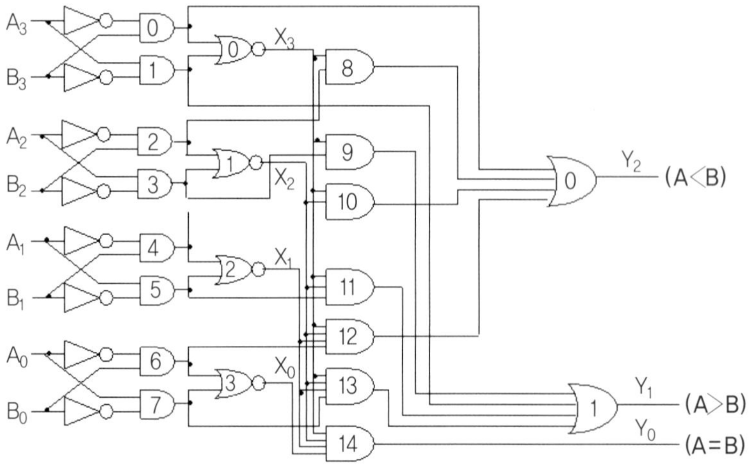

[그림 3.10] 4비트 크기 비교기

$B_3B_2B_1B_0$로 되어 있으며 비교는 제일 높은 자리의 비트 A_3와 B_3부터 순서적으로 비교하여 가다가 한쪽의 수가 크거나 작게될 때까지 하위 비트로 내려가면서 비교를 계속하고 마지막 최하위 비트까지 같으면 같은 것으로 판정한다. 이 그림에서 A<B 이면 출력 Y2 만이 1의 상태이고 나머지는 0의 상태로 된다. 비교를 해갈 때 비교의 대상이 아닌 자리의 입력단자는 그 신호를 모두 0상태로 가정한다. 이때 문자도 진수로 표현되기 때문에 문자코드 값으로 그 크기를 비교할 수 있다.

3.3.4 부호기

부호기(encoder)는 인간의 정보를 컴퓨터의 2진 정보로 변환시켜 주는 OR게이트로 구성된 회로이다. 출력단자의 수가 n개일 때 입력단자의 수는 2의 n승 개 이하인 회로이다. 즉, 출력단자의 수가 4개이면 입력단자의 수는 최대 2의 4승인 16개가 되는 회로이다.

[그림 3.11]은 10진수를 4자리 2진수로 변환하는 OR 게이트로 구성된 부호기의 예를 보인 것이다.

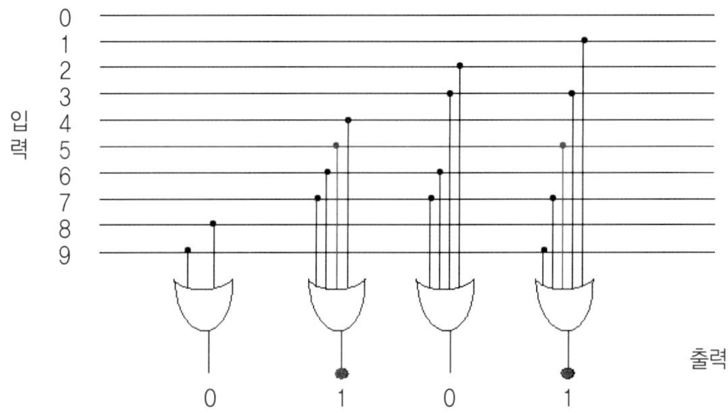

[그림 3.11] 10진수의 2진수 변환 부호기

[그림 3.11]에서는 입력 단자 5에 신호가 가해지면 출력 단자에는 0101의 신호가 생기는 것을 보여 주고 있다. 키보드의 회로는 일종의 부호기로서 숫자 5의 키를 누르면 2진수 0101이 출력단자에 발생해서 기억장치에 기억된다.

영문자는 8비트로 표현되고 있기 때문에 입력단자의 개수는 최대 2의 8승인 256개의 키를 붙일 수 있지만 보통 101개로 구성되어 있다. 그 이유는 쉬프트 키를 누른 상태에서 문자 키를 누르면 또 다른 문자코드로 변환할 수 있도록 설계되어 있기 때문이다. 보통 키보드는 손놀림이 편하고 빠르게 키를 누를 수 있도록 인체 공학적으로 설계되어 진다.

키보드의 설계대로 입력된 문서을 텍스트(text)라고 하며, 워드프로세서는 이들 텍스트 자료를 다시 글자나 단어 또는 문장에 그 서체(font)와 크기 및 색상 같은 속성을 부여하고 문장을 편집하거나 문법을 검사해 주는 응용프로그램이다. 필요에 따라서 워드프로세서는 키보드의 키의 기능도 새로 부여할 수도 있다.

부호기 회로는 키보드를 비롯하여 모든 종류의 입력장치는 부호기에 속한다.

3.3.5 해독기

해독기(decoder)는 컴퓨터 내부의 2진 정보를 약속된대로 해석해 주는 회로로 n개의 입력단자와 최대 2의 n승 개의 출력단자로 구성된 회로이고, 입력단자에 가해지는 2의n승 가지상태의 2진수 부호를 특정한 하나의 출력단자에 신호가 나타나도록 설계된 회로이다. 즉, 해독기는 부호기와 반대방향의 기능을 하는 조합논리회로이다. [그림 3.12]의 해독기는 3비트로 된 2진수를 입력으로 받아서 2의 3승인 8개의 출력단자 중 어느 한 출력단자에만 신호가 나타나게 AND 게이트로 만들어진 회로이다. [그림 3.12]의 예는 2진수 101이 입력단자에 가해졌을 때 출력단자 5에서만 1의 신호가 발생하게 된 해독기이다.

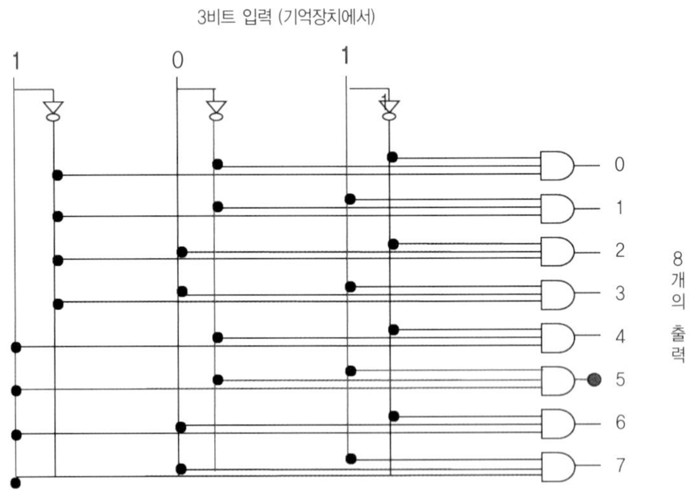

[그림 3.12] 2진수를 8진수로 변환하는 해독기의 예

해독기의 사용예로는 기억장치의 바이트번지를 지정하는 기억장치의 번지해독기와 2진수 기계언어로 표현된 명령어를 해석하여 각 장치에 명령을 내리는 제어장치의 명령해독

기가 있다. 그리고 각종의 전광판이나 영상표시장치 및 프린터 등 모든 출력장치도 컴퓨터 기억장치에 2진수로 기억된 정보를 해독하여 인간이 볼 수 있게 표현해주는 해독기에 속한다.

3.3.6 멀티플렉서

멀티플렉싱(multiplexing)은 하나의 물리적 통신로(channel)에 여러 사람의 정보를 동시에 전송해줄 수 있는 것을 말한다. **멀티플렉서(multiplexer)**는 많은 입력단자에서 들어오는 정보를 받아 하나의 통신로에 순서적으로 출력해서 멀리 보내주는 논리회로이다. 멀티플렉서는 속도가 느린 입력단자의 신호를 고속의 출력단자에 연결시켜주는 기능을 한다.

[그림 3.13]에 멀티플렉서의 논리회로와 그 기호 그리고 진리표가 있다.

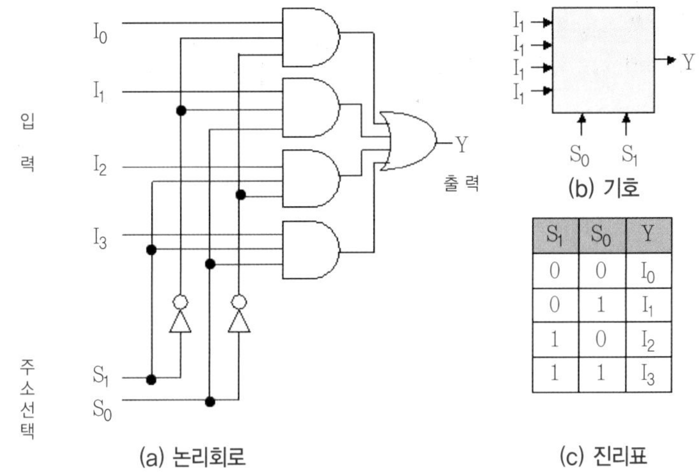

S_1	S_0	Y
0	0	I_0
0	1	I_1
1	0	I_2
1	1	I_3

(c) 진리표

[그림 3.13] 멀티플렉서의 예

[그림 3.13]의 (a)에서 특정한 입력선의 선택은 입력 주소선택선의 값에 의하여 결정된다. 이 경우 주소선택선의 값은 시계처럼 스스로 00, 01, 10, 11을 순서적으로 반복한다. 만약 주소 선택선 S_1 과 S_0가 각각 0과 0의 상태이면 4개의 입력 단자 중 I_0 단자의 정보가 출력단자 Y에 나타나게 된다. 보통 n개의 주소선택단자가 있으면 2의 n승개까지의 입력단자가 있을 수 있다.

3.3.7 디멀티플렉서

디멀티플렉서(demultiplexer)는 멀티플렉서와 반대의 기능을 하는 회로로써 하나의 고속 채널을 통해서 송신자와 수신자의 주소와 함께 멀티플렉싱되어 고속으로 수신된 정보를, 수신자의 주소는 주소 선택단자에 나머지 정보는 입력단자에 받아서 이를 선택된 출력단자를 통해서 수신자에게 정보를 전달해 주는 조합논리회로이다. 이때 출력단자의 최대 개수는 2를 주소선택선의 개수만큼 거듭 곱한 수이다. [그림3.14]에 디멀티플렉서의 논리도와 진리표를 보이고 있다.

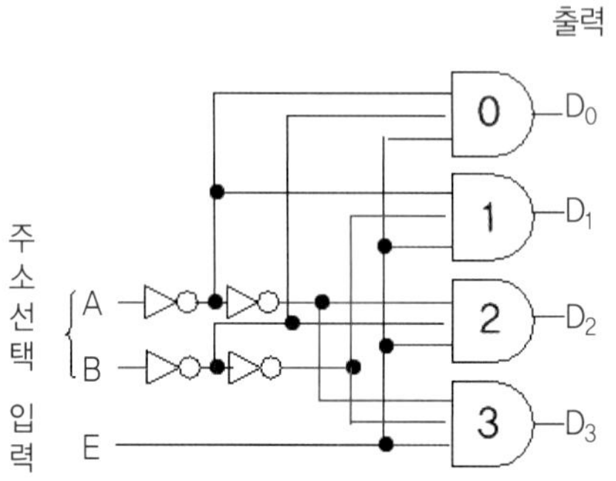

(a) 논리회로

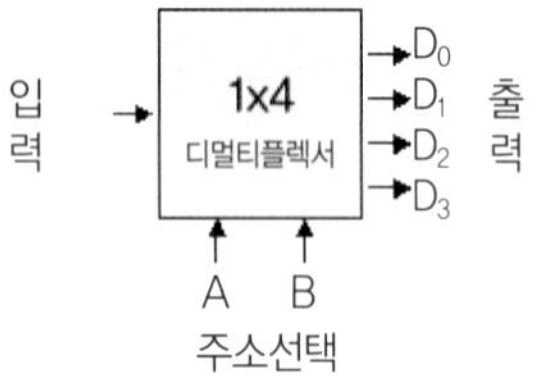

(b) 기호

A	B	E	D_0	D_1	D_2	D_3
0	0	1	1	0	0	0
0	1	1	0	1	0	0
1	0	1	0	0	1	0
1	1	1	0	0	0	1
x	x	0	0	0	0	0

(c) 진리표

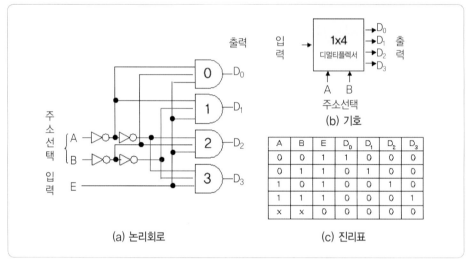

[그림 3.14] 디멀티플렉서의 예

[그림 3.14]의(c)의 진리표에서 A와 B의 논리 값이 $(11)_2$이면 입력단자 E의 상태는 출력 D_3 단자에 나타나게 되는 것을 알 수 있다.

본서 7장의 마이크로프로세서와 마이크로컴퓨터의 통신선은 멀티플렉서와 디멀티플렉서를 각각 전송기능과 수신기능의 쌍으로 연결해서 버스라는 이름으로 사용한 예이다.

3.4 순서논리회로

순서논리회로(sequential logic circuit)는 기억회로로서 그들의 기억상태는 현재의 입력과 바로 전의 상태에 따라서 결정된다. 즉, 출력의 상태는 현재의 입력신호와 직전에 기억된 내부 상태의 시간 순서에 따라 결정된다.

이들 순서논리회로에는 최소기억단위인 플립플롭, 프로그램의 처리 단위인 레지스터와 카운터 그리고 RAM으로 대표되는 기억장치회로가 있다.

3.4.1 플립플롭

플립플롭(flip-flop) 회로는 한 비트의 2진 정보를 기억할 수 있는 논리회로이다.

2진 정보를 기억하는 방법에 따라서 RS형, JK형, T형, D형 등 여러 가지 형태의 플립플롭이 있다. 여기서는 플립플롭의 기본이 되는 RS형을 가지고 기억방법을 먼저 설명한다.

순서논리회로는 조합논리회로와 달리 [그림 3.15]에서 보듯이 출력의 상태가 다시 입력이 되는 피드백(feed back)회로이다.

1 RS 플립플롭

RS플립플롭은 2개의 NOR 게이트 또는 2개의 NAND 게이트만으로 구성 할 수 있으나 [그림 3.15]는 NOR 게이트로 구성된 플립플롭을 보인 것이다. 이 회로는 2개의입력단자와 서로 다른 배타적인 값(0이 아니면 1)을 가지는 2개의 출력단자로 되어 있다.

[그림 3.15] 에서 출력 Q와 Q′ 는 서로 보수관계에 있도록 해야한다. 즉 Q가 0이면 Q′ 는 1이어야하고 Q가 1인 상태이면 Q′ 는 0인 상태이어야 한다. 여기서 플립플로에 기억된 정보는 출력단자 Q의 값으로 가정한다.

그림에서 $\overline{Q}$ 는 논리부정기호 이다.

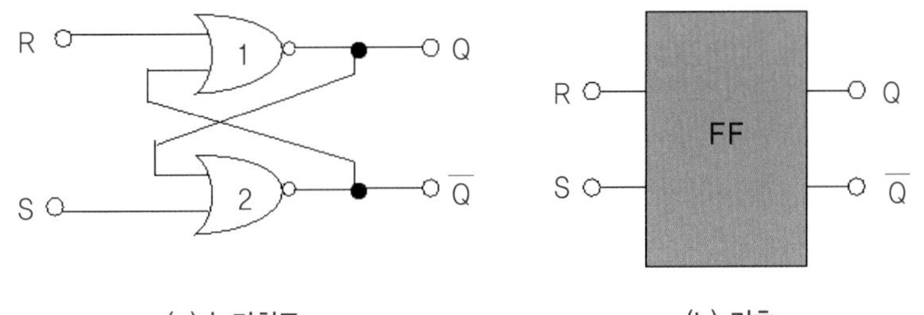

[그림 3.15] RS 플립플롭

[그림 3.15]에서 R=0, S=0, Q=0 그리고 Q′ =1로 가정해보자. 이 경우 NOR게이트1의 입력은 Q′ =1과 R=0이므로 그 출력 Q=0 이고, NOR게이트2의 입력은 Q=0과 S=0 이어서 그 출력 Q'=1 이 되어 플립플롭의 조건 즉, Q와 Q'의 배타적인 상태를 만족한다.

R과 S가 00 이외의 모든 조건 즉, 01, 10, 11의 상태에 대해서 Q와 Q'의 상태를 추적해 보면 [표 3.8]과 같은 플립플롭의 진리표를 작성할 수 있다.

이 진리표에서 t라는 첨자는 입력이 발생한 순간을 나타내는 것으로 하며, t=0은 입력

[표 3.8] RS플립플롭의 진리표

입력		출력($Q_{t=1}$)	
R	S	$Q_{t=0}$=0	$Q_{t=0}$=1
0	0	0	1
0	1	1	1
1	0	0	0
1	1	?	?

신호 발생순간 이전의 상태를 t=1은 그 이후 출력상태를 의미한다.

이 진리표에서 알 수 있는 것은 입력이 모두 없으면 출력 Q 는 이전의 상태를 그대로 유지하고 있다. 즉 입력 R=0, S =0인 경우 t=0에서 Q=0이면 t=1에서의 Q=0 이고, t=0에서 Q=1 이면 t=1에서도 Q=1 이다. 이는 새로운 입력이 발생하지 않은 한 Q는 전의 상태를 그대로 가지고 있어서 플립플롭은 2진수 1자리를 기억하는 회로가 되는 것이다.

이 진리표에서 알 수 있는 사항은 R=0 이고 S=1 인 경우에는 Q는 전의 상태에 관계없이 1로 바뀌어 **셋(Set)**상태가 되고, R=1이고 S=0인 경우에는 Q는 전의 상태에 관계없이 0으로 변하여 **리셋(Reset)**상태가 된다. 그리고 R과 S가 동시에 1인 경우에는 Q값을 결정할 수가 없어서 이러한 입력 신호는 사용이 금지되어 있다.

그런데 [그림 3.15]의 플립플롭은 입력 R이나 S에 신호가 발생할 때마다 즉시 영향을 받아 Q의 상태가 변한다. 이런 회로를 **비동기 회로(asynchronous circuit)**라고 한다.

그러나 주기적인 어느 시점에서만 입력이 플립플롭상태에 영향을 주도록 설계된 회로를 동기(synchronous)플립플롭 이라고 한다.

동기 플립플롭을 만들기 위해서는 [그림 3.16]과 같이 클록펄스(CP:Clock Pulse)와 함께 2개의 AND 게이트를 [그림 3.15]의 비동기플립플롭 앞에 추가하면 된다.

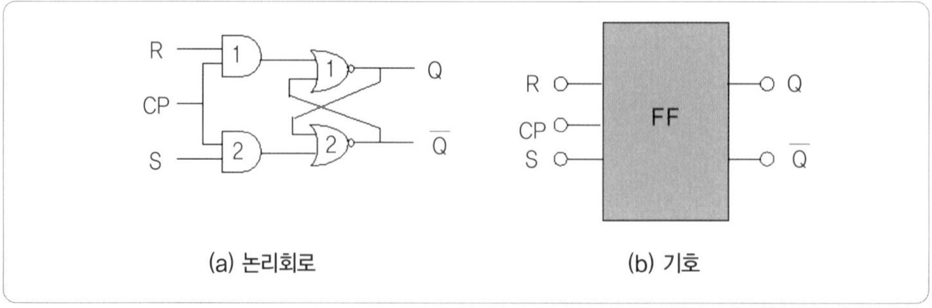

[그림 3.16] 동기 RS 플립플롭

여기서 **펄스**란 일정한 높이와 극히 좁은 폭을 가진 순간 전압을 말한다. 펄스가 있는 상태를 1로 그리고 없는 상태를 0으로 취 할 수 있다. **클록펄스(cp:clock pulse)**란 주기적으로 나타나는 펄스를 말하며 클록펄스 발생회로에 의해서 만들어지고 있다.

[그림 3.16]에서 R이나 S에 신호가 발생되어도 CP단자에 펄스가 없으면 AND 게이트 출력이 모두 0이므로 플립플롭의 상태는 변화가 없다가 클록펄스가 생기는 순간에 R이나 S의 신호상태에 따라서 플립플롭 Q의 상태에 변화가 생긴다. 또 주기적으로 클록펄스가 발생되어도 입력단자에 신호가 없으면 플립플롭의 상태는 영향을 받지 않는다.

클록펄스는 마치 사람의 심장이 박동할 때마다 동맥피가 우리 몸에 주기적으로 흐르듯이 클록펄스가 생길 때마다 클록펄스발생기에 연결된 각종 컴퓨터 회로들은 동기화 되어 동작된다. 하나의 펄스가 발생하는 순간부터 다음 펄스가 발생하는 순간까지의 시간을 **주기시간(cycle time)**이라 하고 초당 발생하는 펄스의 개수를 **진동수**라고 한다. 진동수의 크기는 **헤르츠(Hertz)** 단위로 표현한다. 따라서 클록펄스의 진동수가 많으면 컴퓨터의 동작속도는 그만큼 빨라진다.

2 JK 플립플롭

JK 플립플롭은 [그림 3.17]과 같은 것으로 RS 플립플롭에서 R과 S가 모두 1일 때 Q의 상태가 무엇이 될지를 모르게 되는 단점을 개량한 것이다. JK플립플롭의 입력 J와 K는 RS플립플롭의 입력 R와 S의 기능을 수행한다. J와 K에 입력이 동시에 들어오면 JK 플립플롭 Q의 상태는 역전된다. 즉, [표 3.8] RS플립플롭의 진리표의 제일 마지막의 물음표 2개가 왼쪽부터 각각 1과 0이 된다.

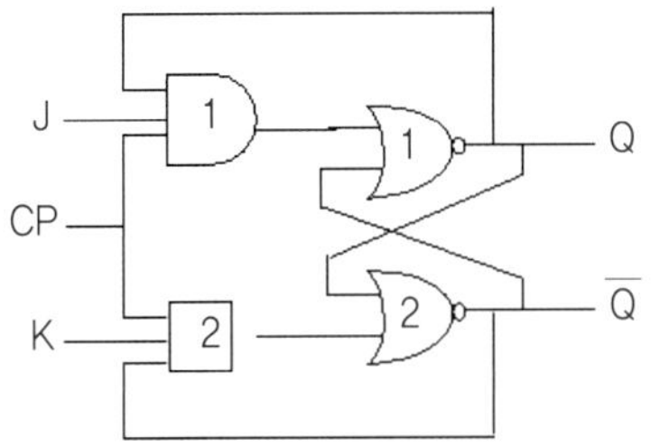

(a) 논리회로

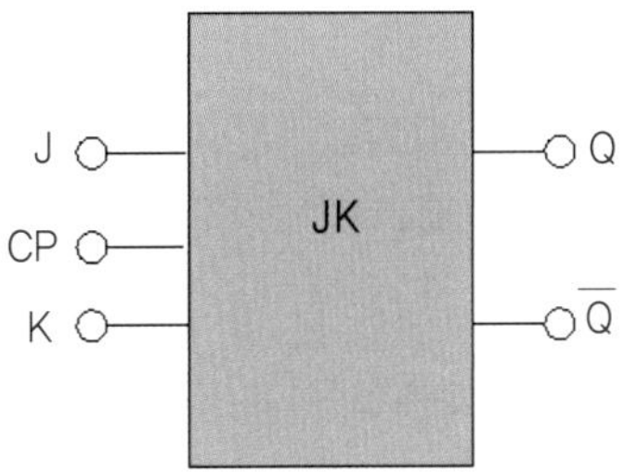

(b) 기호

[그림 3.17] 동기 JK 플립플롭

즉, Q가 1인 상태에서 J와 K가 동시에 1이 될 때 Q는 0상태로 바뀌고, Q가 0인 상태에서는 Q는 1의 상태로 변화된다. 그러므로 JK 플립플롭의 상태는 어떠한 경우의 입력에 대해서도 Q의 상태를 예측하게 해준다.

3 T플립플롭

T플립플롭은 다음 항에 나오는 **계수기회로(counter circuit)** 등에 많이 쓰이는 기억소자로서 JK 플립플롭의 J와 K을 [그림 3.18]처럼 묶어서 입력을 한 개로 변형시켜 놓은 것이다. T라는 이름은 반전(toggle)이라는 영어 단어에서 따온 이름이다.

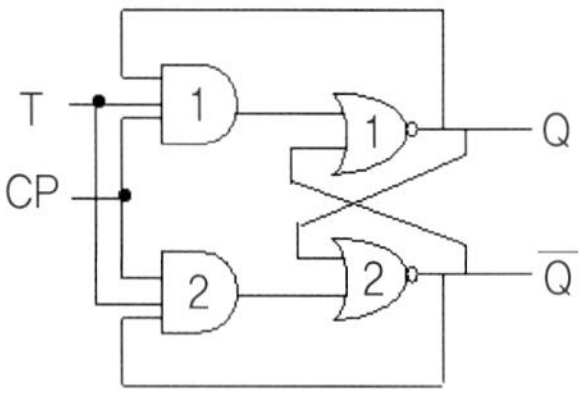

(a) 논리회로

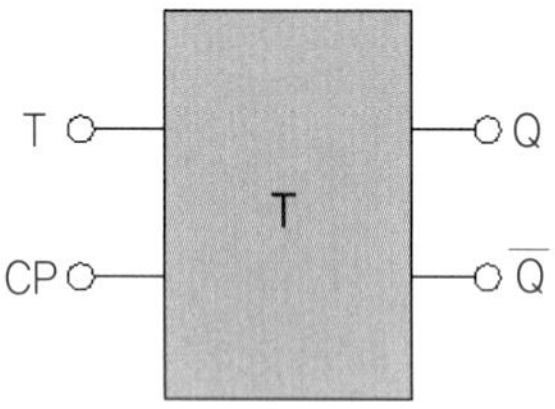

(b) 기호

입력	출력($Q_{t=1}$)	
T	$Q_{t=1}$=0	$Q_{t=1}$=1
0	0	1
1	1	0

(c) 진리표

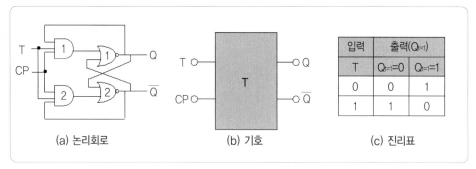

[그림 3.18] 동기 T 플립플롭

T플립플롭의 입력은 T단자 하나뿐이므로 동작원리는 두 경우밖에 없다. 즉, Q의 현 기억상태가 0인 경우 T에 입력이 있으면 Q는 1로 반전하고, Q의 현재상태가 1일 때 T에 입력이 발생하면 Q는 0이 되는 것이다.

이와 같이 T에 입력이 있을 때마다 Q의 상태는 반전된다. 컴퓨터나 텔레비전의 전원 스위치같이 누르면 켜지고 다시 누르면 꺼지는 것을 반복하는 스위치를 토글스위치라고 한다. 토글스위치의 회로는 T플립플롭을 이용한 스위치인 것이다.

3.4.2 레지스터

레지스터(register)는 제어장치와 기억장치 그리고 연산장치와 기억장치 사이에 정보를 보내거나 받을 때 컴퓨터의 처리속도를 향상시키기 위한 2진 정보를 기억 할 수 있는 플립플롭으로 구성된 고속 기억매체이다. 즉, 조합논리회로에 입력되어야할 정보를 일시적으로 기억하거나 조합논리회로에서 출력된 결과를 일시적으로 기억하여 상대적으로 속도가 느린 기억장치를 보조하여 전체적인 컴퓨터 처리속도를 높인다.

이를 기차역에 비유하면, 대합실은 컴퓨터의 기억장치에 대응하고 플랫폼(platform)은 레지스터에 해당된다. 기차가 도착하기 직전에 손님들은 플랫폼에 대기하고 있다가 기차가 도착하면 바로 손님들은 차에 올라가고 플랫폼에 사람이 없으면 차장은 기차를 출발시킨다. 그래서 기차가 역에 기다리는 시간을 최소화하여 많은 손님을 빨리 운송할 수 있게 된다. 플랫폼을 손님 대기 장소인 순서논리회로에 비유하면 기차는 조합논리회로에 해당한다.

레지스터에는 그 데이터 전달과 발생 기능에 따라 크게 두 종류로 나눌 수 있다. 그 하나는 데이터를 잠깐 기억했다가 클록펄스가 발생할 때마다 다른 레지스터에 데이터를 전달하는 **데이터 레지스터(data register)**이고, 다른 또 하나는 어떤 사건이 일어났을 때마다 발생하는 펄스 신호를 받아 그 레지스터의 값이 하나씩 증가(또는 감소)되는 **카운터 레지스터(counter register)**이다.

데이터레지스터는 데이터를 입력하고 출력하는 방법에 따라 병열 레지스터(parallel register)와 쉬프트 레지스터(shift register)로 구분하고 있다. 그리고 카운터에는 사건의 종류에 따라 여러 종류가 있으나 여기에서는 클록펄스 카운터만을 설명한다.

1 병렬 레지스터

[그림 3.19]는 3개의 동기 JK플립플롭으로 된 간단한 **병렬 레지스터(parallel register)**의 예를 보인 것이다.

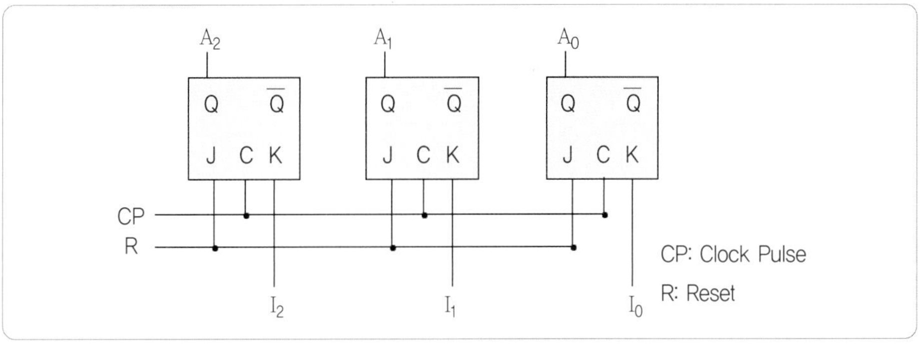

[그림 3.19] 병렬 3비트 레지스터의 한 종류

이 그림에서 클록펄스(CP)선은 I와 첨자로 표시된 3개의 입력신호를 동기화 시켜 펄스가 생성될 때마다 입력에 대기중인 모든 비트 정보가 레지스터의 출력 Q에 모두 나타나도록 동작 한다. 그래서 입력된 정보는 레지스터에 기억되는 것이다. 프로그램을 실행하는데 필요한 특수목적의 병열레지스터는 7장 "컴퓨터두뇌"에서 사용되는 예가 설명되었다.

예를 들어 R을 리셋(reset)하고 CP에 펄스를 1로 가하면 레지스터의 출력은 모두 0이 되어 초기화된다. 또 입력 선에 어떤 2진 정보를 주고 펄스신호를 1로 가하면 그 시점에서 레지스터에 들어오려고 대기하고 있는 정보는 모두 레지스터의 출력단자에 그대로 동시에 나타나게 된다.

연산장치를 구성하고 있는 레지스터의 비트 수에 따라 32비트 또는 64비트 컴퓨터라 불리고 있다.

2 쉬프트 레지스터

[그림 3.20]은 좌측에서 입력되고 우측으로 하나씩 밀어서 출력되는 3비트 직렬입력-직렬출력 쉬프트 레지스터(shift register)의 예를 보안 것이다. 이 회로도에서 알 수 있는 것은 클록펄스가 발생할 때 마다 좌측에 대기 중인 입력 값이 하나씩 채워지면서 각 플립플롭의 값은 우측으로 하나씩 이동하여 제일 우측의 정보가 하나씩 출력된다는 것이다.

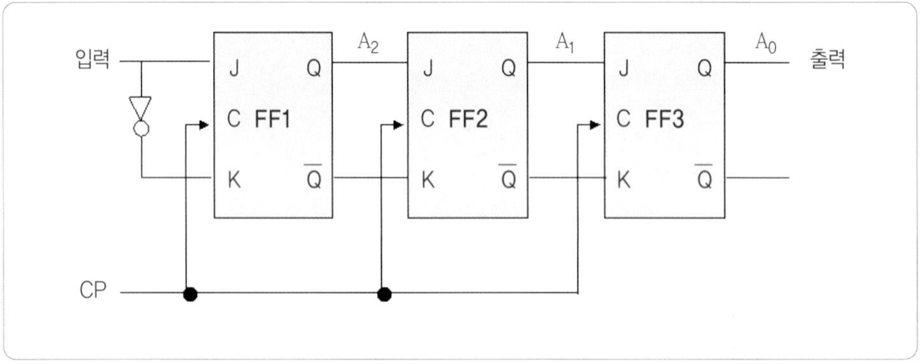

[그림 3.20] 쉬프트 레지스터의 한 종류

예를 들어 이 레지스터에 111이 기억되어 있고 대기 중인 값이 계속 0이라고 가정하면 첫 번째 클록펄스에 011로 되고 두 번째 클록펄스에 001이 되는 것이다.

쉬프트 레지스터는 [그림 3.20] 회로도의 A_2 A_1 A_0에 출력 선을 모두 외부로 연결하면 A0에서만의 출력과 달리 3개의 출력이 병열로 동시에 이루어질 수 있다. 즉, 직렬신호를 플립플롭의 숫자만큼씩 받아서 병렬신호로 출력해 주는 직렬입력-병렬출력 쉬프트 레지스터가 되는 것이다.

그리고 이와 반대로 병렬신호를 받아서 비트신호를 좌나 혹은 우로 이동하여 필요한 위치의 비트신호만 선택해서 직렬로 출력할 수 있는 레지스터를 병렬입력-직렬출력 레지스터라고 한다.

쉬프트 레지스터의 응용 예로는 안테나가 부착된 이동통신 기기의 모뎀이다. 모뎀은 컴퓨터에서 생성된 병렬 레지스터의 디지털 신호를 받아서 이를 직렬 아날로그 신호로 바꾸어 전송하고, 반대로 직렬 아날로그 신호를 받아서 이를 병렬디지털 신호로 바꾸어 수신한다. 전자를 변조(modulation)라하고 후자를 복조(demodulation)라하며 모뎀(modem)은 변조와 복조를 의미하는 영문 단어의 앞부분의 글자만 취해서 붙여진 이름이다.

3 클록펄스 카운터

카운터란 어떤 사건이 일어날 때마다 신호를 받아서 값을 하나씩 증가 시키는 레지스터이다. 여기서 공장에서 제품이 지나 가거나, 승객이 승차하거나 하차 때 마다 발생하는 신호를 받아 이를 세는 카운터도 있고, 특정 시간에 맞추어 주기적으로 발생하는 클록펄스에 따라 그 값이 하나씩 증가하는 클록펄스 카운터도 있다.

클록펄스는 컴퓨터 시스템의 동작들을 펄스에 동기화(synchronization)시켜 그 처리속도를 빠르게 하는 데 사용된다.

[그림 3.21]은 3개의 T 플립플롭으로 구성된 3비트 2진 카운터의 예를 보인 것이다.

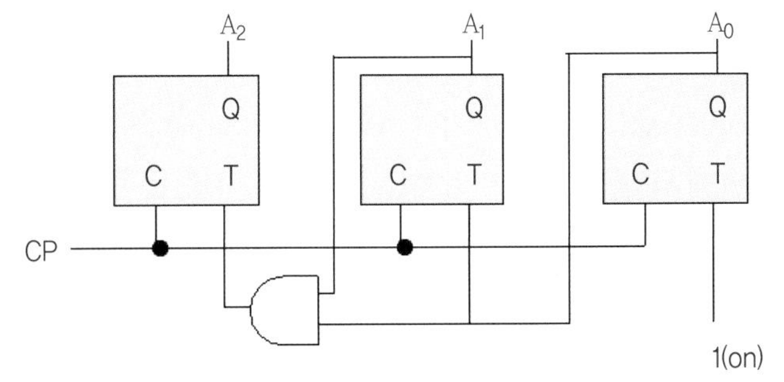

[그림 3.21] 3비트 2진 카운터의 예

이 그림에서 제일 오른 쪽 플립플롭의 T 단자의 논리 값은 항상 1인 상태로 되어있어야 한다.

현재 A_2 A_1 A_0의 상태가 0 0 0이라고 가정하고 CP에 1이 발생하면 A0는 0에서 C와 T가 1이기 때문에 1로 바뀐다.

A_1은 A_0의 전 상태 값 0이 T에 연결되어 있기 때문에 C=1, T=0 이 되어 A_1의 0의 값은 변화 없이 0의 상태를 유지한다.

그리고 A_2의 T는 A_0의 1과 A_1의 0을 입력으로 하는 AND게이트의 출력값 0에 연결되었기 때문에 A_2의 C=1, T=0이어서 A_2의 0값은 변화 없이 0의 상태를 유지한다.

결과적으로 [그림 3.21]의 계수기 회로는 클록펄스(clock pulse)가 발생할 때 마다 0에서 7까지 반복적으로 상태가 변하기 때문에 이는 8개의 펄스를 셀 수 있는 카운터인 것이다.

컴퓨터에는 직류전원에 연결된 수정(quartz crystal) 발진기 회로가 있다. 이 수정분자가 한번 진동할 때마다 전기를 이동시켜 회로에는 순간 전류가 발생한다. 이 순간 전류를 펄스라고 한다. 그런데 수정분자의 진동은 일정시간마다 정확하게 주기적으로 이루어지기 때문에 이를 클록펄스라고 한다. 이 클록펄스에 맞추어 컴퓨터 회로가 동작하도록 논리회로들이 설계되었기 때문에 시간당 펄스가 많이 발생할수록 컴퓨터의 처리속도는 더 빨라지는 것이다.

클록펄스는 발생할 때 마다 [그림 3.21]의 카운터와 같은 클록 레지스터(clock register)에 누적되어 기억되고 있다. 카운터의 시작 값 0의 기준일은 운영체제마다 다르게 설정되어 있다. 그리고 이 클록레지스터에 누적된 펄스 값에 주기시간을 곱하여 날자와 시분초로 환산하여 컴퓨터 화면에 보여주고 있다.

3.5 기억 장치회로

기억장치(memory unit)는 주소해독기와 기억소자들이 행과 열을 만들어 구성된 논리회로이다. 기억장치에 정보를 직접 기억시키고 읽어올 수 있는 기능을 가진 임의접근(random access)장치이다.

컴퓨터 초창기의 임의접근 기억장치의 기억소자는 자기 코어(magnetic core)이었고 이제는 집적회로로 알려진 반도체소자이다. DRAM으로 알려진 기억장치는 충전과 방전기능을 가진 트랜지스터 하나가 최소의 기억소자인 비트를 표현하고 있다. 그러나 이 책에서는 설명의 편의를 위해서 플립플롭으로 이루어진 기억소자를 가지고 기록과 판독의 원리를 설명하고 집적회로의 바이트 단위 주소에 의한 입출력 동작원리를 설명한다.

[그림 3.22]은 1개의 플립플롭으로 된 **기억소자**의 논리회로와 기호를 보인 것이다.

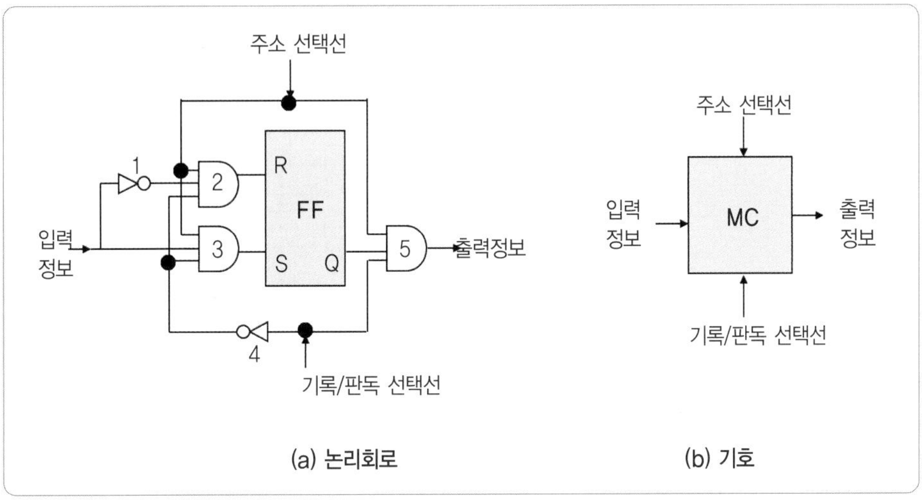

[그림 3.22] 기억장치의 기억소자

[그림 3.22]의(a)의 논리회로에는 레지스터에는 없었던 주소 선택선과 기록/판독 신호선이 추가되어 있다.

기록/판독 선택선의 신호가 0이면 인버터 4를 통한 AND게이트 2와 3에 연결된 입력신호는 1이 되고 출력 측 AND게이트 5에 연결된 입력신호는 0이 되므로 기록(입력)동작은 1로 바뀔 준비상태에 들어가고 판독(출력)동작은 거부된다. 또 기록/판독신호가 1이면 인버터 4를 통해서 AND게이트 2와 3에 연결된 입력신호는 0이 되고, AND게이트 5에 연결된 입력신호는 1이므로 기록동작은 거부되고 판독동작은 출력 준비상태에 놓이게 된다.

주소선택선에 1이 입력되면 AND게이트 2, 3, 5가 동작준비상태가 되어 이 기억소자는 선택되지만 0인 경우에는 동작하지 않는다.

따라서 주소선택선의 신호가 1이고 이 기록/판독선택선의 신호가 0인 경우 입력정보가 1이면 세트되어 Q는 1로 그리고 입력정보가 0이면 리세트 되어 Q는 0으로 기억된다. 이때 AND게이트 5의 출력신호는 변화가 없이 전의 상태 0으로 되어있다. 주소선택선의 신호가 1이고 판독/기록 선택선의 신호가 1이면 Q의 값은 AND게이트 5를 통해 출력된다. 즉 Q가 0이면 0으로 Q가 1이면 1이 출력된다.

보통 8비트가 한 조가 되어 1바이트를 이루지만 [그림 3.23]은 3비트가 한 조로 된 **바이트** 단위 기억장치의 회로를 보인 것이다.

[그림 3.23]의 번지해독기는 [그림 3.12]에서 설명한 해독기의 일종으로 입력단자가 2개이므로 주소선의 수는 2의 2승인 4개까지만 가능하다.

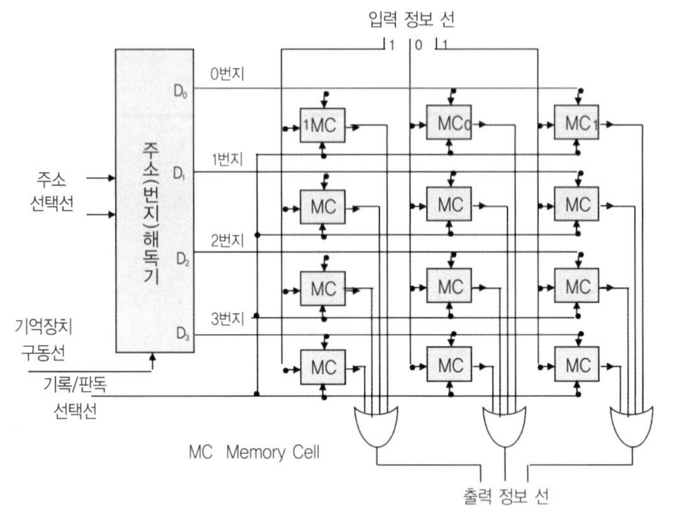

[그림 3.23] 집적회로 기억장치의 예

여기서 집적회로 기억장치라고 한 것은 4세대 컴퓨터부터는 사용하지 않은 자심 기억장치(magnetic core memory)와 구별하기 위해서 쓰인 것이다. 입력이나 출력 정보는 3비트로 표현된 2진정보이다. 주소 선택 선에 00이라는 신호가 입력되면 주소해독기의 D_0만이 1이 되어 0번지에 연결된 3개의 기억소자가 선택된다.

[그림 3.23]에서 기록/판독 선택선의 값이 0이고 입력정보선의 신호가 101이라고 하면 [그림 3.22]을 참조하여 입력신호 101이 0번지 기억소자에 기억되는 것을 이해할 수 있기를 바란다.

연습문제

컴퓨터 과학개론

3.1 논리회로의 다른 말은 어느 것이 있는가.

3.2 다음 논리식을 보고 그 논리회로를 그려라.

① $F = (A \cdot B + C \cdot D) \cdot C'$

② $F = ((A + B) \cdot C)' + A \cdot C$

3.3 [그림 3.6]의 반가산기에서 A=1. B=0인 경우 S와 C의 경우는 얼마인가? 그리고 그 이유를 설명하시오.

3.4 반가산기와 전가산기의 차이점을 쓰라.

3.5 그림 3.10의 4비트 비교기에서 A가 1010이고 B가 1010일 때 X_3, X_2, X_1, X_0을 구하고 출력 Y_2, Y_1, Y_0의 값을 구하여라.

3.6 [그림 3.11]에서 입력선 6번에만 전기신호가 발생한 경우 제일 왼쪽의 출력선 번호부터 0, 1, 2, 3 이라고 하면 몇번에만 신호가 발생하는가? 그리고 이를 2진수로 쓰면 얼마인가?

3.7 [그림 3.12]에서 입력이 110이고 출력 측의 0번부터 차례로 빨강부터 무지개 7색의 전구가 연결되었다고 가정하면 어느 색의 전구가 켜지는 가를 쓰고 그 이유를 설명하시오.

3.8 [그림 3.13]의 멀티플렉서에서 S_1 = 1, S_0 = 0 이면 Y에는 어떤 입력이 나타나는가? 그 과정을 설명하라.

3.9 [그림 3.15]의 RS플립플롭에서 입력이 모두 0일 때 출력은 얼마인가?

3.10 클록펄스란 무엇인가?

3.11 동기형 플립플롭과 비동기형 플립플롭의 차이점을 쓰라.

3.12 JK플립플롭의 특징은 무엇인가?

3.13 T플립플롭의 특징은 무엇인가?

3.14 레지스터의 하는 일을 설명하라.

3.15 [그림3.19]의 병렬레지스터에 101이 기억되어 있다.

(1) R=1고 CP=1인 경우 각 Q(기억)는 얼마인가.

(2) 입력 I가 100이 발생하고 CP= 0인 경우 Q는 얼마인가.

(3) (1)을 수행한 다음 (2)의 경우 CP=1 이면 Q는 얼마인가.

3.16 카운터의 기능을 설명하라.

3.17 레지스터와 기억장치의 차이점은 무엇인가?

3.18 [그림 3.23]의 집적회로 기억장치에서 주소 선택선에 2진수 11이 들어오고 입력선에 001이 들어오며 기록/판독선에 신호가 0이라면 그 결과는 어떻게 되는지 순서대로 설명하시오.

4장 컴퓨터 회로의 구현

4장 컴퓨터 회로의 구현

이 장에서는 컴퓨터 논리회로를 집적회로 칩으로 반도체 공장에서 제조하는 과정을 이해하는 것이 목적이다.

그래서 진공관을 이용한 논리회로를 설명하는 것이 이해하기 쉽기 때문에 이를 먼저 한다. 그리고 돌가루로 만들어 진 반도체 회로가 그 기능이 진공관과 왜 같은 지를 이해하기 위해서 반도체의 종류와 동작원리를 개략적으로 설명한다.

그리고 마지막으로 수 천 개에서 수 억 개의 트랜지스터와 그들 트랜지스터들을 연결하는 회로선을 칩이라고 하는 사방 5mm이하의 반도체 표면에 제조하는 기술적 과정을 설명한다.

4.1 진공관 회로

진공관회로는 최초의 전자회로(electronic circuit)이고 뒤에 설명될 트랜지스터회로나 집적회로도 전자회로이다. 진공관은 라디오와 레이더 장치의 필수 부품으로 1900년대 초부터 발전하기 시작하여 초장기 컴퓨터의 필수적 논리회로 소자가 되었다.

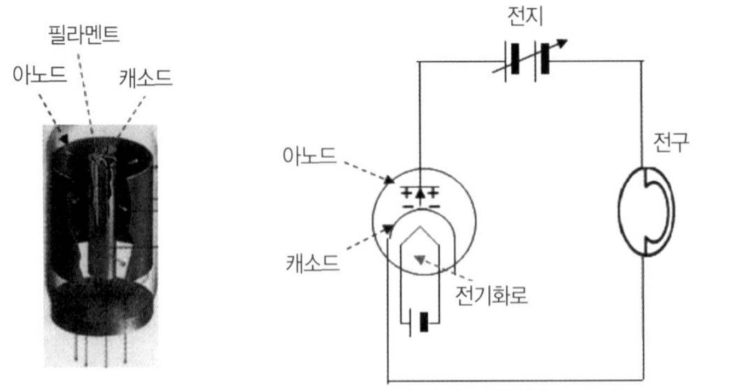

(a) 2극 진공관　　(b) 2극 진공관 전자회로

[그림 4.1] 2극 진공관과 전자회로

2극 진공관은 [그림4.1]의(a)와 같이 안쪽에는 캐소드(cathode)가 바깥쪽에는 아노드(anode)라고 하는 두개의 원통형 금속 전극 판이 들어 있는 진공관을 말한다. 캐소드 안에는 다시 필라멘트로 만들어진 원통의 전기 화로(火爐)가 들어 있다.

[그림 4.1]의 (b)와 같은 전자회로에서는 진공관 안의 아노드와 캐소드 전극이 떨어져 있기 때문에 전류가 흐를 수 없어 전구는 꺼져있는 상태이다. 그런데 필라멘트로 된 전기화로에 전기를 가하여 뜨겁게 하면 어떻게 될까? 그러면 필라멘트의 열로 뜨거워진 캐소드 표면의 음(-)전기를 가진 전자는 열에너지 때문에 금속표면 밖으로 튀어나오게 된다. 밖으로 튀어 나와 식어진 전자는 금속 표면의 양(+)전기로 이온화된 원자에 끌리어 다시 원위치로 돌아간다.

열에너지를 받고 밖으로 튀어나온 전자를 열전자(thermal electron)이라고 부른다. 이제 이 열전자를 끌어당길 만큼 센 양극 전압이 아노드에 가해지면 열전자는 되돌아가지 않고 아노드에 끌려간다. 그리고 열전자가 빠져나간 빈자리를 그 옆의 전자가 연속적으로 채워간다. 이런 일이 계속 발생하여 전자는 전지를 거쳐 다시 캐소드로 돌아온다. 이와 같은 전자의 흐름을 전류라 하고, 전류의 방향은 전자 흐름의 반대 방향으로 약속한다.

2극 진공관의 전기적 특성은 아노드에 걸리는 전압의 세기에 따라서 어느 세기 이상에서는 전류가 흐르고 또 반대로 전압이 작으면 전류가 흐르지 않는다. 이는 다시 말해

사람이 전기 스위치를 손의 힘으로 누르는 대신 2극 진공관은 전기의 힘으로 작동하는 자동 전기 스위치의 기능을 하는 것이다.

그리고 3극 진공관(triode)은 1907년에 미국의 포레스트(Lee de Forest : 1873-1961)가 발명한 것으로 2극 진공관의 캐소드와 아노드 사이에 [그림4.2]의(a)와 같이 그리드(grid)라고 하는 철망 원통을 제3의 전극으로 그 중간에 집어넣은 것을 말한다.

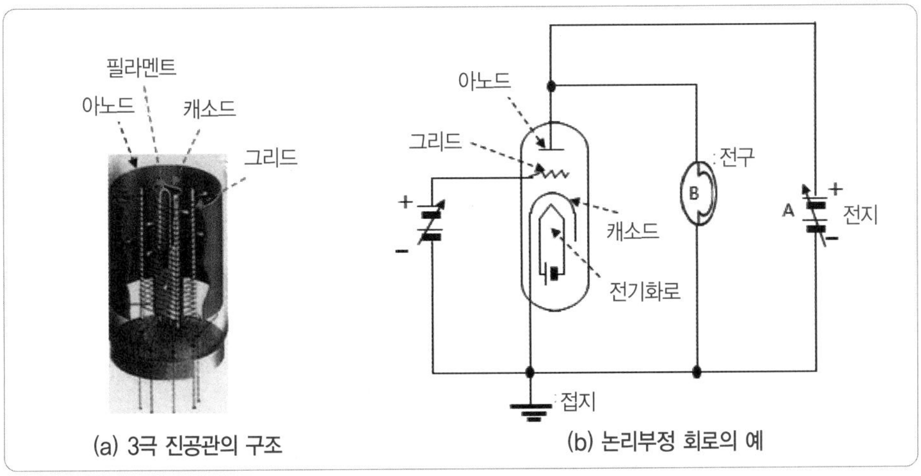

[그림 4.2] 3극 진공관과 논리부정회로 예

3 극진공관은 극성이 반대인 두 전극 사이에 끌리는 힘은 두 전극에 충전된 전기량의 곱에 비례하고 떨어져 있는 거리의 제곱에 반비례한다는 즉, 두 전극 사이의 거리가 반으로 가까워지면 서로 끌어당기는 전기적 힘은 4배로 커지는 원리를 적용하여 그리드에 가해지는 약한 전압으로 동작하는 진공관이다.

[그림4.2]의 (b)는 3극 진공관을 이용한 논리 부정 회로(Invertor)의 예를 보인 것이다.
먼저 3극 진공관은 애노드에 16볼트 이상의 전압을 걸어야 캐소드의 열전자를 끌어올릴 수 있는 진공관이라고 가정한다.
이 경우 16 볼트 이하의 전압을 가하면 A전지의 전류는 전구 쪽으로만 흐른다. 그러나 그리드와 캐소드 사이의 거리가 애노드와 캐소드 사이의 거리의 반절이므로 그리드에 4 볼드 이상의 전압을 가하면 캐소드의 열전자는 그리드로 끌리어 가속되고, 가속된 열전자는 그리드 철조망의 구멍을 통과하여 애노드에 끌리어 온다. 그 다음에 발생하는 현상은 2극 진공관과 같다.
그 결과 3극 진공관을 그리드에 걸리는 매우 약한 전압의 힘으로 전구를 켜거나 끄는 전동(電動) 스위치로 사용할 수 있는 것이다.

이제 [그림4.2]의 (b) 회로가 논리부정의 기능을 수행하는 회로임을 설명한다. 만약 2극 진공관 이라면 애노드에 16볼트가 걸려야 열전자를 끌어당기는 것으로 가정한다. 그러면 이 경우 3극진공관에서는 그리드에 4볼트 전압이 걸리면 열전자를 끌어당기는 데 충분한 전압이 된다.

그리드에 걸리는 전압이 4볼트 상태이면 1로 4볼트 미만의 상태이면 0으로, 그리고. 전구가 켜진 상태를 1 꺼진 상태를 0으로 약속한다.
이제 그리드에 가해지는 전압의 상태를 논리회로의 입력 값으로, 전구의 상태를 논리회로의 출력 값으로 생각한다.
그리드가 0의 상태인 경우에는 전지 A와 진공관을 연결한 회로는 열린 상태가 되어 전지 A에 의한 전류는 항상 닫친 상태로 되어 있는 전구 쪽으로 만 흘러 전구의 상태는 1이 된다. 그러나 그리드가 1인 상태에서는 전기저항이 있는 전구 쪽 보다는 전기저항이 전혀 없는 진공관 쪽으로만 흘러 전구는 0의 상태가 된다.

이상의 결과를 정리하면 그리드의 입력 논리 값이 0인 경우에는 전구의 출력 논리 값은 1이 되고, 반대로 그리드의 입력 값이 1인 경우에는 전구의 출력 값은 0이 되어 이 회로는 논리 부정 회로인 것이다.

매우 약한 전압으로 전동 스위치 기능을 하는 3극 진공관들을 선으로 연결하여 각종 논리회로를 수작업으로 만든 것이 소위 제 1새대라고 하는 초창기 진공관 컴퓨터이었다.

그러나 진공관은 유리관이기 때문에 잘 깨지고 부피가 크며 열이 많이 발생하고 전력소모가 크다는 것 때문에 성능도 극히 빈약하고 관리도 매우 어려웠지만 1940녀대 후반 당시로는 매우 대단한 발명품 이어서 인기 좋은 관광 상품이었다.

3극진공관은 전동 스위치 역할 외에도 교류를 그리드에 연결하여 직류로 바꾸어주는 정류기능, 그리드에 가해진 약한 전압을 회로의 높은 전압으로 바꾸어 주는 증폭 기능을 한다.

노트북에 연결하는 전원 어댑터(adapter)나 휴대 단말기의 충전장치는 정류기이고 스피커는 마이크를 통해서 그리드에 연결된 약한 신호 전압을 애노드에 가해지는 높은 전압의 신호로 올려주는 증폭장치인 것이다. 컴퓨터 스피커의 볼륨을 올리고 내리는 것은 애노드에 걸린 전압을 조정하는 것이다.

4.2 반도체 회로

반도체란 자연 상태에서는 전기가 잘 통하지 않는 모래나 돌덩어리 같은 전기적 성질을 가진 물체를 의미한다. 그러나 우리가 말하는 반도체는 공업적으로 가공하여 전기가 진공관처럼 매우 잘 통하게 만든 공업 제품을 의미하는 것이다.

최초의 인위적 반도체인 트랜지스터(transistor)를 1947년 미국 벨(Bell) 연구소의 쇼크리(W.B.Shockley)팀이 개발한 이후 우리의 생활은 모두 반도체 환경으로 바뀌었다. 즉. 이 반도체 덕택에 우리는 반세기 만에 인터넷에 의한 정보혁명에서 또 사물과 대화할 수 있는 유비쿼터스 형명 시대에서 살게 된 것이다.

여기에서는 반도체의 형태와 원리 그리고 2극진공관의 기능을 하는 다이오드와 3극 진공관 기능을 하는 트랜지스터의 동작원리와 특성들을 개략적으로 설명한다.

그리고 반도체의 종류에 따라 전기의 세기를 빛의 세기로 바꾸어 방출해 주는 발광다이오드(light emitting diode)와 반대로 빛의 세기를 전기의 세기로 바꾸어 주는 감광다이오드(photoelectric diode)도 추가로 설명한다.

4.2.1 n형과 p형 반도체

원소의 주기률 표는 제일바깥궤도에서 돌고있는 전자의 개수에 따라서 나열해 놓은 표이다. 이는 원소의 제일 안쪽의 궤도부터 원자가 가지고있는 전자가 배정되는 데, 첫 번째 궤도에는 2개, 2번째는 8개, 3번째는 18개 네 번째는 32개 등이다. 이를 원자의 셀(shell) 모델이라고 하며 [그림 4.3]의 주기률 표의 전자배열 예와 같이 안쪽 궤도부터 바깥쪽으로 차례로 채워지게 된다.

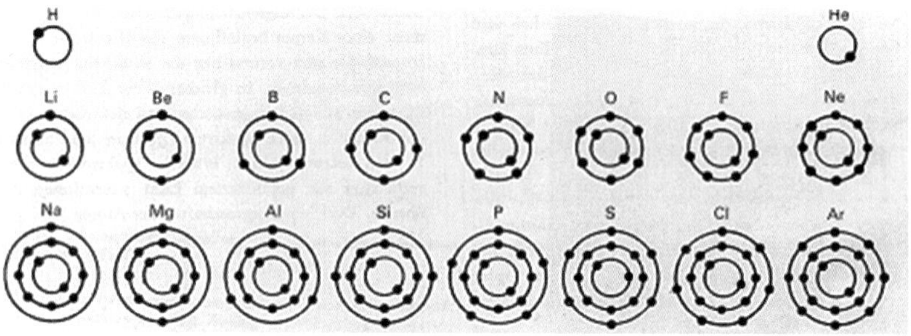

[그림 4.3] 최 외각 전자 수에 따른 주기률 표의 전자배열 예

이 예에서 각 원소가 가지는 최 외각 전자의 수가 좌에서 우측으로 1에서 8까지 이다.. 그런데 원자가 안정적으로 이 세상에 존재하기 위해서는 제일 외각궤도의 전자수가 수소를 제외하고 모두 8이 되어야 한다. 안정상태가 아닌 2개 이상의 원자가 결합하여 안정상태를 이루는 물질이 되는 것을 **화학적 결합**이라고 한다. 화학적 결합에는 이온 결합과 공유결합의 2가지 방법이 있다.

공유결합이란 비금속 원지들 사이의 결합방식인데 2 개의 원자가 자신의 전자를 그대로 두면서 다른 원자의 전자를 서로 공유하여 8법칙을 지켜 안정상태의 화합물질로 생존하는 것을 말한다. [그림 4.4]의(a)는 최 외곽 궤도의 전자가 1인 수소와 7인 염소가 자신의 전자를 하나씩 내 놓고 이를 서로 공유하여 8법칙을 지켜서 염화수소로 결합한 것을 보인 것이다.

백금의 경우에는 탄소원소 4개가 최외각 전자를 하나씩 공유하여 8법칙을 지키도록 된 순수한 탄소결정체이다. 이유는 탄소원자는 전자가 6개이어서 최외각 전자 궤도에는 4개만 배정되어 있기 때문이다.

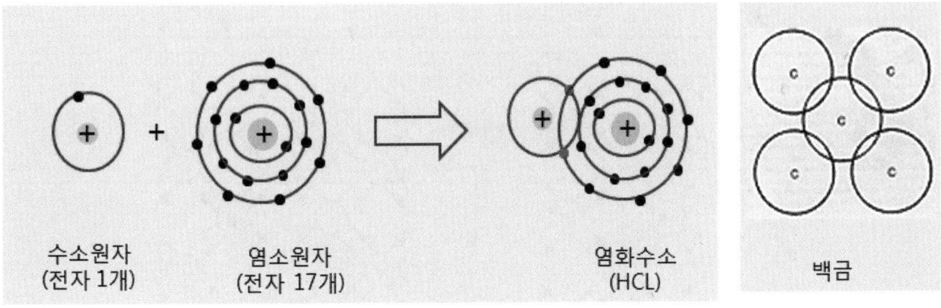

(a) 수소원자와 염소원자의 공유결합 과정

(b) 탄소의 공유결합

[그림 4.4] 공유결합

원소의 공유결합 특성을 이용하여 최 외곽 궤도의 전자가 4개인 반도체 원소에 최 외곽 궤도의 전자가 5인 원소를 공업적으로 즉 인위적으로 공유 결합시키면 8법칙으로 원소가 안정화되는 과정에서 두 원소 가진 9개의 전자 중에서 8개는 공유결합에 이용되고 나머지 한 개의 전자는 어느 원소에도 속박되지 않은 자유전자로 물질 속에 남게 된다. 이를 n형 반도체라고 한다.

또 최 외곽 궤도의 전자가 4개인 반도체 원자에 최 외곽 궤도의 전자가 3인 원소를 공업적으로 공유 결합시키면 두 원소가 가진 전자의 수는 모두 7개뿐이어 8법칙에 1개의 전자가 부족한 것이다. 그러나 이 경우에는 제조과정에 전자가 모자라는 원소에서 전자가 1개 추가로 탄생하고 전자가 태어난 곳에는 양의 전기를 띠고 질량은 전자와 같은, 반전자라고 하는 양전자(positive electron)도 쌍으로 태어난다. 이때의 양전자를 전자가 태어난 구멍이라고 생각하여 홀(hole)이라는 이름을 붙였다. 이를 p형 반도체라고 한다.

이렇게 태어난 전자는 공유결합에 사용되고 홀은 어느 원소에도 구속되지 않는 상태로 물질 속에 남는다. 홀이 발생하는 이유는 양자역학이라는 물리학 이론으로 설명이 가능한 것이지만 여기서는 홀과 자유전자가 만나면 빛으로 변하여 사라진다는 것만 소개한다.

공업적 반도체 소자로 가장 많이 사용되고 있는 규소 반도체의 공유결합 상태는 [그림 4.5]와 같다.

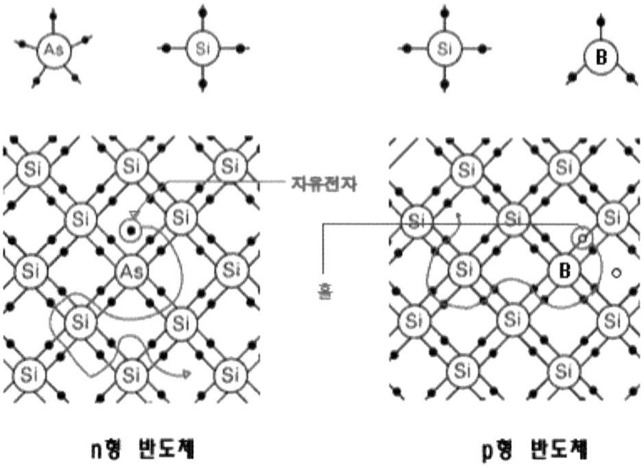

[그림 4.5] p형 반도체와 n형 반도체

자연계에 산소다음으로 모래나 석영 등에 많이 존재하는 규소(Si)는 14개의 전자를 가지고 있고 최 외각 전자의 수가 4개이며, 비소 (As) 는 33개의 전자를 가지고 최 외각 전자의 수는 5이다. 따라서 비소가 그 전자를 하나 방출하고 규소와 최 외각 전자를 8개로 공유결합하는 과정에 비소에서 방출된 전자가 어느 원자에도 구속되지 않는 자유전자로 더 많이 포함된 n형 반도체가 된다.

규소는 또 전자가 5개이고 외곽 전자가 3개인 붕소(B)와 공유 결합하기 위해서는 전자가 하나 부족하다. 이 부족한 전자를 1개 발생시키어 공유결합하고 전자가 발생된 과정에서 홀이 동시에 발생되어 홀이 더많은 p형 반도체가 된다.

이 경우 1억 개정도의 규소원자에 비소나 붕소가 공유결합해서 한 개의 자유전자나 한 개의 홀이 생성되어 반도체의 소자로 쓰이고 있다.

이들 n형이나 p형 반도체는 자유전자와 홀이 외부의 충격이나 온도에 상관없이 반도체 물질 속에 변함없이 살아 있기 때문에 아주 미소한 적은 전압에도 쉽게 이동할 수 있어 어느 금속보다도 좋은 도체역할을 할 수 있다.

이들 두 형태의 반도체를 서로 붙여 진공관의 기능을 대체하는 공업적 반도체가 다이오드(diode)와 트랜지스터(transistor)이다.

4.2.2 다이오드

[그림 4.6]는 pn접합다이오드(junction diode)를 보인 것이며, 규소결정에 비소나 붕소 등의 불순물을 차례로 집어넣어 p형과 n형을 하나의 결정체로 만들어 놓은 것이다. 이때

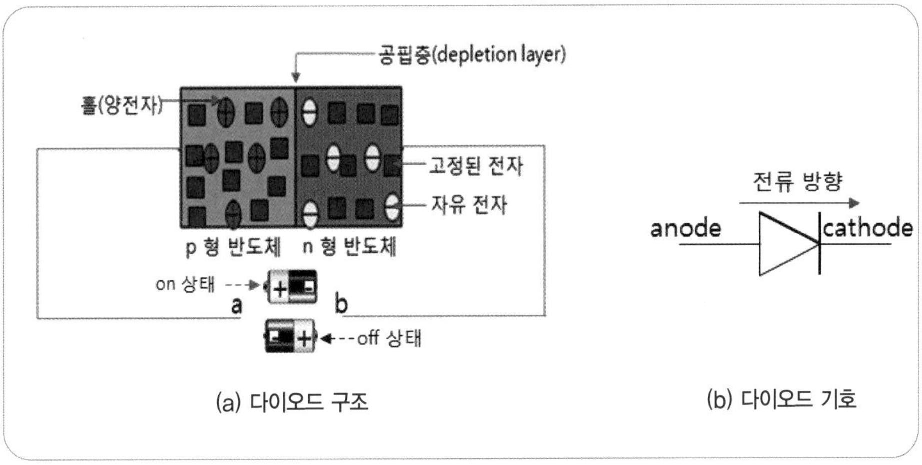

[그림 4.6] pn 접합 다이오드

접합면 부근에서 발생한 자유전자와 홀은 다이오드 생성 과정에서 서로 만나 사라지기 때문에 접합면 근처는 홀도 자유전자도 없는 공핍층으로 변한다.

[그림 4.6]에서 사각형은 고정된 전기이고 원은 움직일 수 있는 전기를 나타낸다. 그리고 공핍 층(depletion layer)은 자유전자나 홀이 전혀 없는 접합영역으로 전기의 흐름을 방해하는 저항의 역할을 한다. 따라서 자유전자나 홀이 이 공핍 층을 통과하기에 충분한 전압이 가해져야 전류가 흐를 수 있게 된다.

만약 a쪽에 음의 전압이 b쪽에 양의 전압이 가해지면 홀은 a쪽으로 자유전자는 b쪽으로 끌리기 때문에 전기는 양쪽 전극 쪽에 모여서 충전만 되고 흐르지 못하는 **부도체**가 된다.

또 그 반대로 a쪽에 양의전압을 b쪽에 음의 전압을 걸면 자유전자는 p영역을 통과해서 a쪽으로 끌리고 홀도 n영역을 통과해서 b쪽으로 끌림으로 전기가 a에서 b쪽으로만 흐르게 하는 **도체**가 된다.

따라서 반도체 다이오드는 전류를 한쪽 방향으로만 흐르게 하는 스위치의 기능을 할 수 있는 논리 게이트의 소자가 될 수 있는 것이다.

발광다이오드(light emitting diode)는 전기를 가하면 공핍 층에서 자유전자와 홀이 재결합하여 여러 가지 빛을 방출하면서 사라지는 반도체이다.

발광다이오드는 4족 원소인 규소(Si)만의 단 원소 결정을 사용하는 대신 공핍층에서 자유전자와 홀의 재결합 확률이 매우 높은 알미늄(Al), 갈륨(Ga), 인듐(In) 등의 3족과 인(P), 비소(As) 등 5족 원소들을 8법칙으로 공유결합 시킨 인듐갈륨비소인(InGaAsP)과 같은 다 원소 화합물 결정 반도체에 산소나 질소 아연 등의 불순물이 침투된 p-n 접합 다이오드이다.

다 원소 화합물 반도체의 소재와 불순물의 종류에 따라 적외선부터 자외선까지 그리고 빨간색부터 보라색까지 밝기가 다양한 색깔의 빛을 발광한다.

포토다이오드(photodiode)는 다이오드의 공핍 층에 빛을 비추면 광자(photon)라고 하는 빛 에너지 덩어리가 규소의 전자와 충돌하여, 빛이 가진 에너지가 전자에 전달된다. 빛 에너지를 흡수한 전자는 원자핵의 구속 상태에서 탈출하여 자유롭게 된 광전자(photo electron)로 되면서 동시에 홀이 쌍으로 생성된다. 이를 아인슈타인(Albert Einstein : 1879–1955)이 1905년에 이론적으로 설명한 광전효과(photoelectric effect)라고 한다.

공핍 층에서 발생한 광전자는 캐소드 쪽으로 넘어가고 홀은 애노드 쪽으로 넘어가 다이오드는 충전되고 회로에는 (광)전류가 발생한다. 이때 전류의 세기(단위시간 당 자유전자의 수)는 빛의 세기(단위 시간당 광자의 수)에 비례하여 발생한다.

4.2.3 트랜지스터

트랜지스터는 [그림 4.7]의 (a)와 같이 n형 반도체에 아주 얇은 p형 반도체가 끼어 있거나 p형 반도체에 극히 얇은 n형 반도체가 끼워 있는 것으로 전자를 npn트랜지스터로 후자를 pnp트랜지스터로 분류하고 있다.

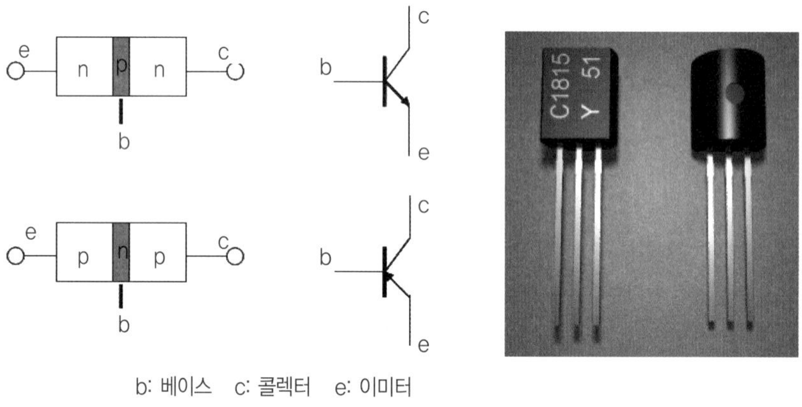

(a) 구조 (b) 기호 (c) 실물 사진

[그림 4.7] 트랜지스터

npn 트랜지스터의 이미터 쪽에 음의 전압을 콜렉터 쪽에 양의 전압이 걸렸을 때 반도체 접합 면에서 자유전자가 뛰어 넘을 힘이 없으므로 이미터 쪽의 자유전자가 콜렉터 쪽으로 끌리어 가지 못하지만, 베이스에 콜렉터보다 적은 양의 전압을 가하면 이미터 쪽의 자유전자가 베이스 쪽으로 가속되고, 가속된 자유전자는 콜렉터의 인력에 끌이어 콜렉터 쪽으로 이동하여 회로에는 전기가 흐른다.

이 때 이동된 만큼의 자유전자는 이미터에서 방출되고 이미터에서 방출된 만큼의 자유전자는 콜렉터에 들어온 자유전자에 의하여 보충되므로 트랜지스터내의 자유전자나 홀의 개수는 변화가 없다.

[그림 4.7(b)]의 위 부분에 npn 트랜지스터의 기호를 보였다. 이 경우 자유전자가 흐르는 방향의 반대방향을 전류의 방향으로 취하고 있으므로 기호내의 화살표는 전기가 콜렉터 측에서 이미터 측으로 흐르는 전류의 방향을 표시하고 있다.

한편 **pnp 트랜지스터**의 경우에는 전기를 이동시키는 입자가 자유전자가 아니고 양의 전기를 가진 홀이기 때문에 이미터 쪽에 양의전압을 그리고 콜렉터 측에 음의 전압을 가하여 홀이 양의 전압에 밀리고 음의 전압에 끌리어 전기가 흐르게 되는 것이다.

이 경우의 [그림 4.7](b)]의 아래 부분에 표시된 트랜지스터 기호의 화살표는 양전기가 가는 방향이 전류의 방향이므로 이미터 쪽에서 콜렉터 쪽으로 전류가 발생한다는 것을 표시하고 있다.

[그림 4.7]의 트랜지스터 단자는 [그림 4.2]의 3극 진공관과 비교하면 베이스(base)는 그리드에, 이미터(emitter)는 캐소드에 그리고 콜렉터(collector)는 애노드에 대응된다.

[그림 4.7]에서 자유전자와 홀이 동시에 전기를 이동시킬 수 있는 것을 **쌍극형 트랜지스터(bipolar transistor)**라 하고 어느 하나만이 전기를 이동시킬 수 있도록 만들어 진 것을 **단극형 트랜지스터(unipolar transistor)** 또는 MOS(metal oxide semiconductor)라고 한다.

4.2.4 범용게이트 트랜지스터

트랜지스터만을 사용하여 NOR게이트나 NAND게이트 등 모든 기본논리 회로를 만들 수 있다는 것을 [그림 4.8]에 보였다.

[그림4.8]의 (a)는 2개의 npn 트랜지스터가 병열로 연결된 NOR회로를 보인 것이다. 여기서 트랜지스터의 베이스 단자 A와 B는 입력으로 그리고 F를 출력으로 설정해진 회로이다. 전압은 위쪽이 높고 접지부분이 제일 낮다. 베이스 A에 양의 전압을 가하면 전기는 모두 왼쪽의 트랜지스터로 흘러 F에는 전기가 흘러 나가지 않는다. 또 베이스 B에 양의 전압을 가하면 전기는 전부 오른쪽 트랜지스터를 통해서 흐르므로 F단자로는 전기가 나가지 않는다. 즉, 베이스 A와 B에 전기가 동시에 가해지지 않을 경우에만 F에는 전기가 발생하는 것이다. 즉, A =0이고 B =0인 경우에만 F =1이 되고 그 이외에는 모두 F =0이 되어 NOR 논리 기능을 수행한다.

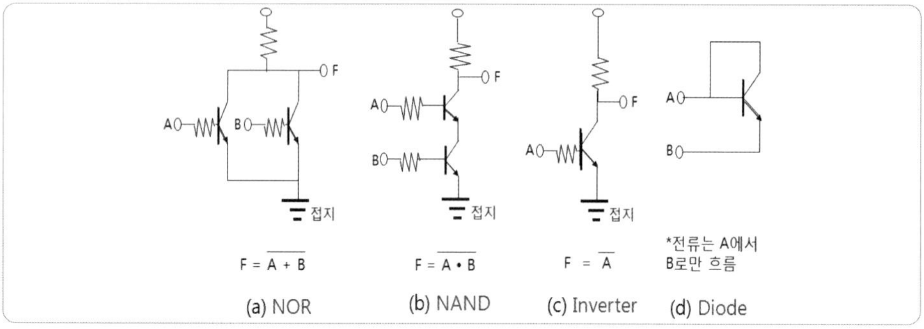

[그림 4.8] 트랜지스터만을 사용된 게이트 예

[그림 4.8]의 (b)는 2개의 npn트랜지스터가 직렬로 연결된 NAND게이트를 보이고 있다. 여기서 단자 A와 B는 입력으로 F는 출력으로 구성된 회로이다. 또 아래쪽의 접지는 제일 낮은 전압을 위쪽의 단자는 제일 높은 전압이 가해지는 것을 표현한다.

베이스에 양의 전압이 가해질 때만 트랜지스터를 통해서 전류가 흐르는 것을 기억하자. 그러면 베이스 A 또는 베이스 B중에 어느 하나에만 양의 전압을 가했을 때는 베이스에 전압이 걸리지 않는 또 다른 하나의 트랜지스터가 전기의 흐름을 차단하기 때문에 위에서 흘러온 전류는 접지 쪽으로 흐르지 못하고 F쪽으로 흘러나갈 수밖에 없다. 그러나 A와 B가 모두 양의 전압이 걸리면 전류는 트랜지스터를 통해 흐르기 때문에 접지로만 흐르기 때문에 F에는 전류가 없다. 즉 A=1이고 B=1 경우에만 F=0이 되고 아닌 경우에는 모두 F=1이 된다.

이는 마치 흐르는 물을 막으면 넘쳐서 다른 쪽을 찾아 흐르는 물에 전기의 흐름을 비유할 수 있는 것이다. 인버터게이트는 3극 진공관으로 설명했으며 다이오드의 동작원리는 독자들이 [그림 4.8](d)의 회로를 검토하여 알아보면 한다.

트랜지스터의 장점은 부피가 진공관의 1백 만 분의1정도이고, 이미 자유전자나 홀이 생성되어 있기 때문에 열전자를 만들기 위해서 필라멘트 같은 것을 예열시킬 필요도 없고, 얇은 필름정도의 두께이기 때문에 전력소모도 극히 작으며 돌멩이이기 때문에 깨지거나 고장이 나지 않는다는 것 등이다.

4.3 집적회로

직접회로 제조기술은 1958년 킬비(Jack Kilby, 1923-2004)와 1959년 노이스(Robert Noyce,1927-1990)에 의해서 각각 개발되었으나 공동발명가로 두 사람을 모두 인정하고

있다

집적회로(IC : Integrated Circuit)는 수십에서 수 억 개의 트랜지스터를 손톱크기보다도 더욱 작은 크기의 반도체 결정체(semiconductor crystal)에 집어넣어 만들어진 컴퓨터 회로를 말한다. 집적회로가 형성된 웨이퍼는 얇게 썬 감자튀김(potato chip)과 비슷하다고 해서 **칩**(chip)으로 불리기도 한다.

상업용 트랜지스터는 반도체에 불순물 섞어서 결정으로 성장시키면 되었지만 집적회로는 트랜지스터를 포함하는 각종 게이트와 저항, 전선 등을 반도체 결정체의 속과 표면에 생성시킨 것이다. 여기에서 생성시킨 다는 의미는 가을 날 새벽에 이슬이 생기는 것처럼 무엇이 저절로 만들어지는 것을 말한다.

집적회로 제조과정을 논리회로 설계, 마스크 제작, 웨이퍼 제조, 석판 인쇄 그리고 검사와 조립등으로 나누어 대략적으로 설명하면 다음과 같다.

4.3.1 준비과정

1 논리회로설계

레지스터나 카운터, 또는 기억회로 등과 같이 어떤 기능을 할 수 있는 논리회로를 설계한다. 지금은 논리회로 작성 전용 프로그램으로 설계하고 결과를 데이타베이스에 저장한다.

2 마스크 제작

마스크(mask)란 특정 부위만 광선이 통과할 수 있도록 가려주는 가림막이다. 마스크는 인형극에 사용하는 가면, 카메라의 색상필터, 인쇄할 대 사용되는 원판 필름 등 용도에 따라 많은 종류가 있다.

보통 마스크는 유리판에 자외선이나 레이저가 투과하기 힘든 크롬계열 물질을 코팅하여 매우 얇은 막으로 만들고 다음에 설명된 석판인쇄기술을 응용하여 회로요소가 들어갈 자리의 크롬물질을 마스크 제조 프로그램이 제거한다.

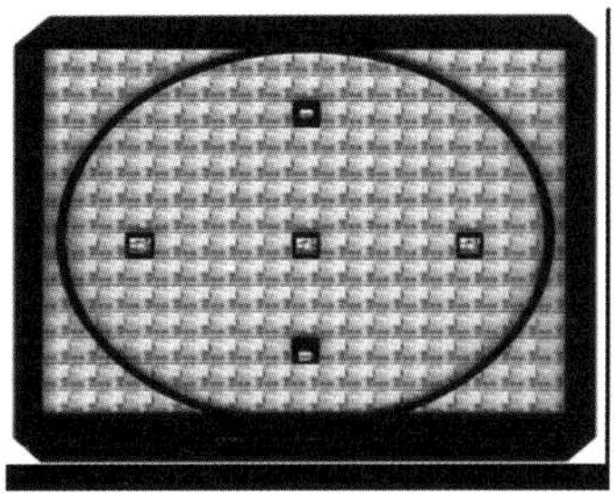

[그림 4.9] 마스크 사진

[그림 4.9]의 유리판 마스크의 크기는 웨이퍼 크기에 맞도록 사각형으로 된 칩 마스크를 복사하여 붙여 놓은 것이다. 이들 마스크에는 따라서 N형과 P형 생성 마스크 그리고 각종 배선 마스크들이 제조된다.

3 웨이퍼 제조

아주 청정한 해변에서 채취한 모래를 용광로에 넣고 녹인다. 여기에 순수한 규소결정을 씨앗으로 넣으면 이 씨앗에 순수한 규소 물질이 달라붙어 결정화된다. 이 결정을 용광로에서 끌어올리면 회전하면서 원통 형태의 순수한 규소 결정체가 되면서 올라온다. 보통 **실리콘 주괴(silicon ingot)**라고 부르는 실리콘 결정체는 지름이 10cm에서 30cm정도인 원통형으로 된다. 다음 이 원통은 다이아몬드 톱을 이용하여 두께가 0.1mm도 아니 되는 얇은 **웨이퍼(wafer)**로 잘려지고 연마된다.

4.3.2 석판 인쇄

빛을 이용해서 실리콘 웨이퍼에 컴퓨터 회로를 새기는 기술을 석판인쇄(Lithography)라고 한다. 새기는 기술은 적외선(ultra red)을 이용하는 사진석판인쇄(photo lithography)방법과 전자선(electron beam)을 이용하는 전자선석판인쇄(electron beam lithography)방법이 있다. 초창기 킬비와 노이스에 의해서 개발된 사진 기술 방법은 집적도와 정확도에서 전자선 기술 방법을 따라 갈 수 없지만 제조장비 값이 매우 싸고 대량생산에 유리한 기술이다. 그러나 현재는 전자선 방법을 많이 사용하고 있다.

집적회로 생성공정은 다음과 같은 순서로 진행된다. 그리고 매 공정마다 웨이퍼 표면에 생긴 유기물, 이온, 금속, 산화물, 감광물질 등의 미세입자 오염물들을 제거해야하기 때문에 주 공정보다 매우 많은 세정(cleaning)공정을 주 공정 사이마다 거친다.

1 웨이퍼산화(wafer oxidation)

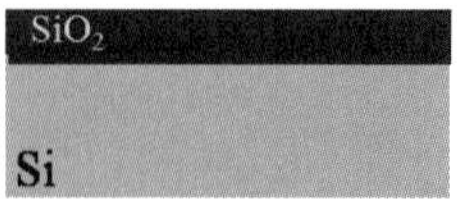

oxidation

웨이퍼기판(substrate)위에 새로운 물질 층으로 산화(oxidation)층을 만든다.

섭씨 800도에서 1200도 정도의 용광로에 세정작업으로 깨끗하게 연마된 웨이퍼를 넣으면 웨이퍼 표면이 산화되어서 얇고 균일한 산화규소 박막(SiO2 thin film)이 생긴다. 산화층은 전기가 흐를 수 없는 부도체이다.

2 감광액 도포(photoresist coating)

이 웨이퍼기판에 생긴 산화층 위에 포토레지스트(PR: photoresist)라고 하는 자외선에 민감한 감광(light sensitive)물질을 입힌다.

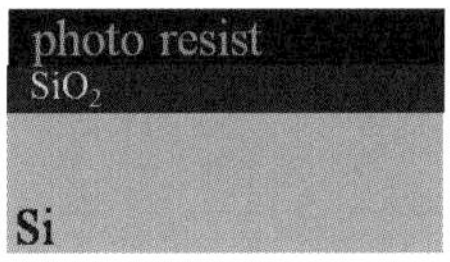

photo-resist coating

3 노광(exposure)

사진석판인쇄방법은 감광(PR)층에 원하는 회로 형태가 생길 수 있도록 만들어진 마스크를 놓고 자외선을 쏘인다. 통과된 자외선이 노출된 포토레지스터의 색상을 변화시키어 회로 패턴영상을 만든다.

전자선인쇄방법은 마스크 없이 회로패턴 데이터베이스 정보를 이용하여 전자총에서 튀어나온 전자선(electron beam)을 웨이퍼의 필요한 위치에 쏘아 포토레지스터의 색상을 변화 시킨다.

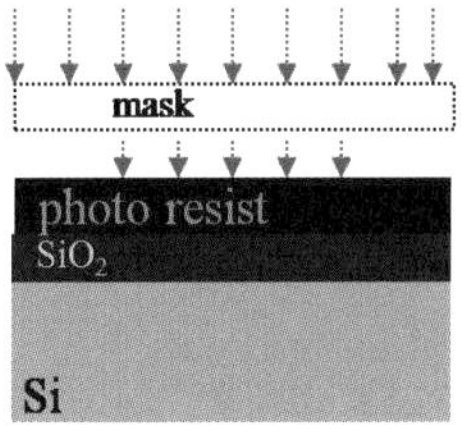

exposure

4 현상(developing)

감광된 웨이퍼를 현상액에 넣어 현상작업을 거치면 빛을 받은 부분은 포토레지스트가 현상애에 녹아 없어지고 받지 않은 부분은 그대로 있다.

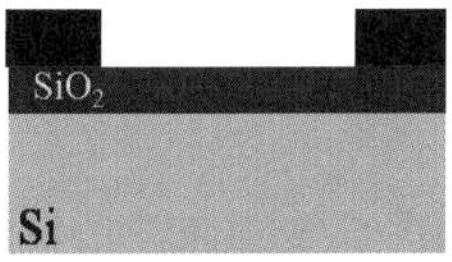

developing

5 부식(etching)

포토레지스트의 특성은 이것이 입혀 있는 부분에는 다른 화학작용을 할 수 없게 만들기 때문에 이 웨이퍼를 부식 액(etchant)에 넣으면 빛을 받은 부분의 산화층이 쇠의 녹이 지워지듯이 제거 된다. 이를 회로 패턴이 웨이퍼에 새기어 진다는 의미로 식각이라고도 한다.

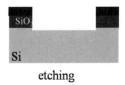

etching

부식공정이 끝난 웨이퍼의 감광층은 애싱(ashing)이라는 세정공정에서 제거된다.

6 불순물첨가(impurity doping)

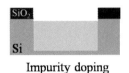

웨이퍼의 순수한 규소 결정 층으로 불순물 원자를 첨가하여 반도체의 형태를 변형시키는 공정이다. 불순물 첨가 방법에는 확산(diffusion)방법과 이온주입(ion implantation)방법이 있다.

Impurity doping

확산방법은 붕소나 비소, 인 같은 불순물 가루를 용광로에 넣고 기체화(vaporization)시켜 부식 과정을 거친 웨이퍼에 내려앉으면, 잉크 방울이 물에 퍼지듯이, 불순물 원자가 산화층이 없는 웨이퍼 표면에서 안으로 확산하여 들어가게 하는 방법이다.

이온주입방법은 진공상태에서 불순물을 이온화(ionization)시키고 고전압을 걸어서 양이온화 된 불순물 원자를 총을 쏘듯이 가속하여 산화층이 없는 웨이퍼 부분에만 침투시키는 방법이다.

산화공정에서 불순물 첨가 공정까지를 3번 반복한 것이 트랜지스터이다.

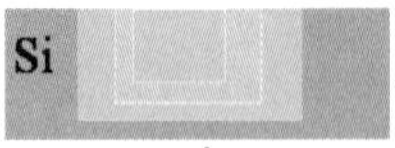

transistor

이온 주입 방법은 침투하는 불순물의 량과 깊이를 가해지는 전압으로 정확하게 제어할 수 있어서 확산방법보다 많이 사용되고 있다.

7 증착과 배선(depositing/metalizing)

알루미늄이나 구리 같은 전도성 금속이나 규소 같은 부도체 물질을 기화시키어 이슬이 풀잎 위에 내려싸이듯이 웨이퍼 표면 위에 기화된 물질 분자를 쌓아 전도성 막이나 절연성 막 또는 칩을 보호하는 막 을 웨이퍼위에 형성하는 것을 증착이라고 한다.

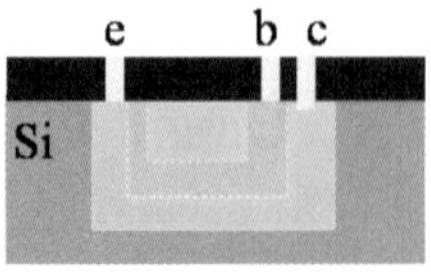

depositing/metalizing

배선공정은 절연성 물질로 순수한 규소가루를 기화시키어 증착 시킨 후 산화공저에서부터 부식공정을 차례로 거치고 나서 부식된 구멍에 금속을 증착 시키어 배선한 예를 보인 것이다. 이후 다른 트랜지스터들과 연결하여 집적회로를 형성하기 위한 절연물 증착과 배선 마스킹과정을 반복한다. [그림4.10]은 [그림 4.8]의 NAND 게이트 집적회로를 예로 보인 것이다. 이때 회선의 폭은 머리카락 두께의 1000분의의 1보다 작다.

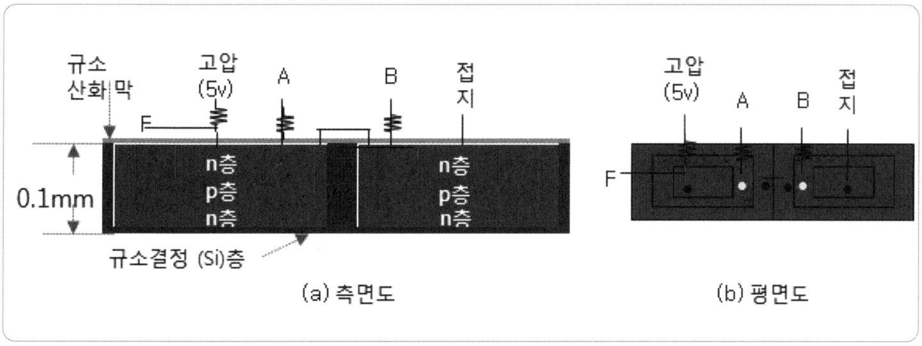

[그림4.10] NAND 집적회로 의 예

이들 마스크가 많으면 많을수록 또 제조공정이 많으면 많을 수 록 생산비가 많이 들고 불량률이 높기 때문에 마스크의 개수와 제조 공정을 줄이는 기술이 중요 하다. 그리고 생산비를 줄이는 방법으로는 웨이퍼 당 칩의 밀도를 높이는 광학장치기술과 직경이 큰 결정 성장 기술의 발전이다.

석판인쇄기술은 각 전자 제품의 플라스틱 회로기판(plastic circuit board)제작이나 하드디스크 그리고 LCD 영상표시장치 등 모든 제품 생산 분야에 반드시 필요한 나노(nanometer)기술이다.

4.3.3 검사와 조립

석판 인쇄된 웨이퍼를 검사하여 불량품은 버리고 성공한 웨이퍼를 [그림 4.11]과 같이 다이아몬드 실 톱(diamond wire saw)으로 잘라 칩으로 분리하다. 그리고 칩은 여러 가지의 시험과정을 거쳐 입출력 단자에 금(gold)실을 현미경을 통해서 보면서 붙이고 각종 회로 판에 끼울 수 있도록 금속 핀(pin)을 게의 발처럼 붙이어 플라스틱 박스로 패키지 한다.

논리회로설계에서 마스크와 칩 제조까지 그리고 검사와 조립까지 거의 모든 공정이 컴퓨터에 의해서 진행되고 있기 때문에 이제는 사람이 수작업으로 컴퓨터를 만드는 것이 아니라 컴퓨터가 더 좋은 컴퓨터를 만들고 또 더 좋은 컴퓨터가 더 좋은 컴퓨터를 만들고 있다. 그래서 칩에 들어가는 트랜지스터의 크기가 분자크기인 나노미터(nanometer)가 되어가서 집적도는 매년 2배 이상씩 높아가고 있다.

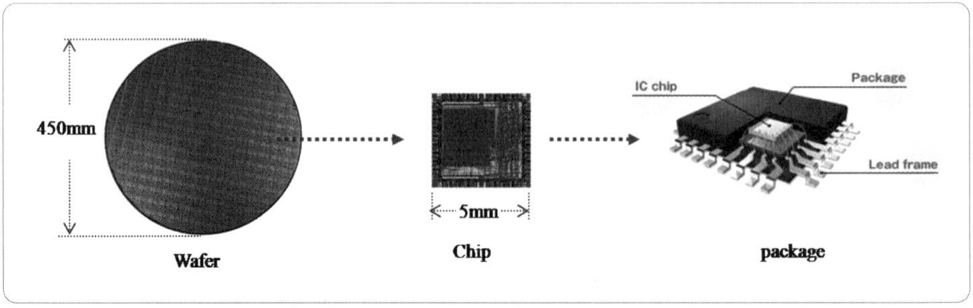

[그림4.11] 집적회로 조립과정

4.3.4 집적회로의 분류

트랜지스터나 다이오드 등 개개의 반도체를 하나씩 따로 따로 제조하지 않고 몇 천 개에서부터 수십억 개까지의 트랜지스터를 실리콘 반도체 기판에 얇은 막(thin film)으로 쌓아 올려서 통합적(integrated)으로 제조되기 때문에 이와 같이 만들어진 반도체를 집적회로(IC: Integrated Circuit)라고 불려지게 된 것이다.

집적회로는 칩 속에서 형성된 트랜지스터의 개수에 따라서 소규모(SSI: small scale integration), 중규모(MSI: medium scale integration), 대규모(LSI: Large scale integration), 최대규모(VLSI: very large scale integration), 극 최대규모(ULSI: ultra large scale integration) 그리고 시스템 온 칩(SoC: system on chip)으로 분류된다.

회로 설계논리에 따라서 TTL(transistor-transistor logic)계열, ECL(emitter coupled logic)계열 그리고 CMOS(complementary metal oxide semiconductor)계열 등으로 분류되기도 한다.

칩의 기능에 따라 마이크로프로세서와 같은 비 메모리 칩과 기억기능만을 가진 메모리 칩으로 나누어지고 있으며, 또 기억기능에 따라 기억된 내용을 절대로 지울 수는 없고 읽어 내기만 할 수 있는 ROM(Read Only Memory)칩과 반복적으로 기억시키고 지울 수 있는 RAM(Random Access Memory)칩으로 크게 분류된다.

ROM은 다시 제조당시에 자료가 기억되도록 만들어진 마스크 ROM과 제조당시에는 기억된 것이 없이 사용자가 ROM 라이터(writer)를 이용하여 1회에 한해서 내용을 써 넣을 수 있는 PROM(Programmable ROM)이 있다.

EPROM(Erasable PROM)은 PROM의 한번만 기억시킬 수 있는 단점을 보완하여 사용자가 여러 번 지우고 다시 기억시킬 수 있는 즉, ROM과 RAM의 중간 역할을 하는 반도체 칩이다. 그런데 EPROM은 기억된 내용을 지우는 방법에 따라 자외선을 일정시간 쪼여 지우는 **UVEPROM**(Ultra Violate Erasable PROM)과 칩에 전기 신호를 보내서 내부의 자료가 지워지는 **EEPROM**(Electrically Erasable PROM)으로 분류된다.

RAM은 기억상태를 유지하기 위해서 전원공급이 계속되어도 반복적으로 충전해 주어야 하는 **DRAM**(Dynamic RAM)과 충전이 필요 없는 **SRAM**(Static RAM)으로 분류된다.

플래시 램(Flash RAM)은 EEPROM의 일종이지만 1바이트씩 지우는 EEPROM과 달리 블록단위로 빠르게(flash)지우고, 자료를 읽는 방법은 RAM과 비슷하지만 기록하는 시간이 많이 걸리기 때문에 기억장치의 소자로 사용되지 않고 카메라나 휴대폰 등 각종 이동기기의 저장장치로 사용되고 있다.

컴퓨터회로의 구성요소는 [그림 4.12]와 같이 성인의 엄지손가락 크기의 진공관에서 팥알 크기의 트랜지스터로 이제는 억 단위 정도의 트랜지스터가 생성된 집적회로 칩으로 발전하면서 먼지보다 작은 크기로 변하였다. 그 결과 컴퓨터는 부피와 무게 그리고 소모전력은 작아지면서 처리속도와 기억용량은 증가하고 가격은 하락하고 있다.

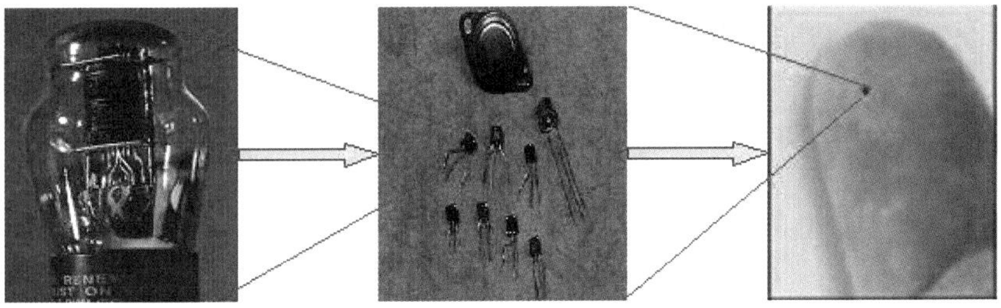

[그림 4.12] 컴퓨터회로 소자의 발전

동일 면적의 크기 속에 들어가는 트랜지스터의 개수가 컴퓨터의 성능을 좌우한다. 이 성능 발전의 척도로 18개월부터 24개월마다 칩의 성능은 두 배로 증가한다는 **무어의 법칙(Moore′s law)**이 있다. 이 법칙은 인텔사 설립자 중 한 사람인 고든 무어(Gordon Moore)의 강연에서 나온 말이고 그의 이름을 따서 1965년에 명칭이 붙여졌고 현재까지 이 법칙은 성능과 용량은 2배로 증가하고 가격은 2배로 하락하는 것이 잘 지켜지고 있다. 이는 법칙이라기 보다는 경영자의 목표를 이루어내기 위한 기술자들의 피와 땀이 어린 노력으로 이루어지고 있는 것이다.

4.4 반도체의 특성과 응용

칩의 소재가 되는 반도체는 다음과 같은 특성을 가지기 때문에 우리 일상생활의 모든 분야에 이용되고 있다.

첫째, 전기를 한쪽 방향으로만 흐르게 하는 특성이 있기 때문에 논리회로의 **스위치**로 이용한다.

둘째 빛을 받으면 광전효과로 빛의 세기에 비례하는 전류가 발생한다. 이를 포토다이오드라고 하며 디지털 카메라 및 적외선 및 온도센서 등 각종 감지 장치에 활용된다.

이는 절대온도 0도 이상의 모든 물체는 열을 받아 진동하고 열이 내려가면서 온도에 따라 파장이 다른 자외선을 방출한다. 따라서 자외선에 반응하는 포토다이오드는 물체의 움직임과 온도까지도 전류로 바꾸어 감지할 수 있는 것이다.

셋째, 자유전자와 홀이 반도체 접합부공핍층에서 만나 결합하면 빛을 발생하면서 사라지기 때문에 결합할 수 있는 전기에너지를 외부에서 가하면 빛을 내는 발광물체가 된다. 이와같은 반도체를 발광 다이오드(light emitjing diode)라고 한다.

이와 같은 반도체의 특성을 가장 효과적으로 사용하기 위해서 공업적으로 순수한 반도체에 불순물을 침투시켜 **포토 다이오드**나 **발광 다이오드**를 그리고 손톱보다 작은 크기의 반도체 칩에 수 천만개의 트랜지스터를 형성시키는 산업이 **반도체 산업**이다.

공업적으로 제조된 반도체는 광전효과를 이용하는 입력장치에, 한쪽 방향으로만 전기를 흐르게 하는 성질을 이용한 각종 논리회로에 ,발광기능을 이용한 출력장치의 핵심적인 요소로 이용되고 있다.

연습문제

컴퓨터 과학개론

4.1 도체, 반도체, 부도체를 설명하라.

4.2 2극 진공관에서 필라멘트는 어떤 일을 하는가?

4.3 3극 진공관이 인버터 역할을 할 수 있는 이유를 설명하라.

4.4 n형과 p형 반도체에 대해서 설명하라.

4.5 발광다이오드와 포토다이오드의 기능을 설명하시오.

4.6 트랜지스터만을 가지고 모든 게이트를 만들 수 있으므로 얻을 수 있는 이익은 무엇인가?

4.7 [그림 4.8]의 (d)에 있는 트랜지스터가 다이오드 기능을 하는 이유를 설명하시오.

4.8 집적회로 제작시 마스크의 역할을 설명하라.

4.9 집적회로 제조 과정을 간단히 설명하라.

4.10 무어의 법칙을 설명하시오.

4.11 집적회로의 분류방법에 대해서 쓰시오.

4.12 반도체가 왜 한쪽 방향으로만 전류를 흐르게 하는지 설명하라.

4.13 발광 다이오드에 전기를 가하면 왜 빛이 튀어나오는가?

4.14 포토 다이오드는 왜 빛을 받으면 전기를 흐르게 하는 지 그 이유를 설명하시오.

4.15 트랜지스터가 약한 전류의 세기를 높은 세기로 증폭시키는 이유와 스피커에 소리를 크게 만들어 주는 이유를 설명하시오.

5장 컴퓨터의 대화창구

5장 컴퓨터의 대화창구

컴퓨터 내부에서 취급되는 정보는 모두 전기의 유무에 따른 2진 코드로 표현되어 있다. 컴퓨터를 사용하기 위해서는 우리 인간이 알아 볼 수 있는 문자, 숫자, 도형, 음성 등의 정보를 2진 코드로 만들어 컴퓨터의 기억장치에 입력하여야 하고, 반대로 2진 상태로 기억된 다양한 형태의 정보를 우리가 볼 수 있는 형태로 바꿀 수 있어야한다.

우리가 사람과 대화할 때에는 눈으로 보고, 귀로 듣고, 입으로 말을 한다. 이 때 입은 우리 머릿속의 생각에 따라 목젖으로 공기를 진동시키어 말을 하고, 공기를 타고 전파된 진동에너지가 우리 귀의 고막을 진동시키고, 고막의 떨림이 청각신경 선을 따라 뇌에 전달되어 기억된다.

인간이 컴퓨터와 대화하기 위해서는 입과 귀와 같은 컴퓨터의 대화 창구가 있어야한다. 대화 창구에는 인간의 눈이나 귀 또는 피부에 해당하는 입력장치와 입이나 손에 대응하는 출력장치가 있다. 이 장에서는 빛이나 소리를 전기상태로 바꾸어 기억장치에 전달해주는 다양한 종류의 입력장치와 기억장치에 전기상태로 기억된 정보를 빛이나 글자 또는 소리로 변환하여 주는 다양한 종류의 출력장치의 동작원리가 설명된다.

5.1 입력장치

입력장치는 입력하는 방법에 따라 기계적(mechanical), 광학적(optical), 자기적(magnetic)입력장치와 음성입력장치 등으로 크게 나눌 수 있다.

그리고 2003년 이후에는 그간의 인터넷기술, 컴퓨터시스템 극소화기술(SoC: System on Chip) 그리고 무선통신기술의 발전의 결과 나타난 스마트카드나 RFID 태그 등 지능형 입력 장치와 인간의 오감을 입력할 수 있는 센서에 대해서 설명한다.

5.1.1 기계적 입력장치

기계적 입력장치(mechanical input device)란 손가락으로 눌으면 그 순간에 눌러진 위치에 대응하는 정보가 전기적인 신호로 바꾸어지는 장치를 기계적 입력장치라고 한다. 기계적 입력장치의 종류로는 손가락으로 누르는 키보드, 터치스크린, 태블릿 등이 있고 화면에서 커서를 이동시키고, 기능단추를 눌을 수 있게된 마우스, 조이스틱 등이 있다.

1 키보드

키보드(keyboard)는 문자나 숫자 기호 등을 입력하는 부호기(encoder)회로로 구성된 장치다. 키를 누르면 키에 표시되어 있는 문자나 숫자 기호 등이 2진 정보로 변환되어 기억장치로 전달된다. 키보드는 현재 자료의 입력뿐만 아니라 프로그램의 입력과 수행 등에 사용하는 가장 대표적인 입력장치이다.

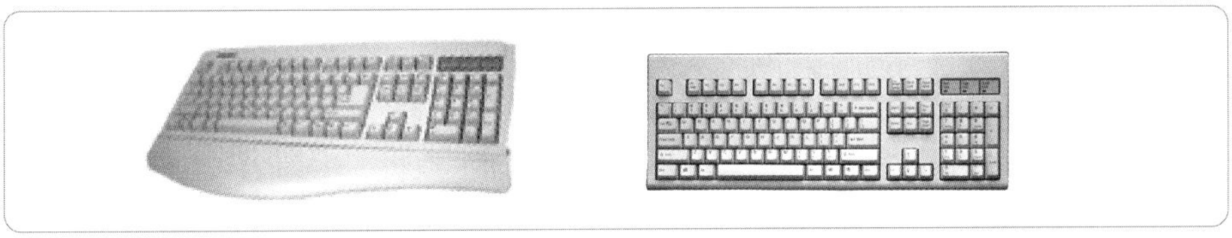

[그림 5.1] 키보드의 예

키보드는 보통 101개, 104개 그리고 106개로 된 키보드가 사용되고 있으며, 키는 문자키, 숫자키, 기호키, F와 숫자로 되어 있는 기능 키, 문자와 함께 눌러 사용하는 "Shift", "Ctrl", "Alt"등의 조합키, 그리고 방향을 나타내는   화살표, "Enter", "Space Bar", "Pg Up", "Pg Dn" 및 "Home"과 "End" 등의 이동키로 구분하고 있다.

2 마우스

마우스(mouse)는 제품의 모양이 쥐처럼 생겼다고 해서 붙여진 이름으로 컴퓨터 화면의 커서를 움직이게 하여 화면상에 나타난 명령을 선택하는 데 이용되는 위치지정(pointing) 장치이다.

마우스는 1963년 엔겔발트(Douglas Engelbart, 1925~)가 발명한 포인팅도구로 1984

년 매킨토시 컴퓨터의 그래픽화면에 사용되면서 지금도 가장 많이 사용되는 장치이다. 마우스는 크게 볼 마우스(ball mouse)와 광 마우스(optical mouse) 그리고 2011년에 발표된 무선 아크터치마우스 (wireless arch touch mouse) 가 있다.

볼 마우스는 그 안에 공과 같은 것이 들어 있어서 이것을 평판에 대고 한 손으로 잡고 밀면 공이 회전하게된다. 그러면 공을 직각으로 끼고 있는 2개의 회전막대가 회전하게된다. 그런데 공이 진행하는 방향에 따라 두 막대의 회전 속도는 다르게 된다. 이 두 막대에 부채살 형태로 각각 연결된 전선에 흐르는 전기량의 크기는 막대의 회전속도에 비례한다.

따라서 한 막대는 x축에 또 다른 막대는 y축으로 대응하여 두 막대의 회전속도에 비례해서 발생되는 전류변화의 차이로 공이 굴러가는 방향을 알고 커서가 공이 굴러가는 방향으로 진행하게 한다.

광 마우스(optical mouse)는 1991년에 개발된 것으로 볼 마우스 안의 공 대신에 마우스의 발광다이오드칩에서 발생된 빛이 바닥에서 반사된 빛의 직전 형태와 비교하여 마우스가 진행하는 방향을 알아내고 여기에 대응하여 커서를 움직이게 하는 장치이다.

광 마우스는 공을 굴리는 등의 기계장치들이 없어서 고장이 잘 나지 않으며 마우스가 진행하는 방향을 빛으로 찾아가기 때문에 그 위치를 더욱 정확하게 계산할 수 있다.

무선 아크 터치 마우스(Arc Touch Mouse)는 마이크로소프트웨어 사에서 2011년 1월에 발표한 매우 얇은 접고 펼 수 있게 설계되고 클릭, 탭 등의 모든 마우스 기능을 손가락 터치로만 가능한 혁신적인 무선 마우스다.

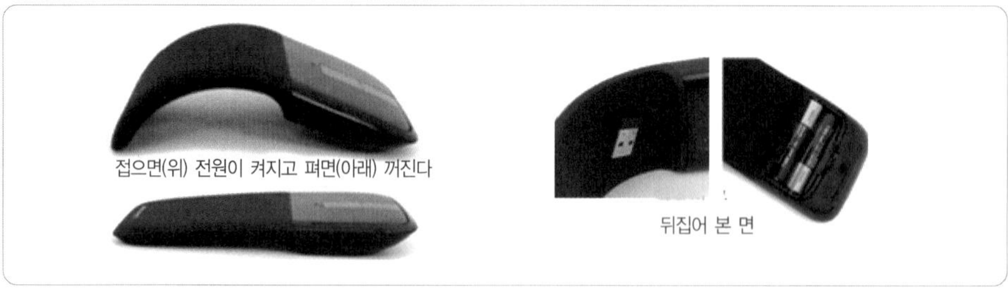

접으면(위) 전원이 켜지고 펴면(아래) 꺼진다
뒤집어 본 면

[그림 5.2] 무선 아크터치마우스의 접고 펴고 뒤집어 본 사진

정전용량방식(capacitive)방식의 기술로 만들어진 이 마우스는 어떤 위치와 속도 변화에도 정확하게 커서를 이동하고 부드럽게 스크롤을 할 수 있게 해준다. 페이지 업, 다운 등 유저들이 선호하는 기능을 별도로 설정할 수 있는 버튼도 갖추었고, 더불어 터치시 소리가 나고 진동을 일으켜 휠 마우스를 사용하는 느낌을 가질 수 있다.

특히 마우스를 접으면 전원이 자동으로 켜지고 펴면 꺼지며, 안쪽에 마우스를 컴퓨터에 무선으로 접속해주는 USB를 붙일 수 있어 USB를 잃어버릴 염려도 없다. 그래서 마우스를 펴서 노트북 가방에 넣고 다니기가 편하게 되었다.

3 터치스크린

1997년경부터 은행 현금인출 단말기, 공공장소의 안내판 등 진공관(Cathode Ray Tube)화면에 부착하여 사용되기 시작한 터치스크린(touch screen)은 가장 익숙하고 편리하게 사용되는 손가락 접촉 입력장치이다.

노트북에 이어 2007년 경 부터는 휴대폰, 네비게이터 등 이동단말기에 필수적으로 추가 되었으며, 2011년 4세대 무선 통신 기술을 이용한 스마트폰의 등장과 함께 인터넷에 연결된 스마트 TV, 스마트 냉장고 등 거의 모든 가전 분야에 확대될 전망이다.

터치스크린은 제조방법에 따라 정전 용량식(Capacitive), 감압식(Resistive), 초음파(SAW: Surface Acoustic Wave) 방식, 적외선(Infra Red)방식 등 다양하게 분류된다.

이들 가운데 2010년부터 확산되기 시작한 스마트 폰에 가장 많이 사용되고 있는 열이나 충격에 강하고 반응 속도가 빠른 정전용량방식의 터치스크린 구조와 동작방법 만을 설명한다.

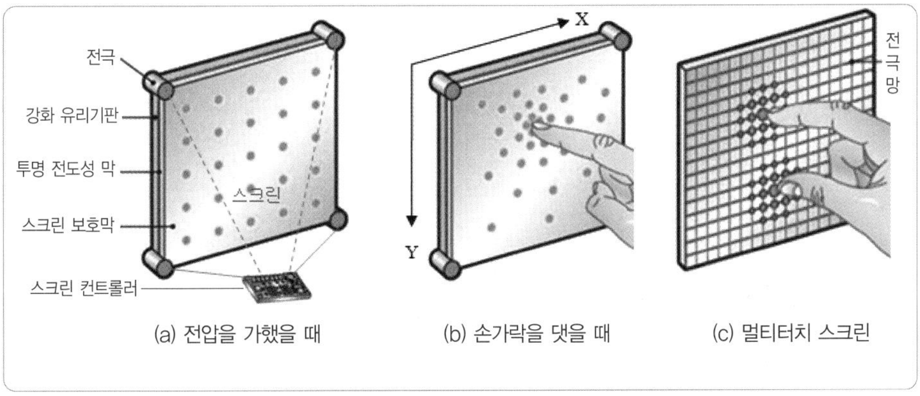

[그림 5.3] 터치스크린 구조와 동작원리

정전 용량방식 터치스크린의 구조는 [그림 5.3]의 (a)와 같이 투명전도성막(transparent conductive film)과 보호막(protective film)이 강화유리기판(tempered glass substrate)에 코팅 되어 있다.

투명전도성막으로 사용되는 ITO(Indium Tin Oxide :인듐 주석 산화물)는 빛을 잘 투과시키는 동시에 전기를 잘 통하는 금속성질을 가지는 도체이다. 모서리에 부착된 4개의 전극에 약한 전압을 가하면 정전기장(electrostatic field)이 투명금속(ITO)막 표면에 발생하여 정전기(전하)가 거미줄에 붙은 수증기 방울처럼 형성된다. 우리 손가락도 도체이기 때문에 손가락을 대는 순간 정전기가 손가락을 통하여 이동하면서 정전기장의 균형상태가 일그러진다.

정 전기장이 일그러지는 순간 그 주변의 정전기들이 전류가 더 많이 손가락 주변에 끌리면서 전극에는 전류가 흐른다. 손가락의 위치에서 가까운 거리의 전극에는 먼 곳에 있는 전극보다 순간적으로 [그림 5.3]의 (b)와 같이 더 많은 전류가 흐르게 된다. 각 극에 흐르는 전기량 비율을 이용하여 스크린 컨트롤러 칩이 픽셀의 위치 즉, 행과 열의 좌표를 계산하여 컴퓨터로 전송한다.

멀티터치 스크린은 ITO필름에 [그림 5.3]의 (c)처럼 전극이 그물망 형태로 구성되어 있다. 그리고 스크린상의 위치는 정전기 상태가 제일 많이 일그러진 위치부터 차례로 그들의 좌표들을 스크린 컨트롤 프로그램으로 계산한다.

향후 멀치터치 스크린의 유리 기판 대신에 전기가 흐를 수 있는 투명 플라스틱 기판이 사용되면 접고 펼 수 있는 터치스크린을 볼 수 있을 것이다.

4 스마트 폰

스마트 폰은 손안의 인터넷 PC로 [그림 5.4]의 (a)와 같은 터치스크린상의 가상 키보드로 데이터를 입력할 수 있다. 이외에도 화면상에 손끝으로 흘려 쓴 문자도 입력하고 또 터

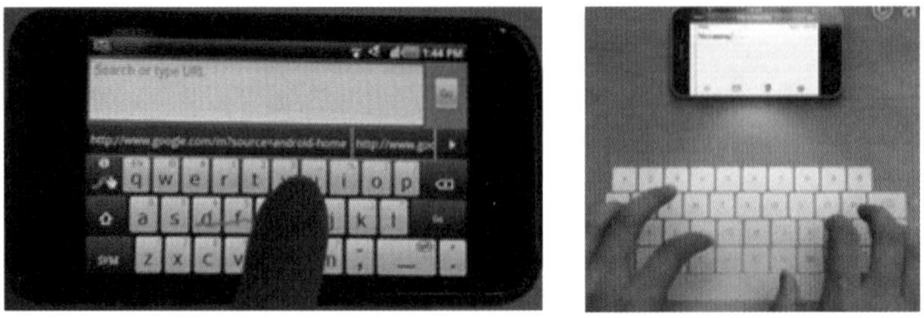

(a) 스마트폰의 가상 키보드　　(b) 레이저 키보드

[그림 5.4] 스마트폰과 가상키보드

치 대신 음성으로 명령을 주고 대화할 수도 있다.

몇 년 이내에 레이저(laser)로 3차원을 인식할 수 있는 홀로그래피(holographic)기술을 이용한 [그림 5.4]의 (b)와 같은 레이저 키보드가 등장할 것이다.

레이저 키보드는 스마트폰 화면의 가상 키보드를 손가락으로 끌어 내리는 순간에 레이저가 책상위에 가상키보드 영상을 만들고, 열 손가락의 움직임을 3차원적으로 인식하여 키보드영상을 축소/ 확대하거나 키를 칠 때마다 소리가 나면서 문자를 입력할 수 있는 영상 키보드이다.

5.1.2 광학적 입력장치

광학적 입력장치(optical input device)란 물체에서 반사된 빛의 세기에 비례하여 전기를 발생하는 포토다이오드의 광전효과(photo electric effect)특성을 이용해서 정보를 입력하는 [그림 5.5]와 같은 장치를 말한다.

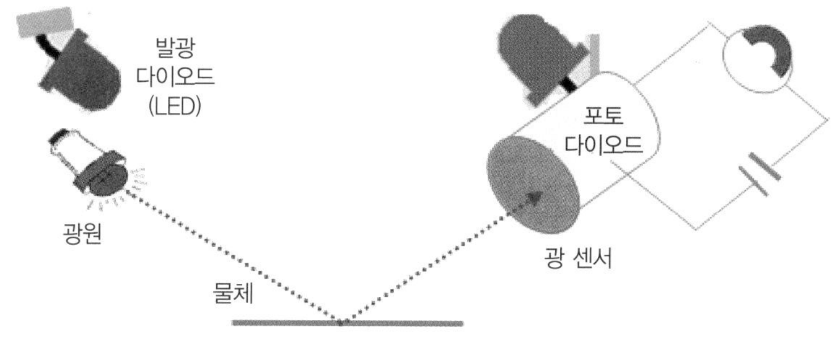

[그림 5.5] 광전식 입력 장치의 원리

광원(light source)은 햇볕, 그리고 발광다이오드(LED)에서 방출하는 가시광선이나 적외선 등을 이용 한다. 광학마크 판독기, 광학문자 판독기, 바코드 판독기,QR코드판독기, 스캐너, 디지털 카메라 등이 있다.

1 광학 마크 판독기

광학 마크 판독기(OMR:optical mark reader)각종 객관식 시험답안지의 종이와 같이 컴퓨터용 수성 사인펜으로 마크된 부분을 광학적으로 읽는 장치이다. 마크된 종이에 빛을 비추면 마크된 부분은 빛을 흡수하고 마크되지 않은 부분은 반사한다. 이와 같은 특성을 이용하여 마크판독기는 발광다이오드 칩에서 발생한 빛을 종이에 보내고, 종이에서 반사되어 돌아온 빛의 세기로 마크된 위치의 의미에 해당하는 정보를 만들어 기억장치에 보내다.

2 광학 문자 판독기

광학 문자 판독기(OCR:optical character reader)는 보통의 종이에 컴퓨터 프린터(printer)로 인쇄되어 있거나 손으로 쓴 문자나 숫자 특수문자를 읽을 수 있는 장치이다.

많은 종류의 판독기가 있지만 이들은 모두 판독할 문자를 빛으로 주사(scan)하여 반사된 빛의 모양을 전기적 모양으로 바꾸어 컴퓨터의 기억장치에 기억시킨다. 읽어드린 글자의 형태를 [그림 5.6]과 같은 표준 문자로 이미 기억된 문자의 형태와 일일이 비교하여 그 특징이 같은 문자이면 이를 채택하고 같은 것이 없으면 오류가 되어서 인식되지 않는다.

ABCDEFGHIJKLMN
OPQRSTUVWXYZ,.
$/*-1234567890

[그림 5.6] 광학 문자 판독기용의 미국 표준문자

이때 단위 면적 당 광소자의 개수가 많으면 많을수록 더 정확하게 문자를 판독할 수 있다. 광학 문자 판독기는 인쇄된 종이의 문자를 읽을 수 있기 때문에 각종 세금고지서나 인쇄된 거래전표를 읽는 장치로 유용하게 쓰이고 있으며, 손으로 쓴 글씨도 키보드를 이용하지 않고 직접 컴퓨터에 입력할 수 있다.

또 최근에는 자동차 번호판을 카메라로 읽어 주차 관리 시스템에 활용하고 있다.

3 바코드판독장치

바코드(bar code)는 우두랜드와 실버(Joseph Woodland and Bernard Silver)에 의해서 1952년에 제안된 개념인데 기술적인 문제로 1984년부터 사용이 보편화되었다.

바코드란 종이, 플라스틱, 고무판 등에 검은 색 막대와 공백(흰색막대)을 특정한 형태로 조합하여 문자와 숫자 및 기호 등을 인쇄하여 놓은 것이다. 그리고 그 아래에 적혀져 있는 숫자나 문자는 우리가 알아 볼 수 있도록 하기 위해서 기록되었다. 검은 색 막대와 흰색 막

대의 폭과 비율에 따라 정보가 여러 종류의 2진수로 표현된다. 바코드는 부분적으로 손상되어도 읽혀진다는 것이 OCR보다 큰 장점이다.

이 바코드는 바코드 프린터로 인쇄되며 바코드판독기는 바코드에서 반사된 빛의 패턴을 0과 1의 전기적 패턴으로 바꾸어 주는 장치로 이를 바코드 스캐너라고 한고 있다.

바코드 스캐너에는 일반광선을 전기로 바꾸어 주는 CCD스캐너와 레이저를 이용하는 레이저 스캐너가 있다. 그리고 바코드판독기에는 손으로 빛을 상품에 쏘아 바코드에서 반사하는 빛을 읽을 수 있는 이동형과 물건이 통과하면 물건에서 반사되는 빛을 읽는 고정형이 있다.

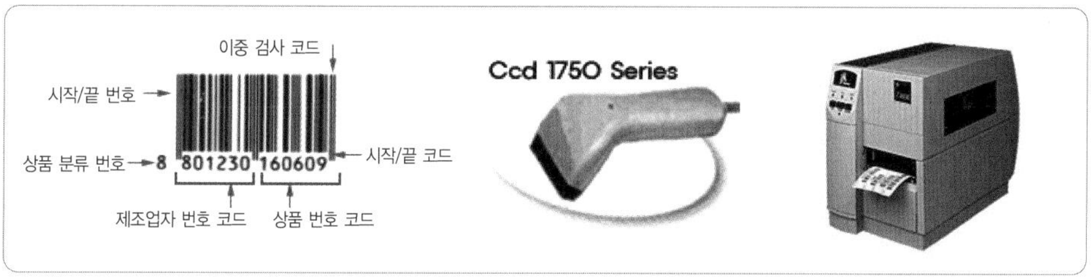

[그림 5.7] 좌로부터 상품용 바코드, 바코드스캐너, 바코드 프린터의 예

바코드는 각종 상품 등의 판매와 입고, 도서의 대출, 공장의 제품 등의 입고와 출고 또는 이동 중의 정보를 신속히 파악하는 데 유용하게 이용되고 있다. 이 바코드는 뒤에 설명된 RFID 태그로 대치되고 있어 머지않아 사라질 것 같다.

4 QR코드

바코드는 1차원 코드로 정보저장 량이 매우 적은 데 대하여 QR 코드(Quick Response code)는 2차원 구조 코드로 4천 개 정도의 문자 정보를 저장 할 수 있다.

그리고 또 내용에 관련된 추가 정보를 찾아 갈 수 있도록 인터넷 URL도 함께 저장한다. 그래서 명함, 광고, 책 속에 추가적인 동영상 등의 관련정보를 인터넷에 연결하여 읽어 볼 수 있도록 하고 있다.

QR Code는 일본의 Denso Wave에 의해서 개발되어 특허권을 행사하지 않겠다고 선언하고 1994년에 배포 되었다. [그림 5.8]에서 보인 QR 코드 시스템은 무선 인터넷과 스마트 단말기의 등장으로 2010년부터 우리나라에서는 대중화 되고 있다.

[그림 5.8] QR코드 시스템 개념도

5 스캐너

스캐너(scanner)는 사진기(camera)로 찍은 사진이나 손으로 그린 그림 등의 그래픽 정보를 입력시키는 장치를 말한다. 이는 평면의 화상자료에 빛을 주사(scan)시키면서 그 반사된 빛의 명암과 색깔을 2진 정보로 바꾸어 주는 [그림 5.9]와 같은 장치이다.

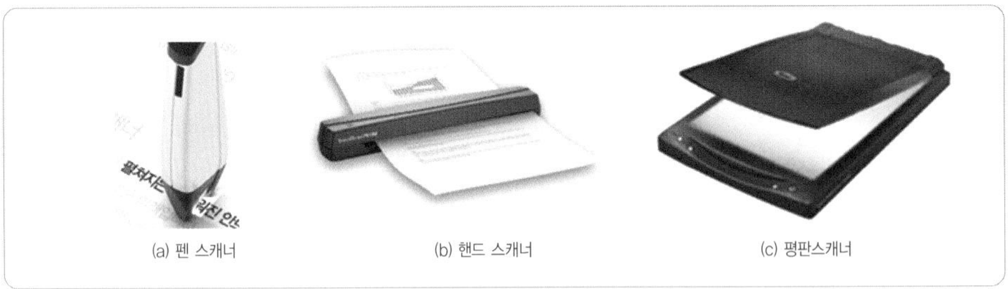

[그림 5.9] 스캐너의 종류

스캐너에는 [그림 5.9]에서 보인 봐와 같이 연필을 쥐듯이 종이의 글자를 따라 줄 단위로 문자를 읽어 무선으로 PC나 스마트폰에 전송하는 펜 스캐너, 그림이나 글자 또는 사진 등의 종이를 한 장씩 넣고 이를 읽어 무선으로 PC등에 전송하는 핸드 스캐너 그리고 스캔할 종이를 평판 유리위에 올려 고정시켜 놓고 읽어드리는 평판스캐너가 있다. 이중에 평판스캐너는 사진이나 책을 여러 장 복사하거는 데 그리고 옛날 사진 필름을 인화하는 데 사용되고 있으며, 펜 스캐너는 OCR기능까지 가지고 있어 공부하다가 중요한 내용을 복사하려고 할 경우 매우 편리한 입력장치이다.

6 디지털 카메라

디지털 카메라(digital camera)는 1988년 처음으로 시장에 등장한 후 이제는 카메라하면 필름 카메라 대신에 디지털카메라를 의미하게 되었다. 처음에는 카메라 기능만 있었던 것이 스마트폰이 등장하면서 일반용 카메라는 스마트폰에 융합되어 전문가용 외에는 사라지고 있다. 디지털 카메라의 사진 촬영을 위한 개략적인 내부구조는 [그림 5.10]과 같다.

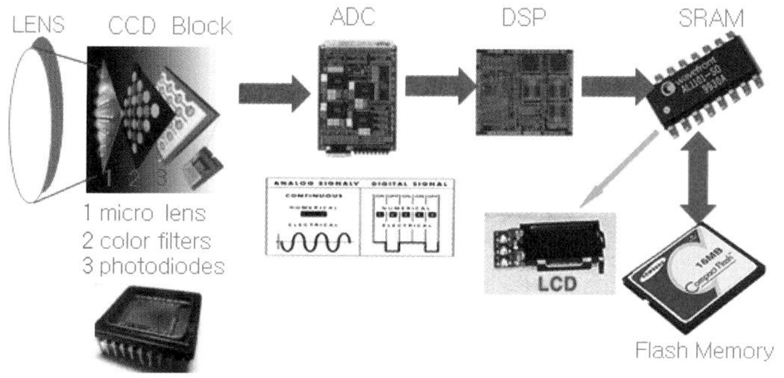

[그림 5.10] 디지털 카메라의 구조

피사체에서 반사되어 렌즈로 축소되어 들어온 빛은 CCD(Charge Coupled Device)블록의 빛의 특정 진동수만을 통과시키는 컬러필터에 의해서 3원색으로 분리된다. 그리고 광센서라고 하는 포토다이오드 칩에 의해서 빛의 세기에 비례하는 전류가 발생한다.

이 전류의 세기로 표현된 피사체의 영상은 ADC(Analog to Digital Converter)에 의해서 비트정보로 변환되고, DSP(Digital Signal Processor)에서 잡티가 제거된 후 기억장치 RAM에 임시로 기억되고 영상 표시장치에 보여 진다. 그리고 마지막으로 카메라에 내장되어 탈착이 가능한 플래시 메모리에 저장한다.

이들 각 구성요소의 동작은 카메라 전용 운영체제에 의해서 이루어진다. 그리고 여기서 CCD의 포토다이오드 수가 카메라의 해상도를 결정하는 화소(pixel : picture element)수인 것이다. 그리고 일반용 카메라는 300만에서 500만 화소정도 이고 전문가용은 800만 화소로 알려져 있다.

그런데 [그림 5.10]에서 보는 봐와 같이 카메라의 렌즈 부분을 제외하면 나머지는 모두 컴퓨터 기능이다. 그 결과 컴퓨터에 렌즈기능과 운영프로그램만 추가하고 플래시메모리가 들어있는 500만과 800만화소의 줌 기능을 가진 스마트폰이 등장하고 있어서 일반용 디지털 카메라는 사라지고 있다.

5.1.3 자기적 입력장치

자력선의 변화가 있으면 그 자력선을 지나는 도선에는 유도 전류가 흐른다. 이는 발전기의 원리와 같다.

[그림 5.11]의 말굽자석 안에 전선을 전구에 연결하여 N극과 S극 사이를 앞뒤로 움직이면 전선에는 자력선 밀도의 변화에 의해서 유도 전류가 발생하고 전구에는 불이 들어온다. 그러나 움직이지 않고 가만히 있으면 자력선 밀도의 변화가 없어서 유도전류가 생기지 않으므로 전구에는 불이 들어오지 않는다. 그리고 빨리 움직이면 움직일수록 자력선 밀도의 변화가 더욱 많아져서 전기는 더 많이 발생하고 전구는 더욱 밝아진다. 반대로 선을 고정시키고 자석을 앞뒤로 움직여도 자력선의 밀도가 변하기 때문에 도선에는 유도전류가 발생한다.

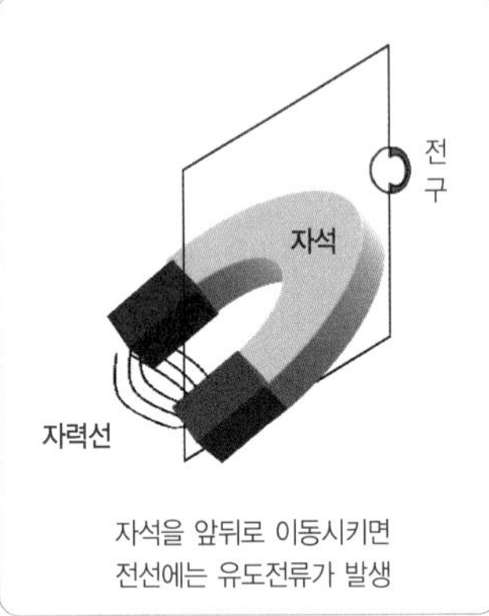
전구
자석
자력선
자석을 앞뒤로 이동시키면
전선에는 유도전류가 발생

[그림 5.11] 자기적 입력장치 원리

이와 같이 **자력선 밀도**의 변화를 이용하여 자성체에 자화된 정보를 전류로 바꾸어 읽을 수 있는 장치를 **자기적(magnetic) 입력장치**라고 한다.

1 자기 띠 판독기

자기 띠 판독기(magnetic stripe reader)는 신용카드, 현금카드, 예금통장, 등에 붙여 있는 자기 띠의 내용을 판독하는 장치이다.

갈색이나 검은색의 자기 띠는 구좌 번호 등이 자기 띠의 자성물질에 N극과 S극의 쌍으로 자화된 점들의 형태로 부호화된 것이다. 자기 띠는 우리 가정의 비디오 테이프와 마찬가지로 플라스틱 테이프에 자성물질로 산화철가루를 입힌 것이다.

분자크기의 점 자석 띠를 움직이어 고정된 읽기 헤더를 지나가게 하면 헤더에는 자력선 밀도의 변화가 발생하여 헤더의 전선에는 유도전류가 발생한다.

2 자기 잉크문자 판독기

자성물질인 산화철 가루가 포함된 잉크로 인쇄되어 있는 문자를 읽는 장치이다. 이 장치는 광학문자 판독기처럼 자기 잉크로 인쇄된 문자의 생김새의 형태를 이미 기억된 문자와 비교하여 기억된 문자의 코드 값을 찾아 인식한다.

자기잉크문자 판독기(magnetic ink character reader)는 자기앞 수표 등에 자기 잉크로 미리 인쇄된 문자를 읽게 된다. 그런데 여기서 사용되는 문자는 숫자 10개와 특수 기호 4 개만으로 구성되어 있으므로 수정이 어려워 신뢰성이 있으나 제한된 문자만을 사용해야하는 것이 단점이다.

5.1.4 음성입력장치

음성입력장치인 마이크라고도 불리는 마이크로폰(micro-phone)은 [그림 5.12]과 같이 고정판과 진동판으로 된 통속에 탄소가루가 들어있는 장치이다. 진동판에 대고 말을 하면 그 소리의 떨림과 세기에 따른 음파의 압력이 진동판을 진동시키어 그 안의 탄소가루의 밀도를 변화시킨다. 높은 압력의 음파가 이 진동판에 가해지면 진동판에 밀려 탄소가루의 밀도가 커져서 마이크 회로의 저항이 작아지고 회로에는 많은 전류가 흐르게 된다. 반대로 낮은 압력의 경우에는 밀도가 낮아지고 그 결과 회로의 저항이 많아져서 적은 전류가 흐르게된다.

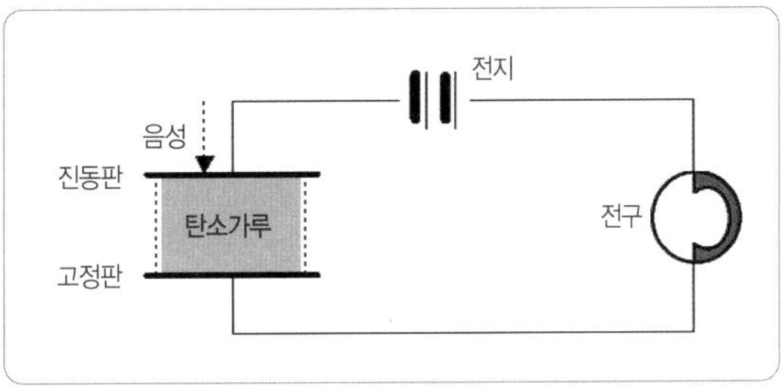

[그림 5.12] 마이크의 기능

기술의 발전에 따라 마이크의 진동판과 고정판을 전기를 담아두는 축전기(condenser)기능을 이용한 마이크들이 탄소 마이크를 대신하여 주로 사용되고 있다. 축전기마이크는 소리의 압력에 따라 진동판이 진동하고 이 진동의 결과 축전기 내의 정전기 용량이 변한다.

축전기가 가두어 둘 수 있는 정 전기용량은 두 축전기 판의 넓이에 비례하고 그 둘 사이의 거리에 반비례하므로 진동판에 압력이 높아지면 축전기에 충전하기 위해서 전류가 회로에 흐르고 누르는 압력이 약해지면 방전하여 가두어 두는 정전기량을 줄여야 하기 때문에 충전 때와 반대방향의 전류가 발생한다.

이와 같이 소리의 높낮이에 따라 생기는 아날로그 음성 파를 본서 2장에서 설명한 양자화 방법으로 디지털화해서 기억장치에 전송한다. 아날로그 음성을 디지털로 바꾸어 입력하고 또 입력된 디지털 음성을 다시 재생해주는 회로를 사운드 카드라고 한다. 사운드카드에는 마이크로폰과 스피커를 연결 할 수 있는 포트가 준비되어 있다.

음성인식은 입력된 음성의 2진 패턴을 컴퓨터 기억장치에 저장되어 있는 수억개의 음성 패턴과 비교하여 같은 것인가를 판단하는 프로그램에 의해서 이루어진다.

그래서 음성과 그에 대응하는 문자를 음성처리 프로그램이 가지고 있다가 음성을 문자로 그리고 문자를 음성으로 바꾸어 줄 수 있다. 이 기술을 이용하여 문자메일을 전화로 듣게 하든지 음성메일을 문자로 보게 할 수 있다. 그래서 음성입출력 시스템은 컴퓨터의 중요한 장치가 되었다.

5.1.5 전파식별장치

전파식별(RFID: Radio Frequency Identification)이란 사람이나 사물 또는 제품이 가지고 있는 정보와 위치를 전파로 인식하는 기술로 1973년에 특허 등록된 개념이지만 2002년부터 바코드를 대신하여 상업적으로 응용되기 시작하였다.

이름표나 상표 또는 교통표시판처럼 사물에 붙여져 있고, 이를 전파로 인식할 수 있는 꼬리표(tag)를 **RFID태그**라고 한다. 이 태그를 RF태그, **전자태그** 또는 **e태그**라고도 불리고 있다.

RFID태그는 안테나가 달린 집적회로 칩(IC Chip)이다. 제조 방법은 2가지가 있는데 하나는 종이보다 얇은 플라스틱 기판에 인쇄된 안테나에 칩을 연결한 것이고 다른 하나는 칩과 안테나를 웨이퍼 상에서 하나의 칩으로 제조하는 **온칩안테나**(on chip antenna)방법이다.

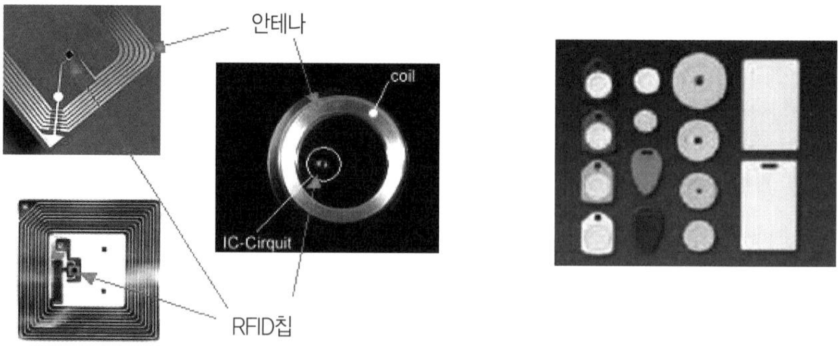

(a) RFID태그칩과 안테나　　(b) 포장된 태그의 종류

[그림 5.13] RFID 태그

[그림 5.13]는 태그의 형태와 사용용도에 따라 목걸이 형, 단추 형, 바코드 용지 같은 반창고형 등 포장된 태그의 종류를 보인 것이다.

RFID태그 칩은 사방 0.5mm 이하의 넓이에 종이보다도 얇은 두께로 눈에 보이지도 않을 정도이다. 그런데도 그 안에는 마이크로프로세서, A4용지 한 장 분량의 정보를 저장할 수 있는 EPROM, 전파 송수신 회로 등이 집적되어 있다.

RFID태그는 자체의 건전지가 없이 판독기에서 수신된 전파로 전기가 발생하여 칩을 동작시키는 **수동태그**(passive tag)와 자체의 건전지를 내장한 능동태그(active tag)로 분류되기도 한다. 수동태그에서 방출된 전파의 도달거리는 10cm에서 5m정도사이에 있고 10m이상 장거리용에는 능동태그가 사용된다.

교통카드나 전자신분증 등 본서 7장에서 설명된 스마트카드(smart card)는 수동태그이고 태그라고 하기에는 너무 큰 핸드폰은 **능동태그**(active tag)라고 할 수 있다. 핸드폰을 사람이 가지고 다니는 태그라고 하면 통신위성은 지구에 매달린 태그인 것이다.

RFID판독기는 안테나를 내장하여 손으로 들고 다닐 수 있는 이동형과 안테나를 특정한 감시영역에 고정시키고 PC에 연결된 판독기를 고정해 놓은 고정형이 있다.

RFID 판독기의 장점은 전파가 금속성이 아닌 모든 물질을 투과할 수 있기 때문에 RFID 태그가 어떤 물체 안에 숨어 있어도 읽을 수 있다는 것이다. 또 판독기에 내장된 소프트웨어에 따라서 수백 개의 태그를 동시에 읽을 수 있어서 집단적으로 물건의 위치를 찾거나 이동을 추적관리 할 수 있는 것이다.

예를 들어 슈퍼마켓의 계산대에 설치된 RFID 판독기는 바코드판독기와 달리 지나가는 장바구니 안의 상품에 붙여진 모든 RFID태그를 한번에 읽어서 바구니별로 청구내역을 계산해 보여주기 때문에 주인은 돈만 받으면 될 것이다.

책에 붙여진 태그로 도서관의 대출도 출입구에 설치된 RFID 판독기를 자나면서 대출과 반납이 자동으로 이루어 질 것이다. 그리고 자동차에 붙은 태그는 고속도로 진입하는 톨게이트를 그냥 지나도 출구에서 돈이 계산되어 차주의 은행계좌에서 고속도로공사로 자동 송금될 것이다. 주차장에서 자기의 차량번호를 핸드폰으로 누르면 RFID태그가 부착된 차에서 소리가 울려서 쉽게 찾을 수도 있을 것이다.

또 손목시계나 핸드폰에 붙인 RFID태그를 열쇠로 그리도 RFID판독기를 자물쇠에 응용할 수도 있다. 즉, 사람이 문에 가까이 오면 문이 자동으로 열리게 할 수 있다. 캡형의 태그를 도로변에 심고 자동차에 앞 뒤차와의 위치를 추적하면서 도로의 태그를 식별할 수 있는 판독기가 개발되면 운전수 없는 자동운전이 가능한 차가 고속도로를 안전하게 질주할 수 있을 것이다.

RFID태그는 사물에 심어질 지능형 전파센서로 사물과 사물이 그리고 사물과 사람이 언제 어느 장소에서든지 무선으로 통신하는 **유비쿼터스**(Ubiquitous) 시대의 가장 필수적 요소가 된다.

5.1.6 센서

센서(sensor)란 인간의 시각, 청각, 촉각, 후각 그리고 미각 기능을 대신하여 주변에서 일어나는 열이나 빛 또는 소리 등 외부자극에 반응하여 인간에게 정보를 제공할 수 있는 장치를 말한다.

특정 감지기능 프로그램이 기억된 시스템 온 칩(System On Chip)센서를 필요한 모든 곳에 설치하고 센서에 입력되는 환경정보를 자율적으로 수집하고 원하는 방향으로 통제하는 컴퓨터 망이 센서 망(USN: Ubiquitous Sensor Network)이다.

센서(ubiquitous sensor)란 우리의 환경 속에 물리적 세계의 곳곳에 스며들어, 영상인식, 물체의 움직임, 온도, 습도, 압력, 소리, 냄새, 맛, 먼지의 농도, 수질, 속도, 전기, 자기, 변위, 진동 등의 아날로그 신호가 반도체의 저항에 미치는 특성을 이용하여 디지털 전기신호로 바꾸고 이를 감지하여 센서 망에 전달하는 입력장치이다.

인체에 비유하면 센서는 인체의 신경세포에, 센서 망은 신경망에, 센서 망을 통해서 수집된 정보를 원하는 방향으로 통제하는 정보시스템은 인체의 두뇌에 각각 비유할 수 있다.

1 적외선센서

적외선을 물체에 쏘아 반사한 빛의 세기를 이용한 **적외선센서**는 움직이는 물체와 그 속도를 감지하는 데 주로 사용되는 센서이다. 적외선 센서의 활용도는 적외선이 눈에 보이지 않기 때문에 불법침입자의 감지, 출입문이나 수도꼭지의 자동 개폐, 현관 전등의 자동 점멸 및 TV 리모컨 인식 등 그 활용 범위가 매우 많다.

2 초음파센서

초음파를 쏘아 물체에서 반사되는 음파의 시간차를 이용한 **초음파센서**는 움직이는 물체와 그 속도를 감지하는 데 주로 사용되는 센서이다. 이 센서는 수중탐사, 방범시스템, 로봇의 제어 등 그 활용범위가 매우 많다.

3 광센서

포도 다이오드 칩(photo-diode chip)으로 구성된 MOS와 CCD카메라와 같은 이미지센서는 피사체를 전기적인 영상정보로 변환하여 관리컴퓨터에 보내어 화면에 보이거나 대용량 저장장치에 녹화하는 데 사용된다. 광센서는 얼굴인식이나 자동차 번호판 인식 소프트웨어와 결합되어 보안이나 방범분야에 활용범위가 매우 넓다.

4 광섬유센서

온도나 압력에 의해 광섬유(석영으로 만든 유리섬유)가 신축하는 것을 이용한 광섬유 센서는 섬유 속을 통과 하는 빛의 세기의 변화로 온도, 습도, 압력, 바람속도, 진동, 혈압, 가스누출 등을 감지하는 촉각 센서이다.

광 섬유센서의 활용범위는 혈압계 등 의료장비, 화재 감시, 수질감시, 대기오염 측정, 소음측정 등 매우 많다.

5 전자 귀

전자 귀는 휴대폰 등에 사용되고 있는 음파의 파형을 전류의 파형으로 변환시켜주는 마이크로폰 같은 장치이다.

마이크로폰을 통해 입력되는 소리를 정확히 인식할 수 있는 프로그램 시스템이 개발되면 지금같이 키를 누르거나 마우스와 같은 포인팅 장치를 클릭하는 일들이 음성으로 대체될 것이다. 그러면 휴대단말기의 작은 화면으로 이용하기 힘든 인터넷을 집에서처럼 사용하기 쉽게 될 것이다.

6 전자 코

전자 코는 공기 중에 떠다니는 냄새를 일으키는 분자가 센서에 닿으면 선세의 전기저항이 변하는 성질을 이용한 것이다. 따라서 전자 코는 매우 미세한 백금 물질이나 반도체물질로 이루어진 전자 칩이다. 따라서 전자 코는 수많은 센서에 연결된 도선에 흐르는 전기량을 순간순간 분석하여 공기 속에 어떤 성분의 냄새나는 물질이 있는 지를 감지하는 후각센서이다.

7 전자 혀

전자 혀는 전자 코와 같이 쓰거나 달거나 등의 맛을 일으키는 물질의 분자가 센서에 닿으면 선세의 전기저항이 변하는 성질을 이용한 것으로 어떤 맛의 분자성분이 있는 지를 감지하는 미각센서이다.

이들 센서에 들어오는 정보는 광섬유케이블, 센서통신망, 무선 액세스 포인트 등에 연결되어 인터넷을 통해서 호스트(서버)컴퓨터로 입력된다.

5.2 출력장치

컴퓨터 내부에 이진으로 표현된 정보를 우리가 알아 볼 수 있는 문자나 도형 또는 들을 수 있는 소리 등으로 변환시키어 주는 장치를 **출력장치**(output unit)라고 한다.

이들 출력장치는 입력장치와 마찬가지로 보여주는 형태에 따라 종이에 인쇄해주는 프린터, 화면에 보여주는 영상표시장치 그리고 스피커와 같은 출장치가 있다.

프린터와 같이 한번 출력되면 오래 볼 수 있는 출력 장치를 **하드카피**(hard copy)장치라 하고, 영상표시장치 등은 출력정보를 순간적으로만 영상표시화면에 나타내 주기 때문에 **소프트카피**(soft copy)장치라 한다.

5.2.1 프린터

여러 종류의 프린터가 있으나 여기서는 소음이 없고 글자모양이 아름답고 선명해서 현재 많이 쓰이는 잉크젯프린터와 레이저 프린터와 디자인 전문가들이 많이 사용하게 될 3차원 프린터만을 설명한다.

1 잉크젯프린터

1984년에 휴렛팩커드(Hewett Packard) 에서 처음 개발한 **잉크젯프린터(ink jet printer)** 는 밀폐된 잉크통의 잉크를 순간적인 내부 압력에 의해서 잉크 방울이 작은 구멍을 통해서 밖으로 발사되어 종이표면을 명중하게 하는 원리를 이용한 것이다.

이때 잉크에 압력을 가하는 방법은 순간 전류의 열을 이용하여 잉크 속에 공기방울을 생성하여 그 기포에 의해서 압력이 생기게 하는 열사출(thermal projection)방법과, 순간 전류에 의해서 진동하는 특별한 결정 물질(piezo electric crystal) 이 팽창하거나 수축되면서 구부러지기 때문에 잉크에 가해지는 압력이 생기는 압전기사출(piezo projection) 방법이 있다.

압전기사출 방법은 열사출 방법에 비해서 잉크가 뜨거워졌다가 식힐 필요가 없고 해상도가 높고 종이에 묻은 잉크가 번지지 않는 장점이 있다.

빛이 투과하면서 우리 눈에 인지되는 **빛의 3원색**인 빨강, 초록, 파랑(RGB: Red, Green, Blue)색과는 달리 **물감의 3원색**은 청록, 진홍, 노랑(CMY: Cyan, Magenta, Yellow)색으로 되어 있다. 빛의 3원 색을 같은 최대비율로 한 점에 모으면 흰색이 되지만, 물감의 3원색은 한 점에 최대 비율로 덮어 칠하거나 근접하게 칠하면 검은 색이 되는 특징이 있다. 그런데 잉크젯프린터는 검정 잉크가 인쇄에 많이 쓰이기 때문에 3색의 물감을 한 점에 쏘아서 만들 기 보다는 추가로 검정 잉크를 따로 사용하고 있다.

현재 개인용 컴퓨터에 많이 쓰이고 있는 잉크젯프린터는 [그림 5.14]과 같다.

[그림 5.14] 잉크젯프린터의 내부

프린터헤더는 언제나 갈아 끼울 수 있는 카트리지형 잉크통과 잉크방울이 분사되는 수백 개의 머리카락 보다 작은 직경의 구멍(nozzle)으로 되어 있다.

잉크 카트리지에는 보통 2개로 구성되는데 하나는 초록, 진홍, 노랑 색의 잉크통이 들어있고 또 하나에는 2개의 검정 색의 통이 들어있다. 그리고 각 잉크통마다 수직으로 64개의 노즐이 있으면 총 64행 5열로 구성된 320개의 노즐이 헤더에 있는 것이다. 인쇄의 **해상도(resolution)**는 인치당 노즐 수(**dpi**: dot per inch)로 표시한다. 1984년 당시, 96dpi인 것이 2004년에는 4,800dip까지 해상도가 좋아졌다.

잉크젯프린터는 잉크젯장치 구동프로그램에 의해서 헤더이동 축을 따라 헤더를 좌우로 이동시키면서 인쇄될 위치와 분사할 잉크의 종류와 양에 따라 헤드 아래로 지나가는 종이에 기억장치에서 보내진 정보를 인쇄한다.

2 레이저 프린터

레이저 프린터(laser printer)는 가장 속도가 빠르고 선명하며 소음이 없는 하드카피 프린터이다. 이것은 속도가 너무 빠르기 때문에 페이지 프린터라고도 한다. 속도의 단위는 **분당 페이지 수(PPM**: page per minute)로 나타내며 현재 몇 십 PPM부터 몇 백 PPM까지 있다.

레이저(LASER: light amplification by simulated emission of radiation)란 기체 분자나 고체 속에 있는 전자를 높은 전압으로 진동시켜 분자나 전자의 운동에너지를 순도가 극히 높은 단일 파장으로 방출된 빛이라는 의미다. 이것을 단어의 머리 글자만을 따서 레이저 광선이라고 한다. 레이저 광선은 전파할 때 빛이 퍼지지 않고 방출된 방향으로만 직전하기 때문에 우주통신, 정밀공학, 의료용구, 물성연구, 우주병기의 파괴, 환상적인 입체사진 제조 등 응용분야가 넓다.

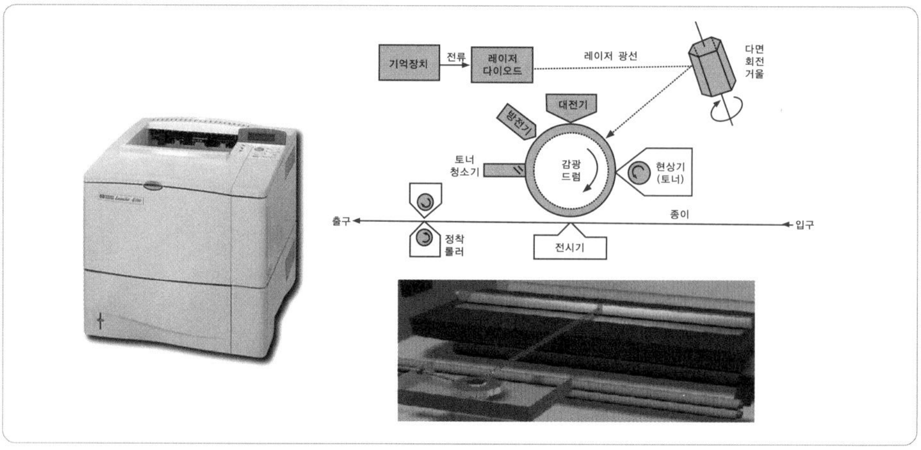

[그림 5.15] 레이저 프린터의 기능도

[그림 5.15]과 같은 **레이저 프린터의 인쇄 원리**는 기억장치에 비트 형태로 기억된 그림이나 글씨가 레이저 광선을 발생시키는 반도체 다이오드에서 레이저 광선으로 방출되어 고속으로 회전하는 다면경(多面鏡)에 의해서 감광 드럼에 줄 단위로 주사된다. 이것이 드럼 표면에 인쇄하려는 영상을 정전기적(electro static)으로 만들고 이 영상이 고 순도의 미세한 탄소가루알갱이로 된 토너(toner)라고 하는 인쇄 잉크 가루가 들어 있는 현상기를 통과하면서 정전기적으로 형성된 영상을 토너 가루 영상으로 바꾼다. 이것이 전사기(transfer corona)를 지나면서 드럼에 붙어 있는 토너가 종이에 묻게되고 정착 롤러(heat roller)를 지날 때 열과 압력을 받아 가루가 완전히 녹아서 종이에 영구히 남도록 인쇄가 된다. 그래서 프린터에서 방금 나온 종이는 뜨거운 것이다. 인쇄 원리를 단계별로 나누어 설명하면 다음과 같다.

1) 대전(charge)단계

빛을 받으면 그 부분의 저항이 적어져서 전기를 잘 통하게 되는 광전도체(photo conductive material)로 된 감광 드럼에 균일한 직류 전압을 가하여 표면에는 음(negative)전하가 내면에는 양(positive)전하가 [그림 5.16]과 같이 띠게(charge)한다.

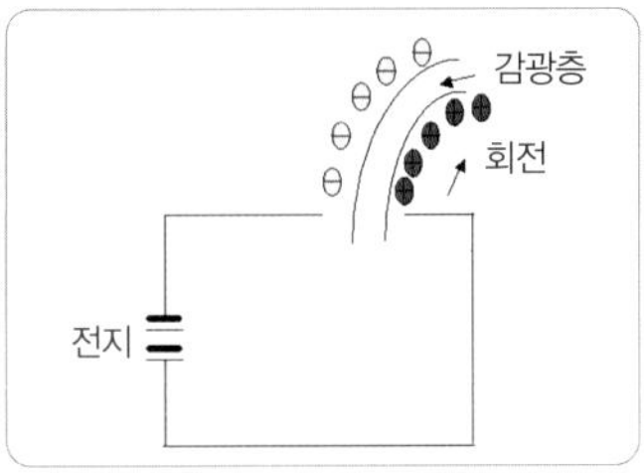

[그림 5.16] 대전

2) 노출(exposure)단계

반도체 레이저장치에서 나온 영상형태의 레이저 광선을 다면거울을 통해서 드럼에 주사한다. 그러면 레이저광선이 주사된 표면부분은 레이저 광선의 열 때문에 감광 층의 저항이 약해져서 대전된 전기가 방전(discharge)되어 전하가 없어진다. 이렇게 해서 드럼표면에 전기가 있는 부분과 없는 부분으로 표현되는 정전기적 영상이 생긴다. [그림 5.17]에서는 레이저 빛이 주사된 부분에는 방전되어 전하가 없다.

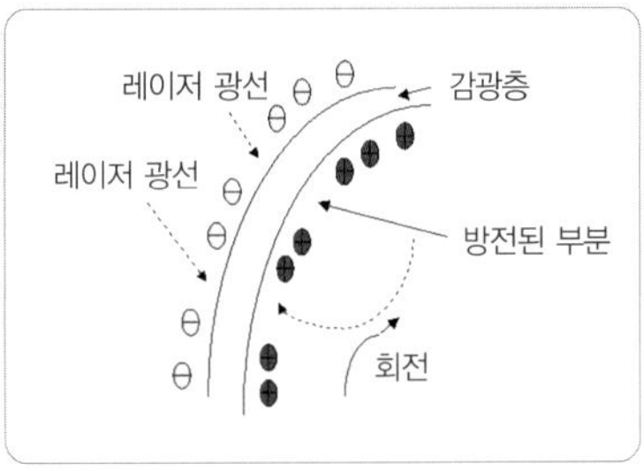

[그림 5.17] 노출

3) 현상(developing)단계

현상기는 토너를 음 전하로 대전시키면서 드럼의 영상이 현상기를 지날 때 음 전하로 대전된 드럼 표면은 토너와 같은 부호의 전하이기 때문에 토너가루를 밀어내어 드럼에 붙지 못하게 하고, 정전기가 없는 부분에만 토너가루가 붙게 하여 우리가 볼 수 있는 흑백 영상을 드럼 표면에 [그림 5.18]과 같이 만든다.

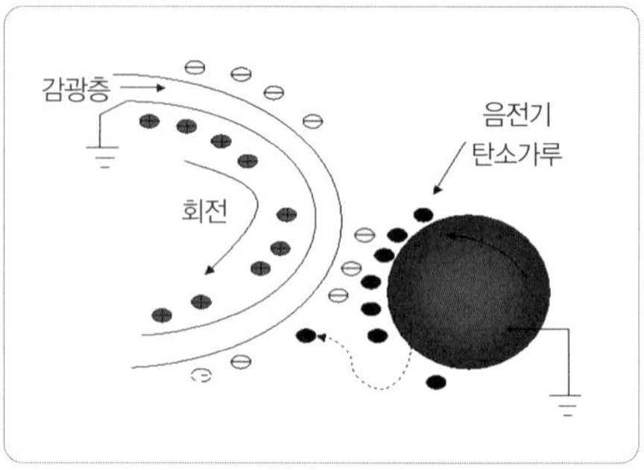

[그림 5.18] 현상

4) 전사(transfer)단계

드럼표면의 토너가루로 표현된 시각적 영상은 양 전하로 대전된 전사기(transfer corona)를 지날 때 음 전하로 대전된 토너가루가 양 전하에 이끌리어 인쇄 용지에 붙게 되는 단계이다.

5) 청소(cleaning)단계

전사단계를 지난 후에도 아직 드럼 표면에 남아 있는 토너가루를 토너 청소기(cleaner blade)가 완전히 떼어내서 드럼을 깨끗이 하는 단계이다.

6) 방전(discharge)단계

다음 단계의 주사선이 시작하기 전에 드럼의 표면을 균일한 대전 상태로 만들기 위해 드럼표면의 정전기를 완전히 없애기 위해서 방전기(discharge corona)를 통과시킨다.

방전기의 원리는 반도체 레이저장치의 레이저 광선이 드럼 표면을 모두 주사한다. 그 결과 레이저가 주사된 부분의 감광층은 열이 올라가 전기저항이 약해진다. 그러면 감광 드럼 내부의 양 전하가 외부의 음 전하와 결합하여 빛을 내면서 전기가 없어진다.

영상의 선명도는 보통 인치당 도트의 수(DPI: dots per inch)로 나타내는데 아주 소형 레이저 프린터도 300 DPI 이상이기 때문에 인쇄의 선명도가 매우 높아서 가장 많이 쓰이는 프린터이다.

컬러 레이저 프린터는 잉크젯프린터에서 설명된 청록, 진홍, 노랑(CMY: Cyan, Magenta, Yellow) 검정(black) 색을 인쇄할 수 있도록 네 단계의 색깔별 인쇄과정을 거치도록 된 장치이다. 이 때에 각 단계마다 기억장치에서 들어온 인쇄정보는 색깔별로 각 레이저 다이오드를 통해서 빛으로 방출되고 이 빛이 회전하는 다면 거울에 의해서 반사되어 감광 드럼에 차례로 주사된다.

3 3차원 프린터

종이에 프린트하는 것이 아니라 설계도 작성 프로그램으로 작성된 3차원 설계도 모델을 제품으로 만들어 주는 3차원 프린터가 과거에는 너무 비싸서 사용할 수 없었으나 이제는 PC의 출력장치로 시중에 팔리고 있다.

프린팅 기술의 원리는 잉크젯 프린팅 방법과 레이저 프린팅 방법을 등 여러 가지가 있다. 여기에서는 잉크젯 프린팅 방법만 하나의 예로 설명한다.

잉크젯 프린팅 방법을 이용하는 3차원 프린터는 플라스틱 가루를 삼원색 물감과 함께 녹여 잉크로 만들어, 노즐을 통해 상하좌우로 움직이는 프린터 기판에 분사하여 잉크가 굳어진 다음 또 분사하면서 층층이 설계도에 따라 쌓아 올린다.

[그림 5.19] 3차원 프린터의 예

디지털카메라의 사진을 축소 또는 확대하여 프린트하는 칼라잉크젯 프린터처럼 사람이 수작업으로는 도저히 할 수 없는 일을 아주 정교하면서도 예술적인 조각 작품을 원하는 크기와 색상대로 생성하는 것이다.

또 어떤 조각 작품을 재생하기 위해서는 3D 스캐너로 스캔하여 이를 3D 프린터로 축소 또는 확대하거나 색상을 바꾸어 재생할 수 있다.

3차원 프린터는 예술적 산업적 응용분야가 많은 새로운 프린팅 기법이다.

5.2.2 영상 표시장치

영상 표시장치(video display)란 TV화면과 같이 빛을 이용하여 정보를 화려하고 보기 좋게 표현하는 출력장치 이다. 먼저 영상화면의 화질을 결정하는 요소들을 설명하고 플라즈마 표시장치, 발광다이오드 표시장치 그리고 스마트 폰에 가장 많이 사용되고 있는 액정 표시장치를 설명한다.

영상표시장치의 화면 화질은 해상도, 명암 비, 시야 각 등에 의해서 결정된다.

해상도(resolution)는 눈에 편안한 느낌을 주며 최대한 자연색과 가깝게 표현되어야 좋은 해상도 이다. 해상도는 화소수로 표시되는 공간해상도와 색상 수로 표시되는 색상해상도로 구성된다.

공간해상도는 화면의 행과 열의 좌표 점으로 표현되는 화소(pixel: picture element)의 수를 의미하며, 표현 방법은 한행의 화소수와 한 열의 화소수의 곱의 형식으로 표현한다.
즉, 1,280 x 1024와 같이 표시 한다.
따라서 같은 해상도라 해도 화면이 넓으면 단위 길이 당 화소소가 적기 때문에 작은 화면 보다 화질이 떨어진다.

색상해상도는 하나의 픽셀에 표현할 수 있는 색상의 개수를 의미 한다. 8비트로 표현되는 색상이면 256개의 색상을 표시할 수 있다. 보통 많이 사용되는 색상은 24비트를 8비트씩 나누어 각 8비트마다 빛의 삼원색 요소인 R(ed), G(reen), B(lue)를 각각 256등급으로 표현하고 있다. 24비트는 2의 24승인 1천 767만 여개의 색상을 표현할 수 있다. 그리고 그래픽 전문가를 위해서 48비트 색상코드가 있다. 그러나 살색과 같은 미묘한 색을 표현하기 위해서는 색상 수 보다 화소 주변의 다른 색상과의 배합이 더 중요하다.

명암 비(contrast ratio)는 화면의 선명도를 표현하는 단위로 같은 색상이라도 밝기의 정도가 다르게 표현되는 비율을 의미한다. 즉, 흰색인 경우에는 햇볕에 번쩍이는 칼날, 흰 눈밭에 뛰어다니는 흰 토끼, 그리고 검은 색의 경우에는 그믐 달밤에 까마귀가 날아가는 모습 등을 선명하게 표현할 수 있어야 한다.

시야 각(viewing angle)은 정면에서와 같이 선명한 색상으로 보이는 각도를 의미하며 넓을수록 좋은 것이다.

1 플라즈마 표시장치(PDP)

플라즈마(plasma)는 영국의 물리학자 크룩스(William Crookes)가 1879년에 최초로 발견하였고 1928년 랭뮈어(Langmuir)가 처음으로 붙인 이름이다.
기체에 더 많은 에너지를 가하면 원자에서 전자가 원자핵의 속박상태에서 떨어져 나와 자유롭게 움직이는 전자와 전자를 잃어버린 양 이온(positive ion)들로 된 고체도 액체도 기체도 아닌 제 4의 기체와 같은 전기적으로는 중성인 이온 상태의 물질로 변한다. 이를 플라즈마라고 한다.

전자를 떼어내기 위해서는 전기, 열, 레이저 빛을 이용한다. 예를 들어 우리가정의 형광등이나 길거리의 네온사인 등은 그 안에 형광물질이 코팅된 유리관에 수은(Hg)과 아르곤(Ar) 또는 네온(Ne)등의 혼합 기체가 들어 있는 것이다.

형광 등에 순간적으로 고전압을 가하면 음극의 필라멘트에서 발생한 열전자는 고속으로 양극에 끌려가면서 기체와 충돌하여 전자와 양이온을 만든다. 그리고 이때 발생된 자유전자는 이온상태가 아닌 기체분자와 충돌해서 또 다른 자유전자를 연쇄적으로 발생 시키거나 양이온과 재결합하면서 자외선을 방출한다. 이 자외선이 형광물질과 충돌하여 가시광선을 외부로 방출한다.

이때 발생된 자유전자는 다시 다른 원자의 전자를 반복적으로 떼어내기 때문에 처음에는 음극 근체에서 시작한 이온화 과정이 눈사태가 일어나듯이 순식간에 일어나서 기체 전체가 플라즈마 상태로 된다. 자유전자가 양이온과 재결합하면서 많은 자외선 이 발생하므로 형광 램프는 일반 백열전구보보다 매우 밝은 것이다.

플라즈마 표시장치(PDP: Plasma Display Panel)의 개념적인 구조는 [그림 5.20]과 같이 2장의 유리 기판 사이에 진공상태의 수많은 매우 작은 공간의 밀폐된 방전 셀(spacer)로 구성된 플라즈마 발생 층이 봉인되어 있다. 빨강, 초록, 파랑 색의 형광 물질이 규칙적으로 그 내부 벽에 코팅된 방전 셀 안에는 네온과 크세논 불활성 혼합기체가 들어 있다.

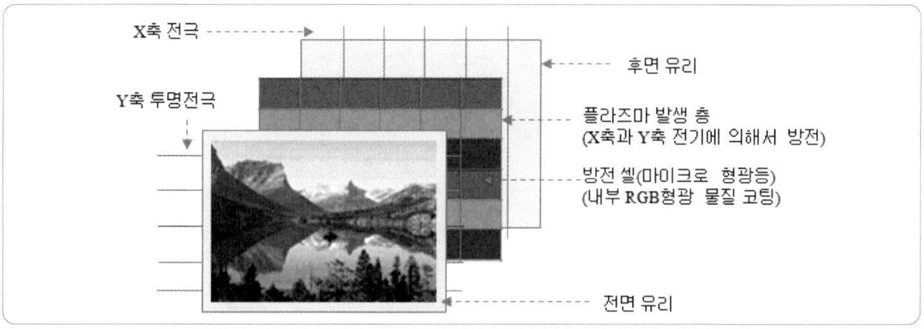

[그림 5.20] 플라즈마 표시장치의 개략도

그래서 PDP 디스플레이는 마치 매우 작은 수백만 개의 형광 램프를 방전 셀로 묶어 평면으로 조합해 놓은 것과 같은 것이다.

특정 셀을 방전시키기 위해서는 영상의 픽셀 좌표에 해당하는 X축 전극과 Y축 전극에 순간 전기(pulse)를 가하면 그 두 전극이 방전 셀을 통해서 방전되고 플라즈마상태가 된다. 그리고 플라즈마에서 발생된 자외선이 색상별로 코팅된 셀의 형광물질에 부티치어 전압에 비례하는 선명한 색상으로 발광하게 된다.

2 발광 다이오드(LED) 표시장치

발광 다이오드 표시장치(LED ; Light Emitting Diode Display)는 빨간, 초록, 파랑색의 빛을 내는 발광 다이오드들을 [그림 5.21]과 같은 평면에 배열해 놓은 것이다.

표시장치의 외부는 내부를 보호하고 동시에 빛을 모아주는 투명 몰드로 싸져있고, 내부의 다이오드들은 금실로 전원에 연결되어 있다.

발광다이오드는 전기제품의 동작 상태를 알려주는 표시등, 길거리의 교통신호등, 그리고 각종 전광판 및 광고탑에 이용되고 있다. 예를 들어 서울 상암 경기장에 최초로 설치된 대형전광판은 34만개의 화소(pixel)로 구성되어 있는데 한 개의 화소는 빨강 3개, 녹색 2개, 청색 2개인 7개의 도트로 되어 있어 모두 238만개의 발광다이오드로 구성되어 있다.

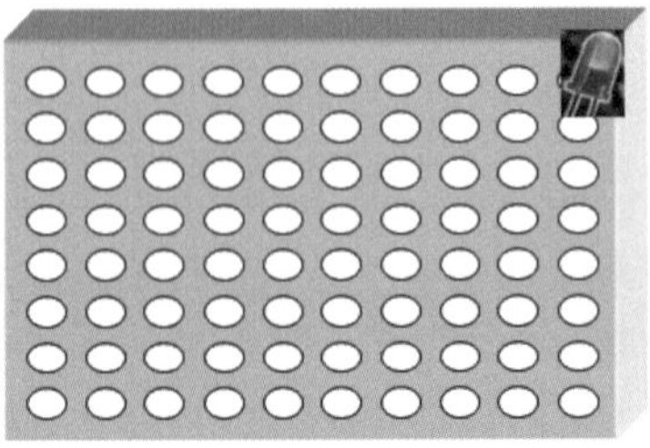

[그림 5.21] 발광다이오드 표시장치의 구조와 전광판

3 액정 표시 장치(LCD)

액정(liquid crystals)을 1888년 오스트리아의 식물학자인 라이니쩌(Friedrich Reinitzer)가 발견한 이후 80년이 지난 1968년에 처음으로 실험적인 **액정표시장치(LCD: liquid crystal display)**로 만들어졌고 1973년에 컴퓨터 출력장치로 실용화 되었다.

보통 결정(crystal)이란 분자의 배열이 일정한 고체물질이다.

그런데 액정(liquid crystal)이란 고체보다는 액체 상태에 가까운 결정 물질로 어느 온도 범위 내에서는 액체가 지닌 움직이는 성질과 결정이 지닌 빛의 굴절 특성을 동시에 갖추고 있다.

이 물질은 물질에 가해지는 온도와 전류의 세기에 민감하게 반응한다. 그래서 LCD는 너무 춥거나 더운 날씨에는 영상이 정상적으로 나타나지 않게 된다.

[그림 5.22]와 같은 액정표시장치의 내부 구조는 TN(twisted nematics)이라고 불리는 네마틱(nematic)상태의 액정이 투명한 TFT(Thin Film Transistor)로 된 전극 판이 붙어 있는 2개의 매우 좁은 유리판 사이에 끼워져 있는 것이다.

네마틱 상태란 가늘고 긴 막대와 같이 생긴 액정분자들의 장축이 일정한 방향으로 향해진 상태이다. 그래서 액정분자의 장축과 같은 방향으로 진동하는 빛만이 액정을 통과할 수 있다.

그런데 액정을 끼고 있는 각 쌍의 전극에 가해지는 전기의 세기에 따라서 그 안의 분자층들의 장축방향은 [그림 5.22]에서처럼 나선형으로 꼬여 진다. 따라서 액정분자의 장축방향으로 진동하여 액정에 들어오는 빛은 그 진동방향이 나선형을 따라 바뀌게 된다.

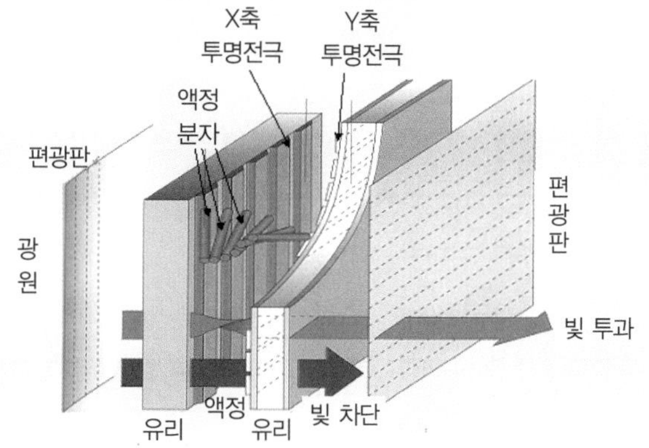

[그림 5.22] 액정의 분자 배열과 빛의 투과

형광등이나 발광다이오드와 같은 광원에서 방출된 빛은 수직으로 진동하는 빛만이 수직편광 필름을 통과하여 분자 장축이 수직방향으로 된 액정에 들어온다. 그러면 전류가 가해지지 않은 부분에는 수직으로 진동하는 빛이 그대로 액정을 통과하고 전류가 가해진 부분에는 수직 진동의 빛이 나선형으로 굴절하여 수평으로 진동하면서 수평편광 필름에 도착한다. 그러면 전기가 가해지지 않은 부분의 수직으로 진동하는 빛은 수평편광 필름을 통과할 수 없어서 그 부분은 어둡게되고 수평으로 굴절된 빛은 통과되어 그 부분은 밝게 보인다. 이 때 빛이 수평에 가깝게 진동하면 할수록 빛은 더 많이 수평편광 필름을 통과하기 때문에 이미지는 더 밝게 보인다.

액정화면에서 투과된 빛은 색이 없다. 그래서 액정화면에 컬러 필터를 붙이면 컬러 액정 표시장치가 된다. 이때 RGB각각의 색이 색상필터의 대응하는 픽셀 좌표에 빛이 통과하여 색상이 화면에 나타날 수 있도록 특정픽셀에 대응한 X와 Y축 전극에 색상의 등급에 비례하여 전압을 가하여야 한다.

이 장치는 얇고 투명하기 때문에 노트북 컴퓨터와 스마트폰 화면으로 그리고 네비게이터나 디지털 카메라 등의 표시장치로 그 사용 용도가 매우 많다. 그러나 사진과 같은 현실

감이 있는 그래픽을 표현하기에는 액정을 빛이 통과하면서 많이 손실되기 때문에 PDP나 LED에 비해서 선명하지 못하고 편광된 빛이기 때문에 정면에서는 잘 보이지만 옆이나 위 아래에서는 알아볼 수 없을 정도로 흐리게 보인다. 그러나 눈의 피로는 투과된 빛이기 때문에 발광된 빛보다 적다.

액정분자가 양 전극 판에 수직으로 회전하면서 빛을 통과시키기 때문에 발생한 TN기반 LCD는 낮은 선명도와 좁은 시야각 등의 문제점이 있다. 이 문제를 해결한 IPS(In-Plane Switching)기술로 만들어진 LCD가 1996년에 등장했다.

TN 기반 액정 분자는 전극 판에 수직방향으로 회전하면서 빛을 통과 시키는데 비하여 IPS기반 액정 분자는 전극 판에 수평방향으로 회전하는 기술이기 때문에 빛의 투과 량이 많고 명암비가 높아 흰색은 더욱 희게 검은 색은 더욱 검게 표시되어 어느 각도에서도 본래의 색과 선명한 화질을 제공한다.

눈이 부실 정도로 선명한 iPhone4와 iPAD의 망막디스플레이(retina display)라고 애플사가 명명한 액정표시장치는 우리나라의 LG가 개발한 IPS 기술을 이용하여 제조한 것이다.

4 유기발광다이오드 표시장치

유기발광다이오드(OLED: Organic Light Emitting Diodes)표시장치는 [그림 5.23]와 같이 투명합금금속(ITO)인 양극과 알루미늄이나 구리 등의 음극 판 사이에 탄소를 기반으로 하는 나무나 플라스틱과 같은 고분자 유기물질 층이 끼워져 있는 것이다. 그리고 제일 외부에는 유리나 투명플라스틱으로 밀봉되었다. 그런데 이 유기물질 층의 폭은 머리카락 폭의 200분의 1정도로 얇다는 것이다.

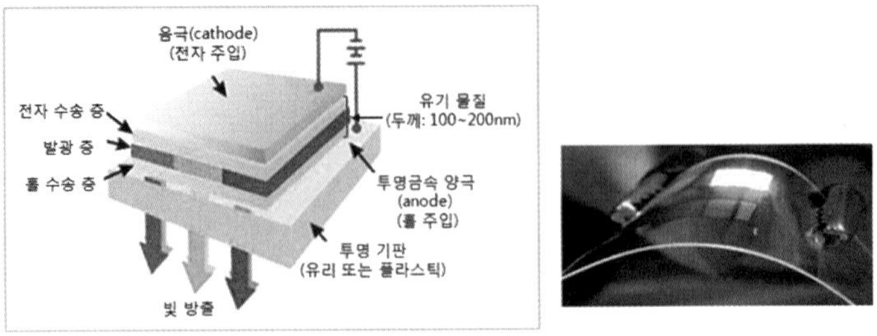

[그림 5.23] OLED의 개략적 구조와 실물

유기물질 층은 다시 매우 얇은 막(foil)형태의 홀 수송 층(hole transport layer), 발광 층(emission layer), 그리고 전자수송 층(electron transport layer)으로 되었다. 그리고 발광 층 은 빨강(red), 초록(green), 파랑(blue)색을 발광할 수 있는 분자 구조를 가진 유기물질로 구성되어 있다.

유기발광다이오드의 동작원리는 전극에 전류를 가하는 순간 음극에서는 전자가 그리고 양극에는 전자가 떠난 자리에 홀(정공)이 쌍으로 발생하여 반도체 유기물질인 수송 층 안에서 자유롭게 떠돌다가 발광 층에서 재결합하면서 매우 밝은 빛을 방출 한다.

이때 발광시키는 전자회로의 구동 기술에 따라 OLED디스플레이는 1997년에 등장한 PM(Passive Matrix)OLED와 2007년부터 등장하고 발광 속도가 더 빠른 AM(Active Matrix)OLED 디스플레이로 구분하고 있다.

유기 발광다이오드(OLED)는 LCD에 비해 여러 가지 장점이 있다.

첫째 삼원색의 빛을 자체 발광하기 때문에 명암비율이 높다.
둘째 발광 속도도 매우 빠르고 이론상의 시야각은 180도 이다.
셋째 후면 광원이나 색 필터가 없어서 무게는 가벼우며 두께는 3㎜ 이하로 줄일 수 있어 구부릴 수 있고 전력소모는 매우적다.
넷째 유기물질은 낮은 온도로 기화시켜 증착할 수 있기 때문에 제조공정이 단순하다.
다섯째 전극 판이 투명금속이기 때문에 유일한 투명표시장치 기능을 가진다.

이런 여러 가지 특징 때문에 OLED는 현재 스마트폰, TV등에 주로 활용되고 있다. 그러나 앞으로 화면 대형화 기술이 발전하면 두루마리처럼 말아서 가지고 다니는 표시장치로, 자동차나 쇼윈도에 붙여진 투명표시장치로, 백화점 천장에 걸린 광고 안내판으로 그리고 거실의 벽에 붙이는 벽지화면과 자연광 조명장치로도 등장할 것이다.

5.2.3 비트맵과 윤곽선 글꼴

프린터와 영상표시장치에서는 문자를 좌표로 표시되는 극미한 4각형에 픽셀에 지정된 색상을 점으로 찍어 만드는 것이다. 현재 사용되는 글꼴(font)에는 두 가지 형태가 있다, 하나는 글자의 크기와 표시된 점의 개수가 고정된 **비트맵 글꼴**(bit map font)이고, 다른 하나는 글자의 모서리 점의 좌표와 곡률로 표현되어 있다가 축소와 확대가 가능한 벡터글꼴

(vector font)라고도 불리는 윤곽선 글꼴(outline font)이다. 비트맵은 화소점 좌표로 윤곽선은 수치로 표현된 정보이다.

글자의 크기는 포인트(point)로 표시된다. 1포인트는 1/72 인치(inch)이다. 그러므로 36 포인트 글자는 높이가 0.5인치(1.27cm)인 크기이다.

현재는 영상화면을 만들어내는 고속의 그래픽 가속카드가 영상표시 장치에 연결되면서 윤곽선 글꼴이 많이 사용되고 있다.

1 비트맵글꼴

비트맵 글꼴은 한 개의 글자를 여러 가지 서체에 따라 바둑판 같은 사각형 격자무늬에 [그림 5.24]과 같이 고정된 점으로 표현하여 그려진 글꼴이다.

[그림 5.24] 비트맵 글꼴

비트맵 글꼴은 글꼴마다 그리고 같은 글꼴에서도 인쇄될 크기마다 다른 많은 종류의 글꼴을 필요로 하고 그들 글꼴을 문자코드 값과 글꼴의 쌍으로 된 글꼴 표로 만들어 기억해두어야 하기 때문에 기억용량이 커야하는 단점이지만 여러 가지 글꼴을 다양하게 만들어 놓으면 예쁘고 예술적인 글씨를 인쇄를 할 수 있다.

그러나 적당한 크기의 글꼴이 없으면 주어진 크기의 글꼴을 축소하거나 확대하면 글씨가 들쭉날쭉하거나 찌그러져 보이는 것이 단점이다.

2 윤곽선 글꼴

윤곽선 글꼴은 글자의 테두리를 좌표로 표현해 놓고 인쇄할 때에는 수식을 사용하여 축소나 확대가 가능하게 된 글꼴이다. [그림 5.25]에서와 같이 글자마다 글자의 테두리를 이루는 선에서 가장 특징적인 모서리 점의 좌표와 구부러진 정도를 각도로 그리고 선의 색상이나 굵기 등을 수치 값으로 지정하여 표시한 글꼴이다.

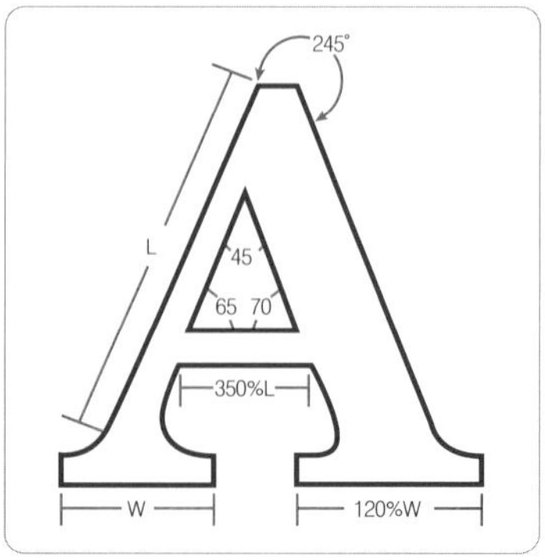

[그림 5.25] 윤곽선 글꼴

프린터나 영상표시 장치로 보내어지는 윤곽선 글

꼴을 다시 모서리 점의 좌표와 구부러진 각도를 이용하여 윤곽선의 점과 점을 이어주는 보간 방정식을 만든다. 그리고 이 방정식으로 인쇄될 화소들의 좌표 값들을 계산하여 이를 비트맵 글자로 변환하여 출력한다.

이때 윤곽선 글꼴은 선명도를 잃지 않고 가로와 세로 비율을 다르게 하여 축소와 확대를 할 수 있을 뿐만 아니라 회전과 이동이 가능한 것이다.

그러나 글꼴을 정확하게 표현하기 위해서는 글꼴마다 더 많은 모서리 점과 구부러진 각도에 대한 정보가 필요하기 때문에 기억용량을 많이 필요로 하고, 여러 가지 다양한 형태로 표현하기 위해서는 그래픽 카드의 프로그램이 추가적으로 많은 복잡한 계산을 하여야한다.

5.2.4 음성 출력 시스템

음성 출력 시스템 (voice output system)은 소리를 본서 2장의 음성 정보 표현에서 설명한 대로 이진신호로 기억된 소리 정보를 컴퓨터 프로그램이 다시 아날로그 신호로 바꾸어서 스피커를 통해 소리로 재생시키어 주거나, 2진 상태로 기억된 문자코드를 음성 합성 회로를 통하여 만들은 합성음으로 출력하는 장치이다. 음성신호처리 기술의 발달과 함께 음성 출력 시스템은 그 사용 영역이 매우 넓어졌다.

그 이유는 멀티미디어 기술이 발전함에 따라 음성신호처리 기술도 발전했기 때문이다,

사운드 카드(Sound card)는 아날로그 소리 신호를 이진 디지탈 신호로 또 컴퓨터에 기억된 2진 신호를 다시 아날로그 신호로 변환하고 스피커에 전달해주는 마이크로 프로세서 칩 회로 기판이다.

5.3 범용 입출력 접속장치 USB

USB (Universal Serial Bus)는 주변장치의 물리적 구조적 특징과 관계없이 127개까지의 서로 다른 기기를 본체에 연결할 수 있는 케이블(cable)과 포트(port)에 관련한 표준규격(standard type)으로 1996년 주요 컴퓨터 제조업체들이 합의한 것이다.

어떤 USB기기가 PC의 포트에 꽂아지면 운영체제는 어떤 기기가 꽂아 졌는지를 알아내고 그 기기에 맞는 장치구동프로그램(device driver)을 하드디스크에서 기억장치로 가져와

그 기기가 동작할 수 있도록 한다. 만약 장치구동프로그램이 시스템에 없으면 기기를 구매할 때 따라온 CD나 제조사의 웹사이트에서 단운 받아 설치하면 된다.

이제 USB 포트가 장착된 PC에는 마우스, 프린터, 무선마우스, 센서, USB 메모리, 카메라, 핸드폰, 인터넷 전화, DMB 방송수신기, 배터리 충전 등 그 활용 분야는 매우 넓어지고 있다.

연습문제

컴퓨터 과학개론

5.1 기계식 입력장치의 원리를 설명하고 그 종류를 쓰시오.

5.2 키보드는 부호기인가, 해독기인가 ?

5.3 광전식 입력장치의 원리를 설명하고 그 종류를 쓰시오.

5.4 자기식 입력장치의 원리를 설명하고 그 종류를 쓰시오.

5.5 RFID태그의 이용 분야를 생각해서 4개이상 쓰시오.

5.6 RF태그의 문제점은 무엇인가 ?

5.7 센서란 무엇이고 어떤 종류가 있는가?

5.8 잉크젯 프린터의 프린팅 원리를 설명하시오.

5.9 3D프린터의 예술적 산업적 응용 분야를 생각해서 2가지 이상 응용 예를 제안하시오.

5.10 레이저 프린터에서 방금나온 종이가 뜨거운 이유를 설명하시오.

5.11 영상표시장치의 화질을 결정하는 요소들은 무엇인가?

5.12 도트와 화소의 차이점을 설명하시오.

5.13 플라즈마 표시장치가 다른 영상표시장치보다 더 선명하게 보이는 이유를 설명하시오.

5.14 발광다이오드 응용사례를 4개 이상 쓰시오.

5.15 LCD의 장단점은 무엇인가 ?

5.16 유기발광 표시장치의 장점을 설명하시오.

5.17 윤곽선 글꼴의 장점은 무엇인가?

5.18 VDT증후군이란 무엇인지, 그리고 그 예방방법을 찾아 200자 이내로 쓰시오.

5.19 USB란 무엇인가?

6장 저장장치

6장 저장장치

우리 인간이 지적 활동을 함에 있어서 우리의 머리 속에 모든 정보를 다 기억 할 수 없기 때문에 이를 노트 등에 기록해 두었다가 필요할 때 다시 찾아보는 것처럼 컴퓨터에 있어서도 입력장치를 통해서 들어온 2진화된 자료를 어디인가에 기록하여 저장하여 두었다가 필요할 때 바로 찾아서 읽을 수 있어야 한다.

이 어디인가에 해당하는 장치를 이 책에서는 컴퓨터의 저장장치(storage unit)라고 하겠다. 다른 책에서는 RAM과 같은 기억장치를 주기억장치(main memory unit) 또는 1차 저장장치(primary storage)라고 하여 이 저장장치를 보조기억장치(auxiliary memory unit) 또는 2차 저장장치(secondary storage unit)라고 하였다. 즉, 저장장치를 기억장치를 보조하는 기능으로만 생각했다.

그런데 1990년대부터는 텍스트자료이외에 멀티미디어자료와 인터넷을 이용한 전자상거래 및 방송자료들이 디지털화 되면서 저장장치는 더 이상 기억장치를 보조하는 선을 넘어서 더욱 중요한 장치가 되었기 때문에 이 책에서는 저장장치라는 독립된 단원을 설정했다.

이 장에서는 자기적 기록매체인 자기테이프(magnetic tape), 자기디스크(magnetic disk), 플로피디스크(floppy diskette), 하드디스크(hard disk)와 어레이디스크(RAID: Redundant Array of Independent Disk) 등의 장치에 대해서, 그리고 광학적 대용량 기록매체인 CD-ROM, CD-R, ,CD-RW, DVD, 청색광디스크, 홀로그래픽 저장장치, 반도체 저장장치 그리고 저장장치 연결형태 등에 대해서 설명한다.

6.1 자기적 저장장치

자기적 저장장치(magnetic storage)는 플라스틱 기판에 산화철과 같은 자성물질(magnetic material)을 입히고 이 물질을 자화시켜서 정보를 자기적 상태로 기억시키고 이 자기적 상태를 다시 읽어 내는 장치로 자기 테이프, 자기 디스크, 플로피 디스크 및 하드디스크 등이 있다.

6.1.1 쓰기와 읽기 원리

[그림 6.1]과 같은 천연의 막대 자석(natural bar magnet)은 N극(north pole)과 S극(south pole)이 있으며 이 자석의 자기적인 힘이 그 둘레에 작용하는 공간을 자기장(magnetic field)이라 한다. 또 자기장의 방향은 N극에서 S극으로 정하고 이를 자력선(magnetic line of force) 밀도로 자기장의 세기를 표현한다.

자기장의 세기는 나침반(compass)의 자침(magnetic needle)과 같은 자성체(magnetic substance)가 자석에서 받는 힘의 크기를 말하며 자기장이 클수록 자침은 빨리 끌려간다. 이때 자기장의 세기는 단위 면적당의 자력선의 수로 표시되는 자력선 밀도가 클수록 자기장은 크다. 따라서 자극에 가까운 부분이 그리고 자석의 끝이 뾰족할수록 자기장은 세어진다.

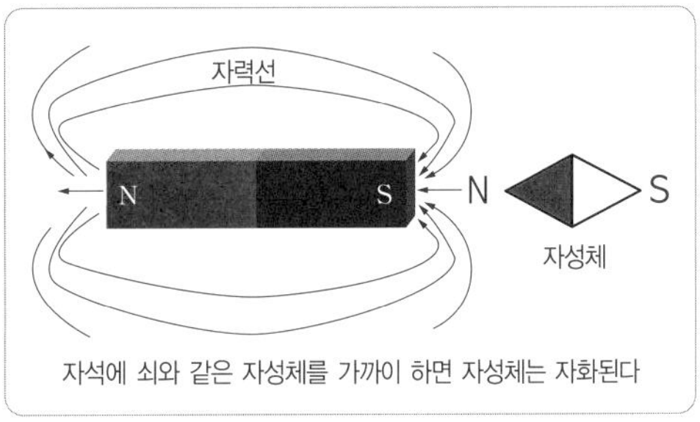

[그림 6.1] 자석과 자력선

어느 정도 이상인 세기의 자기장 근처에 있는 자성체는 자석의 성질을 잃지 않고 자화되어 천연자석(natural magnet)과 같은 자석이 된다. 그런데 자기장은 천연자석만이 만드는 것이 아니라 전류가 흐르면 그 도선 주위에 자기장이 생긴다. [그림 6.2]와 같이 철사줄이 균일하게 원통으로 감겨진 코일에 전류를 흐르게 하면 원통 내부는 균일한 자기장이 생기고 원통 외부에는 천연의 막대 자석과 같은 자기장이 생긴다.

[그림 6.2]의 원통코일에 흐르는 전류에 의해서 원통 내부에 생기는 자기장의 세기는 전류의 세기와 단위길이 당 코일의 감은 수에 비례하며, 자장의 방향은 오른손을 전류가 흐르는 방향으로 감아쥐었을 때 엄지손가락 쪽의 원통 쪽이 N극이 되고 그 반대 방향이 S극이 된다.

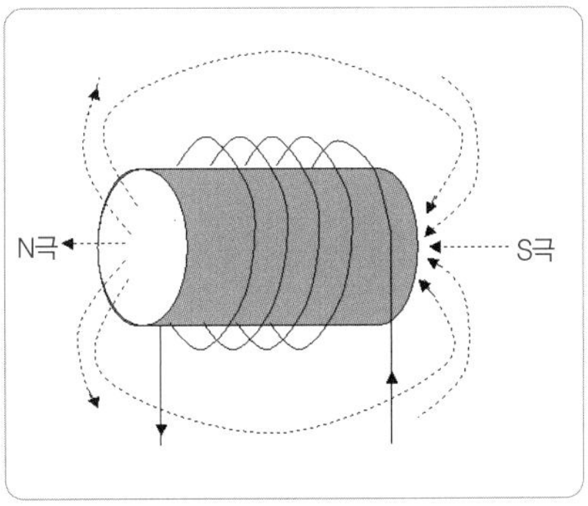

[그림 6.2] 원통 전류에 의한 자기장

이와 같은 원통코일을 전자석이라 하며 전자적의 자기장은 천연자석과는 달리 전류의 세기와 감은 수를 조절하여 그 세기를 조절할 수 있다.

한편 이 원통코일에 철심(iron core)을 넣으면 자력선은 철심을 따라 흩어지지 않고 모아지기 때문에 자기장의 세기는 몇 천배 이상 세게 된다.

자석에 끌려오는 못이나 바늘 같은 물체를 자성체(magnetic substrate)라하며 전혀 반응이 없는 종이나 유리와 같은 물체를 반자성체라고 한다.

[그림 6.3]에서와 같이 자화가 안된 자성체와 원통코일을 놓고 원통코일에 전류를 흐르게 하면 원통코일은 **전자석(electromagnet)**이 된다.

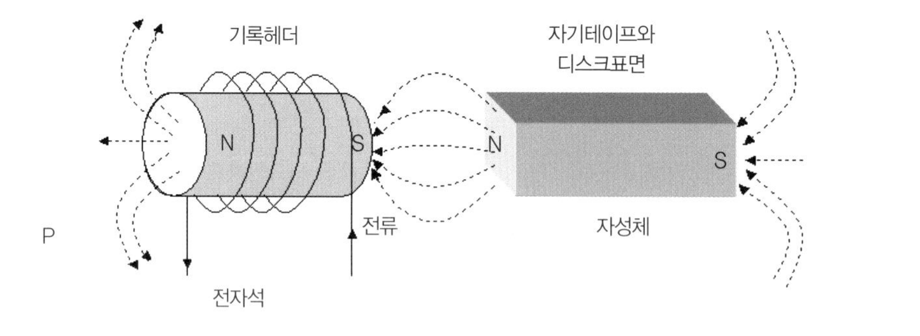

[그림 6.3] 전자석에 의한 자성체의 자화상태

이 때 전류의 세기를 점점 크게 하면 자성체에 생기는 자기장의 세기는 [그림 6.4]의 자기이력곡선(magnetic hysteresis curve)에서 보는 것과 같이 선 OA을 따라 증가 하다가 전류가 어느 세기 이상이 되면 즉, A점 이상이 되면 그 이상 올라가지 않고 포화 상태가 된다. 포화 점 이상에서 전류세기를 다시 점점 줄여 전류가 없어지면 자성체에 발생된 자기장의 세기는 선 OA를 따라 원점으로 돌아가는 것이 아니라 선 AB를 따라 감소하여 B점에 오게 된다. 전류가 없어도 자성체에 남아있는 자기장의 세기 B점을 잔류자기라 하며 이 상태가 자성체의 자화 상태인 것이다.

이제 [그림 6.3]에서 전류를 계속 반대 방향으로 그 세기를 크게 하여 주면 자성체의 자기장은 선 BC를 따라 점점 감소하여 C점에서 없어졌다가 다시 자기장의 방향이 반대가 되어 선 CD를 따라가 D점에서 포화상태가 된다. D점에서 전류의 세기를 다시 감소시키면 선 DO를 따라 자기장이 0이 되는 것이 아니라 선 DE를 따라 감소한다. 즉, E점은 전류가 없을 때의 자성체 남아 있는 자기장의 세기가 된다. 이것은

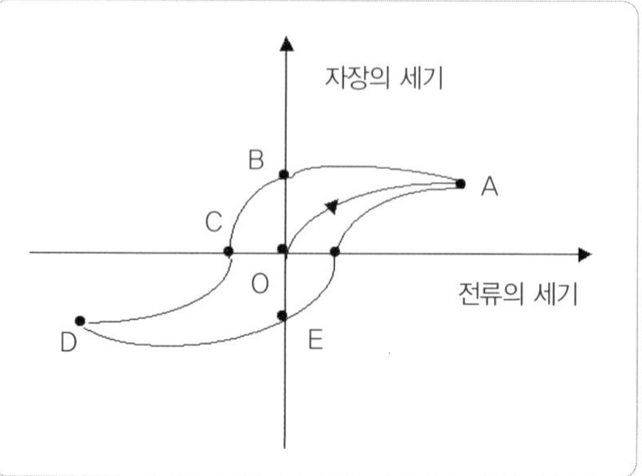

[그림 6.4] 자기이력곡선

B점과 E점에서의 자성체의 자극은 서로 방향이 반대라는 것을 나태 낸다.

그런데 전류의 세기를 포화상태 이하에서 감소시키면 즉 O점에서 A점에 도달하기 전에 전류를 끊으면 자기장의 세기는 선 OA를 따라 줄어들어서 자성체에 남아있는 자기장의 세기는 0이 된다. 이 경우는 자화가 안된 상태이다.

자기 디스크장치나 자기 테이프장치는 자료를 저장매체에 기록하거나 읽어내는 헤드를 가지고 있다. 철심에 코일을 감아놓은 헤드에 전류를 흐르게 하면 헤드는 전자석이 되어 플라스틱 디스크나 테이프에 코팅된 쇳가루를 자화시켜 분자크기의 점 자석으로 만드는 것이다. 이것이 **쓰기의 원리**이다.

반대로 [그림 6.5]와 같이 원통코일을 고정시키고 자석을 좌우로 움직이면 코일을 지나는 자력선의 밀도에는 변화가 생기고 이 것이 코일에 전기를 발생시키어 전구에 불이 들어온다.

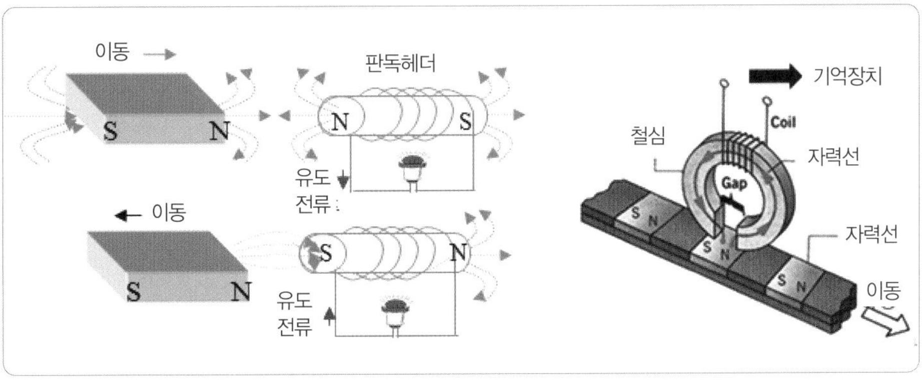

[그림 6.5] 자기장의 변화에 따른 유도전류의 발생 원리와 자기테이프 판독 헤더

이와 같은 현상으로 생긴 전류를 유도전류라고 하며 이 유도 전류를 흐르게 하는 건전지와 같은 힘을 유도 기전력(induced electromotive force)이라 한다.

코일을 향해서 자석을 운동시킬 때 유도 기전력은 [그림 6.5]에서 보인 바와 같이 자석의 자기력선밀도의 변화를 방해하려는 방향 즉, 자석의 진행 방향을 방해하는 방향으로 생긴다. 이것을 렌츠(Lentz)의 법칙이라고 한다. 유도 기전력의 세기는 코일의 감긴 횟수와 자기력선의 시간적 변화율에 비례한다. 이것을 파라데이(Faraday, 1791~1867)법칙이라 한다.

이와 같은 현상을 이용한 것이 [그림 6.6]과 같은 각종 발전기의 원리이고 테이프나 디스크에 자화 상태로 기록되어 있는 정보를 다시 유도전류를 발생시켜 읽어 내는 것이 **읽기 원리**이다.

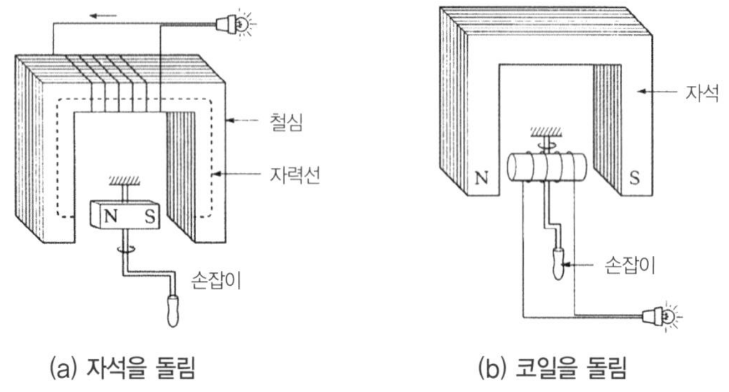

[그림 6.6] 발전기의 구조

[그림 6.6]의(a)는 코일은 고정되어 있고 자석이 회전하도록 되어있는 구조이고, [그림 6.5]의 (b)는 자석이 고정되어 있고 원통코일이 회전하는 구조이다.

읽기와 쓰기 헤드는 [그림 6.3]에서 설명한 전자석의 원리를 이용하여 기록하고 [그림 6.6]의 (a)와 같은 발전기의 원리를 응용하여 읽어내는 것이다. 코일은 고정된 헤드가 되고 헤드 아래를 지나가는 자기테이프나 디스크 표면의 점 자석은 회전하는 대신에 지나가는 자석에 해당한다.

[그림 6.6]의 (b)는 코일에 연결된 터빈을 물 또는 화력이나 원자력의 열로 발생된 수증기로 회전시키어 발전하는 발전기의 원리이다.

6.1.2 자기테이프 장치

1 자기테이프의 구성

자기 테이프는 2차 대전 중에 독일에서 녹음용으로 개발된 것인데 1952년부터 컴퓨터 저장장치로 쓰이기 시작하였다. 그러나 1984년에 테이프카트리지가 등장한 이후 테이프를 테이프장치의 릴(reel)에 걸어 끼우는 자기테이프장치는 서서히 사라졌다.

[그림 6.7] 자기테이프가 감겨진 릴 사진(1970년대)

이 책에서는 최초의 보조기억장치로 탄

생한 자기테이프 장치의 저장원리를 설명함으로서 다른 저장장치의 동작원리를 이해하는 데 도움이 되도록 한다. 자기테이프 릴의 사진은 [그림 6.7]과 같다.

자기테이프는 온도 변화나 장력에 강한 폴리에틸렌(polyethylene)의 부드러운 플라스틱 테이프에 적갈색의 자성물질인 산화철가루를 입힌 것으로 테이프의 폭은 0.5인치이고 길이는 300피트부터 2,400피트까지 여러 가지 종류가 있으나 많이 쓰인 것은 2,400피트 테이프이었다.

저장할 자료는 테이프의 릴(reel)을 따라 [그림 6.8]과 같이 9줄의 트랙(track)에 수직으로 기록된다. 9 트랙이 사용되는 이유는 8개의 비트로 약속된 EBCDIC 이나 ASCII 코드값이 잘 저장되었는지를 검사하는 1개의 패리티(parity)비트를 함께 트랙에 수직으로 저장해야 하기 때문이었다.

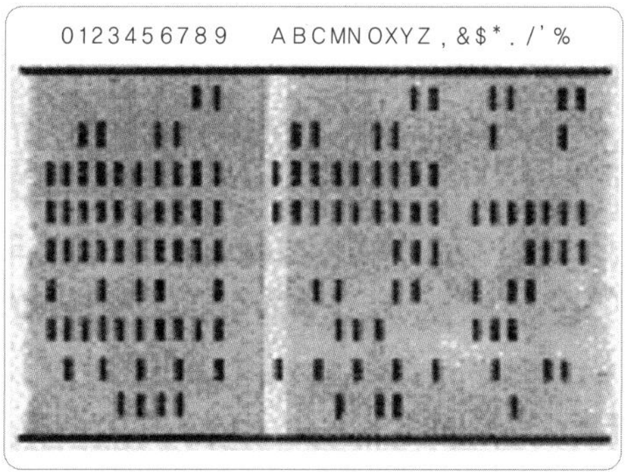

[그림 6.8] 자기 테이프 트랙과 자화된 문자코드

패리티 검사란 테이프의 수직선상에 기록된 9개의 비트 값을 조사하여 1의 개수가 짝수 개인지 홀수 개인지를 검사하는 방법이다. 만약 홀수 패리티 검사방법을 이용한다면 1의 개수가 홀수 개이면 이 수직 열 상의 문자는 잘 기록된 것이다. [그림 6.8]에서 검정 색의 작은 막대를 1로 자화된 비트라고 가정하면 문자 A는 1의 개수가 3개이므로 자화는 잘된 것이다.

테이프의 기록 밀도는 인치당 바이트 수(BPI: Byte Per Inch)로 표현하며 이때 1바이트는 테이프의 수직 열에 표현된다.

2 자기 테이프 장치의 구성

자기 테이프 장치는 [그림 6.9]의 (a)와 같고 테이프 릴을 걸 수 있는 파일 릴(file reel), 헤드를 지나온 테이프를 감는 고정 릴(machine reel) 그리고 테이프를 유연하게 유도할 수 있는 테이프 유도 관으로 구성되어있다.

자기 테이프에 정보를 저장하기 위해서는 [그림 6.9]의 (b)와 같이 자기테이프를 헤드 바로 아래로 주행시키면서 헤드의 코일에 비트 상태로 된 전류를 흐르게 하면 **전자석의 원리**에 의해서 헤드에 강력한 자극이 생긴다. 이 자극이 다시 테이프의 철분을 자화시켜 수많은 점의 자석을 테이프에 만들어 놓는다. 이 때 헤드에 N극과 S극이 헤드의 왼쪽과 오른쪽에 나타나도록 코일에 전기신호가 가해졌다면 자기테이프에는 그 반대 극으로 자화된다. 이것이 **쓰기의 원리**이다.

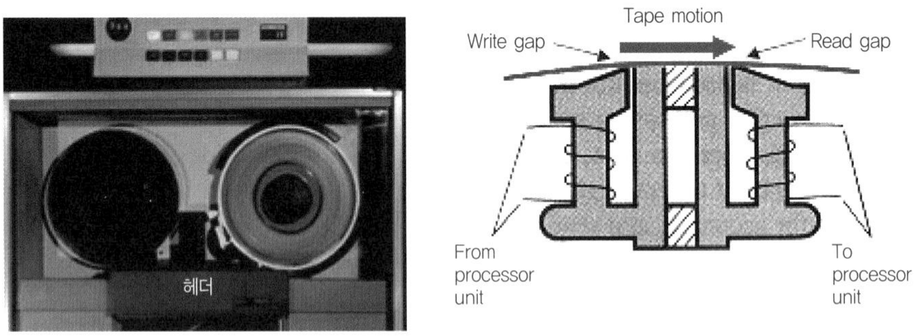

(a) 자기 테이프 장치 (b) 자기테이프 장치 헤더

[그림 6.9] 1970~80년 대의 자기테이프 장치의 예

자기 테이프에 저장된 정보를 읽기 위해서는 자화된 테이프를 헤드 아래로 주행시키면 테이프에 자화점으로 된 자석이 이동하는 것이 되에 헤드 근처에는 자력선의 밀도가 변한다. 이 자력선 밀도의 변화 때문에 이번에는 전자기유도현상에 의해서 자기 테이프에 자화된 정보가 헤드의 코일에 **유도전류**로 발생한다. 이것이 **읽기의 원리**이다.

장치에 따라서 테이프의 이동 속도는 초당 25인치에서 200인치까지 다양하다. **속도의 단위**는 초당 인치(IPS: Inch Per Second)로 나타낸다. 테이프 장치는 프로그램에 의해서 앞으로 뛰기, 뒤로 뛰기, 되돌려 감기 등의 동작을 할 수 있도록 하고 있다.

테이프에 쓰기를 하면 전에 기록된 부분이 새 것으로 덮어져서 파괴되지만 읽을 때에는 파괴되지 않기 때문에 몇 번이고 다시 읽을 수 있으며 영구히 보존 할 수 있다.

6.1.3 테이프 카트리지

테이프 카트리지(tape cartridge)는 18트랙으로 1984년에 등장했다. 이 테이프는 손바닥에 들어갈 수 있는 성냥 곽 크기의 플라스틱 상자 안에 공급 릴, 수신 릴, 그리고 읽기/쓰기 헤드(read/write head)가 고정된 아주 소형의 대용량 저장매체이다. 매우 좁은 폭의 테이프가 읽기/쓰기 헤드를 통하여 두개의 릴에 고정된 테이프는 한쪽방향으로 다 감기면 다시 반대쪽 방향으로 되감기게 되어 있다.

1972년에 등장한 최초의 4분의 1인치 크기의 QIC(Quarter Inch Cartridge) 테이프는 당시로 매우 큰 120 메가 바이트 용량으로 인기를 끌었으며, 2000년 8월 백업전용 LTO (Linear Tape-Open) 카트리지 라이브러리는 1 테라바이트 이었다.

2011년 5월에는 2.7 Exa byte의 LTO 전용 시스템이 발표 되었다.

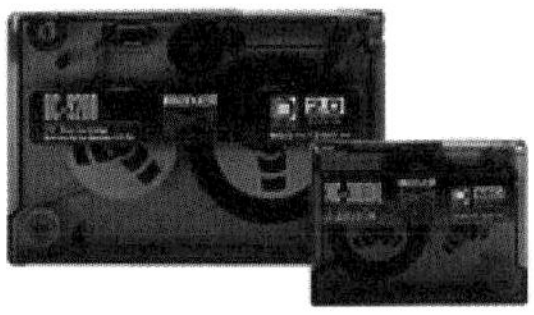

(a) 1972년의 QIC

(b) 2000년의 LTO

(c) 2011년 LTO시스템

[그림 6.10] 자기테이프 카트리지의 발전

이 용량은 2010년 한 해 동안 휴대 단말기에서 발생한 모든 데이터 량의 거의 3배를 저장할 수 있는 용량이다. 따라서 자기테이프 장치는 값이 매우 싸고 용량이 커서 기록물 보관소(archive)의 역할을 하는 장치로 사용이 확산 되고 있다.

6.1.4 자기디스크 장치

자기 테이프는 자료를 순차적으로 저장해야하고 어떤 특정 자료를 읽어내기 위해서는 테이프의 처음 자료부터 읽어가야 한다. 또 자료를 읽거나 쓰기 위해서는 그 때마다 테이프장치는 출발, 주행, 정지의 3개 동작을 반복하여야 한다. 이러한 순차접근저장장치(sequential access storage)의 단점을 극복한 저장장치로 1956년 9월 13일에 발표된 직접 접근저장장치(direct access storage)가 최초의 **자기디스크장치(magnetic disk storage)**이다. 이 장치는 61cm 직경의 원판 50장으로 이루어졌으나 그 용량은 500만 바이트이었다. 자기디스크장치의 크기와 성능 그리고 용량은 매우 다양하지만 그들의 동작원리는 기본적으로 테이프장치와 거의 같다.

1 자기디스크의 장치의 개념

자기테이프는 얇고 유연한 긴 띠로 되어 있는데 비해서 자기디스크는 알루미늄 원판이나 단단하고 둥근 플라스틱원판의 표면에 적갈색의 자성체를 코딩한 것으로 [그림 6.11]의 (a)에서와 같이 1960년대의 자기디스크는 200개의 원형트랙에 자료를 저장할 수 있도록 되어 있다.

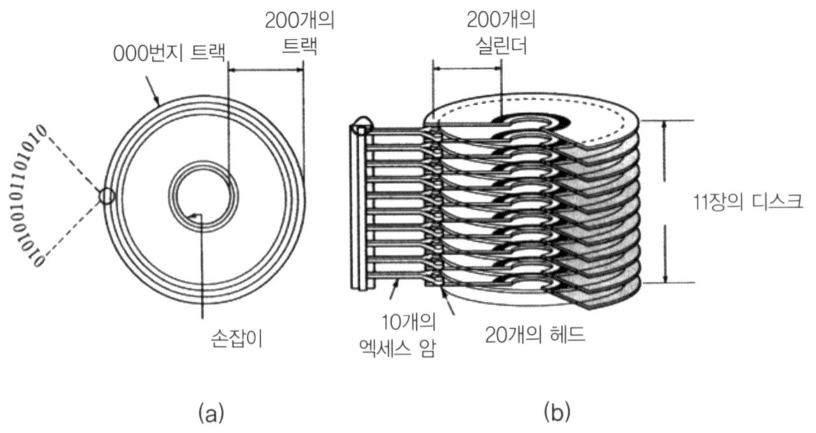

[그림 6.11] 디스크 면과 디스크 장치 구조(1960년대)

자기디스크 장치는 여러 장의 디스크를 일정 간격으로 쌓아서 **회전축(spindle)**에 고정시키고 이를 일정한 속도로 계속 회전시키는 저장 장치이다. 읽고 쓰는 원리는 자기 테이프와 같고 회전 속도는 분당 3,600회 이상이었다.

자료가 자기 디스크에 저장될 때는 동심원으로 된 **트랙**(track)에 따라서 저장된다. 트랙의 주소는 보통 제일 바깥쪽의 것이 0번지부터 시작하여 제일 안쪽의 트랙이 제일 큰 번지이다. 트랙의 기록밀도는 제일 안쪽이 제일 많고 제일 바깥쪽이 제일 적지만 모든 트랙당의 정보 저장용량은 동일하다.

디스크장치는 [그림 6.11]에서 보는 바와 같이 각 표면마다 같은 번지의 트랙에 접근 할 수 있는 자기헤드가 있다. 이 헤드를 좌우로 이동시키는 기구를 **액세스 암**(access arm)이라고 한다. 따라서 헤드를 많이 움직이도록 자료가 저장되면 그 검색 속도는 느리게 된다.

액세스 암이 정지하고있을 때 자기헤드에 접해있는 트랙들을 **실린더**(cylinder)라 한다. [그림 6.11]의 (a)의 트랙번지가 이번에는 실린더번지가 되며 트랙번지는 한 실린더 내에서 다시 수직으로 0번지 트랙 1번지 트랙 등으로 199번지까지 붙여진 한 실린더 내에서의 디스크 면의 번호가 된다.

따라서 자료가 저장된 주소는 실린더 번지와 그 실린더 내에서의 트랙번지, 그리고 그 트랙의 트랙기점마크로부터의 상대적인 위치로 주어진다. 이것을 물리적인 주소라 한다. 디스크의 물리적인 주소는 디스크제어장치프로그램이 알아서 찾아주기 때문에 컴퓨터를 사용하는 사람은 디스크의 구조나 물리적 주소에는 신경을 쓸 필요가 없다.

어떤 자료를 찾기 위해서 액세스 암이 실린더를 건너 뛰어 특정한 실린더에 도달하는 시간을 **탐색시간**(seek time)이라 하고, 도착된 트랙에서 다시 특정자료가 있는 곳까지 회전하는데 걸리는 시간을 **회전지연시간**(rotational latency time)이라고 한다.

하드디스크가 등장하면서부터 디스크의 트랙은 다시 512바이트 크기의 섹터(sector)로 나누어져 있다. 섹터는 디스크장치가 한번으로 동작으로 읽고 기록할 수 있는 최소단위의 용량이다. 그래서 특정 데이터에 액세스하기 위해서는 실린더번호 실린더 내의 트랙번호 그리고 트랙내의 섹터번호로 구성된 물리적 주소를 이용해야한다.

테이프장치는 정지해 있다가 가속되고 다시 감속되어 정지한다. 가속과 감속시간에는 시간동안에는 데이터를 기록할 수 없기 때문에 테이프는 빈 공간으로 낭비된다. 이 빈 공간을 블록 갭(block gap)이라고 하다.

디스크는 분당 몇 천회씩 쉬지 않고 일정한 속도로 회전하고 있으므로 테이프에서와 같이 낭비되는 블록 갭이 발생하는 것은 아니다. 그러나 기억장치와의 자료전송시간과 특정 섹터에 접근하기 위한 헤더 이동시간 동안에는 데이터를 액세스할 수 없기 때문에 바로 다음 섹터를 건너 뛸 수밖에 없다. 그래서 하드디스크에서는 건너뛰어지는 섹터를 블록 갭으로 이용하고 있다.

디스크 장치는 액세스 암이 트랙에 따라서 이동하는 이동헤드 디스크장치, 각 트랙마다 헤드가 달려 있어서 액세스 암이 움직일 필요가 없는 **고정헤드 디스크장치** 그리고 이 두 가지 장점을 결합시킨 디스크장치도 있다.

1965년에는 디스크장치에 갈아 끼워 넣을 수 있는 디스크 팩(pack)이 등장했으며, 1973년경에는 액세스 암과 그 헤드까지 디스크 팩 속에 내장된 데이터모듈(data module)이 개발되었다. 그리고 이 데이터모듈은 1980년대에 많이 사용되었다.

2 디스크 장치의 성능

디스크 장치의 성능에 관계되는 것으로 가장 중요한 것은 저장용량이다. 저장용량이 크면 클수록 그에 부속된 디스크 판의 수와 실린더 수가 많아진다. 그래서 자기디스크장치의 용량은 실린더 수, 실린더 당 트랙 수, 트랙 당 섹터 수, 섹터 당 바이트 수의 곱으로 계산된다.

다음에는 기억장치와 저장장치 사이에서 얼마나 빨리 디스크에 자료를 저장하거나 디스크에서 자료를 꺼내어 전송 해 주는가 하는 것이다. 이것을 디스크 **액세스 시간**(access time)이라고 한다. 이 시간에 영향을 가장 크게 미치는 요소는 탐색시간이고 그 다음 회전지연시간 그리고 기억장치와 디스크 장치간의 자료전송시간(transfer time)이다. 탐색시간과 회전지연시간은 자료의 위치마다 다르기 때문에 평균탐색시간과 평균회전지연시간으로 자기**디스크장치의 성능**을 표현하고 있다. 자기디스크장치의 액세스 시간은 평균탐색시간, 평균회전지연시간, 자료전송시간의 합으로 계산된다.

6.1.5 플로피디스크 장치

개인용 컴퓨터의 등장과 함께 나타난 플로피 디스크(floppy disk)장치는 자기 디스크장치와 똑같은 원리와 동작으로 자료를 저장한다. 디스켓(diskette)이라고 불리는 플로피 디스크는 [그림 6.12]와 같이 정사각형의 자켓안에 들어 있는 얇은 자기원판으로 기억 용량은 최대 1.44MB이었다. 2,000년 초부터 CD(compact disk)에 밀려 이제는 사용되지 않고 있다.

플로피 디스크는 1976년에 IBM 회사가 키 펀치 대신의 역할을 할 수 있는 디스켓(diskette)이라는 이름으로 개발한 것이 개인용 컴퓨터의 확산과 더불어 개인용 컴퓨터의 저장장치로 각광 받게 되었다.

(a) 5.25 인치　(b) 3.5 인치

[그림 6.12] 플로피 디스크 사진(1980년대)

6.1.6 하드디스크 장치

초창기 개인용 컴퓨터에 많이 쓰이는 플로피 디스크보다 자성판이 견고하다는 의미에서 1973년 처음 등장하면서 붙여진 이름이 하드디스크이다. 하드디스크(hard disk)는 용량이 매우 크기 때문에 하드디스크 없는 개인용 컴퓨터나 워크스테이션은 생각할 수 없게 되었다. 하드디스크 장치는 [그림 6.13]의 (a)와 같은 장치 제어회로와 액세스 암이 함께 밀봉된 대용량 저장장치이다.

(a) 하드 디스크의 내부

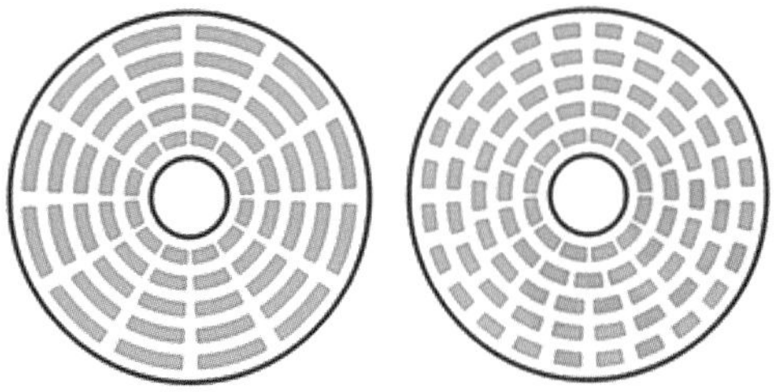

(b) 표준 기록방법

(c) 존 비트 기록방법

[그림 6.13] 하드디스크장치의 내부 사진

하드디스크의 물리적인 구조는 초장기의 자기디스크장치의 동작원리와 똑같으나 차이점은 플래터의 개수가 적어지고 트랙이 섹터의 정수배로 나누어져 있다는 것이다.

[그림 6.13]의 (b)와 같은 표준기록방법(standard recording)은 모든 트랙이 같은 개수의 섹터로 구성된 초창기 시대의 하드디스의 구조를, 그리고 [그림 6.13]의 (c)는 1990년부터 사용되기 시작한 존 비트기록방법(zone bit recording)으로 동심원의 반경이 커질수록 더 많은 섹터를 배정하여 저장용량을 확장된 것을 보이고 있다.

하드디스크는 직경이 1~3.5인치, 플래터는 1~4장, 분당회전수는 5,400~15,00회, 면당 트랙 수는 10,000~15,000개 그리고 트랙 당 100~500개의 섹터까지 여러 종류가 있다.

섹터는 실린더와 트랙으로 구성된 물리적인 구조에 데이터를 헤더가 한 번의 동작으로 저장할 수 있는 최소 단위이다.

섹터의 크기는 일반적으로 512 바이트라고 알려져 있으나 실제적으로 물리적 크기는 섹터사이의 갭(gap)과 트랙내의 섹터 순서번호 등에 사용되는 16바이트를 포함하여 528바이트인 것이다. 섹터의 크기는 제조 당시에 만들어 진 것이 아니고 하드포맷팅(hard formatting) 때 설정되기 때문에 그 크기는 변경이 가능하다.

그래서 2010년에는 8개 섹터의 데이터 구역을 합쳐 4096바이트 크기의 섹터를 지원할 수 있는 확장 포맷구조(Advanced Format Structure)기술이 등장하였다. 이는 7개의 섹터 갭을 줄일 수 있어서 같은 크기의 디스크에 더 많은 용량의 데이터를 더 빠른 속도로 저장할 수 있도록 하였다.

IBM에서 직경 14인치에 60MB 용량인 최초의 하드디스크를 1973에 개발하였다. 그리고 1983년에는 직경 3.5인치가 2011년 초에는 3.5인치에 3TB 용량의 하드디스크가 발표되었다. 1TB용량은 2010년 휴대 단말기에서 발생한 미국의 모든 데이터를 저장할 수 있는 용량이라고 한다.

6.1.7 어레이 디스크

어레이 디스크(RAID: Redundant Array of Independent Disk)는 1988년에 패터슨 등(Patterson, Gibson and Katz)이 그 이론을 발표한 후 서버 급 컴퓨터에서 주로 사용하는 저장장치가 되었다.

여러 대의 하드디스크를 배열로 묶어 하나의 상자 안에 따로 따로 설치하고 하나의 파일을 여러 대의 하드디스크에 분산하여 저장할 수 있도록 만들어진 저장장치이다. 어레이 디스크 제어기(RAID controller) 프로그램이 어레이 디스크를 독립적으로 제어하기 때문에 중앙처리장치는 하나의 하드디스크(hard disk driver)로 인식한다. 어레이 디스크의 기본적인 설계목적은 작고 값싼 하드디스크들을 연결해서 크고 비싼 대용량 디스크 장치를 대체하는 것이었다.

어레이 디스크는 여러 대의 하드디스크에 한번의 물리적 동작으로 자료를 섹터(sector:512KB)단위 또는 블록(block:수 MB)단위로 나누어 병렬로 동시에 저장하거나 읽어올 수 있도록 되어 있고, 서로간에 독립적으로 작동할 수 있도록 되어 있다.

어레이 디스크는 자료저장방법에 따라 여러 형태가 있으나 기본적으로는 크게 밀러 어레이(mirrored drive array)와 스트라입트 어레이(striped drive array)로 구분할 수 있다.

1 밀러 어레이

밀러 어레이(mirrored drive array) 2개 이상의 하드디스크에 하나의 파일이 복사되어 저장되는 장치이다.

자료를 저장할 때에는 어레이디스크 구동장치가 기억장치에서 자료를 가져와서 [그림 6.14]의 (a)에서와 같이 에서와 같이 동시에 여러 개의 하드디스크에 복사하여 저장한다. 그리고 읽어 올 때에는 어레이디스크 구동장치가 각각의 하드디스크장치에서 기억장치로 보내야할 서로 다른 자료부분을 [그림 6.14]의 (b)에서와 같이 동시에 읽어와서 하나로 합쳐 기억장치로 보내준다.

따라서 저장할 때 소요되는 시간은 하나의 디스크에 저장할 때와 같고 읽어올 때의 속도는 어레이디스크 내의 하드디스크 개수 배만큼 빠르다.

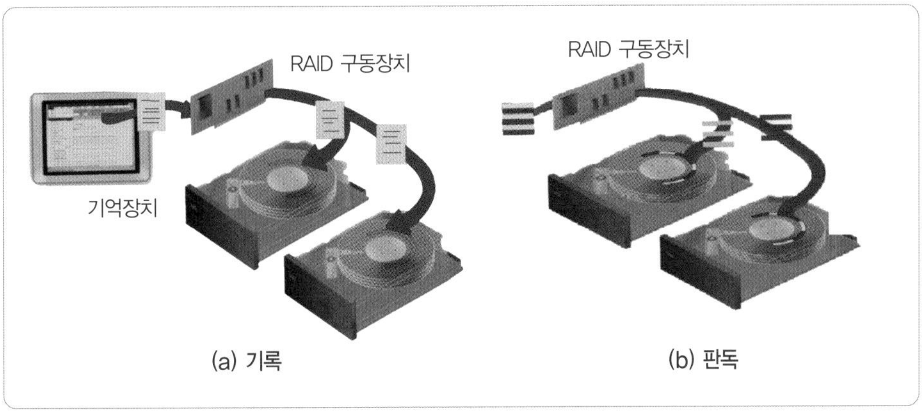

[그림 6.14] 밀러 어레이

어느 한 하드디스크의 디스크 표면이 연기 알갱이 등으로 손상된 부분이 있을 경우에는, 어레이 디스크 구동장치는 장애가 없는 디스크에서만 자료를 읽어 와서 기억장치에 전달한다. 또 어레이디스크 구동장치는 스스로 장애가 있는 디스크 부분의 자료를 장애가 없는 디스크에서 복사해와서 자료를 복구한다.

따라서 저장된 자료가 손실되는 위험을 막을 수 있게 하고 어느 하드디스크장치가 고장이 나더라도 중앙처리장치가 이 장애를 인식하지 않고 작업을 계속할 수할 수 있도록 입출력작업의 수행 중에도 고장난 장치를 갈아 끼울 수도 있는 것이다.

2 스트라입트 어레이

스트라입트 어레이(striped drive array)는 하나의 하드디스크에는 저장된 상태의 오류를 점검하기 위한 패리티 정보를 저장하고 나머지 2개 이상의 하드디스크들 사이에 자료를 나누어 [그림 6.15]의 (a)와 (b)에서와 같이 분산하여 저장하는 장치이다. 패리티 정보는 어느 한 하드디스크장치에 장애가 발생했을 때 자료를 복구할 수 있게 해준다.

저장할 때에는 자료를 섹터나 블록단위로 나누어 2개 이상의 하드디스크에 동시에 각각 분산 저장한 후, 처음 2개의 하드디스크에 저장된 섹터나 블록의 2진 정보(비트 값)를 병렬로 배타적 논리합(exclusive or) 연산을 수행하고 그 결과를 다시 다음 하드디스크에 저장된 섹터나 블록의 값에 반복 적용하여 최종의 결과를 패리티저장용 하드디스크에 저장한다. 예를 들어 4개의 하드디스크로 구성된 경우 만약 3개에는 순서대로 1100, 1001, 0110 값이 저장되었다면 처음 2개의 값(1100, 1001)에 적용한 **배타적 논리합**의 결과는 0101 이고, 이 결과와 마지막 값(0101, 0110)에 적용한 결과는 0011 이 되어 패리티용 디스크에는 이 값(0011)

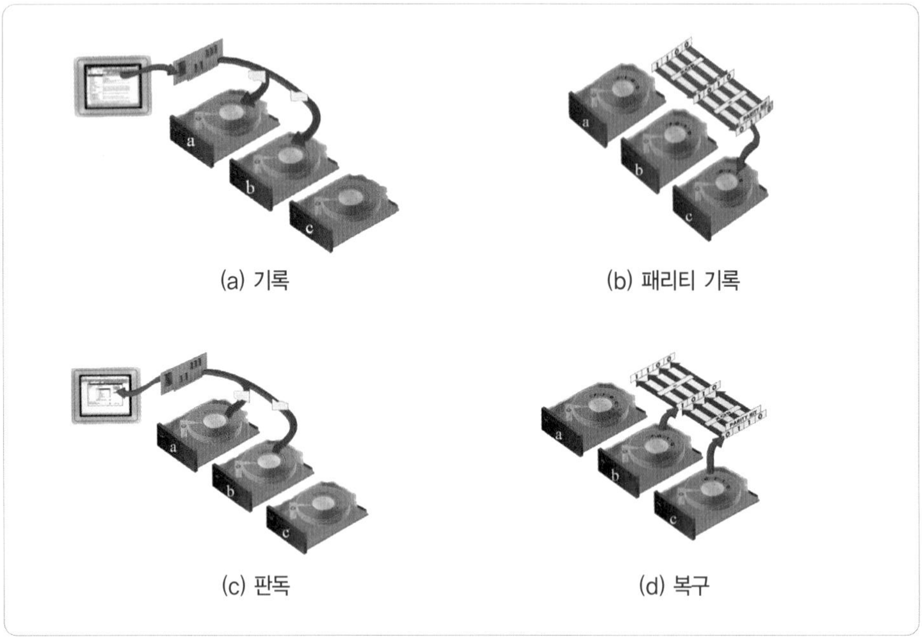

(a) 기록　(b) 패리티 기록　(c) 판독　(d) 복구

[그림 6.15] 스트라이프트 어레이

이 저장된다.

읽어올 경우에는 [그림 6.15]의 (c)에서와 같이 어레이 디스크 구동 장치가 각 각의 장치에서 서로 이웃한 자료를 동시에 읽어와 하나로 합쳐서 기억장치의 버퍼영역으로 보내준다.

어레이디스크에 장애가 발생했을 경우에는 [그림 6.15]의 (d)에서와 같이 장애가 발생한 하드디스크를 제외하고 패리티 디스크를 포함하여 나머지 하드디스크의 섹터나 블록의 2진 값을 패리티정보를 만들었던 방법으로 배타적 논리합 연산을 수행하면 장애가 발생한 부분의 값이 복구된다. 즉 앞의 예에서 2번째 값(1001)이 장애가 생겼다면 처음과 3번째 값(1100, 0110)의 **배타적 논리합**은1010 이고, 이 결과와 패리티 값(1010, 0011)의 결과는 1001로 되어 2번째 값이 되어 손실된 자료가 재생된다.

어레이 디스크의 장점으로는 시스템이 가동 중에 내부의 하드디스크(디스크 모듈)에 장애가 발생해도 시스템을 정지시키지 않고 새 것으로 교체하면 자동으로 복구되며, 파일을 어레이디스크 제어장치가 저장할 때에는 블록별로 나누어 병렬로 저장하고 읽어 올 때에는 이웃하여 흩어져 저장된 블록들을 동시에 읽어와 순서대로 기억장치에 전달하므로 읽기/쓰기 속도가 하드디스크 개수 배만큼 빠르게 되어 액세스 속도의 한계를 벗어 날 수 있게된다. 그리고 값이 싼 하드디스크를 마음대로 추가할 수 있어서 용량의 한계도 극복할 수 있다는 데에 있다.

6.2 광학적 저장 장치

오늘날 새롭게 일어나고 있는 혁명의 하나는 전자를 다루는 전자공학 기술이 빛을 다루는 광학기술과의 결합이다. 이 둘의 차이는 그 연구방법에서 매우 다르다. 전자들은 질량과 전기를 가지고 있는데 대해서 빛은 질량도 전기도 없다. 현재 전자기술로 해결할 수 없는 기술적인 문제가 광학기술을 이용해서 비약적인 발전을 하고 있는 것이다.

광학적 저장장치로는 광 디스크라고 부를 수 있는 CD-ROM, CD-R, CD-RW, DVD, 청색광디스크 그리고 앞으로 등장할 홀로그래픽 저장장치들이 있다. 그러나 홀로그래픽 저장장치외에는 관리보관이 어렵기 때문에 사라질것이다.

6.2.1 빛의 성질과 레이저 기술

1 빛의 성질

전기는 서로 반발하거나 끌어당기는 상호작용을 하는데 비해 빛은 서로 간섭하지 않는다. 전자를 이동시키기 위해서는 기계적 및 화학적 에너지를 필요로 하는데, 빛은 이동시키는 에너지가 없이 전 우주의 어느 곳으로도 날아갈 수 있다.

전자는 닫힌 공간 즉 도선을 따라 움직이지만 빛은 열린 공간 즉 도선이 없어도 된다. 빛은 다른 빛의 진로를 가로질러 가더라도 서로 영향을 미치거나 받지 않으며, 질량이 없기 때문에 자연계에서 허용하는 최대한의 속도로 움직인다.

따라서 빛을 이용하여 정보를 전달하거나 저장할 수 있으면 파장이 전파보다 매우 짧기 때문에 머리카락 굵기보다 훨씬 작은 점의 형태로 비트를 저장할 수 있으며 다른 전파나 다른 빛에 방해받지 않으므로 정보가 도용되거나 저장상태가 변경될 수 없고, 지구상에서 제일 빨리 정보를 전송할 수 있는 방법이 된다.

빛과 전자와의 관계를 잘 알기 위해서는 물리학 중의 양자역학을 설명해야 하지만 이것을 본서에서 설명하기는 너무 어려우므로 생략한다. 전자와 빛은 모두 양자현상이 일어난다는 것이다. 즉 이들은 한 면에서 보면 입자로 행동하지만 다른 면에서 보면 파동으로 나타나는 것이다. 이를 **"빛의 이중성"**이라 한다. 그래서 빛을 입자로 보았을 때 이를 **광자**(photon)라고 한다. 우리 인간이 전자크기 정도로 작아진다면 우리는 크기와 무게가 있는 물체로 동시에 질량이 없는 파동으로 다른 사람에게 보일 것이다. 극미한 세계에서는 이런 현상이 나다나는 것이라고 이유를 묻지 말고 믿으면 된다.

우리가 보는 **빛**은 전자기파의 가시광선영역의 파장으로 파장의 길이는 380에서 780 나노미터(10억 분의 1미터)사이의 전자파이다.

물체에 반사하여 우리 눈에 들어오는 파동 성격의 빛이, 원래 색이 없는 것인데, 시신경을 자극하여 파장이 긴 쪽부터 짧은 쪽으로 빨강 색부터 보라색까지 보이게 하는 것이다. 그래서 단색광이라고 하면 특정한 길이의 단파장(single wave length)을 의미하는 것으로 앞에서 설명한 발광 다이오드는 발광 물질에 따라 서로 다른 단색광만을 발광한다.

- 빛은 광원에서 사방으로 지상에서 가장 빠른 속도로 무한히 퍼진다.
- 빛은 파동의 성질이 있어서 같은 물질 내에서는 직진하고 다른 물질을 만나면 일부는 반사하거나 일부는 통과한다.
- 빛은 "프랑크상수"에 "빛의 초당진동수"를 곱한 에너지를 가진 입자의 성질이 있어서 진공 중에서는 방해물이 없기 때문에 무한이 갈수 있으며, 물체에 부딪히면 물체의 온도가 올라가 복사열을 방출한다.
- 빛은 파동이기 때문에 진행 방향의 수직인 평면에 따라 사방으로 진동하면서 퍼져 나간다. 그리고, 진동이 어느 한쪽 방향으로만 되어 있는 빛을 편광(polarized beam) 이라고 한다.
- 빛의 파장이 전파보다 매우 짧기에 전파가 통과할 수 없는 미세한 구멍을 통과할 수 있다.

2 레이저

레이저(LASER : **Light Amplification by Stimulated Emission of Radiation)란 유도복사에 의한 광 증폭이란 뜻으로 이는 레이저를 만드는 장치를 말하는 것이었는데 레이저하면 레이저 광선으로 쓰이고 있는 것이다. 이 장치는 적외선, **가시광선(visible ray), 자외선의 주파수 영역에서 작동하는 장치로 대단히 센 일정한 주파수의 단색 광선을 만들어 방출할 수 있는 장치이다.

폭이 넓은 다리가 있을 때 여러 사람들이 무질서하게 그 위를 건널 때는 다리가 위아래로 진동하는 것을 느낄 수 없을 것이지만 이 사람들이 한쪽 방향으로 구령에 맞추어 군대처럼 행군한다면 다리는 흔들리다가 부러지기까지 할 것이다. 또 무질서하게 건너면 발자국 소리들이 별로 들리지 않겠지만 행군하는 발자국 소리는 아마 고막이 터지도록 크게 들릴 것이다.

레이저란 사방으로 같은 진동수를 가지고 무질서하게 퍼지는 빛을 행군대열처럼 한쪽 방향으로만 공진할 수 있도록 하여 증폭된 강한 빛이 아주 작은 점으로 집중되어 멀리까지 가게 할 수 있는 빛이다. 즉 100 와트 전구의 빛은 책을 읽을 수 있는 정도지만 100 와트의 레이저는 책을 태워 구멍을 뚫을 수 있는 빛이다.

레이저광은 파장이 십억 분의 1에서 일억 분의 1cm 사이로 극히 짧기 때문에 매우 좁은 구멍을 통과할 수 있고 물체에 극히 작은 구멍을 열로 녹여서 뚫을 수 있는 **광선총**으로 이용할 수도 있는 것이다.

3 반도체 레이저 다이오드

레이저에는 사용하는 발광 매체에 따라 고체 레이저, 반도체 레이저, 액체 레이저 그리고 헬륨이나 네온 등을 사용하는 기체 레이저가 있으나 여기에서는 컴퓨터와 통신에 사용되고 있는 부피가 작고 수명이 길면서도 값이 싼, 반도체 레이저의 구조와 동작원리를 개념적으로 설명한다.

1970년대에 등장하고 집적회로 칩 공정을 이용하여 제조되는 반도체 레이저는 일반 가시광선을 발출하는 발광다이오드의 공핍 층 대신에 불순물을 전혀 확산시키지 않은 순수 반도체(intrinsic semiconductor)층을 [그림 6.16]과같이 끼워 넣는 것이다.

여기서 활성 층이라고 하는 순수 반도체 층은 순방향 전압에 끌려 넘어온 자유전자와 홀이 다시 p나 n영

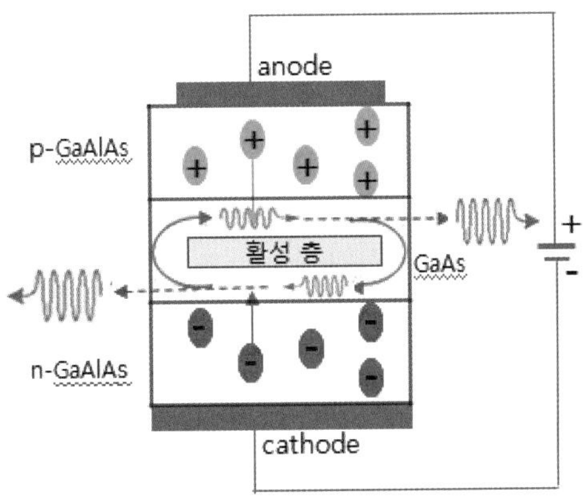

[그림 6.16] 반도체 레이저 다이오드의 예

역으로 확산되지 않고 모두 활성 층에서 결합하여 발광 효율을 높이는 기능을 한다.

이 그림에서는 GaAs 레이저의 경우 활성 층이 3원소(갈륨 알루미늄 비소) 화합물 결정에 테루리움이나 아연 등의 불순 물 원소가 확산되어 이루어진 pn 반도체 층 사이에 끼워져 있는 것을 보이고 있다.

반도체 레이저의 동작원리는 다음과 같다.

활성 층에서 발생한 빛은 활성 층과 반도체 면 사이에서 전반사되어 특정 방향으로 진행한다. 이 빛이 이웃한 자유전자와 홀이 사라지면서 발생한 빛과 계속 공진하게 되면서 강한 빛으로 증폭된다. 이 빛이 진행방향의 결정 앞뒤 단면에 붙어 있는 반사거울 기능을 하는 물질에 의해 다시 회전하면서 더욱더 센 빛으로 증폭되다.

이렇게 공진되어 진폭이 큰 단색광의 광파를 한쪽 방향으로 방출하는 장치가 레이저 다이오드이다. 힘이 센 고온의 레이저를 방출하려면 전극에 가해지는 전압이나 빛의 공전 회전수를 높이면 된다.

레이저 광선의 이용은 금속가공, 집적회로 제조, 광통신, 화학분석, 정밀측정, 군사무기, 의학, 허공에 3차원 조형의 표현(홀로그램)과 같은 예술분야 등 그 이용가치의 중요성은 날로 증대되고 있다. 특히 컴퓨터 분야에서는 대용량 정보저장 장치, 컴퓨터 통신에 적극적으로 이용되고 있으며 전자적 기술로 해결하지 못하는 어려운 문제들이 이 레이저 방출 기술과 이의 응용 기술로 해결되고 있다.

6.2.2 CD-ROM

CD-ROM은 베토벤이나 슈베르트의 음악이 들어 있는 CD(Compact Disk)와 같으나 컴퓨터에서 쓰는 것과 구별하기 위해서 **CD-ROM**(Compact Disk-Read Only Memory)이라고 부르고 있다. 종래의 음반은 바늘이 레코드판의 나선형으로 파인 구멍을 따라 돌아가면서 구멍깊이의 높낮이에 따라 바늘 끝에서 일어나는 진동을 소리로 바꾸어 음을 만들어 냈는데, CD음반은 아날로그 신호로 되어 있는 음을 디지털신호로 변환하여 이를 레이저 광선으로 디스크 표면에 비트형태로 파놓은 구멍으로 된 디스크이다. 그리고 이 디지털 신호를 레이저광선으로 읽어내어 아날로그 신호로 변환하여 소리로 재생하는 것이다. 이때 이 구멍을 피트(pit)라 하고 피트와 피트 사이를 랜드(land)라고 한다. 정보는 이 피트와 랜드의 조합으로 표현된다.

반도체레이저를 이용해서 1970년대에 네덜란드의 필립스(Philips)사가 레이저 비전이라는 이름의 **CD플레이어**를 처음 개발했다. 그 이후 여러 단계의 표준화 작업을 거쳐 1981년에 세계표준이 정해졌고 1982년에는 꿈의 레코드로 불리는 CD음반이 상품화되면서 세계의 음반 시장에는 1877년 에디슨의 축음기 이후에 처음으로 새로운 혁명이 일어난 것이다.

CD-ROM저장장치는 CD음반과 똑 같은 원리로 쓰고 읽는다. CD-ROM은 자기 헤드를 사용하는 것이 아니라 레이저 광선을 사용한다. 즉 레이저 광선이 비트 상태의 정보에 대응해서 디스크의 표면을 녹여서 현미경으로 볼 수 있는 아주 작은 구멍(pit)을 만들어 정보를 저장하고 또 여기에 힘이 약한 레이저 광선을 디스크에 비추어서 반사된 빛을 감지하여 정보를 읽어 내는 것이다. CD-ROM저장장치의 구조는 [그림 6.17]과 같다.

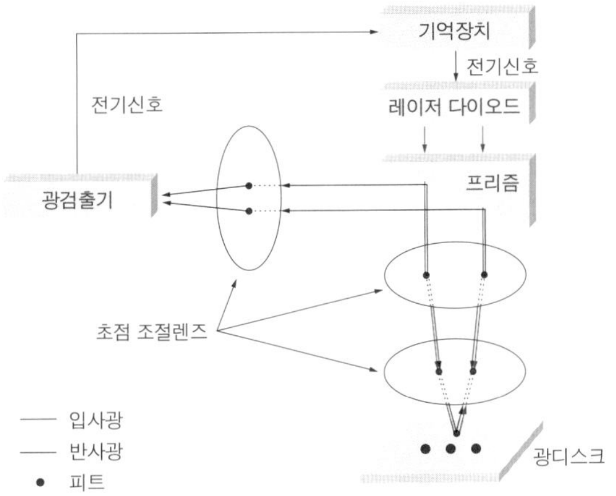

[그림 6.17] CD-ROM 저장장치의 구조

[그림 6.17]에서 CD-ROM디스크에 정보를 기록할 때는 레이저 다이오드에서 디스크 표면을 태울 만큼 강한 빛을 보내고 읽을 때는 약한 빛을 보내어 표면에서 반사된 빛이 프리즘을 통해서 빛을 전기로 바꾸어 주는 광 검출(photo diode chip)기에 보내지도록 되어 있다. 구멍에서 반사된 빛은 구멍이 아닌 곳에서 반사된 빛에 비해서 그 빛의 세기가 약하기 때문에 변환되는 전류의 세기도 약하게 나타난다.

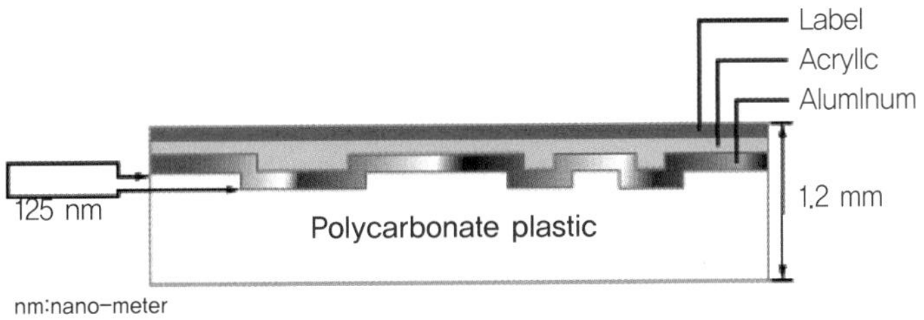

[그림 6.18] CD-ROM의 단면

CD-ROM은 3층의 물질 층으로 직경이 12센티미터이고 두께가 0.12cm인 [그림 6.18]와 같은 원판으로 되어있다. 제일 아래층은 기록 층으로 피트와 랜드로 정보가 기록된 투명한 플라스틱 기판(polycarbonate plastic substrate)이고, 가운 데 층은 기록 층을 통과하는 레이저 광선을 잘 반사해주는 얇은 알루미늄 층(thin aluminium layer)이며, 제일 위층은 광 반사 알루미늄 층이 외부로부터 손상되는 것을 보호하기 위한 옷칠 층 (lacquer layer)이다. 그리고 보호 층에는 상표가 인쇄되어 있다. 알루미늄 층에서 반사하는 빛 때문에 CD-ROM의 표면에 은색(silver)이 나는 것이다.

CD-ROM은 수백 만개의 피트를 새길 수 있는 금속판 마스터 CD를 만들고 이 **마스터 CD**를 플라스틱 기판에 찍어서 복사하고 이 위에 알루미늄 층과 보호 층을 스퍼터링(sputtering)방법으로 비누방울보다 얇은 막을 입히어서 대량 생산한다. 이와 같이 마스터를 복사하는 작업을 마스터링 (mastering)이라고 한다.

CD-ROM에서 정보를 읽을 때에는 반도체 다이오드에서 방출된 빨강 색의 레이저 빛(780 나노미터의 파장)으로 CD의 나선형(spiral) 트랙(track)을 따라 중앙에서 바깥쪽으로 읽는다. 이 때 CD-ROM 장치의 **읽기 속도**는 음악 CD 플레이어 속도인 150KB를 기준으로 해서 몇 **배속**으로 표현하고 있다. 이 경우 트랙수는 20,000개 이고 트랙의 길이는 5Km 정도나 된다. 650MB 용량의 음악 CD인 경우 이는 74분 정도의 스테레오 음악을 저장할 수 있는 것이다.

CD-ROM장치는 광선을 이용하기 때문에 자기 디스크처럼 헤드가 디스크의 기록 면과 가까이 접속하지 않아도 된다. 따라서 디스크나 헤드의 손상위험이 적고 그 사이에 있는 먼지 등에 의해서 커다란 오류가 발생하지 않는다. 광을 이용하는 디스크의 특징은 파장이 아주 짧은 빛으로 기록하고 읽기 때문에 파장 크기의 아주 작은 점으로 정보가 기록된다. 따라서 현재는 플로피디스크 400장 정도에 해당하는 650MB 정도의 정보를 한 장의 CD에 저장할 수 있으며 그 용량은 기가 바이트로 올라갈 것이다.

CD-ROM 은 디스크가 만들어 질 때 공장에서 한꺼번에 복사하여 만들어져서 읽기만 해야하는 디스크이므로 백과사전과 같이 분량이 매우 큰 정보를 한번에 저장하고 검색하는 저장장치로 가장 좋은 것이다. 따라서 영화나 연극 등의 녹화 등 다중매체(multimedia)의 저장장치로 각광 받는다.

따라서 **CD-ROM의 가격**은 CD-ROM에 저장되어 있는 정보가 무엇이냐에 따라 가격이 결정된다. CD-ROM 의 단점은 그 이름이 말해 주듯이 공장에서 만들어진 정보를 읽기만 하기 때문에 새롭게 생성된 정보를 저장할 수 없다.

6.2.3 CD-R

CD-ROM은 공장에서 저장될 정보가 찍어(pressed)져서 나오기 때문에 일반 개인이 여기에 자기가 원하는 자료를 저장할 수 없다. 이러한 약점을 극복하기 위해서 한번만 개인이 기록하고 읽을 수만 있는 디스크가 WORM(Write Once Read Only) 이라는 이름으로 1980년대 후반부터 나타났으나 현재는 CD-ROM을 찍어내는 마스터용도로만 사용되고 있다.

PC에서 많이 사용되고 있는 **CD-R(Compact Disc Recordable)**은 빛으로 태워서 구멍을 파는 것이 아니라 사진 필름처럼 빛을 받은 부분의 화학적 성질의 변화를 이용하는 것이다.

레이저 빛에 의해서 어느 온도(임계온도) 이상의 열을 받은 구역은 화학반응에 의해서 빛에 대한 특성이 다른 물질로 변한다. 즉, 세기가 약한 특정 파장의 레이저 빛을 반사하지 못하고 흡수하는 물질로 염료가 변한다. 빛이 흡수되는 부분은 CD-ROM의 피트(0상태)에 반사하는 부분은 랜드(1상태)에 대응된다. 따라서 CD-R은 개인이 카메라로 촬영한 필름처럼 한번만 기록하고 여러 번 인화할 수는 사진 필름에 비유할 수 있다.

네델란드의 필립사가 1993년 CD-R을 발표한 이후 여러 회사에서 CD-R을 생산하고 있다. 이 디스크는 CD-ROM과 크기와 외형이 같지만 기록 층이 추가되어 **CD-R의 구조**는 [그림 6.19]와 같이 4층으로 되었다.

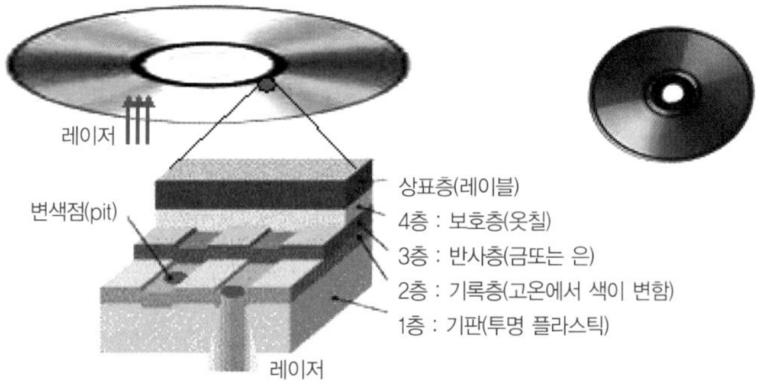

[그림 6.19] CD-R 디스크의 단면

제일 아래층은 폴리 카본네이트 플라스틱으로 된 투명한 고체기판이 제 1층이고, 다음은 기록 층으로 유기 염료(dye)물질 층이 제 2층이다. 그 위에 광 반사 층으로 금(gold)이나 은의 합금(silver alloy)으로 코팅된 제 3층과 제일 위층에는 광 반사 층을 보호하는 플라스틱 보호 층이 있다. 이 때 염료로는 햇빛이나 전기 불 등에는 전혀 반응하지 않는 하늘색의 시아닌(cyanine)이나 투명색의 프탈로시아닌(pthalocyanine)이 많이 쓰이고 있다.

그래서 CD-R의 **기록면의 색**은 색소층과 반사층 물질에 따라 다르게 보인다. 즉, 시아닌 색소층에 금색 반사층을 사용하면 초록(green)으로 은색 반사층을 사용하면 청색(blue)로 보인다. 또 기록층으로 프탈로시아닌을 사용하면 반사층에 따라서 금색이나 은색으로 보인다. 이들 색외에 회사마다 자신들만의 독특한 염료를 개발하기 때문에 여러 가지 색깔의 CD-R을 볼 수가 있다.

기록층에 기록하는 작업을 정보를 저장한다고 하지 않고 "굽는다"라고 하는 것은 레이저의 순간 고열로 색소의 화학적 성질을 변화시키기 때문에 유래한 말이다. 그리고 CD-R의 용량은 650MB 정도이어서 멀티미디어 저장 장치와 하드디스크 백업용으로 쓰이고 있다.

6.2.4 CD-RW

CD-RW(CD-ReWritable)는 금속의 상변한(phase change)성질을 이용하여 자기디스크처럼 반복적으로 정보를 지우고 저장할 수 있는 장치로 1997년에 상용화된 저장장치이다.

금속은 원래 물질을 이루는 전자 배열이 다이아몬드처럼 규칙적으로 된 결정구조이다. 그런데 은(Ag), 인디움(In), 안티모니(Sb), 텔루리움(Td), 코발트 등으로 만들어진 어떤 합금 금속은 레이저 광선을 받으면 그 부분의 원자배열이 500℃~700℃정도에서 무질서하게 흐트러진 비정질(amorphous)구조로 되고 다시 여기에 레이저 광선을 쪼이면 200℃ 정도에서 원래의 결정구조로 돌아간다. CD-RW 디스크의 물질 층은 [그림 6.20]과 같이 4층 구조이고 저장매체인 특수 합금 층을 제외하고는 **CD-R의 구조**와 같으므로 설명은 생략한다.

결정구조를 가진 금속의 표면에서는 반사광의 강도가 높기 때문에 반짝거리거나 윤이 난다. 그러나 비정질구조의 표면에서는 반사가 사방으로 되기 때문에 결정표면보다 약하다. 그런데 눈에 보이는 가시광선의 파장의 길이는 일 천만 분의 1cm 인 옹스트롱(Å) 정도이기 때문에 레이저 광선을 받는 금속 표면의 넓이는 머리카락 굵기의

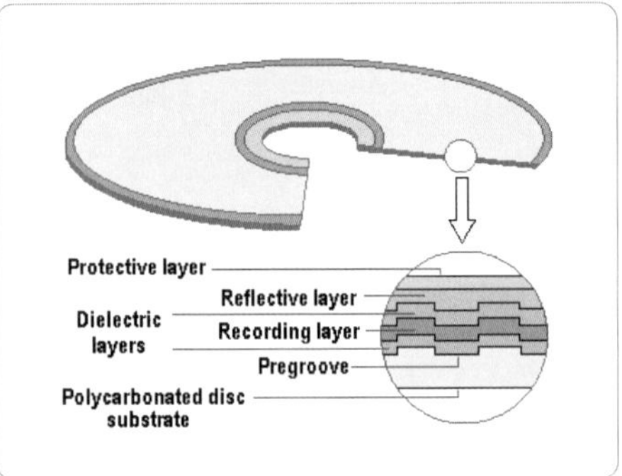

[그림 6.20] CD-RW 디스크의 물질 층

1/30 정도라는 것을 생각하면 좁은 표면에 얼마나 많은 정보를 기억시킬 수 있는가 하는 것을 짐작할 수 있을 것이다.

[그림 6.21]은 **CD-RW장치의 구조**를 보인 것이다.

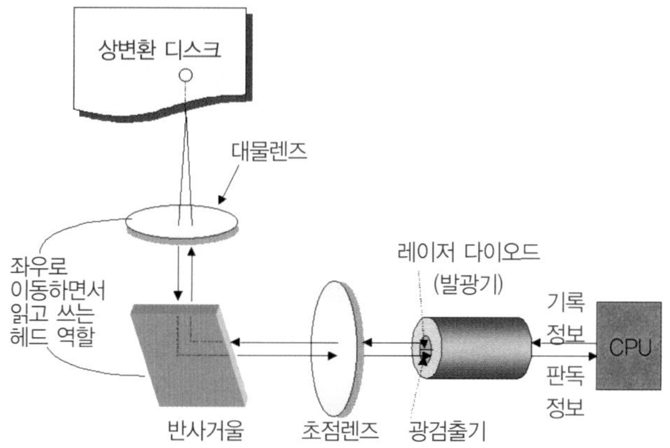

[그림 6.21] CD-RW 시스템의 개념도

[그림 6.21]을 설명하면 기록할 때는 비트 상태의 전기신호에 대응하여 레이저 다이오드에서 강한 광선을 나오게 하고 초점 렌즈를 통해서 평행광선이 되어 거울에서 직각으로 반사하게한다. 그리고 반사된 광선은 다시 대물렌즈에 의해서 디스크 표면에 초점이 맞추어져 그 점이 상 변환을 일으킬 수 있도록 한다. 읽을 때는 상 변환을 일으키지 않을 정도의 약한 빛을 기록할 때와 같은 방법으로 보내어 디스크 표면에서 반사된 빛을 광 검출기로 받아 전류의 세기로 변화시킨다. 그러면 결정부분에서 반사한 빛은 전류가 세고 비 결정 부분에서 반사한 빛은 전류의 세기가 약하게 된다.

이 **CD-RW** 디스크 장치는 속도가 빠른 대신 운반할 수 없는 비싼 하드디스크 그리고 운반은 용이하지만 기록할 수 없는 CD-ROM의 단점을 완전히 보완한 장치이다.

CD-RW은 다른 CD와 같이 직경이 120mm/180mm 정도이며 이 CD는 주변의 전파나 햇볕 등에 영향을 받지 않음으로 반영구적이고 용량이 650 MB 정도이기 때문에 멀티미디어 시대의 좋은 저장장치가 된 것이다.

이 시스템은 CD-ROM 시스템과 광학장치가 완전히 같고 다만 디스크 표면의 금속물질이 다르다는 것뿐이다. 따라서 CD-RW장치를 구동하는 소프트웨어만 컴퓨터에 설치하면 CD-ROM이나 CD-R도 읽어 내는 겸용장치로 사용할 수 있다.

6.2.5 DVD

DVD(Digital Video Disk, Digital Versatile Disk)장치는 CD-ROM이나 CD-RW과 같은 원리로 동작한다. 그러나 사용하는 레이저광의 파장과 저장 층 그리고 액세스 속도에서 크게 차이가 난다, 즉, CD에서 보다 극히 짧은 파장의 레이저 빛을 이용하여 피트와 랜드의 간격을 좁게 하여 인치당 트랙의 수(TPI: Tracks Per Inch)를 많게 하고, 나선형(spiral)으로 된 트랙 사이의 간격을 매우 좁게 그리고 같은 장소에 2중으로 저장할 수 있도록 하여서, CD와 같이 직경이 120mm 이고 두께가 1.2mm인 한 장의 DVD에 작게는 4.7GB에서 17GB까지 정보를 저장할 수 있다. 이는 8시간 분량의 영화 한편을 저장할 수 있는 용량이다.

여기서 2중이란 레이저광의 초점을 조절하여 정보를 한번은 첫째 층에 또 한번은 두 번째 층의 기록매체에 저장할 수 있도록 초점렌즈를 조절하여 2중으로 초점을 맞추어 같은 위치의 장소에 저장 깊이를 달리하여 저장하는 것이다. 읽어낼 때에도 두 번째 층에서 반사한 빛이 첫 번째 층을 통과해도 반사초점이 다르기 때문에 첫 번째 층이 방해가 되지 않는다. DVD 저장 면과 저장 층의 개수에 따라 [그림 6.22]와 같이 단면 단층(4.7GB), 단면 2중층(8.5GB), 양면 단층(9.4GB), 그리고 양면 2중층(17GB)등 여러 가지 형태가 있다.

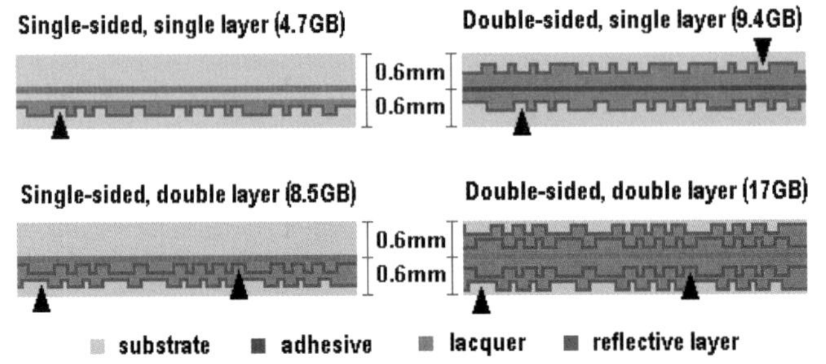

[그림 6.22] DVD의 저장형태

양면 2중층 DVD-ROM의 특징은 영화관 수준의 선명한 화질과 입체음향에 최대 8시간 분량의 영상 자료를 MPEG-2 국제표준방식으로 압축하여 저장할 수 있다. 이때 8개 나라의 음성과 32개 나라의 문자 자막을 저장할 수 있다. 1996년 가을부터 시장에 등장한 DVD 플레이어는 되감기 없이 원하는 장면을 바로 찾을 수 있다.

초당 30프레임의 동영상 자료를 해상도가 800 × 600인 화면에 색상정보를 삼원색 각각에 대해서 8비트씩 3바이트로 가정하고 계산하면 그 용량은 초당 14.4 메가바이트(MB)가 된다..

DVD에서 정보가 저장되는 트랙은 자기디스크와 같은 동심원이 아니고 디스크의 중심부에서 시작하여 바깥쪽을 향하여 나선형(spiral)으로 되어있다. 따라서 디스크 헤더가 트랙을 따라 움직이는 속도는 항상 일정하게 되어 있다.

6.2.6 청색광디스크

앞으로 **HDTV**(High Definition TV)가 일반화 되면 현재의 DVD레코더가 이들 방송프로그램을 녹화하기에는 매우 적은 용량이다. 차세대 광 디스크로 떠오르는 **청색광디스크(Blue Ray Disc)**는 현재의 DVD와 동일한 직경에 30GB정도의 저장용량을 가진다.

기록밀도를 높이기 위해서 DVD가 기록/판독에 사용하는 650nm(10억분의 1미터)파장의 적색레이저(red LASER) 대신에 파장이 짧은 405nm파장의 **청색레이저**(blue LASER)를 사용한다. 여기에 광 디스크를 기록/판독하는 레코더의 광학시스템이 DVD레코더보다 더 정교해지는 것이다.

광 저장장치의 용량은 파장의 크기 외에 기록헤더와 기록면사이의 거리를 가깝게 하여 기록헤더에서 방출되는 빛의 퍼짐을 줄이는 것이다. CD의 초점거리는 1.1mm이고 DVD는 0.6mm이다. 청색광 디스크의 초점거리는 0.1mm이다.

초점거리가 1~2mm인 저장장치를 원격장(far field)저장장치라고 한다. 이 거리를 100나노미터 이하로 줄여 테라 바이트 정도의 디스크를 개발하는 기술을 차세대 근접장(near field)저장장치 기술이라고 한다.

6.3 반도체 저장장치

반도체저장장치는 전자적으로 써넣고 지울 수 있는 비휘발성 EEPROM의 제조기술을 기반으로 한 특수한 형태의 저장장치이다. 또 RAM과 같이 바이트단위로 기억되거나 지워지지 않고 큰 블록단위로 처리된다. 큰 블록을 한 번에 번개처럼 지우기 때문에 이를 플래시메모리(Flash Memory)라고도 한다.

그리고 반도체 저장장치는 속도가 빠른 NOR형과 음성이나 화상 등 대용량을 저장할 수 있는 NAND형으로 나누어지고 있다.

반도체 저장장치는 트랜지스터가 집적된 회로이기 때문에 하드디스크보다 외부 충격에 강하고 데이터의 입출력속도가 빠르다. 그리고 액세스암이 없기 때문에 소음이 없고 전력소모가 적기 때문에 열의 발생이 적다. 냉각팬이 필요 없기 때문에 무게가 가벼운 것이 장점이다. 반도체 저장장치는 사용용도와 접속방법에 따라 플래시 메모리카드, USB 플래시 드라이브 그리고 반도체디스크 등이 있다.

6.3.1 플래시 메모리카드

플래시메모리와 구동회로를 내장한 우표크기만한 사각형의 플라스틱 패키지를 플래시 메모리카드라고 한다. 세계 최초의 플래시메모리카드는 1990년도에 개발된 PCMCIA (Personal Computer Memory Card International Association)이다. 이카드는 용량이 1MB에 주로 산업용 기기의 주요 동작 정보를 기억하는데 사용되었다.

CF(Compact Flash)카드가 1994년에 NAND형으로 개발 되었어 아날로그 필름을 대체하였다.1995년에는 CF보다 작은 SMC(Smart Media Card)가 개발되었다. 1998년에는 앞의 SMC보다 크기가 작은 크기(32 x 24 x 2.1 mm)이고 무게가 2g정도인 MMC(Multi Media Card)가 1999년에는 MMC와 같은 크기인 SD(Secure Digital) 카드 등 많은 카드가 등장하여 디지털카메라, 휴대폰, MP3플레이어, 디지털캠코더, PDA, 네비게이터, 전자책, 의료기기, 공업용기기, 무선통신기기, 게임기와 일반 전자제품등에 다양한 기기의 탈착 식 저장장치로 광범위하게 활용되고 있다. 특히 SD카드는 스마트폰에 내장되어 탈착이 가능한 외장하드 기능으로 사용되면서 더욱 활용도가 높아지고 있다.

6.3.2 USB 플래시 드라이브

USB 플래시 드라이브(USB flash drive)는 USB메모리 또는 USB 저장장치라고도 불리고 있으며 USB포트에 꽂아 쓰는 [그림 6.23]와 같은 저장 장치이다.

[그림 6.23] USB 저장장치

그러나 그 용량은 64GB까지 나와 있어서 큰 용량의 정보를 가지고 다니거나 다운받을 때 편리하며 암호장치도 있어 자료를 안전하게 보관할 수 있다. USB는 가지고 다니기는 편리하지만 분실우려가 있다. USB 메모리를 대체해주는 기술이 13장에 설명된 개인용 클라우드 서비스를 이용하는 것이다.

6.3.3 반도체디스크

반도체디스크(SSD: Solid State Drive)는 플래시 메모리기술을 기반으로 제조되고 있다. 그러나 플래시 메모리 카드와는 달리 그 크기와 모양이 하드디스크와 같은 모양으로 규격화되어 있다. 그리고 내부에 디스크가 없기 때문에 크기 단위로 인치(inch)대신에 형(type)을 사용한다.

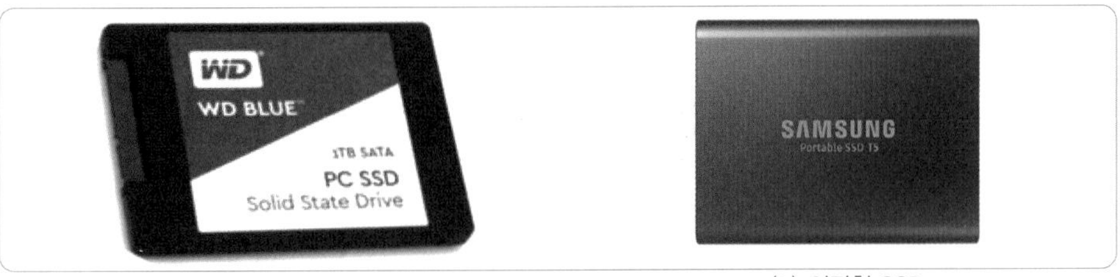

(a) PC 내장형 SSD　　(b) 외장형 SSD

[그림 6.24] USB 저장형태

반도체디스크는 그 내부에 반도체디스크를 하드디스크처럼 사용할 수 있도록 해주는 프로그램(emulator)이 있기 때문에 바로 하드디스크 자리에 장착하여 사용할 수 있다.

2006년 11월에 32GB용량의 SSD가 나온 이후 2008년에는 256GB 그리고 2016년에는 1TB까지의 다양한 제품이 나와 있다. 그리고 2017년에는 2TB 용량의 외장형 포터블 SSD가 등장하였다.

반도체 저장장치는 크기가 작고 가벼우며 전력소모도 적으며 속도도 빠르고 대용량을 가지게 됨에 따라 현재의 하드디스크나 DVD등 광학적 디스크를 대체하고 있다.

6.4 저장장치의 연결형태

멀티미디어, 방송, 전자상거래, 출판, 오락 등이 통합된 인터넷시대에 들어오면서 저장장치의 역할은 매우 중요하게 되었다.

대부분의 저장장치는 서버컴퓨터에 직접 연결한 **서버부착 저장장치**(SAS: Server Attached Storage)이었다. 그러나 기가비트 통신망 등 통신기술이 발전함에 따라 저장장치를 하나의 독립된 서버 시스템으로 하여 **구내통신망**(LAN: Local Area Network)에 연결하고 컴퓨터의 기종이나 운영체제 등에 관계없이 클라이언트가 저장장치에 접속할 수 있도록 한 연결방법이다.

6.4.1 네트워 부착 저장 장치(NAS)

네트워 부착 저장장치(NAS: Network Attached Storage)는 어레이디스크장치와 같은 저장장치 전용서버를 LAN에 [그림 6.25]와 같이 직접 부착한 것이다.

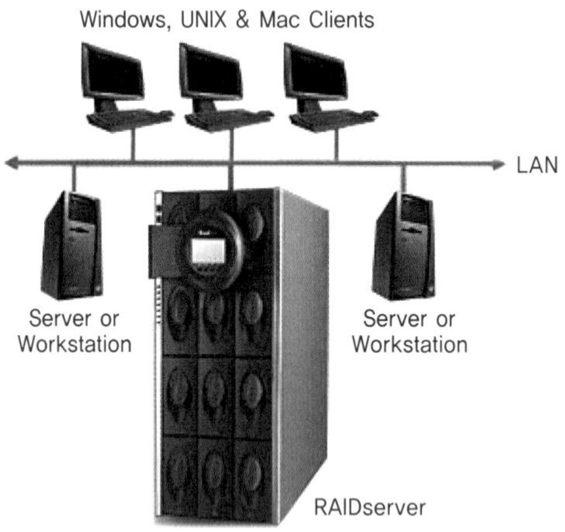

[그림 6.25] NAS의 구성

NAS는 통신망에 지장을 주지 않고 어제든지 추가로 설치하기가 쉬우며 입출력속도가 매우 빠르고 저장장치의 관리가 중앙에서 쉽게 할 수 있다는 것이다

6.4.2 저장장치 통신망(SAN)

저장장치 통신망(SAN: Storage Area Network)은 여러 대의 대용량 저장장치와 업무처리 서버가 광 채널교환기(fibre channel switch)로 연결된 [그림 6.26]와 같은 통신망이다.

다시 응용 서버는 고속의 LAN으로 각종의 클라이언트에 연결된다. 이 그림에서는 3 대의 어레이 디스크가 광 채널 교환기(switch)에 의해서 2대의 응용서버들에 연결되어 있는 것을 보이고 있다. 그리고 망의 규모가 커지면 스위치에 저장 장치를 계속하여 꽂기만 하면 된다.

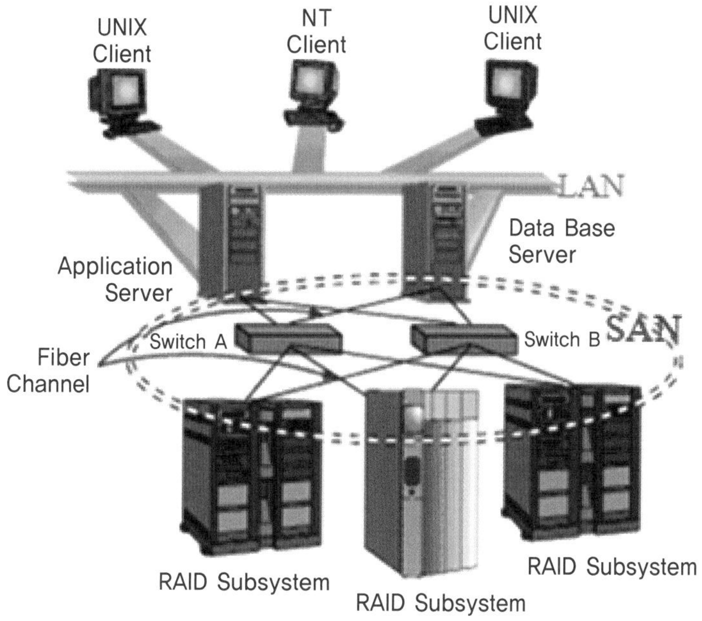

[그림 6.26] SAN의 구성도

연습문제

컴퓨터 과학개론

6.1 그림 6.4에서 B점과 E점에 생기는 자성체의 자화방향은 같은가.

6.2 그림 6.5에서 자석을 가만히 두고 코일을 자석의 좌우로 이동시키면 전구에는 전기가 들어오는가를 설명하시오.

6.3 자기테이프나 디스크에 자료나 정보를 저장할 때 읽기/쓰기 헤더에는 어떤 현상이 일어나는가?

6.4 자기 디스크 등에서 자료를 읽어 낼 때 읽기/쓰기 헤더에는 어떤 일이 일어나는가?

6.5 자기디스크에서 액세스 시간에 가장 많은 영향을 미치는 시간은?

6.6 자기디스크 장치의 물리적인 주소는 무엇으로 주어지는가?

6.7 자기디스크 장치에서 자료를 읽어 들일 때 탐색시간과 회전 지연 시간 중 어떤 시간을 줄이도록 자료를 저장해야 빨리 찾을 수 있는가?

6.8 하드디스크의 직경이 작으면 작을수록 좋은 점은 무엇인가?

6.9 어레이디스크 장점을 설명하시오.

6.10 빛이 물체와 부딪치면 표면에서 반사하거나 물체에 흡수된다. 이 때 물체의 표면에는 어떤 현상이 일어나는가?

6.11 레이저 광선의 특징을 나열하시오.

6.12 전기를 빛으로 바꾸어 주는 장치를 무엇이라고 하는가?

6.13 CD-R은 빛의 어떤 성질을 이용한 것인가?

6.14 광학적 저장장치의 용량이 자기적 디스크 장치의 용량보다 훨씬 많은 이유는 무엇인가?

6.15 CD-RW는 빛의 어떤 성질을 이용한 것인가?

6.16 CD-RW 매체는 어떤 성질이 있는 금속 물질인가?

6.17 DVD와 CD 그리고 청색광디스크의 차이점을 설명하시오.

6.18 반도체 저장장치의 종류를 쓰고 그 장점을 설명하시오.

6.19 홀로그래픽 저장장치의 저장단위(물리적)은 무엇인가?

6.20 LAS와 SAN의 차이점을 설명하시오.

7장 컴퓨터의 두뇌

7장 컴퓨터의 두뇌

인간은 귀로 듣거나 눈으로 보아 받아들인 외부세계의 정보를 머릿속에 기억하고 이를 계산하거나 판단하여 그 결과를 말이나 글로 표현하여 외부세계로 전달한다. 이와 같은 지적활동의 핵심부는 인간의 두뇌인 것이다.

인간의 두뇌에 대응하는 기억, 연산 그리고 제어 장치를 "컴퓨터의 두뇌"라는 장으로 묶어 이들의 개략적인 회로 구조와 동작원리가 설명된다.

연산과 제어장치를 중앙처리장치(CPU: Central Processing Unit)라하고 여기에 기억장치와 저장장치 및 입력이나 출력 장치들이 연결되어 있는 것을 컴퓨터 시스템이라고 한다. 그런데 집적회로 기술의발전으로 따로 분리되어 제조되었던 연산과 제어장치 회로가 제어프로그램과 함께 하나의 칩 속에 제조된 것이 마이크로프로세서이고 마이크로프로세서를 CPU로 하여 손바닥 정도의 플라스틱 기판에 기억장치와 입출력 장치를 연결하여 조립된 시스템이 마이크로컴퓨터이다.

플라스틱 기판에 조립되었던 컴퓨터시스템이 안테나를 입력과 출력장치로 해서 하나의 칩에 구현된 것이 온칩 시스템(SOC : System On Chip)이다.

이 장에서는 먼저 컴퓨터 주뇌의 구조와 동작원리를 개략적으로 설명하고 마이크로 프로세서의 역사를 그리고 마이크로컴퓨터의 구조 중에 버스를 주로 설명하며 마지막으로 사물을 지능화 시키어 세상을 스마트하게 만드는 시스템온칩을 설명한다.

7.1 기억 장치

기억장치는 우리가 듣고 본 것을 우리 머리에 기억하듯이 컴퓨터에 입력된 정보를 기억하는 RAM(random access memory)으로 된 기억장치를 말한다. 이 책에서의 기억장치란 다른 책에서의 주기억장치(main memory unit)를 의미하고 그에 대응하여 이 책에서의 저장장치(storage unit)는 다른 책에서의 보조기억장치(auxiliary memory unit)를 의미한다.

우리 인간이 무엇을 안다고 하면 그것은 그 무엇이 우리 머리 속에 기억되어 있다는 의미이지 책을 보거나 누구한테 물어 보아서 안다는 의미는 아니기 때문에 기억하고 있는 것과 저장하고 있는 것과는 다른 의미로 해석하는 것이 컴퓨터를 이해하는데 쉬울 것이다. 책은 복사하여 읽어 볼 수 있지만 사람의 두뇌는 복사할 수 없다. 책은 영구히 남지만 두뇌는 살아 있을 때에만 의미가 있는 것이다. 공부를 많이 한 사람을 존경하는 이유는 그 사람의 두뇌에 기억된 지식이지 그 사람이 가지고 있는 많은 책이 아니기 때문이다.

그래서 컴퓨터의 기억장치는 현재 CPU가 수행할 프로그램, 처리과정에서 발생하여 바로 다음에 사용될 중간 데이터 그리고 출력해야 할 최종정보를 기억하는 기능을 가진다. 즉, 우리 두뇌의 기억기능의 역할을 수행하는 장치를 말한다.

7.1.1 기억 장치의 구성

기억장치에 기억되는 정보는 0이나 1의 상태로 표현되는 **2진 코드(binary code)**로 변환되어 **비트(bit)**의 묶음으로 기억된다. 컴퓨터의 기억 단위는 바이트로 표현된다. 그래서 데이터를 기억장치에 기억시킬 때나 읽어 낼 때는 바이트 단위로 매겨진 번지에 따라서 수행된다.

우리가 살고 있는 아파트 넓이의 최소단위는 1평이고 만약 20평을 한 집의 기본 단위로 한다면 100집이 들어가는 아파트는 2,000평으로 되어야 한다. 이 때 이 아파트의 용량은 2,000평이고 각 집의 주소는 20평 단위로 잘라서 0번지 집부터 99번지까지 100개의 번지가 붙여 질 수 있다. 집을 방문할 때는 이 번지를 찾아서 가면 되는 것과 같은 원리이다. 기억장치의 논리회로는 3장의 기억회로에 설명되어 있으며, 그 구성은 일반적으로 [그림 7.1]과 같다.

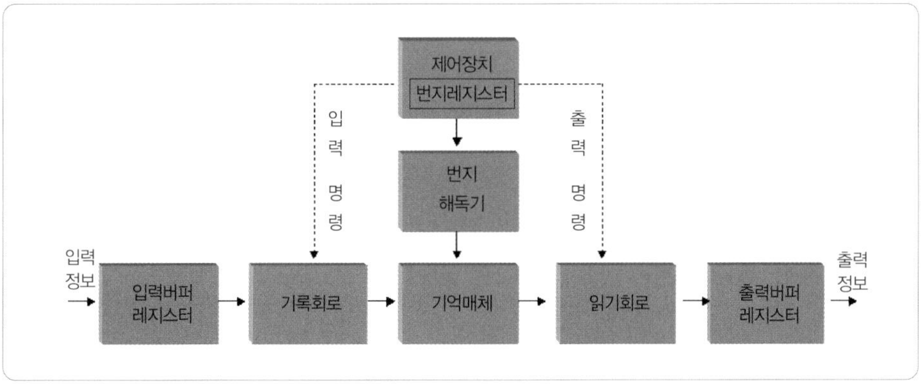

[그림 7.1] 기억장치의 구성

[그림 7.1]의 **기억장치 구성요소**에 대해서 설명하면 다음과 같다.

- 기록 회로(write circuit)는 제어장치의 명령해독기가 보내준 입력명령을 수행해서 입력장치에 의해서 입력 버퍼레지스터에 기억된 정보를 기억매체에 전달한다.
- 기억 매체(memory cell array)는 반도체 RAM칩으로 되어 있으며 자료나 정보가 기억될 바이트 단위 별로 번지(address)가 지정된 기억소자 행렬이다.
- 번지해독기(address decoder)는 제어장치의 기억장치번지레지스터(MAR : Memory Address Register)에서 들어온 번지를 해석하여 해당되는 번지의 기억소자를 선택하여 활성화시킨다. 해독기는 이 책 3장의 [그림 3.12]에 보인 바와 같이 AND 게이트로 결과가 출력된다.
- 읽기 회로(read circuit)는 제어장치에서 출력명령을 받아 기억매체에 기억된 정보를 복사해서 출력버퍼 레지스터에 전달한다. 그러면 출력장치는 이 레지스터의 정보를 즉시 출력한다.

기억장치에는 여러 종류의 다양한 입력장치들과 출력장치들에 번지전달 선과 자료전달 선으로 연결될 수 있다.

외부장치에서 기억장치에 자료를 기억시키기 위해서는

① 제어장치는 기억시키고자 하는 기억장소의 번지를 제어장치의 번지레지스터에 넣는다.
② 입력장치는 읽은 자료를 입력버퍼레지스터에 넣는다.
③ 제어장치는 기록 회로에 명령을 보내 기록 회로를 동작시킨다.
④ 기록 회로는 입력버퍼레지스터에 기억된 자료를 기억장치의 번지 해독기가 선택한 기억매체의 선택된 주소의 기억소자에 전달하여 기억되게 한다

와 같은 절차를 거친다.

7.1.2 번지 선택 원리

[그림 7.1]에서 번지 해독기는 제어장치의 번지 레지스터에서 보내온 번지를 실제 기억장치의 번지로 연결시켜 주는 회로이다. [그림 7.1]에서 데이터를 기억장치에 기억시키는

동작순서는 먼저 기억시킬 곳, 즉 기억매체의 주소를 **번지레지스터**에 넣고 난 후, 입력명령 신호를 기록회로에 보내면 입력버퍼 레지스터의 데이터가 번지 해독기가 지정한 번지의 기억매체에 기억된다.

번지가 선택되는 원리를 [그림 7.1]의 중앙부를 더 자세하게 그린 [그림 7.2]로 설명한다.

[그림 7.2]의 기억장치는 번지 레지스터가 4개의 플립플롭, 즉 4비트로 되어 있고 4비트가 표현할 수 있는 번지수는 16개이므로 16바이트 용량의 기억장치이다.

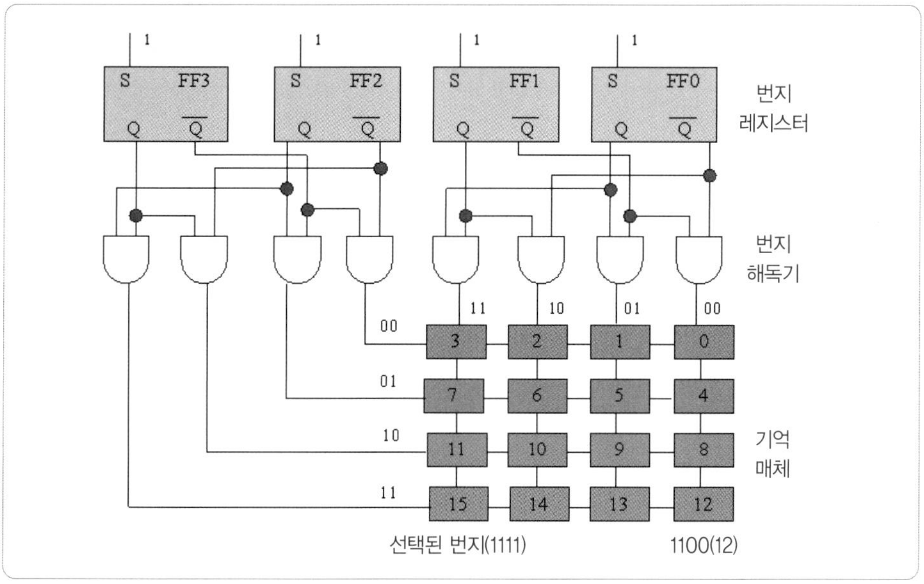

[그림 7.2] 번지 선택 원리

번지 해독회로의 설계에 따라 2차원 행렬로 구성된 기억장소의 번지는 다르게 나타나지만, [그림 7.2]에서는 번지 레지스터의 처음 2비트는 행(row)번지를 다음 오른쪽으로 2비트는 열(colum) 번지를 나타내도록 설계되어 있다. 즉, 행번지 해독기와 열번지 해독기로 번지해독기가 설계되어있다. 따라서 번지는 행번지와 열번지가 동작되는 AND게이트 회로의 출력이 교차되는 기억소자가 된다.

만약 번지 레지스터의 내용이 $(1111)_2$이라고 하면 **번지 선택회로**의 AND 회로는 행번지 $(11)_2$과 열번지$(11)_2$을 가리키는 AND게이트만이 동작되어 기억매체의 15번지를 지정하게 되어 있다. 기억매체의 요소는 이 경우 행렬로 보았을 때 4행 1열 요소가 된다.

7.1.3 기억매체

기억 매체는 우리 인간 두뇌의 기억기능을 담당하는 뇌세포에 비유할 수 있다. 기억매체에는 전원이 켜있는 동안에만 기억기능을 유지하고 전원을 끄면 기억상태를 잊어버리는 휘발성 기억매체와 전원을 꺼도 기억상태를 유지하는 비휘발성 기억매체가 있다. 여기에서는 현재 사용중인 반도체 기억매체와 비휘발성 차세대 기억매체가 설명된다.

1 반도체 기억 매체

현재 기억장치에 사용되는 기억소자는 4장에서 설명된 반도체 칩으로 되었다.

ROM(Read Only Memory)은 전원이 없어도 기억된 내용이 지워지지 않는 비 휘발성 매체이기 때문에 컴퓨터의 각종장치들을 효과적으로 제어할 수 있는 프로그램들이 기억되어 있다. 컴퓨터 사용자는 이들 ROM에 대해서는 전혀 의식할 필요가 없이 언제든지 저장장치에 저장된 프로그램이나 자료를 읽어다가 기억시킬 수 있는 속도가 빠르고 용량이 큰 RAM(Random Access Memory)이 필요한 것이다. [그림 7.2]의 기억 매체는 RAM을 의미한다.

RAM 칩은 그 안에 정보를 임의의 장소에 기억시키거나 읽어 낼 수 있는 기억매체이다. 이 매체는 전기의 충전상태로 정보를 표현하기 때문에 전원이 나가면 모든 정보가 지워지는 휘발성 매체이다. 우리가 기억장치의 용량을 말할 때는 RAM의 용량을 의미한다.

RAM칩에는 전원이 가해지고 있는 동안에도 회로를 반복적으로 재충전해 주어야하는 DRAM(Dynamic RAM)과 재충전이 필요 없는 SRAM(Static RAM)으로 나누어진다. DRAM은 레지스터와 캐시 메모리에 사용되고 있는 SRAM에 비해 동작속도는 느리지만 집적도가 높고 가격이 싸며 전력소모가 작기 때문에 대부분의 대용량기억 장치의 매체로 주로 사용되고 있다. DRAM의 속도는 10에서 80나노초 정도인데 SRAM은 5 나노초 이하이다.

RAM의 발전추세는 지난 10년 동안 하나의 칩에 집적된 비트의 수가 2년마다 4배씩 증가한 반면에 가격은 반씩으로 하락하였다. 즉, 1970년에 100비트에서 1999년에는 4메가비트, 그리고 1996년에는 256메가비트, 2000년 4월에는 삼성전자가 512메가비트 그리고 2011년에는 16기가 비트의DRAM 칩을 개발하였다.

2 차세대 기억매체

차세대 기억매체는 DRAM정도의 집적도와 SRAM의 동작 속도를 가지고 있으며, DRAM과 동일한 구조와 동작원리를 갖고 있으면서도 전원이 없어도 기억된 정보가 소멸되지 않은 **비휘발성 기억매체**(NVRAM: Non-Volatile Random Access Memory)를 의미한다. 따라서 이들이 기억매체로 이용되면 컴퓨터에 전원을 켜는 부팅과정 없이 컴퓨터를 사용할 수 있게 된다. 이들 새로운 기억 매체로 등장한 것이 FRAM, MRAM과 PRAM이 있다.

FRAM(Ferro-electric RAM)은 강유전체(ferro-electric)라는 물질로 만들어진 나노미터크기의 전기충전기(capacitor)에 가해지는 전압에 따라 양 분극(positive polarization) 또는 음분극(negative polarization) 상태로 0과 1을 표현한다. FRAM을 FeRAM으로 불리기도 한다.

MRAM(Magnetic RAM)은 자화(磁化)의 방향에 따른 저항의 차이로 0과 1을 판별한다. MRAM은 SRAM과 동등한 속도로 읽기 및 쓰기가 가능하며, DRAM 수준의 집적도를 가진다고 알려지고 있다. 이 경우 자화는 전자의 자전(spin)방향에 의해서 결정된다.

PRAM(Phase Change RAM)은 특정 합금 물질의 분자구조의 변화특성을 이용한 기억매체이다. 저항이 낮고 반사성이 있는 규칙적인 결정상태와 저항이 높고 반사성이 없는 불규칙한 비정질상태로 CD-RW 디스크처럼 비트상태를 표현한다.

7.2 연산장치

컴퓨터의 두뇌라고 부르는 중앙처리장치의 연산기능 회로를 **연산장치(ALU : arithmetic and logic unit)**라고 한다. 연산장치는 제어장치의 명령을 받아 기억장치에서 들어오는 정보를 연산하여 그 결과를 기억장치로 보내주는 회로이다. 연산회로는 가감승제 등의 산술계산과 논리비교 등을 수행한다.

7.2.1 연산 장치의 구성

연산 장치는 [그림 7.3]에서와 같이 본서 3장에서 설명된 여러 가지 용도의 레지스터들과 가산기 그리고 비교기 등의 회로로 구성되어 있다.

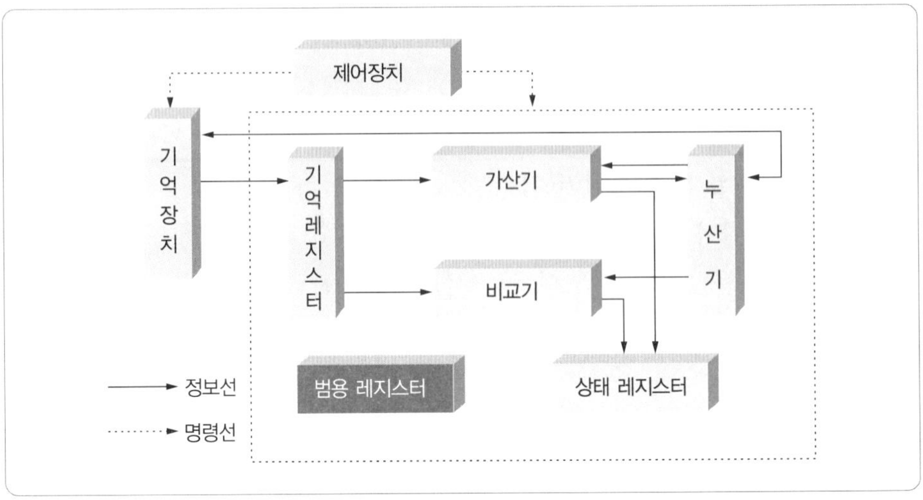

[그림 7.3] 연산장치의 구조

제어장치에서 해독된 연산명령에 의해 연산해야 할 정보가 기억장치로부터 연산장치 내의 기억레지스터(memory register)로 들어오고 또 하나는 **누산기(accumulator)**에 들어온다. 그런 후 제어장치에서 지시한 연산명령을 가산기나 비교기로 수행한다. 가산기에서 수행된 결과는 다시 누산기에 기억되어 다음 연산에 이용되거나 기억장치에 보내진다.

이 때 가산의 결과가 영(zero)인지, 양(positive)인지, 음(negative)인지, 자리올림(carry)이 있는지 범람(overflow)이 생겼는지, 또는 비교의 결과가 같은지, 다른지 등의 상태 정보가 **상태 레지스터(status register)**에 기억되고 이 내용을 제어장치가 참조하여 프로그램의 수행과정을 제어한다.

대부분의 컴퓨터는 여러 개의 범용 레지스터를 가지고 있어서 프로그래머가 이들 중에서 선택하여 레지스터의 용도를 지정할 수 있게 하고 있다. 32비트 컴퓨터 하면 레지스터의 크기가 32비트임을 나타내고 **64비트 컴퓨터** 하면 그 크기가 64비트임을 의미한다.

레지스터의 개수가 많고 크기가 크면 클수록 컴퓨터의 속도는 빨라진다. 그 이유는 레지스터와 레지스터사이의 자료 이동이 병렬로 이루어지고, 자료 전송시간은 나노초(nanosecond) 단위이기 때문이다.

7.2.2 가산기

가산기(adder)에는 직렬가산기와 병렬가산기가 있다. [그림 7.4]에 직렬가산기는 한 개의 전가산기(full adder)와 8비트 **시프트 레지스터** 3개로 구성된 것을 보인 것이다. 가산기

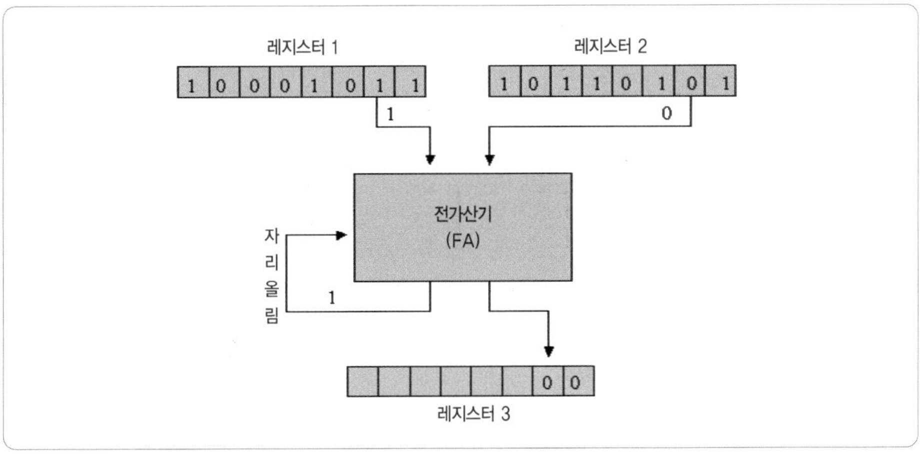

[그림 7.4] 직렬가산기

의 논리회로는 본서 3장에 설명되어 있다.

이 경우 가장 오른쪽의 제일 낮은 자리부터 레지스터1과 레지스터2에 기억된 숫자가 더해져서 가장 오른쪽의 자리부터 그 결과가 레지스터3에 기억된다. 이 때 만약 자리올림이 생기면 올림수는 지연되었다가 한 자리 높은 자리가 더해질 때 같이 더해진다. 보통은 레지스터 3을 레지스터 2로 대신해서 연산의 결과가 레지스터 2에 기억됨으로써 처음 레지스터 2의 내용은 지워지면서 결과가 기억된다. 또 계산결과가 기억될 레지스터가 회로 설계시에 고정되어 있다면 이를 **누산기(accumulator)**라 한다.

[그림 7.5]의 **병렬가산기**는 4비트 레지스터 3개와 4개의 **전가산기(full adder)**로 구성된 것을 보인 것이다.

[그림 7.5]의 경우 레지스터 1의 내용과 레지스터 2의 내용이 병렬로 더해져서 그 결과가 레지스터 3에 기억된 것을 보인 것이다.

병렬가산기는 각 비트마다 대응되는 전가산기가 동시에 작동하여 계산을 빠르게 수행하게 된다. 본서 2장에서 설명된 바와 같이 뺄셈은 2의 보수와 덧셈으로, 곱셈은 덧셈의 반복으로 그리고 나눗셈은 뺄셈의 반복으로 가능하기 때문에 산술 연산회로는 전가산기로만 구성할 수 있다. 연산회로는 그래서 보수와 가산회로만으로 구성된 것부터 사칙연산 논리회로를 모두 가지는 것까지 그 범위가 다양하다.

비교기 회로는 본서 3장의 비교기 회로를 참조하기 바란다.

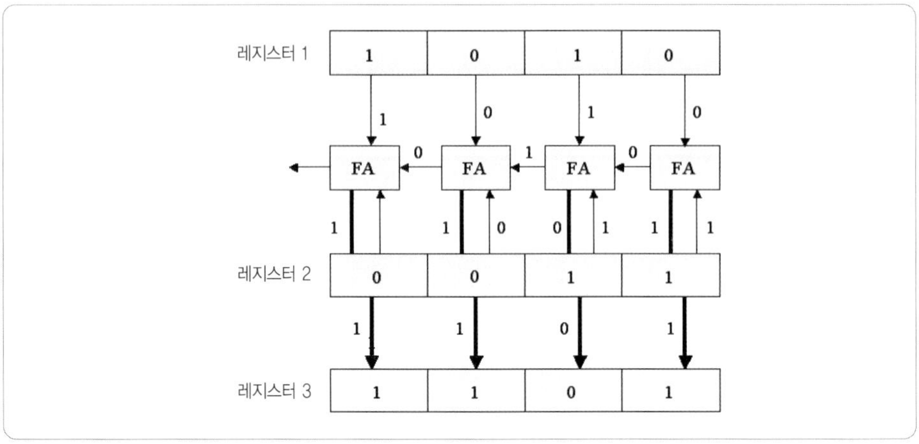

[그림 7.5] 4비트 병렬가산기

7.3 제어장치

제어장치(control unit)는 컴퓨터 시스템을 효율적으로 제어하는 장치이다. 제어장치는 기억장치에 기억된 프로그램 명령을 하나씩 가져다가 해독하고, 이를 수행시키기 위해서 기타의 장치들에 신호를 보내어 해독한 결과를 수행하도록 지시하는 역할을 한다. 즉, 컴퓨터에 입력되는 입력장치의 지정, 연산장치의 필요한 연산회로 지정과 각 장치의 동작 상태에 필요한 전기 신호를 발생시키는 장치가 바로 제어장치이다.

7.3.1 제어장치의 구성

제어장치의 구성은 기종마다 다르지만 일반적으로 개략적인 구조는 [그림 7.6]과 같다.

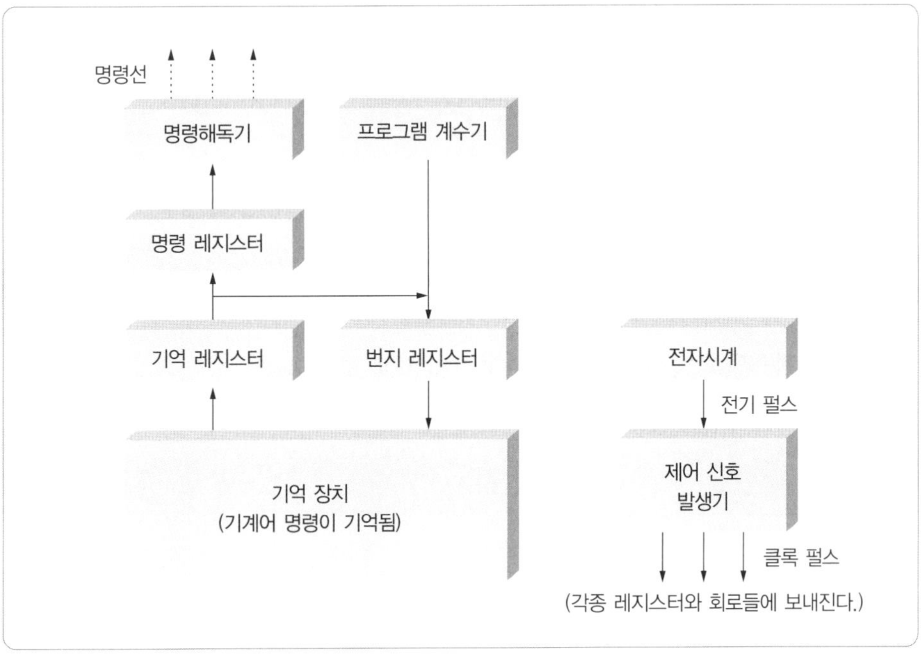

[그림 7.6] 제어장치의 구조

1 컴퓨터시계(computer clock)

컴퓨터 시계는 수정결정(quartz-crystal)분자의 진동을 이용하여 전기흐름이 주기적으로 발생하도록 만들어진 전자회로이다. 순간적으로 발생하는 이 전기를 **클록펄스(clock pulse)**라고 한다. 초(second)당 발생하는 펄스의 수를 클록속도(clock speed)라고 하며 **헤르츠**(Hertz)로 측정된다. 이웃하는 펄스 사이의 시간간격을 주기시간(cycle time)이라고 하며 클록속도와는 반 비례관계에 있다. 따라서 1기가 헬츠(GHz)의 주기시간은 1을 1기가로 나눈 10억 분의 1초인 **나노초**(ns)가 된다.

펄스가 생길 때마다 본서 3장의 동기회로에서 설명한 것같이 컴퓨터 내의 정보들이 레지스터를 통해서 이동하게 된다. 따라서 컴퓨터시계는 각 장치에 펄스를 보내 각 장치들이 순서에 따라 동기화 되어 질서 있게 동작 하게 하는 전기 **펄스 발생기(puls generator)**인 것이다.

하나의 기계어 명령을 수행하기 위해서는 3~6개의 펄스가 필요하다. 그러나 파이프라인(pipe line)이라는 기법을 쓰면 하나의 펄스에 의해서 여러 개의 명령이 동시에 수행된다.

즉 한 명령은 기억장치에서 제어장치로 들어오고, 다른 명령은 제어 장치에서 해석되고 세 번째 명령은 기억장치에서 자료를 찾고 네 번째 명령은 연산장치에서 수행되고 다섯 번째 명령은 결과를 출력하도록 하면 하나의 펄스에 5개의 명령이 동기화 되어 동시에 수행되는 것이 되어 처리속도는 높아진다. 클록속도가 크면 컴퓨터의 속도는 빠르지만, 이 것 외에 레지스터의 크기, 버스의 폭, 캐시등의 컴퓨터 구조와 설치된 운영체제, 기억장치의 용량 등 많은 요인들이 **컴퓨터의 속도**에 관계된다.

2 프로그램 계수기

프로그램 계수기(program counter, instruction counter)는 바로 다음에 수행될 프로그램 명령이 기억되어 있는 기억장치에 번지를 기억하는 레지스터이다.

그래서 어떤 프로그램을 수행시키면, 그 프로그램의 첫 번째 명령이 들어있는 기억장치의 번지가 프로그램 계수기에 초기화된다. 프로그램 명령의 수행이 진행됨에 따라서 프로그램 계수기는 자동적으로 다음에 수행될 번지로 증가한다. 이 과정이 프로그램이 끝날 때까지 계속된다.

3 번지 레지스터

번지 레지스터(MAR : memory address register)는 선택될 기억장치의 주소나 입출력 장치의 주소가 기억되는 레지스터이다.

4 기억 레지스터

기억 레지스터(MBR: memory Buffer Register)는 기억장치에서 꺼낸 명령부와 번지부로 구성된 프로그램 명령이 명령부분은 명령 레지스터에 번지부분은 번지 레지스터로 가기 전에 일시적으로 기억되는 레지스터이다.

5 명령 레지스터

프로그램 명령은 명령(operator)부와 번지(operand)부로 구성된다. 명령 부에는 수행될 명령 코드가 번지부에는 그 명령을 수행하는 데 필요한 기억장치의 번지나 또는 주변장치들의 번지코드로 되어 있다. 이 중 명령 코드는 **명령 레지스터**(instruction register)로 가고 번지코드는 번지 레지스터에 보내진다.

6 명령 해독기

명령 해독기(instruction decoder)는 명령 레지스터에서 들어온 명령을 해독하여 각 장치에 필요한 명령 신호를 보내어 실행 되도록 하는 장치이다.

7.3.2 명령 표현형식과 해독

컴퓨터가 이해하는 언어를 기계어라고 한다. 기계어는 전기의 켜짐(on)과 꺼짐(off)으로 표현할 수 있는 2진수 형태의 명령이다. 명령형식은 컴퓨터에 따라서 그 길이가 8비트, 16비트, 32비트, 64비트 또는 가변길이 등 다양하다. 그러나 대부분의 **기계어**는 명령부(operation code field)와 번지부(operand field)로 이루어지고 있다. 예를 들면 [그림 7.7]은 32비트로 이루어진 기계어를 표현하고 있다.

프로그램 계수기에 의해서 발생한 기억장치의 번지는 번지 레지스터에 보내어 지고 번지 레지스터가 지정한 기억장치의 명령이 기억 레지스터로 들어온다. 그 다음에 명령부는 명령 레지스터로 번지부는 번지 레지스터로 분리되어 기억된다. 그리고 명령 해독기를 통해서 각 장치에 실행 명령이 전달된다. 예를 들어 명령 코드가 2비트이면 그에 따른 명령은 4가지가 될 수 있다. 이들 명령을 [표 7.1]과 같이 가정할 때 명령 코드가 해독되어 실행되기 위한 **명령 전달 회로**는 [그림 7.8]과 같다.

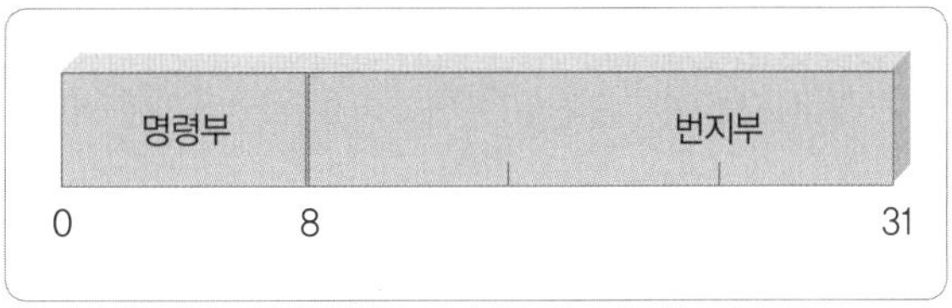

[그림 7.7] 기계어 명령 형식의 예

[표 7.1] 명령 코드와 실행 내용

명령 코드	의 미	실행 내용
11	읽어라	입력장치의 내용을 기억장치로 보낸다.
10	더하라	기억장치의 내용을 연산장치로 옮긴다.
01	기억하라	연산장치의 내용을 기억장치로 보낸다.
00	쓰라	기억장치의 내용을 출력장치로 보낸다.

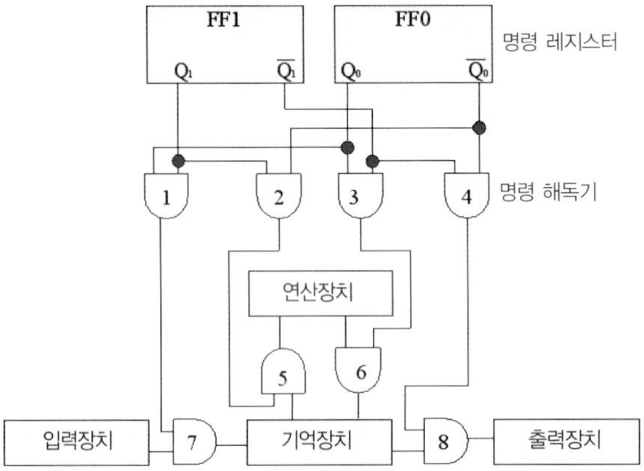

[그림 7.8] 명령 해독과 전달

만약, 명령 레지스터의 내용이 11이면, 즉 Q_1=1 이고 Q_0=1 이면 명령 해독기(decoder)의 1번 AND 게이트만의 출력이 온(on)상태이고, 나머지는 모두 오프(off)상태가 된다. 그래서 7번의 AND 게이트가 입력장치의 입력버퍼에 있는 내용을 기억장치에 전달하여 읽는 기능을 수행하게 된다.

또 명령 레지스터 내용이 01 이면 3번 AND 게이트의 상태가 1이 되고 6번 AND 게이트를 통해서 연산장치의 누산기에 들어 있는 내용이 기억장치로 전달된다. 또 10 이면 2번 AND 게이트만의 출력상태가 1이 되어 5번 AND 게이트를 동작하게 하여 기억장치의 내용이 연산장치의 기억 레지스터로 전달되게 되어 있다.

이 극히 간략한 설명은 지정된 장치의 정보를 다른 장치에 전달해 줄 수 있는 정보의 전달방향만 AND 게이트로 보여주고 있지만, 이들 신호들은 연관된 장치들이 해야할 일을 할 수 있는 정보를 동시에 보내 필요한 동작을 해서 명령을 실행할 수 있게 해주는 회로는 [그림 7.8]에서는 보이지 않게 되어있다.

7.3.3 명령의 수행과정

프로그램 명령은 기억장치에 저장되어 있어야 수행이 가능하다. 이들 하나 하나의 기계어 명령은 적절한 시간 간격으로 하나씩 제어장치에서 해석되고, 연산장치나 입출력장치 또는 저장장치로 전달된다. 대부분의 컴퓨터는 1초당 10억 개 이상의 전기펄스(pulse)를 발생하는 전자시계에 의하여 명령의 해석과 실행과정이 **동기화(synchronize)**되어 명령이 해석되고 수행되고 있다.

따라서 하나의 명령이 수행되는 속도는 제어 부에 내장된 전자시계(펄스발생기)의 초당 펄스 수와 관계가 있다. 초당 펄스의 수를 헤르츠(Hertz)라고 하며 속도의 단위로 쓰이고 있다. 초당 펄스수가 100만 개이면 메가헤르츠(MHz), 10억 개이면 기가 헤르츠(GHz) 등으로 표현한다.

오늘날 개인용 컴퓨터의 펄스는 100MHz 이상의 속도를 가지고 있다. 컴퓨터의 시간 단위는 100만 분의 1초인 마이크로초, 또는 10억 분의 1초인 **나노초(nanosecond)**가 쓰이고 있다. 눈 한번 깜박거리는 시간이 10분의 1초 정도이고, 10억 분의 1초를 1초로 보면 1초는 30년에 해당하는 시간이 되는 것이다.

한 개의 (기계)명령어를 수행하는 과정은 [그림 7.9]에 보인 봐와 같이 프로그램 계수기가 지정하는 기억장치 주소의 명령을 기억장치에서 하나씩 차례대로 가져와서 그 의미를 해석하는 **명령어인출주기 (Instruction fetch cycle)**와 해석된 명령을 실행해서 그 결과를 기억장치에 기억하는 **명령어실행주기 (Instruction execution cycle)**로 나눌 수 있다.

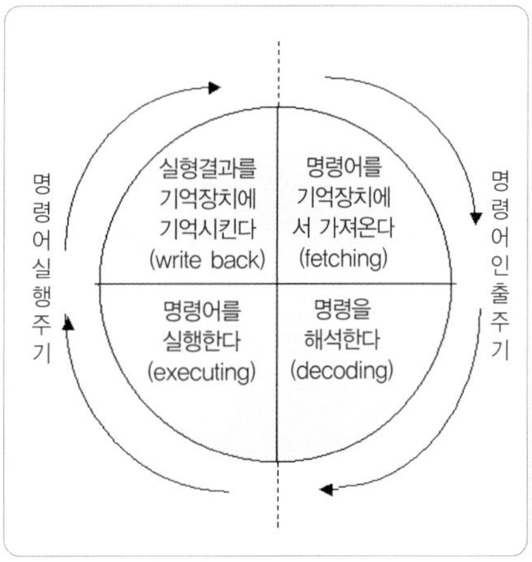

[그림 7.9] 명령 수행과정

명령어인출주기에 걸리는 시간을 명령어 인출시간(Instruction fetch time, I-time)이라하고 실행주기에 걸리는 시간을 명령어 실행시간(Instruction Execution time, E-time)이라고 한다. 하나의 기계어 명령을 인출해서 실행이 끝나고 다음 명령의 수행을 시작하는 과정을 **명령어 주기**(instruction cycle)라 하며 한 명령어 주기에 소요되는 시간을 주기시간(cycle time)이라고 한다.

여기에서는 프로그램 명령 **수행과정**(instruction cycle)을 명령어 인출과 실행 주기로 나누어 예를 들어 그 수행과정을 체적으로 설명한다.

1 명령어 인출주기

기계어 **명령 실행**의 첫 단계로 수행되어야 할 명령을 기억장치로부터 가져다가 해야 할 일이 무엇인지를 해독하고, 다음 명령이 들어 있는 기억장소의 번지를 결정해 주는 단계이다. 이 단계에서 일어나는 일은 대략 [그림 7.10]과 같다.

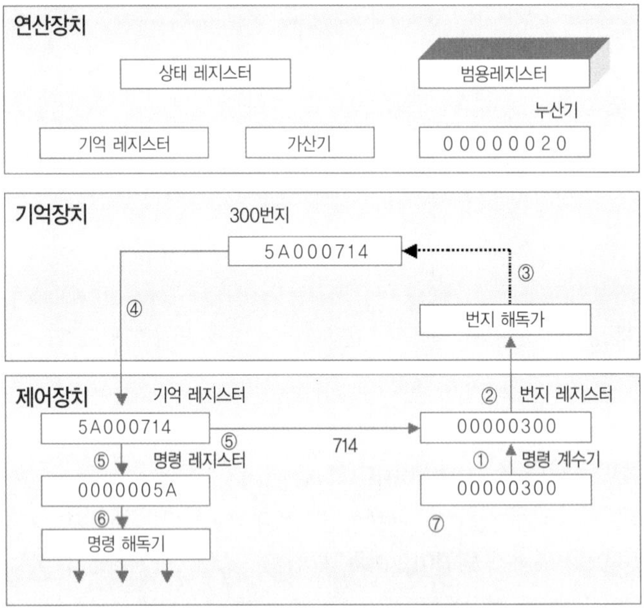

[그림 7.10] 명령어 인출주기의 수행과정

이를 번호에 따라서 설명하면 다음과 같다. 이때 레지스터의 크기는 32비트라고 가정했기 때문에 레지스터안의 숫자는 4비트식 나누어 16진수로 8자리 수이다.

① 명령주기는 제어장치의 명령 계수기(program counter)의 내용이 번지 레지스터에 전달되는 순간부터 시작된다. [그림 7.10]의 레지스터들은 현재 많이 쓰이고 있는 4바이트, 즉 32비트 레지스터이고 그 내용은 16진수로 표시한다. 여기서 16진수로 표시된 명령 계수기의 300이 번지 레지스터(memory address decoder)로 전달된다.

② 번지 레지스터의 내용이 기억장치의 번지 해독기에 전달되어 번지가 선택된다.

③ 선택된 번지에 따라서 기억매체의 실제번지에 신호가 전달된다.

④ 선택된 번지, 즉 300번지 주소의 내용인 기계어 명령 5A000714가 제어장치의 기억 레지스터로 전달된다.

⑤ 기억 레지스터의 내용은 명령 코드 5A와 번지코드 000714로 나누어져서 전자는 명령 레지스터로 후자는 번지 레지스터에 전달되어 [그림 7.11]과 같게 된다.

⑥ 명령 레지스터의 내용이 명령 해독기에서 해독되며 여기서 5A가 더하라는 명령이라는 것을 알게 된다.

⑦ 현재의 명령어의 길이가 명령 계수기에 더해져서 다음에 해독될 명령어의 번지가 되게 한다. 한 개의 명령의 길이가 4바이트이면 그 내용은 [그림 7.11]과 같이 304가 된다.

2 명령어 실행주기

두 번째 명령실행주기의 과정은 명령어가 해독되면 기억장치에서 자료를 가져다가 연산장치에서 연산하든지, 누산기의 내용을 기억장치에 기억시키든지, 기억장치에 입력장치로부터 전달된 정보를 기억시키든지, 기억된 정보를 출력장치로 보내든지 등의 동작을 한다. 만약 현재의 명령어가 분기 명령이면(branch instruction) 분기될 번지를 명령 계수기에 기억시킨다.

이 실행주기에서 일어나는 과정은 [그림 7.11]의 번호 순으로 진행된다.

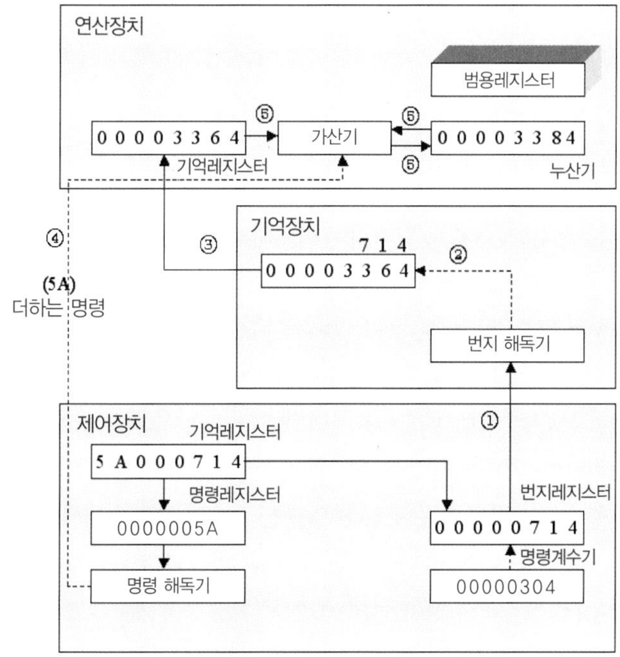

[그림 7.11] 명령어 실행주기의 수행 과정

① 제어장치의 번지 레지스터의 내용 714가 기억장치의 번지 해독기로 전달된다.
② 번지 해독기는 기억장치의 714번지를 선택하여 신호를 기억장치에 보낸다.
③ 714번지의 내용, 즉 3364가 연산 장치의 기억 레지스터에 전달된다.
④ 제어장치에서 해독된 "더하라"는 명령이 연산장치의 가산기에 전달된다.
⑤ 연산장치의 기억레지스터의 내용 3364와 누산기의 내용 20이 가산기회로에서 더해져서 누산기에 기억된다.

그리고 누산기에 있는 결과 값은 바로 다음 명령에 의해서 기억장치에 전송된다.

이와 같이 기계어 명령 1개를 수행시키는 데에는 여러 단계의 레지스터와 논리회로를 거치게 된다. 여기서 레지스터 내용, 즉 레지스터의 상태를 바꾸는 데 걸리는 시간을 주기시간(cycle time)이라 하고 주기시간이 적으면 적을수록 명령 실행시간은 짧아지게 된다.

컴퓨터는 레지스터의 설계방법과 제조기술에 따라 처리속도에 많은 차이가 있다. 또, 주기시간 외에도 컴퓨터의 성능에 영향을 주는 것으로는 그 컴퓨터가 가지고 있는 운영체제, 기억장치의 용량, 저장장치의 **호출시간(access time)**, 그리고 이들을 움직이게 해주는 소프트웨어 등이 복잡하게 관련되어 있기 때문에 어느 한 가지로 컴퓨터의 성능을 평가할 수는 없다.

그래서 컴퓨터의 성능을 초당 실행할 수 있는 기계어 명령의 개수를 100만 개를 기본단위로 하여 **MIPS**(million instruction per second)로 표현하기도 한다.

7.4 마이크로프로세서

마이크로프로세서(microprocessor)는 제어장치와 연산장치회로를 한 개의 반도체칩에 집적시킨 대규모집적(VLSI)회로이다. 일반적으로 프로세서라고하면 마이크로프로세세를 지칭하는 경우가 많다.

마이크로컴퓨터(microcomputer)란 마이크로프로세서를 중앙처리장치(CPU)로 해서 ROM과 RAM 등 기억장치와 각종 입출력 장치와 저장장치를 붙여 다목적으로 사용하는 노트북이나 개인용 컴퓨터, 워크스테이션 등 일반 범용 소형 컴퓨터를 말한다.

마이크로 컨트롤러(micro controller)는 세탁기 등 가전제품과 자동차나 로봇 등 산업용기기의 심장부로 들어가 기기들을 자동 제어하는 특수목적만을 수행하는 마이크로컴퓨터의 한 종류이다. 그 결과 기기들은 지능화, 소형화, 가격의 저렴화 된다. 일반적으로 컨트롤러하면 마이크로컨트롤러를 의미한다.

이 절에서는 마이크로프로세서의 역사와 구조를 설명한다.

7.4.1 마이크로프로세서의 역사

마이크로 프로세서의 발전과정을 중요한 사건만 선택하여 개략적으로 정리한 것이 [표 7.2]와 같다.

제 1 세대 마이크로프로세서라 불리는 마이크로프로세서가 Intel 4004라는 이름으로 1971년에 인텔(Intel)사에서 개발되었다. 이 마이크로프로세서는 한 번에 4비트를 처리할 수 있는 것으로서 현재는 장난감 등에 사용되는 있을 정도이다. 이 프로세서는 2,250개의 트랜지스터가 사방 0.5mm 크기의 칩에 집적된 것으로, 이것의 계산능력은 세계 최초의 다목적 전자계산기인 에니악(ENIAC)과 비슷하였다.

제 2 세대라 불릴 수 있는 인텔 8008 마이크로프로세서가 1972년에 발표되었다. 이 8비트 단일 칩 마이크로프로세서는 16 KB 정도의 기억장치에 번지를 지정할 수 있다. 그 후 1974년에 발표된 8 비트 8080 마이크로프로세서는 최초의 범용 마이크로프로세서로 64 KB까지의 번지를 지정할 수 있다.

[표 7.2] 마이크로 프로세서의 발전과정

년도	프로세서 명	데이터 버스 폭	최대 주소 공간	칩 당 트랜지스터 수	관련된PC명	처리속도 (Hz)
1971	Intel4004	4(4)	1KB	2,300	calculator	108K
1972	Intel8008	8(8)	16KB	3,500	덤 터미널	200K
1974	Intel8080	8(8)	64KB	6,000	최초의 PC	2M
1978	Intel8086	16(16)	1MB	2.9만		5M
1980	Intel8088	16(16)	1MB	2.9만	BM PC/XT	5M
1982	Intel80286	16(16)	16MB	13만4천	IBM PC/AT	12M
1985	Intel80386	32(32)	4GB	27만5천	386PC	15M
1989	Intel80486	32(32)	4GB	1백18만5천	486PC	25M
1993	Intel 팬티엄	64(32)	4GB	310만	팬티엄 PC	60M
1996	power/pc	64(32)	4GB	280만	RS/6,000	
1997	팬티엄II	64(32)	64GB	750만	팬티엄II	233M
1999	팬티엄 III	64(32)	64GB	2,800만	팬티엄III	450M이상
2001	팬티엄 4	64(32)	64GB	4,200만	팬티엄4	1.5G이상
2005	팬티엄 4-660	64(64)	16TB	16,900만	팬티엄4	3.6G

* 데이터버스폭란의 괄호안의 수자는 연산장치내의 레지스터의 크기임

이 때 여러 종류의 범용 마이크로프로세서가 여러 반도체 회사에서 개발되었다. 대표적인 것이 모토로라(Motorlola)사의 6800과 모스 테크놀러지(Mos Technology)사의 6502이다.

8비트 프로세서를 심장부로 하여 나타나기 시작한 컴퓨터가 개인용 컴퓨터(personal computer)이다. 그 중에서 유명했던 것이 6502 마이크로프로세서를 심장부로 가진 애플(Apple)사가 개발한 **애플 컴퓨터**로서 이 컴퓨터는 세계의 시장을 제패하기도 하였다.

제 3세대 컴퓨터라 불릴 수 있는 것들은 1970년대 후반에 나타난 16비트 마이크로프로세서를 말하며 이중 최초의 것은 1978년 인텔사에서 개발한 8086 마이크로프로세서이다. 이들은 한 번에 16비트의 내용을 기억시키거나 읽어낼 수 있는 것이다. 이 프로세서는 29,000개의 트랜지스터가 하나의 칩에 집적된 것이다. 기억장치에 지정할 수 있는 번지의 크기는 1MB까지 가능하였다. 그리고 1980년에 개발된 인텔 8088 마이크로프로세서는 완전한 16비트 프로세서는 아니지만 이 프로세서는 기억장치로부터 자료를 읽어오거나 기억장치에 자료를 기억시킬 때는 한 번에 8비트 단위를 수행하지만 프로세서 내부에서는 16비트 단위로 처리하였다. 즉 프로세서가 가지고 있는 데이터 버스는 8비트이고 내부의 레지스터간에 연결된 버스는 16비트라는 의미이다. Intel 8088 마이크로프로세서 칩은 IBM PC/XT 라는 컴퓨터에 적재되어 애플 컴퓨터를 컴퓨터 시장에서 밀어내게 하였다.

1979년에 모토롤라사는 MC 6800 마이크로프로세서를 개발하였다. 기억장치의 자료를 한번에 16비트씩 읽어 올 수 있어서 자료를 두 번 읽어 32비트로 처리할 수 있는 프로세서이다. MC6800은 주소버스가 24비트이기 때문에 기억장치의 번지는 16MB까지 가능하게 하였다. 이 프로세서는 애플사의 매킨토시(Macintosh) PC의 심장부가 되어 그래픽 위주의 새로운 컴퓨터 환경을 만드는 데 중요한 역할을 하였다.

1982년에 다양한 주변장치를 붙일 수 있는 16비트 80286 마이크로프로세서를 인텔사에서 개발하였고 주소버스의 비트 수가 24개로 16MB까지의 번지를 지정할 수 있다. 이는 IBM PC/AT와 IBM PS/2 컴퓨터의 심장부가 되었다.

1985년대에는 인텔에서 32비트 80386 마이크로프로세서를 개발하였고 이는 32비트 데이터 버스와 32비트 주소버스를 가지고 있으며 주소 공간을 4GB 까지 그 번지를 지정할 수 있다. 이는 약 28만 개의 트랜지스터를 하나의 칩에 집적시킨 회로이다.

1989년에는 인텔사에서 32비트 80486 마이크로프로세서를 개발하였는데, 이는 약 120만 개의 트랜지스터가 집적된 프로세서로 80386과 호환성을 가지고 있으며, 80386에 비해 속도가 약 2배 내지 4배정도 빠르다.

1993년에는 인텔에서 **펜티엄** 마이크로프로세서를 개발하였다. 이는 310만 개의 트랜지스터를 하나의 칩에 집적한 복잡한 회로로서 자료가 이동하는 버스의 폭이 64비트로 넓어

졌고 동시에 두 개의 명령을 처리할 수 있어서 인텔 80486 계열에서 속도가 제일 빠른 1992년에 개발된 486DX2 보다 4배의 처리속도를 가지고 있다.

1999년 펜티엄Ⅲ는 동영상을 빠르게 처리할 수 있어서 인터넷 시대의 주역이 되었으며 곧바로 2001년에는 영화를 실시간으로 보면서 여러 개의 작업을 동시에 처리할 수 있는 듀얼코어 프로세스(dual core processor)라고하는 2개의 마이크로프로세서를 하나의 칩으로 개발한 펜티엄 4를 인텔에서 발표하였다.

그리고 2005년에 발표된 펜티엄4-660은 제어와 연산 장치에 64비트레지스터를 채용하여 만들어진 64비트 마이크로프로세서이다. 이 프로세서는 1억6천9백만 개의 트랜지스터가 집적된 칩으로 전력소모를 줄이고 바이러스를 차단할 수 있는 기술이 포함되었다.

인텔은 2006년 7월 이후부터 자사의 마이크로프로세서를 펜티엄 대신에 코어(core)라는 상표명으로 출시하기 시작하였다. 그래서 **멀티코어**(multi_core) CPU는 하나의 칩 속에 2개 이상의 독립적인 마이크로프로세서로 구성된 CPU를 의미하는 것이다.

최초의 프로세서인 인텔 4004 칩의 속도가 펜티엄4 만큼 빨라지는 속도의 비율로 자동차의 속도가 같은 기간에 증가했다면 이 속도는 뉴욕과 샌프란시스코 사이를 13초에 달릴 수 있는 속도라고 한다.

7.4.2 마이크로프로세서의 구조

마이크로프로세서는 [그림 7.12]와 같은 기본적인 구조로 되어 있다.

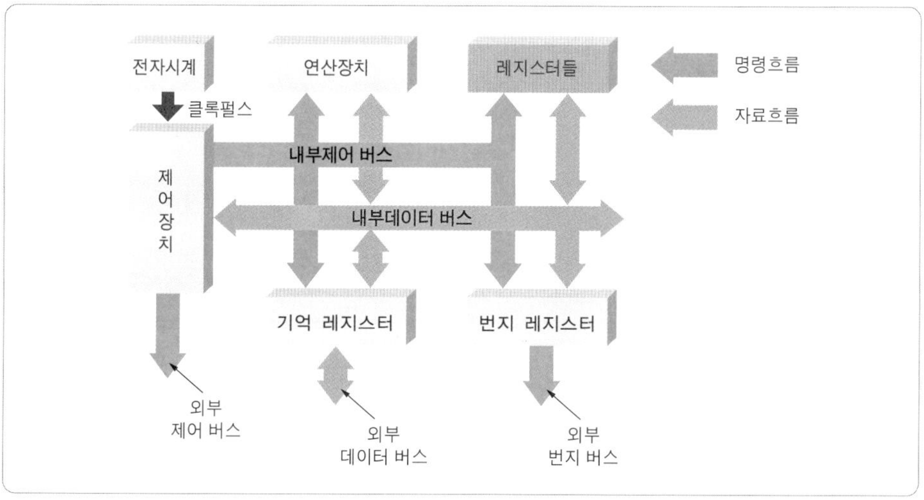

[그림 7.12] 마이크로프로세서의 기본 구조

이들 구성요소는 앞에서 설명한 제에 연산장치와 그 기능이 같기 때문에 설명을 생략하고 버스에 대해서만 간략히 설명한다.

앞에서 설명한 메인 프레임 컴퓨터와는 달리 각 구성요소들 사이에 정보의 전달이 일대일(point to point) 방식이 아니라, 마이크로프로세서의 구성요소들 간에는 본서 3장의 논리회로에서 설명한 멀티플렉서와 디멀티플렉서로 한 개의 회선을 서로 공유해서 정보전달이 이루어진다. 이를 버스 노선에 비유하면 일대일 방식은 목적지가 같은 승객을 싣고 쉬지 않고 달리는 직행버스 노선이고, 버스방식은 목적지가 다른 버스들이 정거장 마다 승객을 태우고 내리며 지나가는 버스노선이다.

16비트 컴퓨터는 16비트로 구성된 레지스터들 간에 16개의 선이 병렬로 연결되어 한 번에 16비트의 정보를 전달할 수 있는 것이다. 따라서 1개의 버스는 16개 선의 묶음이 되는 것이다. 버스의 폭(width)이라고 하는 것은 한번에 전송할 수 있는 버스의 비트 수를 의미하게 된다.

[그림 7.12]의 버스는 그림을 단순하게 하기 위해서 버스의 폭을 1개의 굵은 선으로 표시하였다..

이들 버스에는 **데이터 버스**(data bus), **번지버스**(address bus), 그리고 **제어버스**(control bus)의 세 종류가 있는데, 마이크로프로세서의 내부에 있는 버스를 내부버스라 하고 마이크로프로세서와 기억장치 또는 주변장치들 사이에 있는 버스를 **외부버스** 또는 확장버스라고 한다.

내부 데이터 버스는 제어장치, 연산장치, 그리고 레지스터들간에 자료가 전송되는 버스이고, 내부제어버스는 제어장치가 연산장치와 각종의 레지스터들에게 명령을 보내는 선이다. 마이크로프로세서 내부에는 기능과 역할이 미리 주어진 레지스터 이외에는 번지가 필요한 기억장치가 없기 때문에 내부번지 버스는 없다. 그리고 입력과 출력 및 저장장치를 제어하는 명령신호는 외부 제어버스를 그리고 기억장치의 번지와 입출력접속장치의 번지를 지정하는 것은 외부번지버스를 이용한다.

마이크로프로세서를 중앙처리장치로 해서 컴퓨터 주변장치를 연결하면 마이크로컴퓨터가 되고, 전파나 빛 또는 온도나 압력 등을 인지하여 기기를 자동으로 제어하는 특정 목적의 마이크로컴퓨터를 마이크로컨트롤러라고 한다.

7.5 마이크로컴퓨터

마이크로프로세서를 CPU로 해서 여기에 ROM과 RAM 그리고 저장장치와 입출력 장치를 연결하여 제조된 컴퓨터를 **마이크로컴퓨터**(micro computer)라고 하며 대표적으로는 각종 형태의 개인용 컴퓨터(PC: Personal Computer)가 이에 속한다.

이 절에서는 마이크로컴퓨터의 구조와 이를 구현한 인쇄회로 기판에 대해서 설명한다.

7.5.1 마이크로컴퓨터의 구조

마이크로컴퓨터는 [그림 7.13]과 같이 마이크로프로세서를 중앙처리 장치로 하여 마이크로프로세서의 외부버스에 기억장치와 입출력 장치를 연결한 것이다.

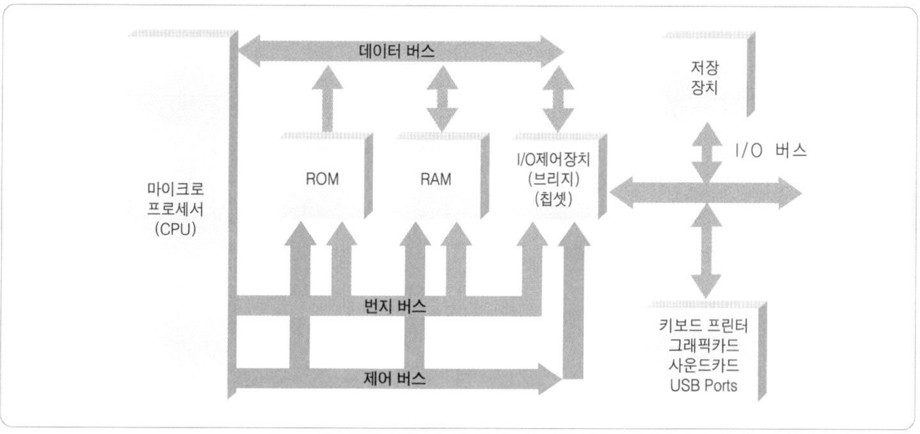

[그림 7.13] 마이크로컴퓨터의 구조

[그림 7.13]의 버스는 마이크로프로세서의 입장에서는 외부버스 이지만 마이크로컴퓨터의 입장에서는 자신의 내부버스인 것이다. 마이크로컴퓨터의 **입출력제어장치**(I/O controller)는 **브리지**(bridge)라고도 불리는 **칩셋**(chip set)이 담당한다. 그리고 마이크로컴퓨터의 **입/출력버스**(I/O bus)버스에 대응하여 이들 마이크로컴퓨터의 내부버스를 **시스템버스**(system bus)라고 한다.

마이크로컴퓨터의 데이터버스는 CPU가 수행해야할 명령이나 연산 장치가 필요한 데이터를 ROM이나 RAM등의 기억장치에서 가져오거나, 연산의 결과를 임시로 RAM 기억장치에 전달하는 선로이다. 번지버스는 다음에 수행될 프로그램 명령이나 연산에 필요한 데이터가 기억될 기억장치의 주소가 흘러가는 선로이고 제어버스는 시스템 전체의 동작을 제어하는 명령이 흐르는 선로이다.

또 CPU에는 처리속도를 향상시키기 위해서 고속의 **캐시메모리**(cache memory)가 붙여 있다. CPU칩 안에 포함된 캐시를 L1캐시라고 하며 CPU밖에 붙여있는 별도의 캐시 칩을 L2캐시라고 한다.

CPU가 RAM에 기억된 프로그램 명령을 가져올 때 마다 시스템버스를 이용해야하기 때문에 버스가 다른 장치들 간에 데이터 전송으로 바쁠 때는 기다리는 시간이 그리고 명령이 버스를 통해서 이동하는데 시간이 많이 소요된다. 그래서 CPU의 제어장치가 RAM에서 명령을 인출할 때 그 다음에 수행될 명령들의 일부를 한 번에 가져다 미리 캐시에 놓고 CPU는 바로 캐시만을 액세스하게 하여 명령인출시간을 줄여 처리속도를 높이는 것이다.

여기서 시스템버스와 I/O버스는 고속도로에 그리고 버스에 흐르는 신호는 고속도로를 달리는 각종 차량에 비유할 수 있고, **버스의 폭(band width)**은 차선의 수에 비유할 수 있다.

I/O제어장치는 고속도로의 교차로(Interchange)에 그리고 I/O 인터페이스 카드나 포트는 고속도로의 톨게이트(toll gate)에 그리고 입출력장치는 고속버스 터미널에 비유할 수 있다.

마이크로컴퓨터는 각 장치들이 장치고유의 전기적 기계적 특성에 관계없이 인터페이스 회로에 의해서 I/O버스에 정류장 설치하듯이 연결할 수 있기 때문에 다양한 입출력 장치를 컴퓨터 내부 구조를 바꾸지 않고 계속 추가할 수 있다는 것이 과거의 메인프레임 컴퓨터와는 다른 특징을 가지게 되는 것이다.

7.5.2 인쇄회로기판

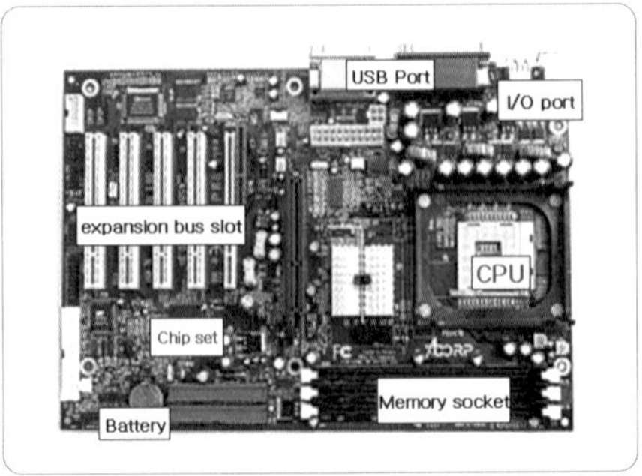

[그림 7.14] 마더보드 (main board, mother board)의 예

인쇄회로기판(PCB: Printed Circuit Board)은 컴퓨터 등의 가전제품 내에서 흔히 볼 수 있는 각종전자 부품들을 연결하는 배선을 형성하여 꽂을 수 있도록 회로패턴이 인쇄된 프라스틱으로 만들어진 4각형의 녹색 회로 판을 말한다.

배선의 형태를 설계프로그램(CAD: Computer Aided Design)으로 그리고, 이를 사진기술로 축소하여 반도체를 제조하는 기술로 플라스틱 기판에 전자부품이 꽂아질 구멍을 뚫은 후에 회로패턴을 인쇄한다. 이 인쇄회로기판을 다른 이름으로 카드(card) 또는 보드(board)라고도 하다.

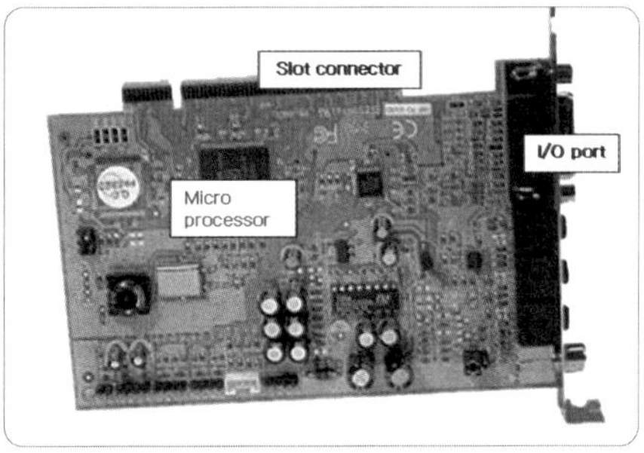

[그림 7.15] 입/출력 장치 접속카드 (I/O interface card) 예

회로기판에 칩, 저항, 콘덴서, 발광다이오드 등 전자부품을 꽂기만 하면 특정용도의 전자회로가 만들어진다. 컴퓨터는 [그림 7.14]과 같은 보통 하나의 **메인보드**(main board) 또는 **마더보드**(mother board)라고 하는 PCB와 [그림 7.15]와 비슷한 여러 종류의 입출력 접속장치의 기능을 하는 카드로 구성되어 있다.

보통 마더보드에는 마이크로프로세서와 RAM과 ROM 그리고 전원 연결 포트와 **확장용 슬롯**(slot)등이 있다. 확장용 슬롯에는 추가로 입/출력장치를 설치할 때 그에 필요한 카드를 슬롯에 꽂으면 즉시 마더보드와 입/출력장치들이 유선이나 무선으로 연결될 수 있도록 해준다. 16에서 64개의 밀집된 핀 구멍(pin hole)으로 구성된 확장 슬롯에는 용도에 따라 RAM을 더 꽂을 수 있는 확장 슬롯과 저장 장치, 비디오 카메라 및 각종 입출력 장치를 추가하기 위한 입/출력확장 슬롯이 있다.

유비쿼터스 컴퓨팅(ubiquitous computing)시대에 들어서면서 메인보드에도 본서 11장에서 설명된 **기가비트 이더넷**(Gigabit Ethernet)LAN, 또는 본서 13장에 설명된 **블루투스**(Bluetooth)나 **지그비**(Zigbee)칩이 선택사항으로 포함된다.

입출력 접속카드에는 기기연결포트를 가진 프린터 카드, 사운드 카드, 그래픽 카드, 비디오 카드, TV 튜너 카드, 모뎀 카드 등 여러 종류의 카드가 있다.

그런데 메모리스틱, 디지털카메라, 핸드폰 등 각종 이동기기들이 컴퓨터에 연결되면서 외부 장치의 종류가 다양해지고 그 기능과 성능이 높아지고 있다. 새로운 장치를 추가할 때마다 컴퓨터 본체를 열고 새로운 카드를 슬롯에 끼우고 하는 일은 매우 번거로운 일이다. 그래서 어떤 형태의 입력이나 출력장치를 본체 밖에서 언제든지 하나의 포트에 바꾸어 꽂을 수 있도록 표준화된 연결기술인 USB(Universal Serial Bus)와 같은 버스기술이 마더보드와 운영체제에 포함되면서 컴퓨터 내부의 구조는 계속 변하고 있다.

윈도우2000이상의 운영체제는 USB구동프로그램을 내장하고 있어서 시스템이 가동 중에도 USB포트에 USB 인터페이스를 가진 주변장치를 끼우기만 하면 CPU가 이를 인지하여 통신한다.

7.5.3 마이크로 컨트롤러

마이크로컨트롤러장치(MCU: Micro-Controller Unit)라고도 부르는 마이크로컨트롤러

(micro-controller)는 일반 범용 컴퓨터와는 달리 크기가 매우 작은 마이크로 회로기판에 조립되어 성능이 특정 장치의 자동제어용으로 제한된 특수목적 컴퓨터이다.

마이크로컨트롤러의 기본구조는 마이크로컴퓨터의 구조와 거의 같다. 다만 컨트롤러는 내재될 기기가 요구하는 일(job)만을 제어해야 하기 때문에 이 기능을 수행하는 프로그램은 ROM에 미리 기억되고 이들 프로그램을 실행하는 데 필요한 작업 공간으로 작은 용량의 RAM이 추가될 뿐이다.

마이크로프로세서는 ROM에 기억되어 수정할 수 없는 프로그램으로 온도 속도 압력 등 기기 장치로부터 들어오는 센서 신호를 처리해서 장치의 여러 가지 구성요소에 제어신호를 보내 장치의 구성요소의 동작을 자동화시킨다. 그리고 작은 크기의 LED신호등이나 LCD 등에 동작결과를 출력한다. 밥솥에서 세탁기, 청소기, 로봇 등 거의 모든 일상용 전자제품에 필수적으로 사용되고 있다.

마이크로컨트롤러는 ROM에 프로그램이 제품설계와 함께 개발되어 제품 속에 들어가 프로그램을 사용자가 수정할 수 없기 때문에 이를 내장시스템(embedded system)이라고도 한다.

7.6 시스템 온 칩

시스템온칩(SoC: System on a Chip)이란 마이크로프로세서, ROM, RAM, 그리고 입출력제어 칩셋 등 따로 제작되었든 여러 기능의 칩들이 집적회로 기술의 발달로 더 많은 트랜지스터를 더 좁은 공간에 집적할 수 있기 때문에 작은 공간의 칩 하나에 모든 기능이 융합되어 제조된 [그림 7.16]과 같은 내부구조를 가진 마이크로칩(microchip)이다.

이 구조 중에 마이크로프로세서와 ROM은 필수 요소이며 나머지는 사용용도에 따라서 다양하게 추가된다.

시스템온칩은 메모리의 용량과 입출력인터페이스 등 그 구조적 제한성 때문에 일반 범용컴퓨터와는 달리 특수한 목적에 사용되도록 제조된다. 그래서 사용되는 목적에 따라 시스템온칩은 일반 범용 컴퓨터와는 달리 소프트웨어와 함께 설계되어 제조된다.

시스템온칩은 각종 제품의 부품으로 들어가 제품을 소형화하고 지능화하는 **임베디드시스템**(embedded system)으로 사용되거나 **RFID태그**와 같은 특정기능의 독립된 제품으로

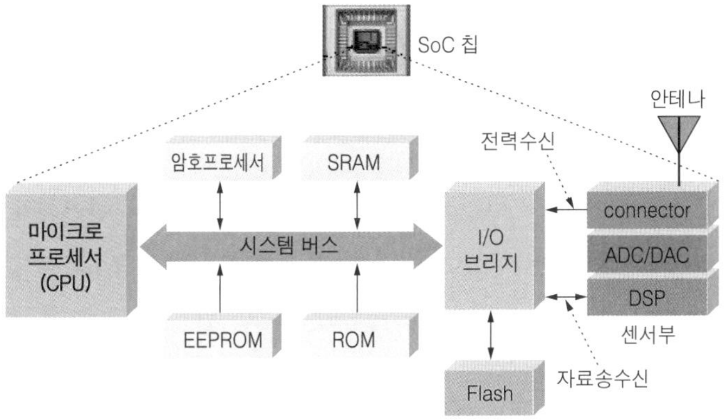

[그림 7.16] 시스템온칩 구조도 예

사용되기 때문에 전파, 온도, 압력, 진동, 빛, 소리 또는 냄새 등 주변에서 들어오는 신호를 인지하는 센서(sensor)를 입력 장치로 가져야한다.

[그림 7.16]의 시스템온칩 구조도에서는 안테나에서 수신된 아날로그신호를 디지털 신호로 바꾸어주는 **아날로그-디지털 변환기**(ADC: Analog to Digital Converter) 및 그 반대 방향의 **디지털-아날로그 변환기**(DAC: Digital to Analog Convertor) 그리고 변환된 디지털 신호에 들어있는 잡음을 제거하고 신호를 압축하거나 재생하는 **디지털신호처리기**(DSP: Digital Signal Processor)등의 회로를 묶어 센서회로에 포함시키어 보인 것이다.

시스템온칩은 그 넓이가 볼펜으로 찍은 점보다 작고 종이보다 얇기 때문에 그 소모 전력은 무시할 정도로 극히 작으며, 기능별 반도체를 따로 만들어 회로기판위에 꽂을 필요가 없기 때문에 가격이 매우 싸다. 그 결과 시스템온칩은 센서가 무엇을 감지할 수 있고 **EEPROM**이나 **플래시메모리**에 들어 있는 프로그램에 따라 TV, 냉장고, 전기밥솥, 세탁기 등 가정용 전기제품에, 자동차 운전석에 보이는 각종계기장치에, 디지털 카메라, 휴대폰, 스마트카드 등 이동기기에, 출입통제를 관리하는 경비시스템에, 어린이용 멜로디 책이나 장난감 및 로봇 등 에 보이지 않는 핵심부품으로 심어지고 있는 것이다. 그리고 동식물이나 상품에 **RFID태그**로 붙여져 인터넷에 연결되는 유비쿼터스시대에는 시스템온칩의 능력과 응용분야는 상상을 초월할 정도로 다양해지고 있는 것이다.

우리가 현재 교통카드로 많이 사용하고 있는 스마트카드의 예로 시스템온칩의 응용예를 설명한다. **스마트카드**(smart card)란 시스템온칩으로된 RFID태그일종으로 ROM에는 카드운영체제(card operating system)가 그리고 EEPROM에는 특정기능의 응용프로그램이 기억되어있다. 응용프로그램은 EEPROM에 기억된 카드의 고유번호와 전자화폐금액 등을 가지고 안테나를 통해서 태그판독기와 정보를 주고받으면서 연산하고 그 중간결과 등을 RAM에 일시적으로 기억 한다.

대부분의 [그림 7.17]과 같은 스마트카드에는 칩을 작동하게 하는 건전지가 내장되지 않아서 외부에서 전력을 공급받아야한다. 전력수신방법에 따라서 접촉식과 비접촉식 카드로 그리고 두 가지 기능을 다가진 하이브리드 카드로 나누고 있다.

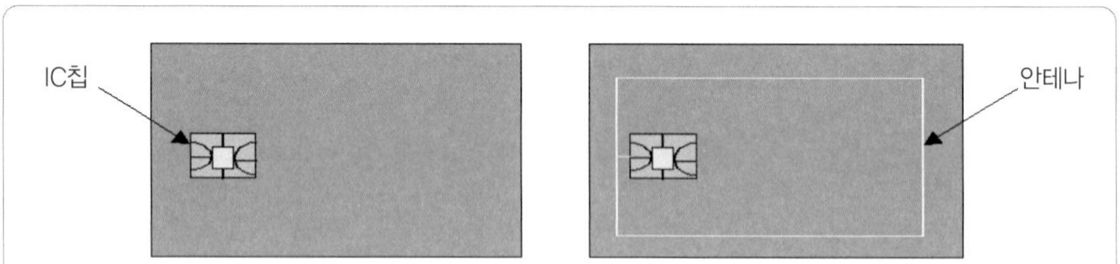

[그림 7.17] 스마트카드의 종류

[그림 7.17]의 시스템온칩에는 8개의 접점들이 스마트카드판독기(smart card reader)의 접점과 접속하여 동작하게 되어있다. 그중에는 전원공급 접점, 프로그래밍접점 그리고 자료입출력 접점 등이 그것 들이다.

접촉식은 카드판독기에 꽂아서 접점과 연결되도록 하는 것이고 **비접촉식**은 카드 안에 도금된 머리카락 굵기 보다도 훨씬 작은 안테나에 의해서 전력이 카드에 공급되고 자료의 송수신이 이루어지는 방법이다. 카드판독기에서 발사되는 전파가 스마트카드의 안테나에 유도전류를 발생시키고 이것이 순간적으로 칩에 충전되어 건지지 역할을 하게 된다.

그래서 카드판독 단말기와 스마트카드와의 거리는 10cm 이하 이어야하고 은박지 같은 금속물질에 싸여있으면 전파를 은박지가 흡수해서 카드는 동작되지 않는다.

인터넷에 연결된 스마트카드 판독기를 통해서 소지자의 이동과 거래내역 등 각종 정보가 인터넷으로 관리 감독되기 때문에 개인정보 보호대책이 사회적 제도적으로 확립되는 것이 중요하다.

이제 컴퓨터 시스템의 발전을 그 크기와 사용자와의 관계로 정리하면 [그림 7.18]과 같다.

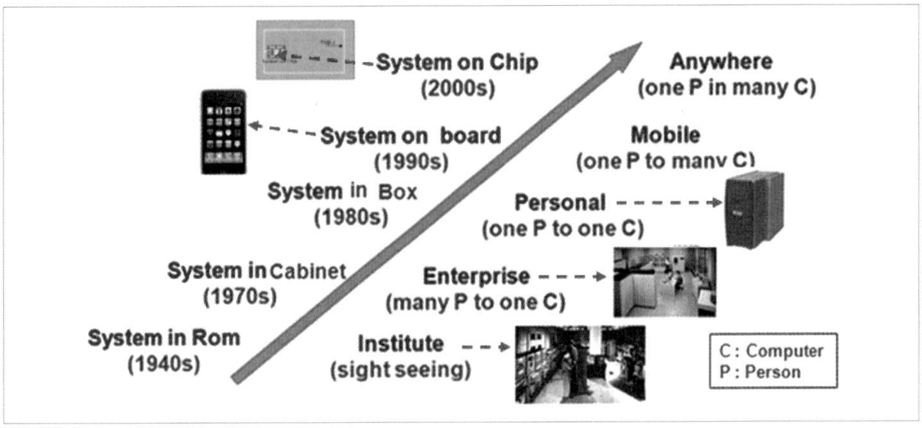

[그림 7.18] 컴퓨터 시스템의 발전

1940년대의 컴퓨터는 하나의 교실을 차지할 정도의 크기로 주로 대학의 연구소에서 매우 복잡한 계산을 빠르게 하기위해서 제작된 하나의 구경거리이었지만, 1970년대에는 대기업 전산실의 캐비넷에 들어가 설치되었으며 1980년대에는 축소되어 개인의 책상위로 올라갔다. 그리고 1990년대에는 패킷기술과 인터넷이 등장하면서 노트북이나 휴대폰 등 휴대 기기로 발전 하였고, 2000년대에 들어와서는 SoC가 볼펜 한 자루 값보다 싸게 되었기 때문에 이제는 거의 모든 사물에 붙여지거나 심어져 움직이는 곳 마다 컴퓨터가 우리를 포위하면서 쫓아오고 있는 유비쿼터스 세상이 되었다.

그리고 2010년 3세대 iPhone이 등장하면서 사물과 직접 대화할 수 있고 이동 중에도 업무를 계속하는 스마트시대로 발전하고 있다.

연습문제

컴퓨터 과학개론

7.1 기억장치의 주소의 단위는 무엇인가?

7.2 기억장치의 기능은 무엇인가?

7.3 [그림 7.2]에서 번지 레지스터 1001이 들어있다면 기억매체를 행렬로 보았을 때 몇 행 몇 열에 지정되는가? 이경우 그 때의 번지는 몇 번지인가?

7.4 ROM과 RAM의 차이점을 설명하시오.

7.5 DRAM과 SRAM의 차이점을 설명하시오.

7.6 좋은 기억매체의 조건은 무엇인가?

7.7 가산기에서 연산의 결과가 기억되도록 설계된 레지스터의 이름을 무엇이라고 하는가?

7.8 제어장치는 어디서 해독할 명령을 가져오는가?

7.9 컴퓨터 시계의 기능은 무엇이고 컴퓨터의 속도와는 어떤 관계인가.

7.10 [그림 7.8]에서 명령 레지스터 플립플롭 상태가 00인 경우 이들 AND 게이트 중 몇 번의 출력신호가 on 상태가 되는가?

7.11 1기계주기의 시간을 무엇이라고 하는가?

7.12 [그림 7.10]에서 기억장치의 714번지에 00000004가 기억되어 있고 명령 5A가 만약 빼라는 명령이면 수행 후에 누산기의 내용은 얼마가 되는가?

7.13 MIPS란 무엇인가?

7.14 컴퓨터 처리 속도에 영향을 미치는 요소들은 무엇인가?

7.15 마이크로프로세서란 무엇이고 또 코어와 차이점은 무엇인가?

7.16 마이크로컴퓨터에서 버스를 정의하고 버스의 종류와 기능을 나열하시오.

7.17 마이크로컴퓨터와 마이크로 컨트롤러의 차이는 무엇인가?

7.18 PCB란 무엇이고, 이를 다른 말로 무엇이라 부르는가?

7.19 시스템 온 칩(SOC)은 무엇이고, 응용분야를 생각해서 그 예를 드시오.

7.20 비접촉식 스마트카드는 수동형 태크이다. 어떻게 전력을 공급받는지 설명하시오.

8장 소프트웨어

8장 소프트웨어

하드웨어는 단순히 반도체 트랜지스터로 구성된 전기회로에 지나지 않는다는 것을 앞의 장들에서 설명하였다. 그러나 하드웨어에 생명을 불어 넣는 것은 소프트웨어이다.

소프트웨어는 컴퓨터 회로의 스위치들을 이리저리 켜고 끄면서 화려한 윈도우 영상 화면을 나타나게 하고, 손가락 터치만으로 스마트폰 화면과 대화할 수 있게 하며, 그리고 키보드를 누르면 글자 한자 한자를 영상화면에 만들어 보여주는 일까지 컴퓨터의 모든 동작을 할 수 있게 하는 것이다.

컴퓨터운영에서 인터넷 그리고 사물을 지능화 시키는 유비쿼터스 컴퓨팅까지 이 모든 것이 컴퓨터 프로그래밍 언어로 작성된 소프트웨어 개발 기술로 나타난 것이다.

소프트웨어(Software)란 인간이 이해하고 사용할 수 있는 지식에 대응하는 것으로 가장 좁은 의미는 기억장치에 적재되어 실행될 수 있는 프로그램을 의미한다. 보통 소프트웨어라고 하면 좁은 의미의 소프트웨어를 의미하는 경우가 대부분이다.

그러나 프로그램이 처리해야할 데이터가 반드시 있어야하기 때문에 프로그램과 그에 관련된 데이터를 합쳐 이를 넓은 의미의 소프트웨어라고 한다.

이때 콘텐츠(contents)라고하면 계산의 대상이 되는 데이터와는 달리 인터넷을 통해서 상품으로 거래되는 미술, 음악, 게임 등 시청각 전용으로 만들어진 정보들을 의미한다.

이 장에서는 소프트웨어의 분류, 프로그래밍 언어, 프로그램작성 순서, 소프트웨어 공학 그리고 객체지향 기술을 설명한다.

8.1 소프트웨어의 분류

소프트웨어는 사용목적에 따라 응용소프트웨어 ,시스템소프트웨어로 분류된다.

8.1.1 시스템 소프트웨어

시스템 소프트웨어는 컴퓨터 하드웨어의 각 장치들을 가장 효과적으로 운영할 수 있게 하고 사용자들의 공통된 요구사항을 지원해서 응용프로그램 작성과 컴퓨터 사용을 쉽게 할 수 있도록 지원해주는 각종 프로그램들을 말한다.

시스템 소프트웨어는 [그림 8.1]과 같이 운영체제(operating system), 언어번역기와 연계 편집기/로더, 파일시스템, 데이터베이스 관리시스템, 미들웨어, 유틸리티, 프로그램 개발도구 등 수 많은 종류가 있다.

그래서 같은 성능의 컴퓨터라도 거기에 설치된 시스템소프트웨어의 종류와 기능에 따라 업무처리 성능과 사용의 편리성은 매우 다르게 된다.

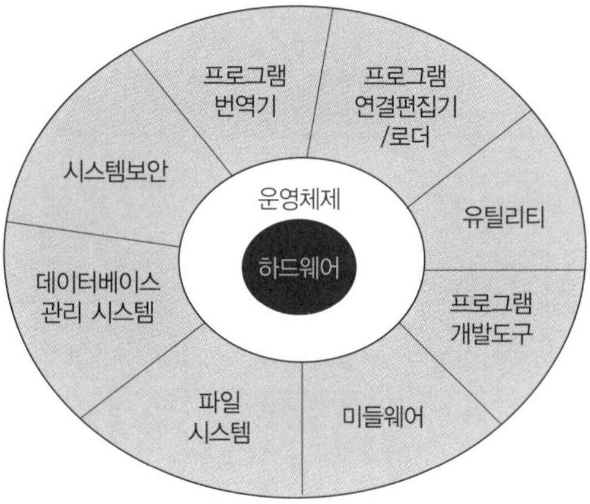

[그림 8.1] 기능에 따른 시스템 소프트웨어 종류

1 운영체제

운영체제(OS : Operating System)는 컴퓨터 내부구조와 동작원리를 전혀 몰라도 컴퓨터를 쉽게 사용할 수 있도록 해주는 핵심 소프트웨어이다.

컴퓨터를 켜면 BIOS라고 ROM메모리에 기억된 부팅(booting)프로그램이 시스템 디스크에 저장된 운영체제 프로그램을 제일먼저 읽어서 컴퓨터의 기억장치에 읽어 적재하고 CPU 사용권을 운영체제에 넘긴다. 이는 마치 깊이 잠들어 있는 우리 육체에 운영체제라고 하는 생명을 불어넣어 다시 깨어나서 정신이 든 상태에 비교할 수 있다. 운영체제에 대해서 좀 더 구체적인 설명은 9장 운영체제 단원에 설명되었다.

2 프로그램 번역기

프로그램 번역기는 응용프로그래머가 문서편집기로 작성한 인간언어와 비슷한 고급언어 프로그램을 2진 디지털로 표현된 기계어로 번역해서 목적프로그램(object program)을 만드는 일을 하는 일종의 통역프로그램이다. 기계어로 번역되기 전의 프로그램을 소스프로그램(source program)이라고 한다.

번역기에는 프로그램 명령 한줄 한 줄을 개별적으로 번역해서 즉시 수행상태로 번역해주는 인터프리터(interpreter)형과, 프로그램 전체를 읽은 다음 앞뒤 문장사이에서 참조되는 의미상의 오류들을 모두 찾아보고 한꺼번에 기계어로 번역하는 컴파일러(compiler)형 번역기가 있다. 비유하지면 인터프리터는 통역사의 기능을 가지며, 컴파일러는 번역가의 기능을 가지고 있는 것이다.

3 프로그램 연계편집기와 로더

프로그램 연계편집기(linkage editor)란 기계언어로 번역된 응용프로그램을 기억장치에 적재하여 바로 돌아갈(running) 수 있도록 함수문 등 시스템이 제공하는 여러 개의 목적프로그램(object program)들을 응용프로그램에 연결해 언제든지 실행(executable)할 수 있는 상태의 프로그램으로 편집해주는 프로그램이다.

프로그램 로더(loader)란 실행상태의 프로그램을 실제 기억장치에 적재하여 운영체제가 실행하게 해주는 프로그램을 말한다.

로더(loader)에는 프로그램 실행 전에 연계편집기가 만들어 놓은 실행 프로그램을 한꺼번에 적재는 정적로더(static loader)와 연계편집기를 거치지 않고 실행(running)중에 필요할 때마다 저장장치의 시스템라이브러리에서 목적프로그램을 운영체제가 불러다가 연결하는 동적로더(dynamic loader)가 있다.

4 유틸리티

유틸리티(Utilities)란 없으면 할 수 없지만 있으면 매우 유용한 것으로 책상위에 지우개나 형광펜, 또는 딱풀 등이 있는 필통은 간단한 문제를 쉽게 해결하는데 필요한 유틸리티의 예이다. 컴퓨터 소프트웨어에서 유틸리티는 반드시 필요한 시스템 소프트웨어에 속하지는 않지만 누구에게나 있으면 매우 유용한 작은 크기의 응용프로그램들을 말한다.

유틸리티는 사용자가 전문가의 도움이 없이도 프로그램을 작성하거나 컴퓨터를 사용할 때 도움을 주고 또 컴퓨터를 사용하면서 발생하는 소소한 문제를 스스로 해결할 수 있게 해준다. 유틸리티는 운영체제를 공급하는 회사에서도 제공하지만 일반 개인들이 만들어서 통신망에 올려놓은 유용한 유틸리티들이 많이 등장하고 있다. 따라서 다양하고 좋은 유틸리티를 잘 활용할 수 있어야 유능한 컴퓨터 사용자가 되는 것이다.

유틸리티에는 하드웨어의 각종장치에 대한 정보를 알려주거나, 디스크 파일의 손상을 검사하고 복구하며 디스크에서 사용할 수 없는 조각을 모아 정리해주는 등 시스템을 최적화 시켜주는 시스템 유틸리티, 바이러스를 감지하거나 검사하여 치료해주는 백신 유틸리티, 윈도우의 탐색기 같이 파일의 관리를 도와주는 셸 유틸리티, 파일의 크기를 줄여주는 압축 유틸리티 그리고 인터넷에서 목적지까지의 경로와 도착시간에 대한 정보를 제공해주는 ping과 같은 인터넷 유틸리티 등 무수히 많은 종류가 있다.

5 프로그램 개발 도구

규모가 크고 복잡한 업무를 전산화하려면 여러 사람이 팀을 이루어 업무분석부터 시스템 설계, 프로그램 코딩과 테스팅 등 수많은 정신적, 육체적 작업이 필요하다. 프로그램 개발과 실행을 신속하고 편리하게 할 수 있도록 지원해 주는 프로그램들을 프로그램 개발도구(program development tool)라고 한다.

현재 프로그램 개발 도구는 프로그램을 코딩하여 컴퓨터에 입력하고 수정할 수 있는 문서편집기(text editor), 여러 가지 언어 번역기, 연결편집기 그리고 로더 등을 하나의 대화형 윈도우 화면에 통합하여 소프트웨어 개발 속도를 높일 수 있는 개발 도구를 통합개발환경(IDE: Integrated Development Environment)이라고 한다.
통합개발환경 도구로는 Microsoft사의 Microsoft Visual Studio는 비쥬얼베이직, C++, C# 등을 지원하며, Oracle사의 Jdeveloper는 Java, XML 등 웹 프로그래밍 등을 지원한다.

6 미들웨어

미들웨어(middleware)란 컴퓨터의 기종이나 운영체제 및 데이터베이스 관리시스템에 상관없이 어떤 응용프로그램이 인터넷에 연결된 다른 컴퓨터에 설치된 응용 프로그램과 데이터베이스를 마치 자신의 컴퓨터에 있는 것처럼 불러다 사용하게 해주는 프로그램들을 말한다. 미들에어는 11장 "컴퓨터통신"과 12장 "인터넷" 기술을 기반으로 만들어진 프로그램이다.

파일 시스템과 데이터베이스 관리시스템은 본서 10장 "자료 관리" 에서 시스템보안은 본서 14장 "유비쿼터스시대의 정보보안"에 설명 되었다.

8.1.2 응용 소프트웨어

응용 소프트웨어(application software)는 우리가 매일 사용하는 소프트웨어로 시스템 소프트웨어의 지원과 협조를 받아 사용자들의 문제를 해결해 주는 프로그램으로 대부분이 고급언어로 작성된다. 응용 소프트웨어는 크게 범용 소프트웨어(general purpose software), 사용자의 요구에 미루어 개발한 주문 소프트웨어(custom software), 스마트폰 같은 단말기로만 내려 받을 수 있는 모바일 앱 소프트웨어(mobile application software) 그리고 내장 소프트웨어(embedded software)로 나눌 수 있다. 보통 컴퓨터에서 사용자라면 응용 소프트웨어의 사용자를 말한다. 응용 소프트웨어는 인터넷 기반으로 누구도 쉽게 사용할 수 있도록 계속 개발되고 있다.

1 범용 소프트웨어

패키지(packase)라고도 불리는 **범용 소프트웨어(general purpose software)**는 워드프로세서와 같이 수요가 많고 사용자가 직접 만들기는 너무 어려워서 전문 소프트웨어 업체에서 만들어 이용자들에게 유상으로 공급하는 프로그램이다. 즉, 주문해서 만들어진 소프트웨어가 아니고 많은 수요자를 대상으로 만들어진 것이다. 여기에는 스프레드시트, 수치계산, 통계계산, 구조해석 등의 수치계산 전용프로그램, 건축 기계 등의 공학 설계도구, 문서 작성 도구, 그래픽처리, 그림과 동영상 등의 멀티미디어 제작도구, 게임 프로그램, 작곡과 연주 도구, 보안 프로그램, 웹 페이지 제작 도구 등 무수히 많은 응용프로그램들이 등장하고 있으며 앞으로도 정보 기술의 발전은 가장 잘 팔릴 수 있는 소프트웨어의 개발이 가장 중심이 되는 것이다.

PC에서 가장 많이 사용되고 있는 응용 소프트웨어는 워드프로세서로 한글과 MS Word 등이 있고, 스프레드시트에는 Excell이 있으며, 강의나 회의 발표용으로 PowerPoint, 그래픽스에는 PhotoShop, Illustrator, 3D-Max, 설계에는 AutoCad, 통계에는 SPSS와 SAS 등이 있고 홈페이지 제작에는 국산인 나모 웹에디터와 FrontPage 등이 있다.

2 주문 소프트웨어

주문 소프트웨어(custom software)란 자신들의 업무를 처리하기 위하여 직접 사용자가 개발하거나 전문 응용 프로그램 개발 업체에 의뢰하여 작성한 비즈니스 업무 중심의 프로그램을 말한다. 사용자 개발 프로그램으로는 인사관리, 회계관리, 판매관리, 생산관리 등 무수히 많다. 이들 프로그램은 컴퓨터 기술과 업무처리의 정책이 끊임없이 변하기 때문에 계속 수정 보안해가야 한다.

3 모바일 앱 소프트웨어

모바일 앱 소프트웨어(mobile app software)는 2008년 7월 애플사가 iPhone 출시하면서 탄생한 말이다. iPhone 사용자는 일반 개인이나 기업이 앱 스토어(App Store: iPhone 소프트웨어 장터)라는 온라인 사이트에 올린 수십만 개의 프로그램 중에 필요한 것을 선택해서 매우 적은 돈을 지불하거나 공짜로 iPhone에 다운받아 PC에서처럼 사용할 수 있게 만든 프로그램을 "앱" 또는 "어플리케이션" 이라고 부르기 시작하였다.

이제는 iPhone과 같은 스마트 단말기에만 설치할 수 있는 작은 프로그램들을 의미하는 용어로 "앱"이나 "어플리케이션"이 사용되어가고 있다.

그리고 스마트 단말기 제조회사, 이동통신회사 그리고 TV방송국까지도 앱 스토어 사업에 적극적으로 뛰어들고 있다. 그 이유는 무선인터넷을 사용하기 때문에 통신비는 무료이고, 개발자와 장터 운영회사가 수익을 분배하기 때문이다. 이와 같이 이동단말기를 통해서 앱 장터에서 거래되는 소프트웨어를 "모바일 앱 소프트웨어"라고 부르겠다.

스마트 폰으로 촉발된 "모바일 앱 소프트웨어" 장터는 개인이나 동아리 모임에게 수억 명의 고객을 만나 돈들이지 않고 큰 돈을 벌어들일 수 있는 콜럼버스가 발견한 신천지인 것이다.

4 내장 소프트웨어

내장 소프트웨어(embedded software)란 핸드폰, TV, 냉장고, 자동차, 승강기등으 제품에 심어져서 기기들의 동작을 제어하는 마이크로 프로세서용 프로그램이다. 내장 소프트웨어는 제품을 설계할 때 제품의 특성과 사용 용도의 특성에 맞도록 설계되어 EEPROM이나 플래시 메모에 기억되기 때문에 일반 사용자는 수정할 수 없는 프로그램이다.

소프트웨어를 그 사용목적에 따라 그 관계를 계층적으로 표현하면 [그림 8.2]와 같다.
따라서 소프트웨어의 최종 사용자는 제일 밖에서 응용 소프트웨어 층을 통해서 그리고 응용 소프트웨어 전문가는 어셈블리 언어나 C와 같은 언어를 통해서 하드웨어의 구조와 기능을 보는 것이다.

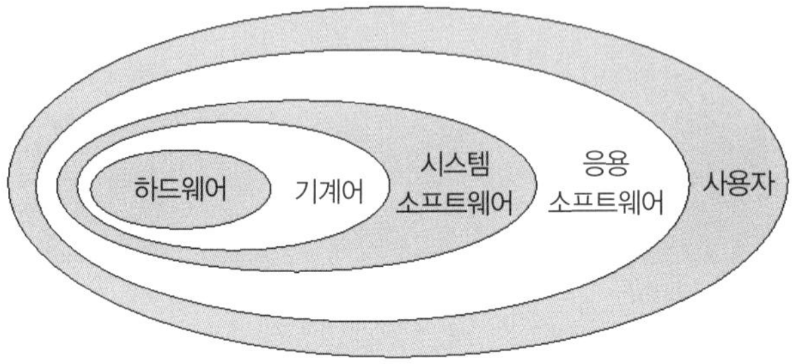

[그림 8.2] 소프트웨어의 계층

또 이 그림에 의미를 붙인다면 하나는 기술 변화의 속도와 폭이고 또 하나는 각 계층별 분야에 종사할 전문인력의 수요이다. 하드웨어의 계층의 중심부를 축으로 해서 돌리면 안쪽보다는 바깥쪽으로 갈수록 그 속도는 훨씬 빠르게 된다. 그리고 그 계층의 넓이는 바깥쪽으로 갈수록 매우 넓어진다. 이는 사용자에 가까울수록 컴퓨터 응용기술의 변화는 심하지만 취직의 문은 매우 넓다는 것을 의미하고 반대로 안쪽으로 갈수록 기술 변화의 속도는 작지만 깊게 공부를 해야하고 고급기술자이지만 수요는 상대적으로 작다는 것을 의미한다.

8.1.3 취득방법에 의한 소프트웨어의 분류

인터넷의 보급에 따라 소프트웨어 공급자와 수요자가 다양해짐에 따라 여러 가지 형태의 소프트웨어 취득방법이 생기게 되었다. 컴퓨터 전문상점이나, 일반서점에서, 그리고 인터넷을 통해 구입할 수 있게되었다. 정상적인 방법으로 소프트웨어를 취득하여 불법 소프트웨어를 사용하는 일이 없도록 이 절에서는 소프트웨어의 분류를 전절의 사용용도에 따른 분류와 달리 취득 방법에 의해서 분류하여 설명한다.

1 구입소프트웨어(purchased)

구입소프트웨어는 소프트웨어의 소유자나 대리점에서 CD-ROM의 형태로 구입한 정품 소프트웨어이다. 소프트웨어의 구입이란 그 소프트웨어의 소유권이 아니라 사용권(license)을 구입하는 것이기 때문에 이를 다른 사람에게 팔거나 빌려 줄 수 없게 되어있다.

보통은 하드웨어를 구입할 때 기본적인 소프트웨어는 함께 제공된다. 하드웨어를 구입할 때 따라오는 소프트웨어를 번들(bundle) 소프트웨어라고 한다.

2 셰어웨어(shareware)

셰어웨어란 인터넷을 통해 공급되는 소프트웨어이다. 셰어웨어는 사용자들이 소프트웨어를 얼마동안 시험적으로 사용해본 후 소프트웨어 사용료를 소프트웨어 개발자에게 지불해야 하는 소프트웨어이다. 값을 개발자에게 지불함으로서 소프트웨어 사용자로 등록되어 생산자로부터 지속적 지원을 받게된다.

셰어웨어는 저작권이 보호되기 때문에 내려 받은 소프트웨어를 다시 판매할 수 없고 개인 프로그래머들이 만들어 인터넷에 올려놓기 때문에 값이 싸다 는 것이 특징이다.

3 라이트웨어 (liteware)

라이트웨어는 셰어웨어와 비슷한 형태이지만 구입 가능한 사용자들이 맛보기로 소프트웨어의 기능을 보고 느낄 수 있도록 일부 중요한 기능만을 보여주는 시험 판 소프트웨어로 시험기간동안만 무료로 사용할 수 있는 소프트웨어이다. 따라서 마음에 들면 모든 기능이 포함된 제품(full product)을 주문해야한다.

4 프리웨어(freeware)

프리웨어(freewere)는 개인이나 작은 규모의 회사에서 개발하여 인터넷에 올려놓고 무료로 배포지만 영리를 목적으로 배포할 수 없는 프로그램들이다. 그러나 소프트웨어의 배포를 저작권을 가진 사람이 대부분 통제하고 있으며 프리웨어를 기반으로 만들어진 소프트웨어는 프리웨어로 지정된다.

프리웨어는 사용상에 문제가 발생하면 사용자의 책임이며, 프리에어를 가장한 바이러스 프로그램일 수도 있으니 이를 조심하여야 한다.

5 공용 도메인 소프트웨어(public domain software)

공용 도메인 소프트웨어는 무료이고 제약조건 없이 사용할 수 있도록 개발자가 명시적으로 모든 권리를 포기하여 소스코드와 함께 인터넷에 올려진 프로그램들이다. 그러나 이 경우의 소프트웨어 수행 중에 발생하는 오류는 개발자에게 아무런 책임을 물을 수 없다.

6 공개 소스 소프트웨어(open source software)

공개 소프트웨어(open source software)는 일반에게 프로그램 소스가 무료로 공개되어 사용자는 공개소프트웨어의 기능과 성능을 향상시킬 수 있도록 인터넷에서 프로그램을 읽고 오류를 찾아주고 성능을 개선하여 모든 사람이 무료로 사용할 수 있도록 하는 OSI(Open Source Initiative)가 주도해 가는 프로그램이다.

즉 기업체 연구원 몇 사람이 만드는 것보다도 프로그램작성에 흥미 있는 전 세계의 프로그래머들이 공동으로 개발해 가는 프로그램이다. 공개소프트웨어의 예로는 운영체제인 UNIX와 Linux, 그리고 인터넷 브라우저인 **파이어 폭스**(Fire Fox)가 대표적이다.

8.2 프로그래밍 언어

프로그램(program)이란 어떤 일을 어떻게 수행하라는 명령을 순서대로 나열한 것을 말한다. 해야 할 일을 순서대로 나열한다는 면에서 프로그램이라는 용어는 방송프로그램과 같이 컴퓨터에만 적용되는 말은 아니다. 컴퓨터에서 사용하는 프로그램은 기계가 알아듣고 그대로 수행해야 하기 때문에 매우 세밀하고 정확한 표현으로 작성되어야 한다. 프로그램을 작성하는 컴퓨터 언어를 프로그래밍 언어(programming language)라고 한다. 프로그램언어로 프로그램을 만드는 사람을 프로그래머(programmer)라 하고 프로그램을 작성하는 것을 프로그래밍(programming)이라고 한다.

이 절에서는 프로그램의 일반적인 구조, 컴퓨터 언어의 종류 그리고 언어의 사용 사례를 설명한다.

8.2.1 프로그램 구조

프로그램을 만들기 위해서는 이차 방정식의 해를 구한다든지 월급계산 업무를 전산화한다든지 하는 특정한 일이 있어야 한다. 이 일을 컴퓨터가 처리하도록 하기 위해서는 컴퓨터에게 읽어야 할 자료는 어디에 있고 그 자료의 형태와 구조는 어떻게 생겼는지 설명해 주고 난 다음, 읽은 자료를 가지고 어떤 순서에 의해서 계산을 하는지 그 문제 해결의 절차를 설명해 주어야 한다.

하나의 프로그램 속에서 자료 형태와 구조를 설명하는 부분이 선언(declaration)부이고 문제풀이 절차를 설명해 주는 부분이 처리(process) 부이다.

1 선언 부

프로그램에서의 **선언 부(declaration part)**는 읽어들일 자료가 어디에 있고, 또 어디에 처리결과를 출력해야 하는지를 설명해 주는 부분과 읽어들일 자료가 기억될 기억장치 내의 주소와 공간의 크기 등을 알려주는 부분이 있다. 전자는 파일명으로 후자는 변수명으로 선언한다.

1) 파일명 선언

저장장치에 저장된 자료는 파일 단위로 저장된다. 따라서 파일명선언은 파일이 어느 장치에 어떤 이름으로 저장되어 있는지를 알려주는 정보이다. 그런데 프로그램을 작성하는 사람의 입장에서는 읽어야 할 자료가 저장된 장치명과 파일명을 미리 알고 프로그램을 작성할 수가 없다. 왜냐하면 자료가 저장된 저장장치에 대한 것은 운영체제 프로그램이 그리고 파일명은 자료를 입력한 사용자가 지정해 주기 때문이다. 그리고 한 번 알고 있다고 생각한 파일명을 항상 기억하면서 프로그램을 작성한다는 것은 매우 어려운 일이다.

그래서 프로그램 내에서는 입출력장치와 파일의 이름을 프로그래머가 마음대로 이름을 짓고 이 이름을 사용하여 프로그램을 작성한다. 여기서 운영체제의 파일관리기능을 이용하여 저장장치에 설정한 파일의 이름을 물리적 파일명(physical file name)이라 하고, 프로그래머가 붙인 이름이나 번호를 논리적 파일명(logical file name)이라고 한다. 일상 생활에서 예를 들면,

> 홍길동은 전산과 2학년 학년대표이다.
> 홍길동은 전산과 2학년 15번이다.
> 홍길동은 컴퓨터 연구회 회장이다.

이라고 했을 때 "홍길동"은 호적에 등록된 물리적 이름이고 "학년대표"나 "15"는 전산과 2학년에서 그리고 "회장"은 컴퓨터 연구회에서 붙여진 논리적 이름이다. 호적에 등록된 "홍길동"이라는 이름은 국가라는 운영체제가 관리하기 때문에 죽을 때까지 변하지 않는 고유한 이름인데, "학년대표"나 "회장" 등은 그가 속해 있는 조직 내에서만 조직원들이 쉽게 기억할 수 있는 "홍길동"을 대신해 주는 이름이다.

물리적 파일명과 논리적 파일명은 open(회장=' 홍길동')과 같이 연결해 주는 명령을 선언해 줌으로서 프로그래머는 자기가 지은 "회장"이라는 논리적 파일에서 자료를 읽어들이거나 또는 "회장"이라는 논리적 파일에 처리결과를 저장할 수 있다. 만약 연구회 회장이 "갑순"으로 바뀌었다면 open(회장="갑순")이라고 선언해주면 된다. 따라서 파일을 바꾸어서 사용하는 경우에는 물리적 파일명만 바꾸고 프로그램 처리부는 수정하지 않아도 되는 것이다. Java언어에서의 "회장"을 입력파일명으로 선언한 예는 다음과 같다.

```
DataInputStream 회장 = new DataInputStream(new
                    FileInputStream("홍길동.dat));
```

2) 변수명 선언

컴퓨터에 표현되는 자료는 자료가 문자이든, 숫자이든, 음성이든 간에 모두 비트 상태로만 표현되는 것을 본서2장과 3장에서 그리고 기억장치의 주소는 바이트 단위로 되어 있다는 것을 7장에서 설명하였다. 변수에는 **기본형(primitive type)**, **배열형(array** type), **레코드형**(record type), **객체형**(object type)등이 있다. 기본형은 자료항목(field)에 대한 것이고 이 자료항목은 바이트를 얼마나 많이 묶어 문자열로 보느냐, 숫자형으로 보느냐에 따라서 비트의 길이와 상태가 같더라도 다른 표현으로 나타난다. Java 언어에서의 기본형의 예를 들면 다음과 같다.

```
int length;
char name;
```

이제 length는 4바이트의 정수형 변수로 name은 1 바이트의 문자형 변수로 선언되었다. 따라서 length라는 기억장소에는 4바이트의 정수형 자료가 기억될 수 있고 name이라는 기억장소에는 1바이트의 문자자료가 기억될 수 있다는 것을 선언한 것이다.

기본형은 A유치원, B파출소와 같이 한 단어로 선언된 이름인데, 아파트에 사는 C씨를 찾아 갈려면 아파트명과 동 호수를 알아야한다. **배열형 변수명**의 선언은 배열명과 첨자로 선언된다. Java언어에서의 배열형의 예를 들면 다음과 같다.

```
int[] class = new int[9];
```

위의 경우 class라는 변수는 9개의 원소로 된 1차원 배열이고 그 자료형은 모두 4바이트 정수형으로 선언된 것이다. 이때 첫 번째 원소는 class[0]으로 마지막 원소는 class[8]로 지정한다.

배열형 구조보다 더 복잡하지만 프로그램의 처리논리와 일치하도록 해서 프로그램의 작성을 쉽게 하는 자료구조가 있다. 변수 이름이 그룹명으로 주어지고 다시 그룹 아래 서브그룹이 그리고 서브그룹 밑에 또 서브그룹이 주어지다가 마지막에는 기본형 변수나 배열형 변수로 명으로 구성된 자료구조이다. 이와 같은 자료 구조를 **레코드형 자료구조**라고 하며, 레코드형 변수명은 제일 상층의 그룹 이름이 된다.

예를 들어 COBOL로 레코드를 표현하면

```
01 직원신상
   02 이름   PIC X(20)
   02 나이   PIC 9(3)
   02 주소
      04 시    PIC X(20)
      04 구    PIC X(20)
      04 동    PIC X(20)
      04 번지  PIC X(5)
```

와 같다. 여기서 주어진 모든 변수 명은 프로그램 처리 부에서 자료가 기억된 번지로 사용할 수 있으므로 프로그램 처리의 논리가 쉽게 된다. 이와 같이 자료구조를 계층화 시켜 상위의 그룹이름으로 자료를 생각하는 것을 자료의 추상화라고 한다. 추상화가 잘 표현되면 될수록 프로그램 처리 논리도 더욱 추상화되어 프로그램의 처리논리를 인간이 이해하기 쉽게 된다.

바로 전의 레코드형 자료구조를 예로 들면 "홍길동씨의 시, 군, 동, 번지를 읽어라"하는 것보다 "홍길동씨의 주소를 읽어라"하면 되는 것이다.

객체형 변수의 선언은 레코드형과 비슷하지만 레코드형보다 더욱더 추상화된다. 객체형 변수선언의 예는 Java언어 책을 참조하기 바란다.

BASIC, C, Java와 같은 언어는 처리 부에서 처리논리를 구체적으로 기술해 주어야 하는 **절차적 언어(procedural language)**이고, 데이터 베이스 질의어와 같은 언어는 처리부가 매우 단순한 비절차적 언어(non procedural language)이다.

비절차적 언어에서는 각 명령에 필요한 처리논리가 이미 언어 내에 만들어져 있고, 사용자는 단지 선언부만 기술하면 된다.

따라서 프로그램 언어를 모르는 사용자는 이들 비절차적 언어를 이용해서 컴퓨터를 사용하는 것이 쉽고, 프로그래머는 프로그램 논리에 융통성이 많은 절차적 언어에 숙달될 필요가 있다.

2 처리 부

프로그램에서 문제처리 절차를 알고리즘이라고 하는데 **알고리즘**이란 문제를 해결하는 원리가 아니라 문제를 푸는 순서적인 처리절차만을 나열해 놓은 것이다.

처리 부는 고안된 알고리즘을 수행하는 프로그램명령들로 되어 있다.

컴퓨터 언어의 명령어(operator)를 컴퓨터 하드웨어 구성장치의 기능에 따라서 정의할 수 있다. 표 8.1 은 가장 간단하게 정의 할 수 있는 명령어를 열거한 것이다.

이들 명령어와 선언된 변수를 이용해서 각양 각색의 명령구문을 만들 수 있다. 처리 부의 문장은 다음과 같은 것이 있다.

1) 입/출력 문(input/output statement)

정보를 처리하기 위해서는 자료를 입력장치나 디스크와 같은 저장장치에서 자료를 읽어다가 처리해서 그 결과를 출력장치에 쓰거나 또는 저장장치에 저장시켜 놓아야 한다.

이와 같은 명령을 수행하는 명령문이 **입/출력 명령문**이다. 프로그램에서는 단지 "읽어라(read)" 또는 "쓰라(write)" 는 명령어와 그때 필요한 변수명만을 써 주면 된다.

실제적인 입출력 작업은 9장에서 설명된 운영체제의 입/출력관리 프로그램 (IOCS)이 대신 해준다. 입/출력 명령문의 단어나 구문은 언어 번역기에 따라 다르기 때문에 특정 언어를 배울 때마다 다르게 표현되는 것을 알 수 있다.

[표 8.1] 하드웨어 기능별 수행 명령단어의 예

기능	우리말 표현	영어 표현
입력	읽는다 본다 연다	read, get, input scan open
출력	받는다 쓴다 그린다 보인다 저장한다	receive write,print, output plot, draw show save
연산	더한다 빼다 곱한다 나눈다	add subtract multiply divide
제어	반복한다 무조건 간다 조건부로 간다	while ( ) do go to it(조건)than

2) 대입 문(assignment statement)

대입문은 명령동사와 상수, 변수 또는 수식으로 구성된다. 변수는 자료가 기억될 기억장소를 의미하고, 상수는 번하지 않는 상수 값이다.

예를 들면 A=B+C/9에서 변수는 A, B, C이고 9는 상수이며, A=B+C/9는 수식이다.

그리고 이 문장의 의미는 B와 C라는 변수로 이름 붙여진 기억장소에 기억된 내용을 연산 장치로 가져다가 C의 내용을 9로 나누고 다시 여기에 B의 내용을 더해서 그 결과를 A라는 기억장소에 기억시키라는 의미이다.

3) 제어문(control statement)

제어문은 프로그램의 수행순서를 변경시키는 문장으로 GO TO문이 있다. 이 GO TO문은 레이블(label)이나 번호가 붙여진 문장으로 그 실행순서를 바꾼다. BASIC 언어에서 예를 들면 [그림 8.3]와 같다.

```
10 READ a, b, c
20 total = a + b + c
30 IF(total > = 50) GO TO 60
40 PRINT a, b, c, total
50 GO TO 10
60 END
```

[그림 8.3] GO TO 문으로 구성된 프로그램의 예

[그림 8.3]의 예에서 10, 20, 30 등을 레이블이라고 한다. 그리고 이 프로그램의 처리흐름은 다음과 같다.

문 번호 10번을 수행하고 나면 그냥 20번으로 실행순서가 옮겨지지만, 30번을 수행하고 나면 total의 내용이 50 보다 작으면 수행의 순서는 60번으로, 아니면 40번 문장

으로 간다.

이 때 40번을 수행했으면 그 다음에는 자동적으로 50번 문장으로 수행이 넘어가고 50번 문장의 수행결과는 무조건 10번 문장을 수행하는 것으로 순서를 옮기어, 이 프로그램의 수행이 반복되게 한다. 이와 같이 GO TO문이 많으면 가는 길이 복잡하여 프로그램 내용을 읽고 그 알고리즘을 이해하기가 어렵다.

프로그램의 제어구조를 연구한 결과 제어의 기본구조는 순서구조(sequential block), 선택구조(selection block), 반복구조(iteration block)로 표현될 수 있음을 알게 되었다. GO TO문을 쓰지 않고 이 3가지 제어블록구조만으로 프로그램을 하는 것을 구조적 프로그래밍(structured programming)이라고 한다. [그림 8.3]를 BASIC언어를 이용해서 다시 구적적 방법으로 코딩하면 [그림 8.4]과 같다.

이 예에서 DO...LOOP UNTIL 사이의 문장들이 total의 값이 50보다 작을 때까지 읽고, 더하고, 쓰기를 계속 반복 수행한다는 반복구조이고, IF~ENDIF는 선택구조이며 READ a, b, c 문과 total=a+b+c 는 순서구조이다.

```
DO
    READ a, b, c
    total = a + b + c
    IF(total > = 50) THEN
        PRINT a, b, c, total
    END IF
LOOP UNTIL (total < 50)
```

[그림 8.4] 구조적 프로그램의 예

[그림 8.4]의 예에서 알 수 있는 것은 하나의 문장이 어디서 시작해서 어디서 끝나는지가 분명하기 때문에 프로그램의 처리절차를 쉽게 이해할 수 있는 것이다.

4) 부프로그램의 호출과 반환

프로그램의 제어문 구실을 하면서도 세 가지 기본구조에 포함시키기가 어려운 제어문이 있다. 그것은 어떤 프로그램이 다른 프로그램을 불러서 그 불려진 프로그램을 수행하고 난 후 돌아와서 부른 명령문 다음 명령문으로 제어가 옮겨가게 하는 명령문이다.

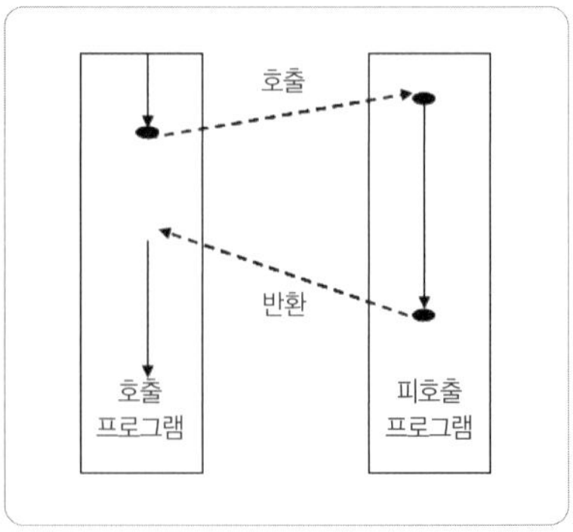

[그림 8.5] 부 프로그램의 호출과 되돌림

이 때 부르는 프로그램을 호출 프로그램(calling program)이라고 하면 불려지는 부프로그램을 피호출 프로그램(called program)이라고 한다. 피호출 프로그램이 호출 프로그램으로 제어를 넘기는 것을 반환(return)이라고 한다. 호출과 반환의 과정을 [그림 8.5]에 그려 놓았다.

각각의 프로그램은 필요에 따라 서로 다른 언어로 작성될 수 있다. 이 경우 프로그램들은 개별적으로 해당 언어 번역기에 의해서 번역되어 목적 프로그램으로 디스크에 저장되어 있다가 로더(loader)라는 시스템운영프로그램에 의해서 프로그램이 호출할 때마다 호출된 프로그램이 기억장치에 적재되어 수행된다.

부 프로그램에는 서브루틴(subroutine) 부 프로그램과 함수(function) 부 프로그램이 있다. 서브루틴은 반환 값이 여러 개이고 함수는 반환 값이 오직 하나이다. BASIC이나 Fortran에서는 서브루틴과 함수가 모두 사용되지만 C나 Java언어에서는 함수만이 사용된다.

8.2.2 프로그래밍 언어의 분류

프로그램 언어는 시간이 흐름에 따라 인간 언어에 더욱 가깝게 발전하고 있다. 인간언어는 지역에 따라 다르지만 프로그램 언어는 사용 목적에 따라 문장구성과 어휘가 다르다. 그래서 수천 개 이상의 많은 프로그램 언어가 등장하였지만 이 많은 언어를 모두 배울 필요는 없고 한 두 개의 프로그램 언어를 잘 구사할 수 있으면 필요에 따라 다른 언어를 배우는 것은 매우 쉽다.

이 책에서는 사용 목적으로 프로그램 언어를 분류하기보다 쓰기 쉬운 정도에 따라서 분류한다.

1 기계어(machine language)

2진수로 표현된 언어로서 컴퓨터의 논리회로가 바로 알아들을 수 있는 0과 1로만 표현된 언어이다. 이를 1세대 언어라 한다. 따라서 기종에 따라 논리회로의 설계가 다르기 때문에 기계어는 기종마다 다르다.

2 기호어(assembly language)

기계와 1대 1로 대응되는 2진 부호대신에 영문기호를 사용하여 사람이 읽기 편하게 한

언어로 어셈블리 언어라고 한다. 특히 컴퓨터의 특성에 맞고 처리 속도를 빠르게 할 필요가 있는 일은 이 어셈블리 언어로 작성된다. 기호 언어를 기계어로 바꾸는 프로그램을 **어셈블러**(assembler)라고 하고 이를 2세대 언어라 한다.

기종에 따라 언어가 다르기 때문에 다른 기종의 컴퓨터에는 이식할 수 없다.

3 고급 언어(high level language)

고급 언어는 인간 언어에 가장 가까우므로 기계 언어에 비해 사용하기 편한 컴퓨터 언어이다. 이를 3세대 언어라 한다. 이들 고급언어의 장점은 기본적인 단어 몇 개만 알고 있으면 쉽게 배워서 사용할 수 있으며 컴퓨터 기종에 관계없이 한번 만들어진 프로그램은 어느 컴퓨터에서도 설치하여 문제를 해결 할 수 잇는 것이다. 따라서 컴퓨터를 배운다고 하면 보통 이들 고급언어를 배우는 것으로 이해되고 있으며 대부분의 프로그램은 이들 고급언어로 작성되고 있다.

이들 고급언어들을 기계어로 번역하는 번역기가 어휘를 어떻게 선택했는가, 문장의 구조는 어떻게 약속했는가에 따라 많은 종류의 고급언어가 만들어졌다.

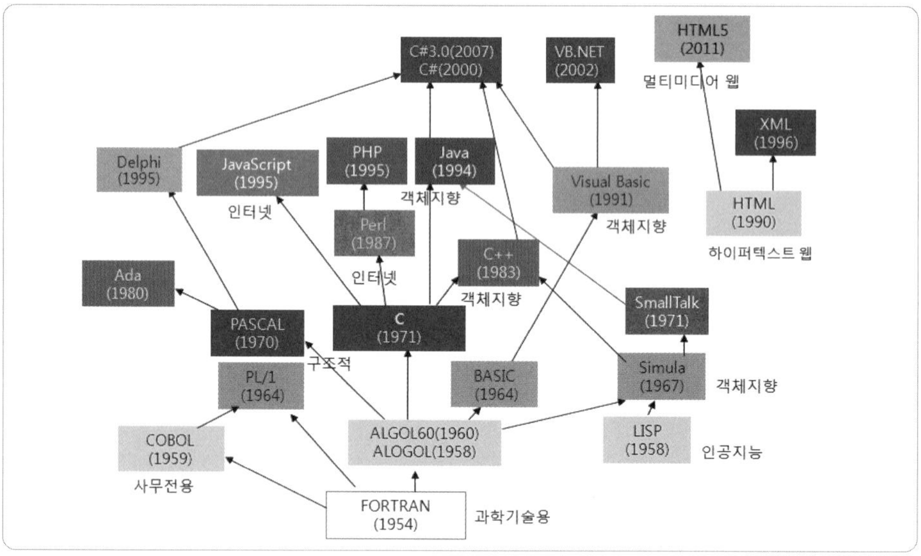

[그림 8.6] 고급 언어의 트리

과학 기술자들이 수학문제를 푸는데 적합한 고급언어로 1954년부터 1959년까지 IBM의 배커스(J.Backus)박사에 의해서 개발된 세계 최초의 고급언어 Fortan이 탄생한 이후 비지니즈 용 Cobol이 등장했고, 오늘날 까지 수 백 개의 언어가 태어났다. 이중에 널이 사용되었고 사용되고 있는 언어들의 뿌리와 역사를 년도별로 정리하여 [그림8.6] 보였다.

4 비절차적 언어

컴퓨터의 기억용량이 엄청나게 확대되고 처리속도가 빨라짐에 따라 프로그램 언어에 대한 언어학적인 연구와 데이터베이스 관리 기술이 고도화되면서 1980년대 중반부터 고급언어보다도 더 인간적인 언어들이 나타났다.

이 언어들은 대개 컴퓨터 기억장소에 있는 자료만 불러다 쓰면 되는 언어들로 "3반의 국어 평균은 얼마냐" 또는 "3반의 1등은 누구냐" 하는 식으로 묻기만 하면 이들 명령 문장 속에 이미 들어 있는 고급언어로 만들어진 프로그램을 수행시켜 물어보는 사람에게 화면이나 프린터로 대답해 준다.

이런 언어를 절차적으로 문제를 서술해 주는 3세대 언어에 대응해서 4세대 **비절차적 언어**(non procedural language)라고 한다. 급여 표에서 급여액이 100만 원 이상인 직원을 찾아 직급별로 그 인원수와 급여총액을 구하는 예를 [그림 8.7]에 보인다.

```
Select                                      수행 결과의 예
        posion, count (position)            과장    5     700
        Sum (amount)                        대리   10    1200
FROM                                        차장    2     500
        payTable
Where
        AMOUNT) 〉= 100 Group By position
```

[그림 8.7] 4세대언어의 표현 예

4세대 언어는 최소한의 문법만을 요구하고 있으므로 전문 프로그래머가 아닌 일반 사용자들이 직접 컴퓨터와 대화할 수 있는 언어인 것이다. 본서 11장에서 설명된 컴퓨터 통신망과 4세대 언어 환경들을 이용하여 전문가의 도움 없이 사용자가 멀리 떨어져 있는 데이터베이스 컴퓨터에 접속하여 직접 자신의 업무를 컴퓨터로 처리할 수 있다.

4세대 언어에는 [그림 8.7]의 예와 같은 **구조적 질의어**(SQL : structured query language)등이 있다.

5 인공지능 언어

인공지능(artificial intelligence)언어는 인간 언어에 매우 가까운 자연어(natural language)를 지향하는 언어이다. 이 언어도 비절차적 언어이지만 특정 어휘나 문법을 쓰

지 않고도 컴퓨터와 대화할 수 있다. 지질탐사나 환자진단 등에 쓰이는 전문가 시스템은 이런 언어를 이용하여 작성되고 있다.

이 언어로는 1958년 MIT 대학의 매카시(John McCarthy)가 개발한 **LISP**(LISP Processing)와 러셀(Phillippe Roussel)이 1972년에 개발한 LSIP보다 기능이 좋은 **PROLOG**(PROgramming in LOGic)가 1977년에 등장하였다.

6 시각 프로그래밍 언어

개인용 컴퓨터의 운영체제 화면이 윈도우즈와 같은 영상화면(GUI : Graphic User Interface)으로 바뀌면서 프로그램 또한 영상화면을 이용하여 쉽고 빠르게 작성할 수 있도록 만들어진 언어들이 1990년 중반부터 나타나기 시작하였다.

이들 **시각 프로그래밍 언어(Visual Programming Language)**의 특징은 객체지향 개념을 포함하고 있으며 동시에 저장장치의 자료관리 시스템(DBMS)과의 접속을 SQL을 이용하여 쉽게 하였고 인터넷 환경에 적합한 웹(Web) 기반 프로그램 작성을 용이하게 할 수 있는 기능 등이 제공되고 있다. 즉 프로그램 통합 개발 환경을 제공하는 개발 도구로서의 기능을 제공한다.

시각 프로그래밍 언어의 예로는 Visual Basic, PowerBuilder, Delphi, Visual C++, Java, Visual Age 등이 있다. Visual Basic, PowerBuilder, Delphi는 클라이언트/서버의 분산환경 구현에 주로 사용되고 Visual C++, Visual Age는 객체지향 개념을 많이 포함하고 있으며 Java는 인터넷 웹 기반의 프로그램 작성에서 많이 사용된다.

또 1994년도에 나온 Java와 경쟁하기 위해서 2,000년에 발표된 MS사의 C#언어가 인터넷 분산환경에서 업무를 신속히 개발할 수 있도록 되어 있어서 그 사용이 확산되고있다.

8.2.3 프로그램 언어의 표현의 예

여기에서는 여러 형태의 프로그램 코딩 예를 보임으로서 컴퓨터 언어의 특성을 이해하도록 X=A+B×C를 계산하는 표현 예를 보인다.

1 기계어 표현

기계어는 다음과 같이 그 명칭이 조작부(operator)와 주소부(operand)로 되어 있다.

조작부	주소부

조작부는 더하라, 빼라, 읽어라, 써라 등과 같이 컴퓨터에서 시키고자 하는 동작의 종류가 들어있고, 주소 부는 이 명령을 처리하는데 필요한 자료가 기억된 기억 장치의 번지가 들어 있다.

주소 부는 한 개의 주소만을 지정하는 명령으로 구성되어 있는 기계어를 1오퍼랜드(operand)방식이라 하고, 2개의 주소를 가지는 명령을 2오퍼랜드 방식, 3개를 3오퍼랜드 방식 명령이라고 한다. 그러나, 주소 부를 여러 개 가지면 하나의 명령으로 여러 가지 일을 수행해야 하므로 그만큼 제어가 복잡해지고 또 주소부가 길어져서 기억 용량이 늘어나기 때문에 2오퍼랜드 방식이 많이 쓰이고 있다.

[표 8.2] 기계어 명령코드와 의미

조작부 코드	명령 내용
1001	입력장치에서 읽어라
1010	누산기에 옮겨라
1011	더하라
1100	곱하라
1101	누산기의 내용을 기억장치로 옮겨라
1111	출력장치에 써라

이 밖에 컴퓨터 명령어에는 주소부외에 인덱스레지스터의 번호가 기억될 인덱스 부(index part)가 있다. 이것은 여러 개의 인덱스레지스터를 가지고 있는 컴퓨터에서 사용되는데, 인덱스 부에서 지정된 인덱스 레지스터의 값에 주소 부에 기억된 번지를 합쳐서 그 결과 값으로 컴퓨터 기억 장치의 실제 주소에 대응시키고 있다.

인덱스 레지스터를 쓰면 그 인덱스 레지스터의 내용을 증감시킬 수 있기 때문에 반복 계산이라든지 기타 연산에 아주 효과적으로 쓰이고 있다.

기계어는 2진수로 표현되므로 조작부의 명령을 [표 8.2]와 같이 약속하자.

그리고 조작부, 인덱스 부, 주소 부의 길이를 각각 4비트씩으로 하여 12비트 명령코드라고 가정하자. 또 인덱스 부에서 지정한 인덱스 레지스터의 내용이 15로 기억되어 있다고 가정하면 기계어 명령으로 된 프로그램은 다음과 비슷하게 표현된다.

1001 0001 0110 ; 입력 값을 인덱스 1에 6을 더한 21번지에 기억한다.
1001 0001 0111 ; 입력 값을 인덱스 1에 7을 더한 22번지에 기억한다.
1001 0001 1000 ; 입력 값을 인덱스 1에 8을 더한 23번지에 기억한다.
1010 0001 0111 ; 22번지 값을 누산기에 적재한다.

1000 0001 1000 ; 23번지 값을 누산기 값과 곱하여 결과 값을 누산기에 넣는다.
1011 0001 0110 ; 21번지 값을 누산기 값에 더한다.

1101 0001 1001 ; 누산기 값을 24번지에 저장한다.
1110 0001 1001 ; 24번지 값을 출력장치에 보내 프린트한다.

2 기호어 코딩 예

기계어로 표현된 예를 기호어로 처리부 영역만 표현하면 다음과 같다.

```
      GET    CARD
      LA     5, IN
      PACK   A(2), 0(3, 5)
      PACK   B(2), 3(3, 5)
      PACK   C(2), 6(3, 5)
      ZAP    X(4), B(2)
      MP     X(4), C(2)
      AP     X(4), A(2)
      UNPK   OUT + 5(7), X(4)
      OI     OUT + 11, X"F0"
      PUT    PRINT
      B      START0
LAST  EQU    *
      CLOSE  CARD, PRINT
      EOJ
```

3 FORTRAN 코딩 예

기계어로 표현된 예를 기호어로 처리부 영역만 표현하면 다음과 같다.

```
   READ(5,15) A, B, C
15 FORMAT(3F3.0)
   X = A + B * C
   WRITE(6, 25) X
25 FORMAT(1H0, F6.0)
   STOP
   END
```

고급언어는 인간 언어로 표현되기 때문에 읽고 배우기가 쉬운 언어인 것이다.

8.2.4 프로그램의 수행과정

우리가 만든 프로그램 언어가 어떤 과정을 거쳐서 기계 언어로 번역되어 처리되는가를 [그림 8.8]에서 보자.

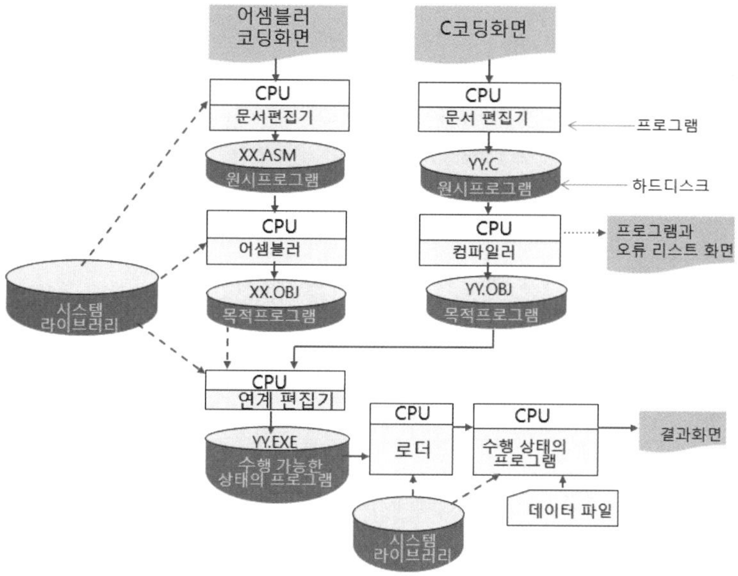

[그림 8.8] 프로그램 수행과정

어셈블리 언어나 C 등과 같은 고급 언어로 프로그래머가 코딩한 프로그램을 시스템이 제공하는 문서편집기(text editor)를 이용하여 키보드 등을 통해서 디스크에 저장하고 그 다음 이를 언어 번역기인 어셈블러나 컴파일러 등에 의해서 [그림 8.9]과 같이 2진 코드의 기계어로 번역하여 그 결과를 디스크 장치에 저장한다.

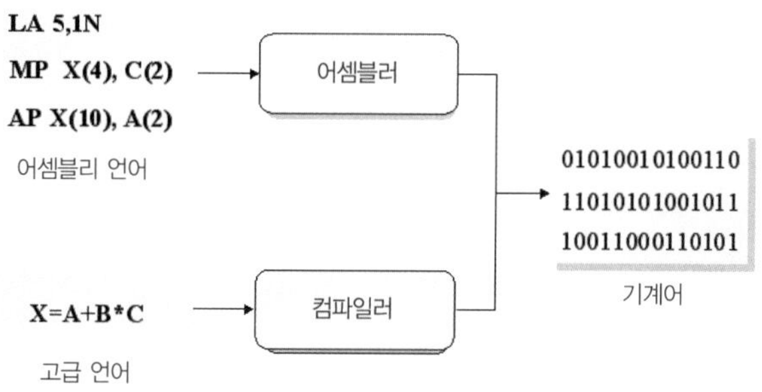

[그림 8.9] 언어번역기의 기능

여기서 처음 고급언어로 표현된 프로그램을 **원시 프로그램**(source program)이라 하고 컴파일러가 번역한 기계어를 **목적 프로그램**(object program)이라 한다.

다음에는 이 목적 프로그램들과 디스크와 같은 저장장치의 시스템 라이브러리에 저장시켜 놓았던 관련 프로그램들을 **연계편집기**(linkage editor)가 기억장치로 읽어와서 연계 편집하여 실행 가능한 프로그램(executable program)으로 만들어 자기 디스크장치에 저장시킨다.

마지막으로 실행가능 상태에 있는 프로그램을 **로더**(loader)라는 프로그램이 디스크 장치에서 읽어다가 기억장치에 적재하여 이를 운영체제에게 알려주면 운영체제는 중앙 처리장치의 사용권을 이 프로그램에 넘겨준다. 그리고 실행을 마친 프로그램은 다시 CPU사용권을 운영체제에게 돌려준다.

8.3 프로그램 작성 순서

좁은 의미에서 소프트웨어는 컴퓨터 기억장치에 언제라도 적재되어 수행될 수 있는 프로그램의 집단이다. 따라서 프로그램에 논리적 오류가 없이 체계적으로 개발되어야 컴퓨터를 효율적으로 사용할 수 있다. 프로그램을 잘 작성하기 위해서는 보통 다음 단계를 거친다.

8.3.1 문제 분석

여기서 문제분석(problem analysis)이란 문제를 던진 사람이 무엇을 요구하는지를 알아내는 것이다. 요구사항을 알내기 위해서는 주어진 문제가 무엇인지를 분명히 이해해야 한다. 즉 요구하는 답이 무엇이고 이 답을 만들기 위해서는 어떤 입력자료가 필요하고 입력자료가 어떻게 출력자료로 변환되는가를 알아내야 한다.

이런 여러 가지를 알아내어 문제가 무엇인가를 정의하는 것이 분석이다. "이차방정식의 해를 구하라"라는 문제를 예로 들면 다음과 같은 것을 알아내야 할 것이다.

- 어떤 답을 요구하는가를 찾는다.
- 그 답을 구하기 위해서 제공될 자료는 무엇인가를 찾는다.
- 근을 구하는 방법을 연구한다.

이상과 같이 요구사항이 무엇인지를 이해했다고 하면 문제의 범위와 해결방법을 [그림 8.10]과 같이 작성한다.

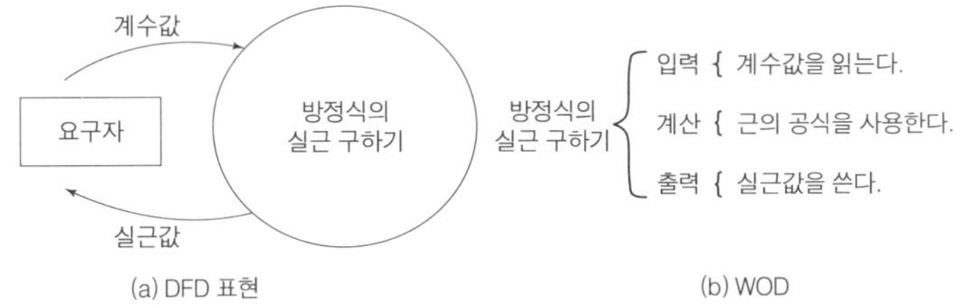

[그림 8.10] 문제 분석 예

[그림 8.10]의 (a)는 문제의 범위를 구조적 분석 방법의 자료흐름도(DFD:Data Flow Diagram)로 표현했으며, [그림 8.10]의 (b)는 문제 해결 과정을 원예오어도(WOD:Warnier-Orr Diagram)으로 표현한 것이다. 객체지향 방법에서는 문제의 범위를 유스케이스 다이어그램(UseCase Diagram)과 문제의 해결과정을 시나리오(Scenario)로 표현한다.

8.3.2 프로그램 설계

분석이 문제가 무엇인지를 정의하는 것이라 하면, 설계는 이 문제를 현실적으로 풀어내는 방법을 고안하는 것이다. 문제를 이해하고 범위가 결정되었으면 이를 어떻게 프로그램으로 만들어 내야 하는지 그 절차를 만들어야 한다. 문제의 풀이 절차를 **알고리즘(algorithm)**이라고 한다. 이것을 일상언어로 표현하면 읽는 사람의 성장배경과 교육수준 그리고 문제에 대한 사전 지식에 따라 달리 이해되기 때문에 설계는 사용자와 개발자 사이에 정확한 의사전달이 될 수 있도록 만들어 져야 한다.

프로그램 설계도구로는 순서도(flow chart)와 원예오어도(WOD)등 수많은 표현도구가 나와 있다. 이차방정식의 문제를 순서도로 표현한 것이 [그림 8.11]이고 WOD로 표현한 것이 [그림 8.12]이다.

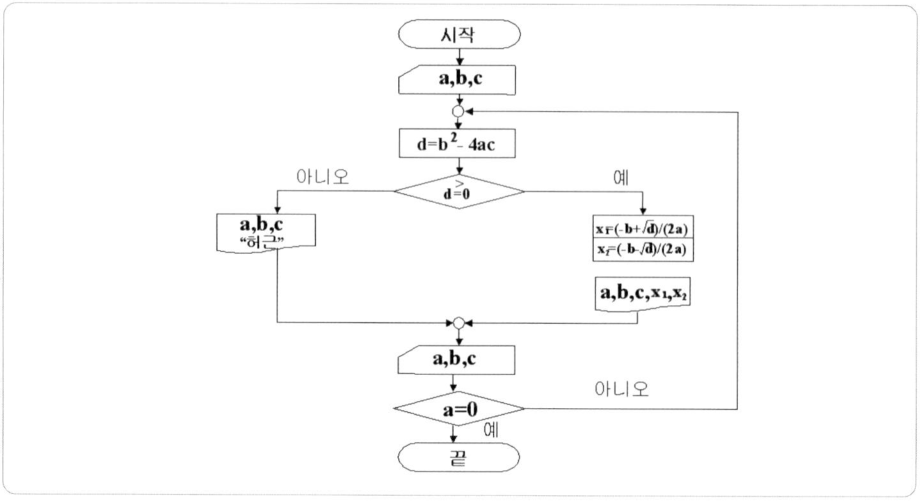

[그림 8.11] 순서도에 의한 표현 예

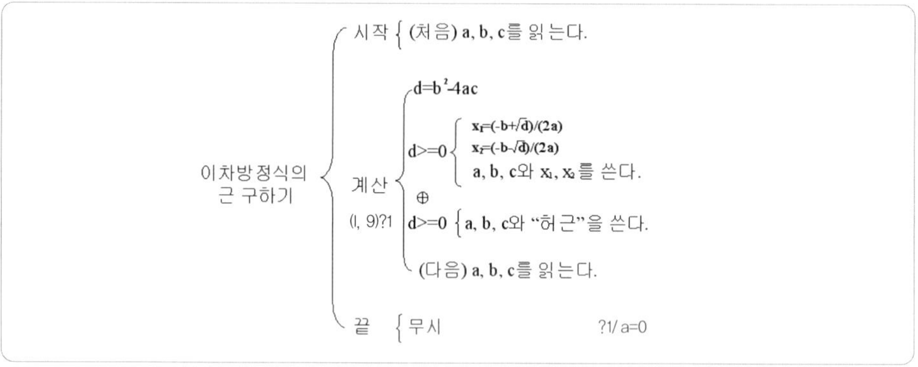

[그림 8.12] 이차방정식 해법(WOD)

[그림 8.11] 와[그림 8.12]의 내용은 방정식의 계수 값 a, b, c를 읽고 판별식 d를 계산하여 판별식이 0보다 크면 실근을 계산하여 인쇄하고, 아니면 계산결과가 "허근"이라는 문자열을 인쇄하고 나서 다음 방정식의 계수 값을 읽는다. 이와 같은 작업을 계수 a가 0이 될 때까지 반복하라는 의미이다.

8.3.3 코딩

코딩(coding)이란 설계된 알고리즘을 컴퓨터 언어로 바꾸어 주는 작업이다. 앞에서 설계된 2차방정식의 문제를 BASIC 언어로 코딩하면 [그림 8.13]과 같다.

```
INPUT a, b, c
DO
    d=b*c - 4*a*c
    IF(d>=0)THEN
        x1=(-b+sqrt(d)/(2*a))
        x2=(-b-sqrt(d)/(2*a))
        PRINT a, b, c, x1, x2
    ELSE
        PRINT a, b, c, '허근'
    ENDIF
    INPUT a, b, c
LOOP UNTIL(a=0)
END
```

[그림 8.13] [그림 8.13]을 BASIC 언어로 코딩한 예

8.3.4 테스팅

[그림 8.13]과 같이 코딩된 원시프로그램을 BASIC 언어 번역 컴파일러는 기계언어로 번역하는 과정에서 코딩이 잘못되어 있는 문장의 구문 오류를 찾아 이를 화면에 보여 준다.

구분오류를 찾아 모두 고쳐 주고 나면 이 프로그램은 수행상태의 기계어로 번역해서 수행시킬 수 있다. 이 때 알고리즘이 잘못되었거나 프로그램의 처리절차상의 논리오류가 발생하면 답이 틀리게 나온다.

사전에 논리오류를 찾아낼 수 있도록 테스트 자료를 미리 준비해 두었다가 이를 입력자료로 해서 예상했던 결과가 나오는지를 알아볼 수 있어야 한다. 만약 논리오류가 생겼으면 어느 문장에서 잘못되었는지 설계도부터 조사하여 논리오류를 수정한다.

프로그램 속에 오류가 있으면 버그(bug)가 있다고 하고, 오류를 없애는 것을 **디버깅(debugging)**이라고 한다. 프로그램에 오류가 모두 없어질 때까지 프로그램을 반복적으로 실행시키면서 오류가 잡히지 않을 때까지 원시프로그램을 검사하고 수정한다.

8.3.5 문서화

문서화(documentation)란 만들어진 프로그램과에 관련된 모둔 사항을 기록하여 놓은 것이다. 즉 분석, 설계, 코딩, 테스팅 등 프로그램 개발과정에서 나타난 모든 사항 뿐 아니

라 사용 지침서, 프로그램 리스트, 테스트 자료를 보기좋게 정리하는 작업을 문서화 라고 한다.

기업의 환경도 끊임없이 변하고 있으며 이 변화에 따라서 작성된 프로그램도 수정해야 한다. 그런데 프로그램을 만든 사람과 그것을 이용하는 사람이 다르기 때문에 문서화를 해 놓지 않으면 프로그램의 어느 곳을 어떻게 수정해야 되는지를 후에 찾아내기가 어렵다. 더구나 자기가 만들어 놓은 프로그램도 차후에 보고 무엇을 해 놓았는지를 기억하기는 매우 어려운 일이다. 따라서 프로그램의 개발은 문서화와 함께 완료되는 것이다.

8.4 소프트웨어 공학

이차방정식의 풀이 같은 간단한 예로 프로그램 개발과정을 설명하였다. 그러나 기업체의 업무를 전산화하는 데에는 실제로 많은 문제가 있다.

첫째는 기업체에 근무하는 현장 실무자들이 자기가 일을 하면서도 자기가 하는 일이 무엇이고 얼마만큼 효과적으로 일을 하고 있는지도 인식하지도 못하면서 바쁘게 일을 하는 경우가 많은 것이다.

두 번째로는 기업에서는 하나의 업무가 여러 부서에 분산되어 복잡하게 엉키어 있거나, 한 부서에 여러 가지 업무가 몰려있어 한 기업의 업무를 정확하게 파악한다는 것이 매우 어렵고 복잡하다.

세 번째는 기업의 업무는 살아있는 생물처럼 끊임없이 변화한다는 것이다.

이런 복잡하고 방대한 일을 체계적으로 전산화하지 않으면 전산화는 성공할 수 없으며 겨우 전산화가 일부 되었다고 하더라도 업무의 변화에 따라가지도 못하면서 프로그램을 수정하느라고 시간을 다 허비하기 때문에 경영자는 보고싶은 정보를 제 때에 보지 못하게 되고 새로운 경영정책을 세우고 집행하려해도 전산시스템이 따라와 주지를 않으면 오히려 전산화가 애물단지가 되는 것이다.

소프트웨어 공학(software engineering)이란 [그림 8.14]에서 보인 것처럼 문제의 요구사항 수집에서 분석과 설계 그리고 테스팅까지 소프트웨어 개발과 운영에 대하여 체계적으로 연구하는 학문이다.

그래서 프로그램개발의 생산성을 높이고 기업의 업무변화에 소프트웨어가 능동적으로

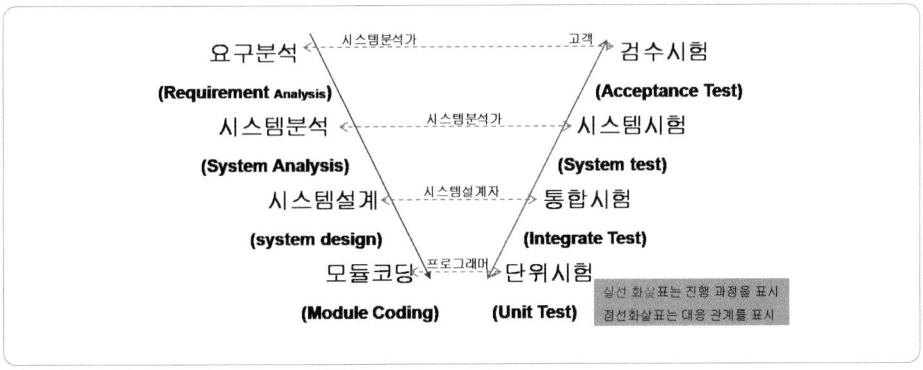

[그림 8.14] 소프웨어 개발과정

같이 가거나 앞서가게 하는 것이 소프트웨어공학의 목적이다.

소프트웨어공학의 연구분야는 요구사항수집 방법, 시스템 분석과 설계방법, 소프트웨어 품질측정과 개발비 산출 방법, 소프트웨어 개발과정 그리고 운영(deployment)방법 등이 있다.

그간 소프트웨어공학에서 나타난 **개발방법론**으로는 1970년대와 1980년대의 구조적 방법론(structured methodology)과 정보공학방법론(information engineering methodology), 1990년대의 객체지향방법론(object oriented methodology) 그리고 2000년대의 컴포넌트기반개발방법론(component based development methodology)과 민첩개발방법론(agile development methodology)등이 등장하였다.

8.5 객체와 객체지향 기술

현재 우리가 매일 보고 누르거나 터치하는 GUI(Graphic User Interface)스크린이 1984년 스티브 잡스가 창업한 애플사의 매킨토시 운영체제 화면에 나타나면서 이제 모든 운영체제는 GUI환경을 사용하고 있으며 소프트웨어 개발방법도 객체지향기술을 이용하고 있다. 따라서 객체와 객체지향 개념을 설명하다.

1 객체

객체(object)는 현실에서 우리(subject)가 보고 느끼고 생각하는 모든대상(object)이다. 즉 내가 세상을 인식하는 방법으로 객체란 개념을 쓰고있다. 지금 치고 있는 키보드, 보고 있는 모니터, 책상과 책상 위의 책이나 스탠드 등 모두 객체가 될 수 있다. 그런데 중요한 것은 그것이 나에게 어떤 의미와 어떤 유용성이 있는 가이다. 즉 책상이 사용용도에 따라서는 밥상일 수도, 작업대일 수도, 진열대 일 수도 있다.

그래서 대상을 볼 때는 그 외모(속성: 필드)와 쓰임새(메소드:행위)를 동시에 생각하게 된다. 즉 책상이라면 그 외모와 쓰임새를 설명하지 않아도 그것이 무엇인지를 알기 때문에 책상이라는 단어만으로도 그것을 어떤 용도로 사용할 지를 알고 또 다른 사람과 의사소통이 된다.

그래서 객체개념의 특성은 객체가 가지고 있는 속성과 행위 등의 내부구조는 외부에 은폐시키고 단순히 객체의 이름을 이용(**메시지**: 호출)하여 사용하기만 하면 된다.

문제의 대상이 되는 사실들 중에서 관련있는 행위와 속성을 추출하여 추상화 하는 것을 캡슐화(encapsulation)이라고 하며, 추상화 한것을 클래스라고 한다.

추상화된 클래스를 기억장치에 구체화(실체화)시킨 것을 인스턴스(Instance)또는 객체라고 한다.

객체는 주체가 인식하는 관심의 대상이며 주체에게 서비스를 제공할 수 있는 살아있는 유무형의 실체이다. 여기서 객체가 살아있다는 의미는 우리의 기억공간(뇌)으로 들어오면 객체가 생성되는 것이고 잊어버리면 그 객체는 소멸되는 것이다.

2 객체지향 기술

객체 지향 기술(OOT : Object Oriented Technology)이란 현실 세계에서 우리가 문제를 객체와 그들 간의 관계로 인식하는 방법을 그대로 이용하여 실세계를 더 자연스럽게 모델화하고 이를 소프트웨어로 구현하는 기술을 말한다.

즉 실세계에서 사물을 볼 때 그 외관(자료)과 기능 또는 사용용도를 하나로 묶은 개념으로 보듯이 개개의 프로그램을 자료와 기능을 하나로 캡슐화 하여 객체로 인식할 수 있도록 작성하기 위한 분석 설계 그리고 코딩하는 기술을 말한다.

객체의 개념은 1940년대 말에서50년대 초까지 인공지능 연구분야에서 사용하기 시작했으나 현재와 같은 객체 지향 개념을 적용하여 나타난 기술은 1960년대 중반에 소개된 Simula라는 시뮬레이션 언어에서 출발하기 시작하였다고 보고있다.

인간이 사물을 인식하는 방법인 객체지향 개념을 그대로 소프트웨어 개발방법에 적용하여 소프트웨어 개발 생산성은 엄청나게 높아졌다.

객체지향 프로그램언어에는 C++, JAVA, C#, Python, SmallTalk, Scratch 등이 있고 객체지향 개발방법론을 지원하는 도구로는 **UML(Unified Modeling Language)**등이 있다.

3 객체지향 스크래치(Scratch) 프로그래밍 예

스크래치는 MIT대학 미디어랩(https://scratch.mit.edu)에서 어린이들의 창의적 사고를 기를 수 있는 교육용 프로그래밍 언어와 작성환경을 제공하기 위해서 개발한 것이다.

스크래치의 특징은 객체지향 및 비주얼 그래픽을 기반으로 이야기, 게임, 애니메이션 등 동영상 작품을 쉽게 만들 수 있게 하며 웹을 통해 여러 나라 사람들과 작품을 공유하여 협동 작업을 할 수 있게 40개 이상의 언어로 작상하고 변환할 수 있게 한다. 스크래치 화면은 [그림 8.15]와 같다.

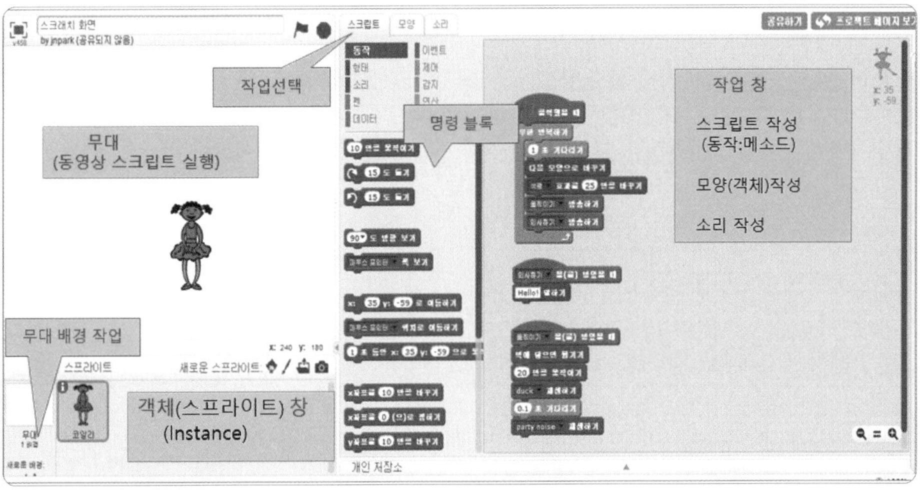

[그림 8.15] 스크래치 화면 구성

[그림 8.15] 스크래치 화면의 '객체 창' 있는 스프라이트(객체)는 스크래치에서 제공하는 "코알라"를 가져왔고 '무대 배경' 은 만들지 않았으며 코알라는 객체가 좌로 또는 우로 움직일 때 마다 모양과 색깔 바꾸기를 하면서 오리 소리를 배경으로 Hello!를 말 풍선에 나타나게 한 프로그램이다.

작업창에 작성된 첫 번째 "스크립트(메서드 : 행위)"는 모양과 색깔 바꾸는 행동이고 중간 "스크립트"는 코알라가 말풍선에 Hello!만 말하는 것이며. 마지막 스크립트는 코알라가 오리소리를 배경으로 좌로 또는 우로 움직이다가 벽에 닿으면 반대로 튕기게 한 것이다.

[그림 8.15]의 스크래치 프로그래밍 예는 동영상 프로그램을 무대 창을 보면서 비주얼하게 작성할 수 있다는 것을 보인 예이다,

스크래치로 프로그램을 작성하기 위해서는 스크래치를 잘 아는 것 보다 사전에 어떤 작품을 만들까를 기획하고 거기에 맞는 시나리오 구성이 먼저이다.

연습문제

컴퓨터 과학개론

8.1 넓은 의미의 소프트웨어를 정의하시오.

8.2 자동차를 운전할 때 필요한 소프트웨어는 어디에 기억되어 있는가?

8.3 정보산업 발전의 가장 중요한 요소는 무엇이고, 그 이유를 간략하게 설명하시오.

8.4 시스템 소프트웨어의 기능을 설명하고 그중 중요한 시스템 프로그램은 무엇들이 있는지 나열하시오.

8.5 유틸리티의 종류에는 어떤 것들이 있는가?

8.6 응용 소프트웨어를 크게 4개로 분류하고 각각을 설명하시오.

8.7 원시 프로그램과 목적 프로그램의 차이점은 무엇인가?

8.8 라이브러리란 무엇이고 디렉토리(directory)란 무엇인가?

8.9 프리웨어를 사용할 때의 조심해야할 점은 무엇인가?

8.9 프로그램 선언부에서는 어떤것을 선언하는가?

8.11 고급언어란 무엇인가.

8.12 비절차적 언어의 장점과 단점을 설명하시오.

8.13 컴퓨터 제어장치가 이해하는 언어는 어떤 것이 있는가?

8.14 한글로 표현한 프로그램을 번역하는 언어 번역기는 만들 수 없는가? 없다면 그 이유를 설명하시오.

8.15 통합개발 환경이란 무엇인지 설명하시오.

8.16 프로그램 작성 시 문제분석 단계에서 하는 일은 무엇인가?

8.17 문서화가 되어 있지 않은 프로그램을 소프트웨어라고 말할 수 있는가?

8.18 소프트웨어 공학의 정의해 보고 그 필요성을 설명하시오.

8.19 소프트웨어 공학 방법론들을 설명하시오.

8.20 객체란 무엇인가?

8.21 객체지향 개발 방법론이란 무엇인가?

9장 운영 체제

9장 운영 체제

운영체제(OS: Operating System)란 하드웨어 자원을 동원하고 시스템소프트웨어들을 활용을 총괄적으로 지휘하여 응용프로그램을 처리해주는 핵심 사령탑 시스템 프로그램이다.

컴퓨터의 전원을 켜면 맨 처음에 ROM에 기억된 부팅(booting)프로그램이 하드디스크에 있는 운영체제 프로그램을 기억장치로 불러와 CPU 사용권한을 운영체제에 넘긴다. 그러면 운영체제는 컴퓨터가 정신이 들었다는 의미로 영상화면에 무엇을 할 것인지를 사용자에게 물어보는 대화 창을 아이콘으로 표시하여 보여준다. 이때 이 대화창을 그래픽 사용자 인터페이스(GUI: Graphic User Interface)라고 한다.

인간이 실생활에서 어떤 물건을 보면 바로 사용용도를 알고 익숙하게 사용하듯이 컴퓨터에서 제공하는 GUI도 그런 느낌으로 쉽게 사용할 수 있다.

그래서 운영체제의 중용한 역할은 하드웨어의 구성과 동작원리 등을 전혀 알지 못하는 사용자들이 컴퓨터를 집안의 물건을 만지고 정리하듯이 쉽게 사용할 수 있는 환경을 제공하는 것이다.

운영체제의 종류로는 언제든지 갑자기 발생하는 사건에 즉시 대답하는 실시간운영체제, 한사람만이 사용하는 PC전용 운영체제 그리고 여러 사용자가 다른 사용자의 사용을 의식하지 않고 동시에 사용하는 서버전용 운영체제 등 여러 가지가 있다.

이장에서는 여러 가지 종류의 운영체제가 있지만 이들이 기본적으로 제공하는 서비스를 이해하기 위해서 운영체제의 목적, 운영체제의 구성요소와 기능, 처리성능을 높이기 위한 컴퓨터두뇌(중앙처리장치와 기억장치)의 운영방법을 설명하고 끝으로 현재 사용되고 있는 운영체제의 예를 소개한다.

9.1 운영체제의 목적

만약 운영체제가 없다면 디스크에 저장되어 있는 어느 정보를 읽어 내기 위해서는 디스크장치에 어떤 명령을 해야 하는지를 알아야 한다. 이런 복잡한 처리과정을 운영체제 프로그램이 대신해 주기 때문에 사용자는 단지 "무엇을 읽어라" 라는 명령만 운영체제에 보내고 운영체제가 기억장치에 가져다 놓은 결과를 받기만 하면 된다. 응용 프로그램이 운영체제를 부르는 것을 **시스템 호출(System Call)**이라 한다.

운영체제가 없었던 1955년 이전의 초창기 컴퓨터는 특정한 사람이 컴퓨터를 관리하는 전권을 가지고 컴퓨터 운영을 통제하였다. 하나의 프로그램을 실행시키려면 그 때마다 기계어로 작성된 프로그램명령을 하나 하나씩 기억장치에 입력시키고서 관련된 장치들이 준비되도록 각종 스위치를 눌렀다. 이러한 명령 하나 하나를 수동으로 처리해야 되는 작업방식을 운영체제가 대신하여 자동으로 처리해 주기 때문에 인간의 개입 없이 많은 일을 컴퓨터 시스템이 쉬지 않고 연속적으로 할 수 있게 된 것이다.

운영체제의 목적은 컴퓨터를 사용하려는 사용자의 입장과 컴퓨터의 자원, 즉 하드웨어와 소프트웨어를 가장 효율적으로 여러 사용자가 동시에 사용할 수 있도록 컴퓨터 관리자의 측면이 조화롭게 고려되어 진다.

사용자의 입장에서는 컴퓨터의 하드웨어를 모르더라도 또는 컴퓨터를 많이 배우지 않았더라도 친숙하게 컴퓨터 시스템을 사용하게 해 줄 수 있게 하는 것이 목적이다. 따라서 사용자는 컴퓨터에게 무엇을 해 달라는 명령만 주고 원하는 결과를 받는데 있다. 또한 이 때 컴퓨터의 저장 장치에 저장된 정보의 보안도 잘 유지된다고 믿을 수 있어야 한다.

컴퓨터 관리자의 측면에서 보면 운영체제의 목적은 컴퓨터 시스템의 자원을 많은 사용자들에게 제공하면서도 컴퓨터의 자원을 빠르고 효과적으로 사용할 수 있도록 해주는 것이다. 따라서 운영체제의 평가는 컴퓨터 시스템의 관리자 측면과 사용자 측면이 있다.

시스템 관리의 측면에서는 컴퓨터 하드웨어의 구성요소들이 조화를 이루도록 운영되어 단위 시간 내에 많은 일을 처리하는 것이 더욱 좋은 운영 체제며 이를 **처리율(throughput)**이라고 한다. 사용자의 측면에서 보면 컴퓨터 하드웨어의 이용이 용이하여 오래 기다리지 않고 빠른 시간 내에 결과를 받아 볼 수 있어야하며 이 시간을 를 **응답 시간(respond time)**이라고 한다.

따라서 처리율을 높이면 응답 시간은 길어지고 반대로 응답 시간을 짧게 하려면 사용자를 제한하여야 하므로 처리율이 낮아진다. 이와 같이 상반된 두 개의 요구 사항을 잘 맞추려고 운영체제의 기능은 끊임없이 발달되고 있다.

처리능력의 향상을 위한 운영기법으로는 작업(job)의 연속적인 자동처리, 한 개의 기억장치에 여러 개의 프로그램을 적재 시켜 놓고 여러 사람이 동시에 컴퓨터를 이용하게 하는 다중 프로그램 기법(multiprogramming)등이 사용되고 있으며, 응답 시간을 단축시키기 위해서 각 작업에 한정된 시간을 할당하여 온라인 즉시 처리가 되도록 하는 운영기법이 동원되고 있다.

그런데 처리율이 높고 응답시간이 빠르다고 해도 컴퓨터를 이용하고자 할 때 즉시 이용하지 못하면 컴퓨터의 성능이 좋다고 할 수 없다. 이와 같이 필요할 때에는 언제든지 컴퓨터를 이용할 수 있는가 하는 척도로서 **사용가능도(availability)**가 있다. 사용 가능도를 높이기 위해서는 필요한 곳에 컴퓨터를 하나씩 설치하고 이들을 통신선으로 연결함으로써 해결이 가능하다. 컴퓨터들 간의 데이터 통신이 많으면 그것을 관리해야 하는 운영 체제 프로그램은 더욱 복잡해질 수밖에 없다.

운영체제의 평가로서 중요한 요건은 시스템의 **신뢰도(reliability)**이다. 신뢰도란 주어진 문제를 어느 정도 정확하게 해결했는가를 의미한다. 즉, 데이터 입출력이라든가 기타 내부에서 발생할 수 있는 기계적인 오류를 가능한 한 모두 찾아내어 이 오류를 정정하기 위한 회복 조치를 강구하는 프로그램이 있기 때문에 처리 과정 중의 오류를 줄여서 신뢰성을 향상시키는 것이다.

운영체제 평가의 마지막 요건은 **명령어 사용방식**이다. 운영체제명령 방식이 얼마나 간단하고 배우고 익히기 쉬운가 하는 것이다. 그래서 명령문 하나 하나를 키보드로 입력하는 방법에서 텍스트메뉴방식 그리고 화면에 나타난 아이콘을 누르는 방식으로 발전하고 있다.

9.2 운영체제의 구성과 기능

운영체제는 컴퓨터 시스템의 작동을 통제하는 가장 기본적인 프로그램들로 커널(kernel), 핵(nucleus), 감독자(supervisor) 또는 모니터(monitor)등 여러 가지 이름으로 불려지고 있다. 운영체제가 하는 일은 컴퓨터 자원을 관리 · 감독해 주는 제어 프로그램과 컴퓨터 사용자가 제공하는 운영체제 명령을 해석하여 그에 해당하는 일을 수행시키도록 해 주는 서비스 프로그램 부분으로 나눌 수 있다.

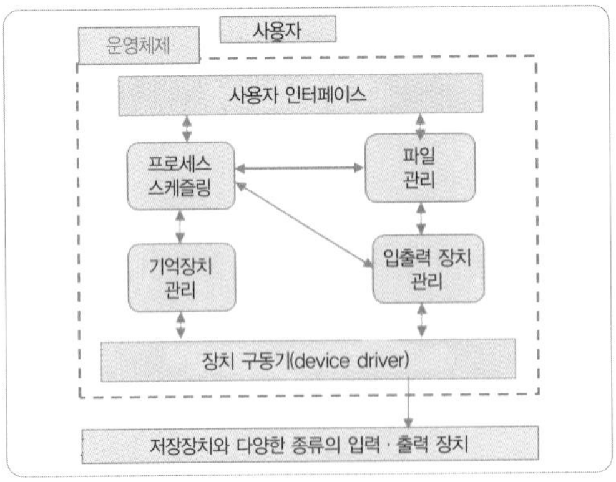

[그림 9.1] 운영체제 프로그램의 구성요소

제어 프로그램은 매우 자주 사용되기 때문에 항상 기억장치에 기억되어 있어야 한다. 이에 비해 서비스 프로그램은 저장장치에 저장되어 있다가 필요할 때만 기억장치에 적재되어 수행된다. 이러한 이유로 제어 프로그램을 **상주 프로그램(resident program)**이라 하고, 서비스 프로그램을 **비상주프로그램(transient program)**이라고 한다.

컴퓨터를 사용하기 위해서는 그것이 가지고 있는 운영체제 명령으로 작업을 지시해야 한다. 이들 명령의 표현방법과 사용방법은 운영체제마다 다르다. 따라서 이 책에서는 운영체제 중 슈퍼바이저 또는 커널에 속하는 [그림 9.1]과 같은 운영체제 프로그램의 구성요소와 기능에 대해서 간략하게 설명한다.

9.2.1 입출력 장치 관리

입출력장치관리 프로그램은 예를 들어 입력장치인 키보드에서 글자를 읽어 오거나 화면에 문자를 출력하라는 사용자의 요구사항을 받아 들여 해당 장치에 적절한 명령을 내리고 나서 입출력장치로부터 명령의 수행이 끝났다는 전기적 신호를 기다렸다가 이 신호에 따라 입력이나 출력의 수행결과를 사용자 또는 시스템 내의 다른 장치에 알려 주는 일을 한다.

또 입출력장치 관리 프로그램은 입출력 작업 중 발생되는 오류를 발견하고 이것을 처리한다. 입출력 장치에서 발생된 전기적 신호를 우리는 **인터럽트(Interrupt)**라고 한다. 인터럽트라고 하는 이유는 중앙처리 장치가 하던 일을 중지하고 해당 신호를 해석하여 이 신호에 대한 일을 먼저 처리한 후 중단했던 일을 다시 중단된 시점부터 계속 하기 때문이다. 모든 사용자의 입력이나 출력의 요구사항은 운영체제의 입출력 관리 프로그램(I/O management program)에 의해서 수행된다.

키보드 입력장치와 운영체제가 어떻게 관계하고 있는지를 알아보자. 키보드는 직접 두드리고 만지작거릴 수 있는 물체적 부분과 키보드의 한 문자를 눌렀을 때 이것을 컴퓨터가 인식할 수 있는 전기적인 신호로 바꾸어서 전달해 주는 부문으로 나누어져 있다. 물체적 부분을 키보드라고 하고 의미가 있는 전기적 신호로 바꾸어 주는 전자회로 부분을 **컨트롤러(controller)**라 한다.

모든 입출력 장치는 입출력 형태와 성능에 따른 고유한 컨트롤러를 가지고 있어서 이것에 의해서 생긴 전기적 신호를 소프트웨어적으로 처리할 수 있는 장치 구동기(device driver) 프로그램이 운영체제의 명령을 받아서 입출력 작업을 수행하는 것이다.

이들 장치 구동기 프로그램은 중앙처리장치가 직접관리하지 않고 CPU의 지시를 받아 전적으로 장치 구동기만들을 관리해주는 마이크로프로세서를 입출력제어장치라고 한다.

9.2.2 기억 장치 관리

컴퓨터에서 가장 핵심적인 부분은 기억장치이다. 컴퓨터가 사용자의 프로그램을 수행하기 위해서는 정보저장 장치인 디스크와 같은 장치에 저장되어 있는 프로그램을 기억장치에 읽어다가 적재해야 한다. 이는 인간이 어떤 일을 하기 위해서는 그 일의 해결에 필요한 방법을 책에서 읽어서 기억하고 나야 주어진일을 수행할 수 있는 것과 같다.

기억 장치는 기술의 발전에 따라 그 용량이 아무리 커지고 가격이 싸지며 속도가 빨라진다고 해도 그에 따른 사용자의 요구사항에 비하면 항상 적은 양이기 때문에 기억장치의 기억공간을 효율적으로 관리하여 컴퓨터의 성능을 최대한 높여 사용해야 한다.

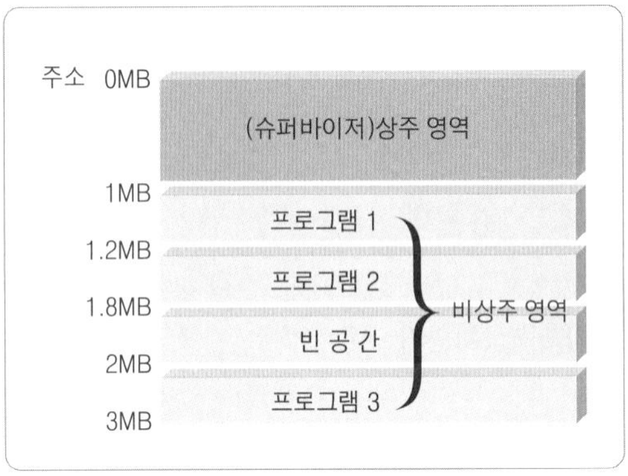

[그림 9.2] 기억공간의 분할

컴퓨터를 사용하기 위해서는 먼저 전원을 켜고 디스크장치에 있는 운영체제 프로그램을 기억장치로 적재해야 한다. 운영체제를 기억장치에 적재하는 일을 **부팅**(boot strapping or booting) 이라고 한다. 부팅을 하기 위한 **부트스트랩 프로그램**은 ROM에 기억되어 컴퓨터의 전원을 켜면 부팅 작업이 먼저 수행되는 것이다. 그리고 나서 여러 개의 프로그램을 분할된 기억 공간에 적재해서 동시에 수행시켜야 하는 경우가 보통이다.

기억공간의 분할과 거기에 들어간 프로그램의 관계를 [그림 9.2]에 보인다.

[그림 9.2]와 같이 여러 사용자를 지원하는 **다중사용자 운영체제**는 다음과 같은 일을 해야 한다.

1) 사용자 프로그램의 요구에 맞추어 기억공간을 배당해 주는 일을 한다.

2) 사용되지 않고 있는 기억공간을 관리해 주는 일을 한다.

3) 사용자 프로그램이 비어있는 기억공간 보다 커서 기억공간을 제공할 수 없을 때 이를 처리해 주기 위해서 조치해야 하는 일을 한다.

기억장치관리 기법으로 기억장치의 크기에 상관없이 주어진 기억공간을 효과적으로 이용하는 **가상 기억장치**(virtual memory)라고 하는 관리 기법이 주로 쓰이고 있다.

이 기법은 수행하고자 하는 프로그램 전체를 제한된 용량의 기억장치에 전부 기억시키는 것이 아니라 먼저 디스크 장치에 충분히 큰 가상 기억공간을 만들어 놓고 프로그램 전부를 여기에 기억시키었다가 당장 수행에 필요한 부분만을 디스크 장치에서 기억장치로 올라오게 하고 기억장치에 기억된 프로그램의 일부분도 당장 쓰이지 않는 경우 필요에 따라 디스크 장치로 쫓아내 제한된 기억용량보다 큰 프로그램을 수행시킬 수 있는 방법이다.

가상기억 장치 관리 기법은 하나의 프로그램을 어떤 크기로 나누어 기억장치에 적재하느냐에 따라 고정길이 크기(page)로 나누는 **페이징(paging)**기법과 가변길이 크기로 나누는 **세그멘테이션(segmentation)** 기법이 있다. 페이징 기법은 페이지 단위로 디스크의 가상 기억공간과 기억장치 사이에 페이지가 교환된다.

이 때 기억장치는 페이지 크기의 페이지 프레임(page frame)으로 분할되어 있다. 가상 기억공간의 번지를 실기억공간의 번지로 주소변환을 신속히 변환해 주는 장치를 동적 주소 변환 장치(DAT : dynamic address translation) 라고 하는데 이 장치는 그 속에 이 변환을 신속히 해 주는 소프트웨어가 ROM에 마이크로코드로 저장되어 있다. 가상 기억장치의 개념은 [그림 9.3]과 같다.

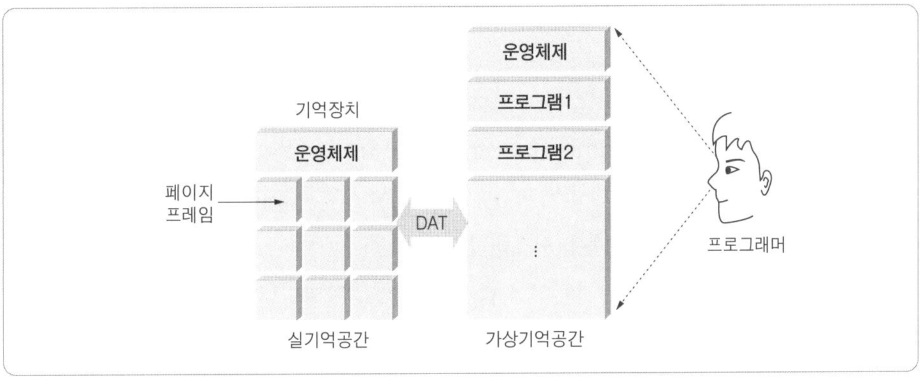

[그림 9.3] 가상 기억장치의 개념

따라서 **가상 기억장치**를 사용하는 프로그래머에게는 실제로 존재는 실기억장치의 용량보다 큰 기억 장치의 공간이 있는 것으로 보인다. 프로그램이 실행될 실기억장치의 크기에는 신경을 쓰지 않고 기억 용량이 무한한 실기억장치를 가상하고 프로그램을 작성할 수 있게 해주는 기법이 가상 기억장치 기법이다.

9.2.3 프로세스 관리

프로세스(process)란 기억장치에 적재되어 실행되고 있는 프로그램들을 말한다. 프로세스 관리란 프로세스를 생성하고 CPU를 사용할 수 있게 해주거나 또는 강제로 빼어 다른 프로세서에 주고 대기시키거나 프로세서을 종료시키는 것을 말한다.

운영체제는 프로세스 제어블록(PCB : process control block)으로 설정된 기억장치에 프로세서의 상태를 기억시키고 감시하면서 프로세스를 실행시킨다. 즉, 운영체제 명령으로 사용자가 명령한 프로그램을 프로세스로 생성하여 실행시키거나, 다른 프로세스를 실행시키기 위해서 실행중인 프로세스를 대기시키는 일을 반복하면서 여러 개의 프로세스를 동시에 실행시킨다.

프로세스는 수행되는 동안 입출력 작업을 요구한다든지 값을 바꾼다든지 하면서 그 상태가 변하는 것이기 때문에 동적인 것이다.

따라서 프로세스 관리는은 대기중인 프로세스들 중에 어느 프로세스에게 CPU 사용권을 먼저 주느냐(switching) 하는 것이기 때문에 **프로세스 스케줄링**이라고도 한다.

하나의 컴퓨터 시스템에는 여러 개의 프로세스가 존재하며 CPU를 교대로 사용한다. 그 중 운영체제 자신도 주기억장치에 올라와 있는 프로그램이므로 하나의 프로세스이다. 그러나 운영 체제는 CPU사용권한을 프로세스 제어블록을 통하여 스케줄링 하는 프로그램인 스케줄러(scheduler)를 가지고 이 스케줄러의 명령에 따라 사용자 프로세스에게 CPU의 사용권을 일정한 시간동안(time quantum) 제공하거나 주어진 시간이 경과하기 전에 강제로 뺏기도 한다.

운영 체제가 CPU를 사용할 때는 **시스템 상태**라고 하고 사용자 프로세스가 CPU를 사용할 때는 **사용자 상태**라고 한다. 그런데 사용자 상태가 끝날 때마다 CPU 사용권은 운영 체제로 돌아간다.

스케줄링을 어떻게 수행하느냐 하는 방법은 스케줄링 수행 정책에 따라서 여러 가지 방법이 있다. 가장 간단한 방법은 들어온 순서대로 먼저 처리해 주는 것(FIFO: first in first out)이지만 사용 효율을 높이기 위해서 많이 쓰이고 있는 방법은 각 프로세서에게 일정한 시간을 할당 해 가면서 순서적으로 조금씩 사용권을 주는 **라운드 로빈**(round robin) 스케줄링 정책과 각 프로세서에 우선 순위를 부여하여 우선 순위가 가장 높은 프로세서에게 먼저 사용권을 부여하는 우선 순위 스케줄링(priority) 기법 또는 이들 여러 가지 기법을 혼합해서 쓰는 기법도 있다.

9.2.4 파일 관리

운영 체제는 사용자의 데이터나 프로그램을 파일이라는 단위로 관리한다. 연관된 데이터를 파일이라는 단위로 관리하는 것이 파일이 있는 저장장치의 물리적 특성을 사용자들에게 감추고 단순히 이름이 부여된 논리적 단위로 특정한 데이터의 집단과 프로그램을 처리하는데 편하기 때문이다.

파일은 디스크 등의 저장장치에 저장되는 단위이고 레코드는 기억장치에서 프로그램이 한번에 읽고 쓰는데 편리한 단위이다.

파일의 종류에는 프로그램파일과 데이터 파일로 크게 나눌 수 있다. 프로그램 파일은 원시파일, 목적파일, 실행파일로 나눌 수 있는데 이 파일은 필요에 따라 기억장치에 적재되어 작업에 이용된다. 즉 파일이 실행 가능한 상태이면 프로세스가 되어 수행되고 데이터파일 이면 거기에 새로운 내용을 저장하거나, 저장된 내용을 읽어 오거나 바꾸어진 내용을 다시 저장 할 것이다.

이때 운영 체제가 하는 일은 파일이 자신을 다른 파일과 구분하기 위해서 가지는 파일 이름(file name)이 있는데 구별할 수 없는 파일 이름이 생기지 않게 해야 하고, 파일이 저장 장치의 어느 공간에 저장되어 있고 저장장치의 어느 공간이 비어있는 지를 알아내어 새로운 파일을 비어있는 공간에 만들어 주는 일을 해야 한다. 어느 특정 파일을 보호하거나 또는 동시에 파일을 공유하게 할 수 없게 해주기도 한다. 파일의 구조와 운영에 대한 사항은 본서 10장 자료관리에서 설명되어 있다. 따라서 일반 사용자는 운영 체제가 **파일 관리**를 해주기 때문에 운영 체제가 제공하는 파일과 관련된 조작 명령만을 알면 된다.

9.2.5 운영체제 명령어 해석

컴퓨터를 잘 사용하기 위해서는 운영체제에게 어떤 일을 하겠다는 것을 시스템이 준비해 놓은 명령어로 중앙처리창치에 알려주어야 한다. 그러면 운영체제는 자기가 관리하는 운영체제 명령어 해석기를 동원하여 이를 해석한다. 그리고 사용자가 요구하는 일을 할 수 있는 프로그램을 저장장치에서 찾아 기억장치로 가져와 프로세스스케줄러에 넘긴다. 그러면 프로세스 스케줄러는 사용자가 원하는 프로그램이 CPU를 사용할 수 있게 해준다.

이와 같이 사용자가 필요한 운영체제명령어를 키보드, 마우스, 터치스크린 등으로 입력할 수 있고 처리 결과를 영상표시장치 등으로 즉시 알려주는 대화식 프로그램을 사용자 인터페이스라고 한다.

[그림 9.4]는 사용자 인터페이스제공 방식의 발전과정을 보이고 있다.

1980년 이전까지는 운영체제가 명령을 제시해 달라고 요구하는 프롬프트 기호(">_")에 운영체제 명령을 키보드로 입력하는 "텍스트 인터페이스"를 사용하였다. 이 시대의 운영체제 DOS, Unix등 모든 운영체제가 제공하는 방법이었다.

제일 큰 단점은 영문으로 된 명령을 일일이 외운 다는 것이 굉장히 불편한 것이었다. 그러나 지금도 시스템프로그램을 이용하기 위해서는 이 방법을 이용하고 있다.,

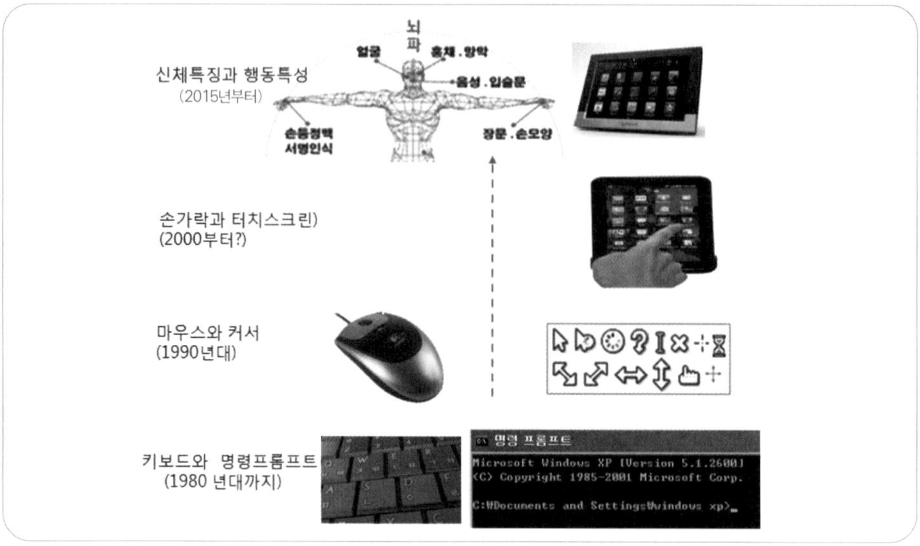

[그림 9.4] 사용자 인터페이스 제공 방식의 발전

1990년대에 들어 그래픽화면이 등장하면서 마우스가 화면에 그래픽으로 나타난 인터페이스 메뉴를 클릭하는 "클릭 인터페이스"가 주로 사용되기 시작하였다. 마우스로 조작할 수 있는 커서의 기호는 [그림 9.4]에 보이고 있으며 PC사용자는 모두 이 커서를 사용하고 있으므로 각 커서의 기능을 따로 설명하지 않는다.

2000년대 들어 터치화면이 등장하였고 스마트폰 등 이동단말기의 폭발적인 확산으로 이제는 손가락을 마우스 대신으로 사용하는 "손가락 인터페이스"로 발전했다. 더구나 2009년 아이폰에 멀티타치화면이 제공되면서 인터페이스는 더욱 사용하기 쉽게 발전하고 있다.

운영체제가 제공하는 터치화면 인터페이스 때문에 컴퓨터에 대해서 전혀 이해가 없는 사람도 집안의 있는 물건을 만지듯이 익숙하게 핸드폰을 사용하고, 심지어 두 살 먹은 어린애들도 멀티미디어 만화 등을 손가락으로 찍거나 밀면서 재미있게 보는 세상이 된 것이다.

생체인식 기술의 발달로 인해서 현재 증장하고 있는 인터페이스는 운영체제 명령을 음성으로 제시하고 상황에 따라 화면을 보이면서 음성으로 응답해주는 음성 인터페이스, 사람의 눈빛이이나 손가락의 동작을 알아서 대답해주는 생체 인터페이스 등 인식 소프트웨어 기술의 발달에 따라 더욱 새로운 인터페이스가 많이 하고 있다. 즉, 무선 인터넷 기능을 내장한 청소기가 말을 하고, 로버트가 사람을 따라 다니며 친구가 되는 "실감 인터페이스(realistic interface"가 나고 있다.

9.3 컴퓨터 뇌의 운영방법

1950년과 1960년대의 초창기의 컴퓨터는 주로 계산을 하기 위한 목적으로 쓰였기 때문에 프로그램과 계산될 데이터를 컴퓨터 조작자가 컴퓨터의 입력장치에 넣어 주면 한꺼번에 계산해 결과물을 종이에 인쇄해 주는 단순한 조작만이 필요했다. 그러나 그것이 1970년대와 1980년대에도 문자 정보를 취급할 수 있게 됨에 따라 차차 수치 계산보다는 방대한 자료를 저장장치에 저장해 두었다가 순간적으로 저장된 자료를 찾아서 기업 운영에 필요한 정보를 적시에 제공해 주는 정보 처리기의 형태로 컴퓨터 사용이 발전하였다.

1990년대에는 그림과 소리 등 문자 이외의 매체 정보를 컴퓨터가 취급 할 수 있게 됨에 따라 개인으로부터 사회, 국가에 이르기까지 모든 방면에서 멀티미디어 정보처리기 형태로 그리고 인터넷시대가 되면서 컴퓨터는 인터넷에 연결된 망 시스템으로 발전되었다.
이런 폭팔적인 컴퓨터 사용자의 증가와 정보량의 증가는 응답속도가 빠른 대화식 컴퓨터 사용을 필요로 했고 또 우주선 추적이나 기후예측과 같이 계산 량이 많은 업무는 더 빠른 속도의 컴퓨터의 요구하고 있다. 그런데 제한된 하드웨어적 장치들이 서로 유기적으로 협조하여 최대의 성능을 발휘할 수 있게 하는 방법은 운영체제에 달려있다. 여기서는 성능을 높이기 위해서 CPU와 기억장치를 운영하는 여러 방법을 간략히 설명한다.

9.3.1 멀티프로그래밍

초창기에서 1965년 IBM/360의 운영체제가 나오기 전 까지는 하나의 프로그램처리가 끝나야 다음 프로그램의 처리를 시작하는 단일 프로그램 처리 방법이었다.
멀티프로그램(multiprogramming)이란 [그림 9.5]에서 보인 것처럼 하나의 기억장치 공간을 여러 개의 구역(partition)으로 나누고 최대 구역 수만큼의 프로그램을 적재하고 하나의 CPU를 번갈라 사용하게 해서 단위 시간당 컴퓨터의 작업처리 처리효율을 높이는 방법이다.

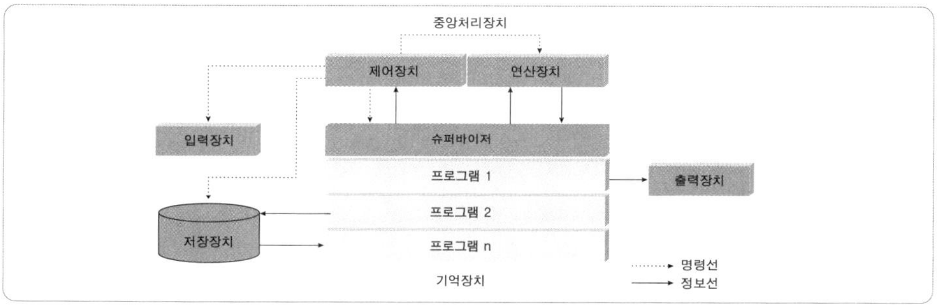

[그림 9.5] 기억장치에 여러개의 프로그램을 적재

즉, [그림 9.6]에서 보는 바와 같이 나의 프로그램이 하나의 CPU를 독점하여 사용하는 "단일 프로그래밍" 운영방법은 속도가 느린 입출력 장치의 속도보다 1천만배 이상 빠른 CPU 사용시간을 낭비 할 뿐만 아니라 컴퓨터의 업무처리 효율도 저하시킨다.

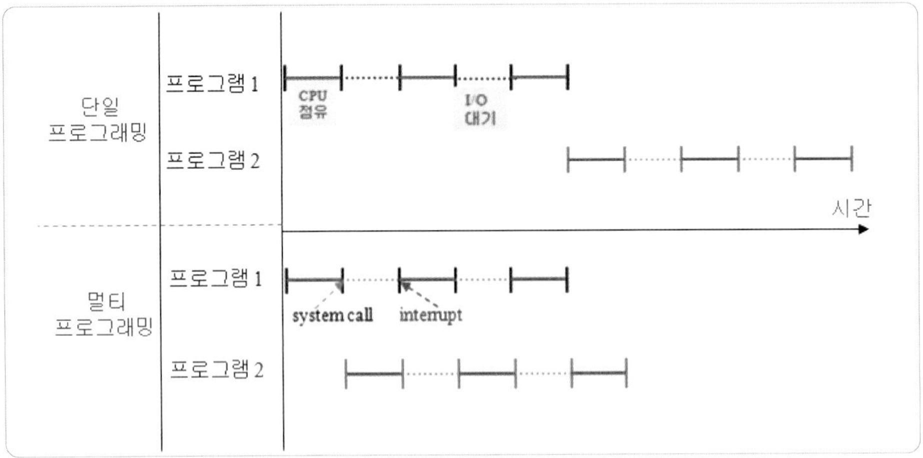

[그림 9.6] 단일 프로그래밍과 멀티프로그래밍의 처리시간 비교

이것을 개선하여 CPU가 입출력 작업 등으로 기다리고 있는 시간을 대기하고 있는 다른 프로세스에게 CPU를 사용하게 하는 CPU운영 방법이 "멀티프로그래밍"이다. [그림 9.6] 보는 봐와 같이 여러 프로그램들 사이에 CPU작업과 입출력 작업을 병열로 처리하여 CPU의 운휴시간이 많이 줄어들고 단위 시간당 작업처리 효율도 높아지는 것을 알 수 있다.

9.3.2 멀티태스킹

멀티태스킹(multitasking)이란 하나의 프로그램을 수행할 때 7장 3절에서 설명한 4단계의 명령 수행과정을 직렬로 수행하는 것이 아니라 다음 명령들의 4단계와 병렬화 해서 수행시간을 단축하는 방법을 말한다. 한 명령을 수행하는 각 단계를 **태스크**라고 한다.

즉, 첫 번째 명령이 해석단계(decoding)에 있을 때 다음 명령의 인출단계(fetching)작업을 실행하면 동시에 2개의 명령이 한 단계 늦기는 하지만 나머지 단계는 병렬로 수행된다.

이는 마치 여러 개의 공정(task)으로 이루어진 공장의 조립 생산라인처럼 매 공정마다 앞 공정 조립작업과 뒤 공정 조립작업이 동시에 조립되는 것에 비유할 수 있다. 이렇게 앞단 단계와 뒷단계의 태스크를 동시에 실행하는 방법을 **파이프라이닝**(pipe lining)한다.

멀티프로그래밍에서는 여러 개의 프로그램이 하나의 CPU를 직렬로 사용하는 방법이라면 멀티태스킹에서는 이를 병렬로 사용하여 CPU의 사용 효율을 높이는 것이다. 따라서 멀티프로그래밍 방법에서는 여러 개의 프로그램 처리시간을 모두 합하면 단일프로그래밍 방법으로 처리한 시간의 합과 같지만 멀티태스킹 운영 방법으로 처리한 시간의 합은 많이 짧아진다.

9.3.3 멀티프로세싱

멀티프로세싱(multiprocessing)이란 하나의 컴퓨터가 2개 이상의 CPU를 사용하여 하나의 프로그램을 처리하는 것을 말한다. 즉, 멀티프로그래밍 방법은 2개 이상의 프로그램이 하나의 CPU를 사용하는데 비해, 멀티프로세싱은 2개 이상의 CPU가 한 개의 프로그램을 나누어 실행하는 운영방법이다.

9.3.4 시분할 처리

시분할 처리(time sharing)란 앞의 멀티프로그래밍 방법과 달리 하나의 CPU사용을 기다리는 모든 사용자에게 매우 짧은 순간의 시간을 공평하게 배정하여 CPU를 사용할 수 있도록 하는 CPU운영 방법이다.

이때 배정된 시간을 다 사용했으면 운영체제가 즉시 CPU사용권을 강제로 빼앗아 다른 프로그램에 배정하고, 빼앗긴 프로그램은 CPU사용을 기다리는 대기 줄의 끝으로 가서 다음 순서를 기다리게 한다.

그래서 여러 사람이 동시에 사용하고 있음에도 불구하고 순서가 빨리 돌아오기 때문에 사용자 마다 자기 혼자 비싸고 성능이 좋은 컴퓨터를 사용하고 있다는 느낌을 가지게 하는 운영방법이다.

9.3.5 실시간 처리

실시간 처리(real time processing)란 사용자의 예기치 않은 요구에 즉시 응답을 할 수 있게 설계 된 대화형(interactive)운영방법이다. 인터넷의 활성화로 인해서 인터넷서버는 수천 명의 고객(client)을 상대로 동시에 서비스 해주어야하기 때문에 이 방법을 효과적으로 이용한다.

이 방법은 사용자의 숫자와 사용목적 그리고 사용하는 컴퓨터 기종에 따라 멀티프로그래밍 방법만을 사용하는 것부터 멀티태스킹과 멀티프로세싱 그리고 시분할 처리까지의 방법을 모두 사용해서 클라이언트가 일으키는 각종 요구 사건(event)에 서버(server)가 즉시 응답하는 것이다.

여기서 실시간이라 즉시 처리한다는 순간적인 의미가 아니라 업무의 특성에 따라서 사용자가 만족하게 기다릴 수 있는 어떤 정해진 시간보다 짧은 시간을 의미한다.

실시간에 반대되는 개념으로 **일괄처리(batch processing)** 운영방법이 있다. 이 방법은 월말에 지급되는 월급계산과 같이 변동자료를 발생하는 대로 모아 두었다가 정해진 날에 한꺼번에 처리하는 방법을 말한다.

9.3.6 분산처리

분산처리(distribute processing)란 하나의 프로그램으로 처리해야할 일을 프린팅 작업, 데이터베이스 작업, 계산 작업, 화면표시작업등 기능별로 나누어 통신망에 연결된 여러 대의 독립적인 컴퓨터들에게 배정하여 독립적으로 처리하는 운영방법이다. 이는 마치 사용자가 대형컴퓨터로 할 수 있는 일을 앞에 있는 PC로 처리하고 있는 것처럼 보이게 한다.

분산처리는 본서 11장에 설명된 사설구내정보통신망(LAN)기술을 이용해서 중앙집중식 대형컴퓨터처리 했던 대규모 업무를 나누어 필요한 곳에 저렴한 소형의 컴퓨터를 설치하고 분담하여 처리할 수 있도록 한 것이 최초의 클라이언트/서버 컴퓨팅(client/server computing) 운영체제이다.

그러나 본서 12장에 설명된 인터넷을 이용하여 전 세계적으로 업무를 분산하여 처리할 수 있게 되었다. 이제는 인건비가 싼 해외에까지 서버를 설치하고 인터넷을 통해서 국내의 PC로 업무를 하고 있어도 서버가 회사의 건물에 있는지 해외에 있는지를 사용자는 의식하지 못한다. 이는 통신망으로 진화된 일종의 멀티프로세싱 방법의 확장방법이다.

2009년부터 떠오르고 있는 **클라우드 컴퓨팅(cloud computing)** 기술은 기업이나 개인이 자신의 모든 데이터와 프로그램을 초대형 서버들로 구축된 사설 또는 공공 클라우드 서버에 올려놓고 사용료를 지불하는 또 다른 분산처리 시스템이다.

본서 13장에 설명된 클라우드 컴퓨팅 환경이 구축되면 단말기의 소프트웨어는 장치운영과 인터페이스밖에 없는 어떤 형태의 단말기로도 때와 장소에 관계없이 클라우드의 초대형 시스템을 마치 자신의 스마트폰이나 PC처럼 사용하게 될 것이다.

9.4 운영체제의 예

운영체제의 기능이란 사람이 할 수 있는 지적 능력에 비교 할 수 있다. 초등 학생과 대학생의 차이는 신체 정도에서 뿐만 아니라 남의 말을 얼마나 쉽게 이해하고 이를 해결하는 지적 능력에 대해서도 큰 차이가 난다. 또 같은 대학생이라도 그 사람의 성장 환경과 교육 배경 그리고 개인의 능력에 따라 어떤 일의 처리 능력에도 큰 차이가 난다.

우리가 각종 입시 지옥에서 헤매야 하는 이유도 인간의 머릿속에 기억시켜야 할 각종의 시스템 소프트웨어에 비교할 수 있는 질 좋은 교양과 전문지식을 배우고 이를 증명할 수 있는 이수 증명서를 얻기 위한 경쟁에서 나타난 것이다. 사람은 태어나서 청년기까지 한 20여 년의 교육과 경험을 쌓아야만 쓸모가 있는 사회인으로 역할을 할 수 있다. 그러나 컴퓨터는 필요한 소프트웨어를 언제라도 구비하기만 하면 되므로 지식을 쌓는데 시간이 걸리지 않는다.

그러나 문제는 운영체제가 컴퓨터 하드웨어의 구조에 맞도록 개발되었기 때문에 기종이 바뀌면 운영체제가 바뀌게되고 그에 따른 각종 시스템 소프트웨어 및 응용 프로그램도 수정하거나 다시 만들어야 한다.

그리고 하드웨어와 통신기술의 발전 그리고 이용자들의 이용기술 능력향상에 따른 이용자 요구사항의 증대와 업체간의 경쟁에 의해서 운영체제는 기능이 추가되고 특정하드웨어에 독립적으로 계속 새롭게 발전하고 있다.

이 장에서는 역사가 오래된 메인프레임 급의 운영체제, 앞으로 계속 발전할 워크스테이션 급의 UNIX, 개인들의 필수품인 PC 급의 운영 체제, 스마트 단말기 운영체제 그리고 임베디드 시스템 운영체제를 간략히 소개한다.

9.4.1 메인프레임 급 MVS 운영 체제

대부분의 범용 컴퓨터인 **메인프레임 급 컴퓨터의 운영 체제**는 컴퓨터 제조회사에서 만들어져 제공하고 있다. 또 이들은 그 컴퓨터 고유의 하드웨어 특성에 맞게 설계되어 있으므로 제조회사의 기종에 따라 운영 체제가 다르다. 따라서 하나의 운영 체제를 다른 기계의 기종으로 옮기기가 어렵다.

메인프레임 급 컴퓨터의 대표적인 IBM회사는 1964년 IBM 360계열의 컴퓨터를 발표하면서 여기에 DOS라는 운영 체제와 DOS보다 더 성능이 좋은 OS/360을 발표하였고 그 후 1970년대에 IBM/370이 나오면서 DOS/VS에서 VSE로 OS/VS2 또는 MVS라는 보다 복잡하고 성능이 다양한 운영 체제를 발전시켰다.

IBM/360 컴퓨터의 운영 체제가 그 당시까지만 해도 쓰기가 어려웠던 컴퓨터를 쉽게 사용할 수 있도록 해줌으로써 과학기술 전용에서 일반 비즈니스용으로 컴퓨터 사용의 확산에 크게 기여한 계기가 되었다. 이 운영체제는 앞의 운용방법에서 설명한 것 이외에도 각종 정보 보완 장치 등 많은 기능 등이 포함되어 있다. 오늘날 워크스테이션 급이나 PC 운영체제에서 지향하려고 하는 모델이 MVS 운영체제일 것이다.

메인프레임용 운영 체제는 대개 일괄 처리를 위한 운영 체제에서 시작하여 온라인 즉시 처리로 발전하였고 또 시스템의 보완과 안전성에 치중하였기 때문에 일반 사용자가 그 운영 체제 언어를 배워서 사용하기가 매우 복잡하고 어려운 것이 단점이다. 보통 일반 사용자는 직접 이런 운영 체제를 접할 기회가 없을 것이므로 더 이상의 설명은 생략한다.

9.4.2 워크스테이션 UNIX 운영체제

UNIX는 간단한 조작으로 시스템을 사용할 수 있으며 하드웨어의 특성과 상당히 독립적으로 설계되었기 때문에 시스템을 변경하는데 복잡한 작업이 필요하지 않고 여러 개의 단말기로 동시에 여러 개의 작업을 수행할 수 있어서 프로그램의 개발을 쉽게 할 수 있도록 되어 있는 시분할(timesharing) 시스템인 것이다.

UNIX는 처음 미국 전기통신회사(AT&T)의 Bell 연구소 **톰슨**(Kenn **Tomson**)과 **리치**(Dennis **Ritche**)가 어셈블리 언어로 1969년에 처음 만든 것이다. UNIX에 대한 관심이 고조되면서 UNIX는 1973년에 고급언어인 C언어로 다시 쓰여져서 Bell 연구소 내부에서만 적극적으로 사용되었다. 그리고 이 후 Bell 연구소는 통신전문회사이기 때문에 미국의 독과점 방지 규제에 묶여 컴퓨터 업계에 들어올 수 없었다. 그래서 UNIX는 상품화될 수 없었기 때문에 대학 등과 공동연구를 수행하기 위해 벨연구소는 UNIX를 대학 등에 공급하면서 연구용으로 프로그램 소스 코드까지 공개하였다.

이것이 또한 UNIX 발전에 큰 영향을 주었으며 대학에서도 운영 체제를 학생들이 직접 실습해 보고 만들어 볼 수 있게 되어서 UNIX를 기반으로 하는 여러 가지 소프트웨어들이 나타나기 시작했다. 이것이 1980년대 말부터 UNIX용 소프트웨어의 폭발적인 성장을 가져오게 되었다.

그래서 오늘날 대부분의 워크스테이션 컴퓨터는 UNIX를 기반으로 개량 발전된 운영체제 등을 탑재하고 있는 것이다. 그들 예가 IBM의 AIX, 마이크로소프트사의 XENIX 그리고 오라클사의 Solaris가 있다.

UNIX의 특징은 C 소스 프로그램이 공개되었다는 것 이외에 또 다른 특징은 모든 시스템의 자원, 즉 모든 입출력 장치, 디스크 장치, 터미널과 자료 및 프로그램을 파일(file)로 본다는 것이다. 그래서 UNIX는 주변장치를 변경해도 프로그램의 변경사항이 없게 된 것이다.

또 운영 체제와 사용자 사이의 의사소통은 셀(shell)이라는 명령어 해석기가 터미널로부터 줄(line) 단위 명령을 받아 시스템을 운영하게 해주는 것이다.

UNIX는 인터넷 프로토콜인 **TCP/IP**를 자체에 포함하고 있어 인터넷서버로 가장 많이 쓰이고 있는 것이다.

9.4.3 개인용 컴퓨터 운영 체제

1971년에 미국 Intel에서 4비트 **마이크로 프로세서** 칩을 개발한 후 1970년대 중반 8비트 마이크로 컴퓨터가 등장함으로서 개인용 컴퓨터시대가 열렸다. 최초의 개인용 컴퓨터운영체제는 1973년 킬달(G. Kildall, 1942~1994)이 개발한 8비트용 CP/M이었고, 1979년에는 16비트용 MS-DOS가 나타났다. 이 절에서는 현재 사용중인 운영체제만 소개한다.

1 맥 오에스(Mac OS)

맥 오스는 1984년 Apple사가 새로 제조한 자사의 매킨토시(Macintosh)컴퓨터에 탑재하여 판매하기 시작한 운영체제이다.

매킨토시는 화려한 그래픽 화면의 아이콘과 메뉴 바 그리고 팝업메뉴 및 드래그 앤 드롭 기능의 인터페이스 때문에 MS-DOS를 1988년부터 앞서기 시작했다. 특히 강력한 그래픽 기능으로 디자인과 출판업계에 많이 사용되게 되었다.

그러나 MS-DOS에서 개발된 소프트웨어와 호환성이 없어 대중화에는 성공하지 못했다. 1991년에는 맥 오에스에스(Mac OS X)로 시작해서 계속 개정판을 내 놓고 있다.

2 윈도우즈(Windows)

매킨토시의 도전에 마이크로소프트사는 매킨토시에서와 같이 **아이콘**(icon: iconography)을 이용한 GUI방식을 채택한 운영체제로 1990년에 윈도우즈 3.0을 발표하여 DOS에서 볼 수 없었던 화려한 화면에 간편한 사용방법을 제공해 매킨토시와 경쟁하여 지금은 윈도우즈가 가장 많이 사용되고 있다.

마이크로소프트사는 자사의 **윈도우즈**를 꾸준히 개량 확장하여 1992년 말에는 32비트용 Windows-NT(new technology)를 그리고 1995년 10월에는 펜티엄 PC에 탑재되는 Windows 95를 발표하여 세계적인 관심을 불러 일으켰으며, 1998년 6월에는 인터넷 기능이 보강된 Windows 98을, 2001년에는 Windows XP를, 2006년에는 윈도우즈 비스타(Windows Vista)을 그리고 2010년에는 윈도우 7이 발표되었다.

Windows95부터는 다중프로그래밍, 다중처리, 가상기억 등의 기능이 처음으로 추가되기 시작하였다.

3 리눅스(Linux)

우리나라에서도 1998년부터 보급되기 시작한 리눅스(Linux)는 개인용 컴퓨터에서 사용할 수 있는 유닉스(UNIX)로 불린다. Linux가 당시 각광받은 있는 이유는 리눅스가 인터넷을 지원하는 강력한 UNIX운영체제와 명령의 사용법이 비슷하고 특정 하드웨어에 독립적이고 서버(sever)용 운영체제인 윈도즈NT를 보강해서 나온 윈도즈2000과 경쟁할 수 있기 때문이었다.

리눅스는 핀랜드 헬싱키 대학의 학생이던 21세의 리누스 **토발즈**(Linus Tovalds)가 1998년에 386PC에서 개발한 운영체제로 "리누스가 개발한 유닉스"라는 뜻의 이름으로 인터넷에 공개한 이후 2000년에 들어서면서 전 세계 일 천만 명 이상이 사용하는 주인 없는 공짜 운영체제가 되었다.

리눅스는 무료로 공개되면서 리누스가 처음 만든 10,000줄의 코드는 2,000명 이상의 다양한 개발자가 달라 들어 지난 세기 말 까지 15,000,000줄이 넘었으며 더 좋은 리눅스를 만들기 위한 노력이 계속되고 있다.

리눅스는 인터넷이 제공하는 공개소프트웨어(open source software)이기 때문에 누구도 공개된 소프트웨어 소스를 사용할 수 있어서 이제는 리눅스가 워크스테이션은 물론 대형컴퓨터와 슈퍼컴퓨터에도 설치되고 있으며 다음 절에 설명된 임베디드시스템의 운영체제로도 사용되고 있다.

9.4.4 임베디드시스템 운영체제

임베디드 시스템은 특정기능을 수행하는 전자제품이나 환경을 감지하는 센서에 마이크로프로세서나 시스템온칩을 내장시켜 그 동작 기능을 자동화 하는 시스템이다.

임베디드 시스템은 특정한 사용용도와 이동성 때문에 안테나와 플래시메모리 외에는 다른 입출력 장치가 부착되지 않는다. 그리고 계속 전력을 공급할 수 없기 때문에 전력소모를 극소화 해야 한다.

내장될 제품의 특성에 따라 수많은 운영체제가 등장하였다. 이를 스마트폰과 같은 이동운영체제와 센서운영체제로 분류하면 다음과 같다.

1 스마트폰 운영체제

스마트폰(smart phone)은 크기만 작고 가벼울 뿐이지 [표 9.1]에서 보는 바와 같이 PC에서 사용하는 운영체제와 소프트웨어를 기반으로 인터넷, 동영상, 음악, 음성전화, 메일과 내비게이션 그리고 카메라와 방송 등 다양한 응용프로그램을 설치하고 운영할 수 있는 여러개의 무선기술 안테나와 대용량 플래시메모리 그리고 멀티터치 인터페이스를 가진 똑똑한(smart) 다음 세대(post) 손안의 PC인 것이다.

그리고 중앙처리장치도 고성능 PC에 설치된 것과 같은 듀얼코어 프로세서이고 곧 쿼드코어가 사용될 것이다.

운영체제를 복사해서 사용할 수 없도록 공개하지 않는 iOS와 달리, Android는 운영체제 소스프로그램과 사용 설명서까지 프로그램개발에 필요한 모든 자료를 스마트폰 응용프로그램 개발자에게 무료로 제공하는 개방 소스 소프트웨어(open source software)이다. 따라서 Android 운영체제 소스 프로그램을 공짜로 다운받아서 스마트폰 운영체제의 기능을 향상하거나 운영체제를 더욱 깊이 공부할 수 있다.

[표 9.1] 회사별 스마트폰 플랫폼 비교

회사 / 플랫폼	Google	Apple	Microsoft
운영체제	Android (from Linux)	iOS (from MAC)	WP7 (from Window)
프로그램언어	C/Java	Object C	C++,VB,C#
개방 여부	Open	Partially Open	Partially Open
브라우저	Chrome	Safari	Internet Explorer
공개 년 월	2010.1	2008.7	2010. 10

자율 주행 자동차 운영체제로는 유럽 자동차 회사들이 협조하여 만들어 시 상용화에 이른 리눅스 기반 AUTOSAR와 2014년 공개한 구글의 "안드로이드 오토"와 애플의 "카플레이" 대표적이다. 이제는 시동을 건다가 아니라 운영체제를 부팅 한다고 말하는 시대가 온 것이다.

2 센서 운영체제

사람이 들고 다니는 이동 형 기기와는 달리 센서는 사물에 보이지 않게 심어져 특정 기능만을 수행하는 센서운영체제(Sensor OS)에는 Tiny OS와 Nano Qplus 등이 개발되어 사용되고 있으며, 응용분야의 확산에 따라 더욱 더 새로운 센세 운영체제가 등장할 것이다.

센서운영체제는 일반 컴퓨터 운영체제와 달리 전력소모의 관리와 장애발생 등의 자가진단 기능, 도청에 대비한 무선 보안 기능, 외부로부터의 배터리 공격 등을 방어할 수 있는 기능 그리고 센서 간 상호통신 기능이 더욱 중요한 것이다.

어떤 운영체제가 좋고 나쁘다고 평가하기는 어렵다. 그 이유는 사용자의 요구사항과 경쟁사의 장점을 빨리 흡수하여 더 좋은 제품이 새로운 기술로 빨리 나오기 때문이다. 앞으로도 국제간의 초고속 유무선 정보통신망이 구축되고 마이크로프로세서의 처리속도 향상과 기억용량과 저장용량의 확대 등에 힘입어 무궁무진한 새로운 기술의 등장과 사회환경의 변화에 따라 다양한 기능의 운영체제와 그에 따른 새로운 소프트웨어들이 계속 등장할 것이다.

연습문제

컴퓨터 과학개론

9.1 운영체제의 목적은 무엇인가?

9.2 운영체제의 기능을 5가지로 나누어 설명하시오.

9.3 운영체제 성능평가 척도 5가지는?

9.4 운영체제 중 항상 기억장치에 상주해 있어야 하는 부분은 어떤 것인가?

9.5 일처리율과 응답시간은 서로 어떤 관계인가?

9.6 기억장치의 기억용량이 커지고 커져도 항상 모자라는 이유는 무엇 때문이라고 생각하는가?

9.7 커널에 속하는 기능은 무엇인가?

9.8 지금 쓰고 있는 키보드를 키 배열과 키의 개수가 다른 키보드로 바꾸려면 어떤 프로그램이 바뀌어져야 하는가?

9.9 운영체제 프로그램을 기억장치에 갖다 놓은 것을 무엇이라 하는가?

9.10 실제 기억장치보다 크게 보이게 하는 기억장치를 무엇이라고 하는가?

9.11 사용자 프로세스가 종료되면 CPU 사용권은 어디로 가는가?

9.12 파일의 보호기능은 운영체제의 어느 부분이 해 주는가?

9.13 사용자와 운영체제 사이에서 사용자의 명령을 운영체제에 전달하는 프로그램을 무엇이라고 하는가?

9.14 실시간 처리와 시분할 처리의 차이점을 설명하시오.

9.15 다중 프로그래밍과 다중 처리의 차이점을 설명하시오.

9.16 16비트와 32비트 개인용 컴퓨터의 차이점은 무엇인가?

9.17 Linux가 각광받는 이유는 무엇인가?

9.18 iOS와 Andriod 운영체제의 장단점을 설명하시오.

9.19 임베디드 시스템 운영체제의 특징은 무엇인지 설명하시오.

9.20 가장 좋은 운영체제란 어떤 것인지 설명하시오.

10장 자료관리

10장 자료관리

정보화사회에서 가장 중요한 자원은 의사결정에 필요한 정보(information)이다.

그런데 정보는 자료(data)를 가공(process)해서 얻은 결과를 말한다. 컴퓨터는 방대한 양의 자료를 컴퓨터의 저장장치에 기록해두었다가 필요할 때마다 자료를 신속하게 읽어내어 원하는 대로 가공하여 우리에게 제공해 준다. 따라서 양질의 정보를 얻기 위해서는 방대하고 정확한 자료를 항시 신속하게 찾아 낼 수 있도록 디스크와 같은 저장장치에 준비되어 있어야 한다.

그런데 저장장치에 자료를 전자적으로 기록하고 읽어 낼 때마다 저장장치의 물리적인 특성이나 저장된 위치와 형태를 사용자가 일일이 기억했다가 프로그램으로 알려주어야 한다면 이런 일은 너무 복잡하고 어려워서 정보처리기로서의 컴퓨터는 오늘날과 같이 쓸모 있게 발전하지 못했을 것이다.

이 장에서는 컴퓨터 기술의 발전과 함께 자료관리에 관련된 입출력 제어시스템(input/output control system), 파일 시스템(file system), 데이터 베이스 관리 시스템(data base management system)등의 소프트웨어 시스템에 대해서 설명한다.

10.1 입출력 제어시스템

입출력 제어시스템(IOCS : input output control system)은 입력장치가 자료를 읽게 하고 출력장치가 정보를 출력하는 활동을 수행시켜 주는 1950년대에 나타난 컴퓨터의 기본적인 소프트웨어이다. 이 시스템은 초창기 운영체제의 핵심적 기능을 했으며 컴퓨터 제조회사에서 제공되었다. 이 시스템은 입출력장치의 종류나 물리적인 특성에 관계없이 프로그래머가 붙인 장치이름이나 파일 이름으로 입출력장치와 파일에 접근할 수 있게 해준다.

따라서 이 시스템은 저장장치나 입출력장치의 기계적인 특성으로부터 독립성을 제공해 줌으로써 우리는 자료를 디스크의 어디에 기록해야 할지 또는 특정한 자료가 디스크의 어느 트랙에 기억되어 있는지에 대해서 또는 어떻게 입력장치에서 기억장치로 읽을지 또는 어떻게 출력장치를 구동시킬지 등에 대해서 신경 쓰지 않아도 되는 것이다. 또 읽어들일 자료가 자기테이프, OMR, 자기카드, CD, 하드디스크, 키보드 등 어떤 입력장치에 있든지 간에 그 물리적 장치의 구조나 입력방법에 신경을 쓰지 않고 프로그램에서는 파일이름만 제공하면 되게 하는 것이다. 입출력 제어시스템이 제공하는 다양한 기능 중에서 대표적인 기능을 몇 가지 열거하면 다음과 같다.

1 블록화와 비 블록화

자기테이프와 자기디스크장치에 실제적으로 저장행위가 이루어지는 자료뭉치의 단위를 **물리적 레코드(physical record)**라고 한다. 이 단위를 블록(block)이라고도 하며 하드디스크에서는 섹터가 블록기능을 한다. 이에 대해서 **논리적 레코드(logical record)**는 사용자의 입장에서 본 자료뭉치이다. 일반적으로 레코드하면 논리적 레코드를 의미한다. 하나의 물리적 레코드가 하나의 논리적 레코드로만 구성되었을 경우 이를 비블록화된 레코드라고 한다. 각 블록이 여러 개의 논리적 레코드로 되었을 경우 이를 블록화 되었다고 한다.

자료전송속도를 높이고 제한된 저장장치에 많은 양의 정보를 기록하기 위해서는 **블록화(blocking)**작업을 수행해서 저장장치에 저장하며, 저장장치에 블록 단위로 저장된 자료를 꺼내다가 프로그램이 이용할 수 있도록 하기 위해서는 블록화가 된 레코드를 비블록화(deblocking)하는 일을 해야 한다. 이와 같은 일은 입출력 제어시스템이 해준다.

2 버퍼링

버퍼링(buffering)은 처리속도가 빠른 중앙처리장치와 속도가 느린 입출력장치 혹은 저장장치 사이의 속도 차이에서 오는 불균형을 해결해 주는 특별한 입·출력 작업만을 위한 기억장소 관리기법이다. 중앙처리장치가 입출력장치의 작업이 끝날 때까지 기다리어야 하는 시간의 낭비를 줄이도록 하기 위해서 기억장치에 블록크기보다 큰 **버퍼(buffer)**라고 하는 입출력 작업을 위한 특별한 기억공간을 설정하여 중앙처리장치의 작업과 입출력장치의 작업이 병렬로 일어나게 하는 것이다.

이중 버퍼링(double buffering)이란 [그림 10.1]과 같이 버퍼를 2개 만들고 프로세스(process)라고 불리는 수행중인 프로그램이 저장해야 할 레코드들을 만들어 처음 버퍼에 차례대로 저장한다. 처음 버퍼에 레코드들이 다 차면 이 버퍼의 내용을 블록으로 하여 저장장치에 실제적으로 저장한다.

입출력 제어시스템이 저장작업을 진행하는 동안에도 수행중인 프로그램인 프로세스는 레코드생성을 계속하여 두 번째 버퍼에 레코드를 채워 간다. 두 번째 버퍼가 새로운 레코드로 차고 처음 버퍼가 저장장치에 저장작업이 끝났으면, 두 번째 버퍼의 블록이 저장되기 시작한다. 두 번째 버퍼의 블록이 저장되는 동안에도 프로세스는 레코드생성을 계속하여 첫 번째 버퍼를 채워간다. 이 때 실제적인 블록의 저장작업을 채널(channel)이나 입출력프로세서(I/O processor)가 수행한다.

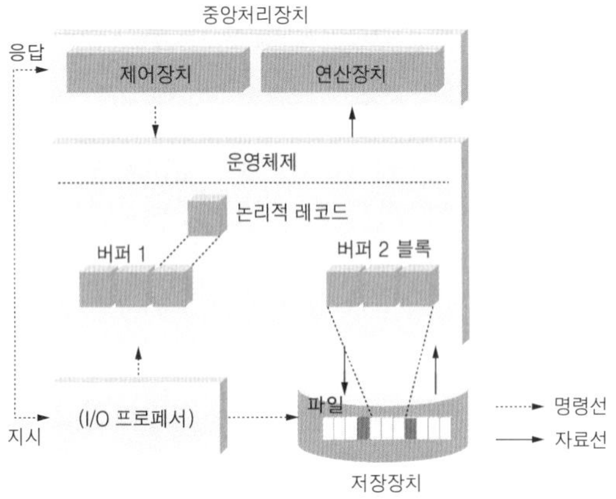

[그림 10.1] 이중 버퍼링의 개념

버퍼에 번갈아 가면서 자료를 넣어서 처리하므로 중앙처리장치는 자료가 저장장치로 저장이 끝나는 것을 기다리지 않고 레코드들을 생성하여 이 버퍼에만 저장하면 되므로 작업수행시간을 단축시킬 수 있는 것이다.

버퍼의 크기를 크게 하고 버퍼의 개수를 많이 만들면 기억장치의 기억공간을 많이 차지하게 되므로 기억공간의 작업구역이 작아져서 작업효율이 떨어진다. 따라서 버퍼의 크기나 개수는 기억장치의 용량과 사용하는 입출력 장치들의 개수에 따라 다를 수밖에 없다.

3 입출력 오류처리

입출력 제어시스템은 패리티 비트검사 등을 통해서 입출력장치와의 자료이동이 성공적으로 수행되었는지를 판정한다. 그리고 작업과정에서 자료가 잘못 이동되었으면 수정할 수 있는 오류를 수정하거나, 아니면 자료이동이 성공할 때까지 입출력작업을 몇 번 반복한다.

이런 IOCS가 있기 때문에 프로그래머는 단지 read, write 라고 하는 명령문 하나만 쓰면 복잡한 입출력 동작의 수행이 간단히 이루어지게 되는 것이다. IOCS가 수정할 수 없는 오류가 발생하면 사용자에게 오류 메시지를 제공하여 사용자가 오류를 어떻게 처리할 것인가를 판단하게 해준다.

4 볼륨끝과 파일끝처리

볼륨(volume)이란 한 장의 CD나 한 개의 **테이프 릴(tape reel)** 하나의 하드디스크 등과 같은 하나의 저장매체를 말한다. 이에 비해서 파일(file)은 하나의 이름으로 관리할 수 있는 저장된 자료가 차지하고 있는 저장매체의 공간이다. 용량이 큰 저장장치에는 한 볼륨에 여러 개의 파일(multi-file one volume)이 저장될 수도 있지만 디스켓 등과 같이 용량이 작은 볼륨에는 큰 파일을 모두 저장할 수 없다. 이 경우에는 하나의 파일을 여러 개의 볼륨(one file multi-volume)에 나누어 저장한다.

레코드가 순서적으로 읽어져서 파일의 끝이 아닌데 볼륨의 끝에 도달하면 볼륨을 바꾸어 계속 읽어질 수 있어야 한다. 또 한 파일내의 모든 레코드가 다 읽어졌으면 파일 끝에 도달했다고 한다. 파일 끝에 도달했을 경우에는 더 이상 파일을 읽어서는 안 된다.

볼륨의 끝에 도달했는지, 파일의 끝에 도달했는지 등을 입력버퍼에서 검사해서 사용자 프로그램에 알려주는 기능을 IOCS가 지원해 주고 있으므로 프로그래머는 단순히 "at end"나 "eof"등과 같은 파일 끝 검사 명령문만을 이용하여 파일 끝을 조사할 수 있게 된다.

위와 같은 일 외에 입출력 제어시스템은 수행중인 프로그램과 입력과 출력장치사이에서 자료가 이동할 수 있는 통로를 만들어 관리해주는 일도 한다.

10.2 파일시스템

컴퓨터가 복잡한 수치 계산문제에만 이용되기 시작한 1950년대에는 프로그램이 비교적 단순했다. 즉 프로그램과 그 프로그램이 처리해야할 자료들을 한 덩어리로 보았다. 그때는 자료를 구멍 뚫린 종이카드나 자기테이프에 한 개의 파일로 수록했다. 그런데 컴퓨터가 1960년대에 사무처리에 이용되면서 프로그램의 종류는 많아지고 프로그램이 처리해야 하는 자료의 양은 방대해졌다.

그런데 한 조직 내에 프로그램마다 자신의 자료를 별도로 수집 관리해야 했으므로 자료의 중복이 많이 생기게 되어서 이용자를 더욱 어렵게 만들게 되었다. 그래서 1960년대와 1970년대 초까지는 같은 자료를 관리해주는 프로그램들을 하나의 통합된 시스템 프로그램으로 모으기 시작했다. 그리고 여러 종류의 파일구성 방법이 생기게 되었고 이를 처리하는 파일처리 소프트웨어가 컴퓨터 제조 업체에 의해서 **파일 시스템**(file system)이라는 이름으로 해서 운영체제의 한 부분으로 제공되었다.

대부분의 파일 시스템은 각종 파일의 조작을 지원하는 것은 물론 다음과 같은 기능을 지원하고 있다.

① 파일의 생성, 갱신(삽입, 삭제, 수정), 검색하게 한다.

② 사용자 프로그램에서 지정된 파일이름을 파일이 있는 실제 주소(physical address)로 바꾸어 준다.

③ 자기 디스크나 자기테이프 등 자료저장장치에 실제적인 기억공간(physical space)를 확보해 준다.

④ 파일의 이름과 생성일자, 크기, 자료파일인가 프로그램 파일인가 등의 특성 등을 유지해주는 디렉토리를 관리해 준다.

⑤ 파일의 블록들이 기억장치에 출입하도록 이동시켜 준다.

⑥ 여러 이용자가 파일을 공유하도록 처리해 준다.

⑦ 파일의 자료가 잘못되어 파기되었을 경우 이를 **회복**(recovery)시키기 위해서 자료를 자기 테이프나 CD 등에 복사해 주는 **예비**(backup)기능과 회복기능등을 제공해 준다.

⑧ 기타 수행중인 프로그램이 필요한 또 다른 입출력 기능을 수행하도록 한다.

이들 지원 기능들은 IOCS 에서 제공되는 기능을 필요에 따라 이용함은 물론이다.

10.3 파일의 종류

파일은 사용용도와 기능에 따라 크게 데이터 파일, 프로그램 파일 그리고 디렉토리 파일로 구분 할 수 있다.

10.3.1 데이터 파일

데이터 파일은 자료들만 모아둔 파일로서 사용 용도에 따라서 다음과 같이 분류할 수 있다.

1 마스터 파일

마스터 파일(master file)이란 어느 한 업무를 처리하는데 있어서 기본적으로 꼭 필요한 자료들만이 저장되어 있어서 비교적 영구적으로 사용되는 파일이다. 마스터 파일의 특징은 항상 그 자료의 내용이 현재성(updated)을 유지하고 있어야 한다.

예로서 인사 마스터 파일을 생각해 보면 레코드를 사원번호, 성명, 생년월일, 주소, 직위, 근무 부서, 학력, 가족사항 등으로 구성될 수 있다. 이중에서 성명, 생년월일 등은 영구히 변하지 않으나 직위, 근무 부서 등은 시간의 변화에 따라 그 내용이 변한다. 따라서 변동되는 자료항목은 마스터 파일에 반영되어 변경되어야 한다.

변경하는 작업을 언제 할 것인가 하는 시점은 업무의 성격이나 시스템의 운영방법에 따라서 사용자들이 결정한다. 한가지 방법은 변경될 자료(transaction)를 모아두었다가 보고자료가 필요할 때 한꺼번에 마스터 파일에 반영하여 갱신하는 방법이 있고, 또 다른 방법은 변동자료가 발생하는 즉시 마스터 파일을 갱신하고 변경기록을 **로그 파일**(log file)에 기록해 두는 것이다.

2 트랜잭션 파일

트랜잭션 파일(transaction)이란 마스터 파일에 수행되어질 변경 자료들을 모아둔 파일이다. 즉 마스터 파일에 새로운 레코드를 추가하거나 마스터 파일에 있는 어떤 레코드를 삭제하거나 그 레코드 항목 중 내용을 변경하기 위한 자료를 저장하고 있는 파일이다. [그림 10.2]는 마스터 파일과 트랜잭션 파일의 관계를 나타낸 것이다.

3 작업파일

작업파일(working file)이란 마스터파일과 같이 반영구적으로 보관되는 것이 아니고 어느 한 프로그램에서 생성된 출력 자료를 받아 일시적으로 저장해 두었다가 이를 다른 프로그램의 입력자료로 사용하기 위해서 만든 파일이다. 보통 보고서 작성 등 많은 일괄처리의 경우 이 작업파일을 많이 이용되고 있다.

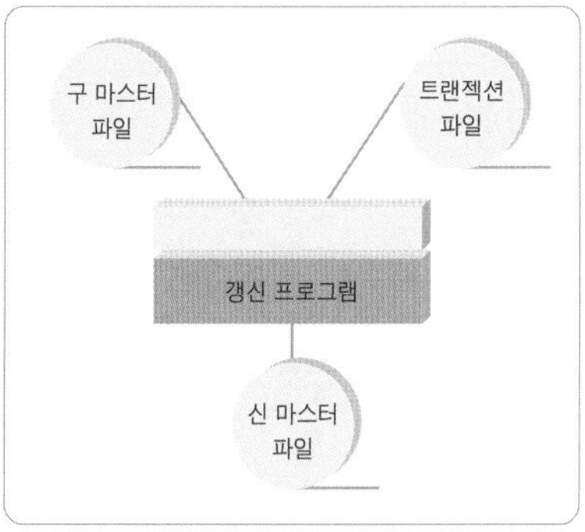

[그림 10.2] 마스터 파일과 트랜잭션 파일의 관계

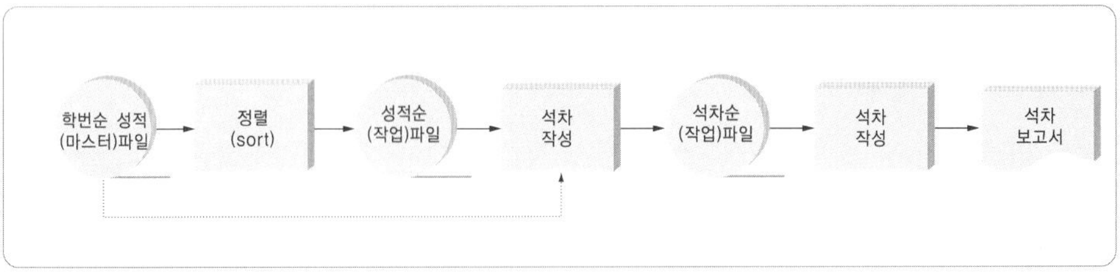

[그림 10.3] 작업 파일의 예

[그림 10.3]에서 성적순 파일은 작업파일이다. 만약 이 작업파일이 없으면 석차작성 프로그램은 성적순 정렬업무까지 자기 프로그램 속에 포함해야 하므로 프로그램은 복잡해진다.

4 보고서 파일

보고서 파일은 사용자에게 사용자가 요구하는 자료를 보여주기 위해서 일정한 보고서 형식으로 정리된 프로그램 출력자료를 저장하고 있는 파일이다. 이 파일은 필요할 때 하드카피로 작성하거나 사용자 화면에 보고서 형식으로 보여줄 때 사용한다. 또 저장된 자료의 표현 형태에 따라서 레코드형, 문장(text)형 그리고 그림이나 소리를 표현하고 있는 대용량 비트로 구성된 **브롭(BLOB: Binary Large object)**형으로 구분할 수 있다.

10.3.2 프로그램 파일

프로그램 파일은 컴퓨터가 수행해야 할 프로그램을 저장하는 파일로서 다음과 같은 것이 있다.

1 원시 프로그램 파일

원시 프로그램 파일(source program file)이란 사용자(programmer)가 고급언어로 코딩한 프로그램이 일종의 문서(text)형식으로 저장된 것이다. 이 때 키보드 등으로 입력된 자료를 파일로 만들어 주는 프로그램을 문서 편집기(text editor)라고 하며, 이 편집기는 컴퓨터 제조 업체나 소프트웨어 전문업체에서 만든 것으로 제공되고 있다.

2 목적 프로그램 파일

목적 프로그램 파일(object program file)이란 컴퓨터 언어 번역 프로그램인 컴파일러(compiler)가 원시프로그램을 읽어들여서 이를 컴퓨터가 이해할 수 있는 언어로 바꾸어 놓는 결과인 목적프로그램이 저장된 2진(binary) 코드의 자료가 파일이다.

3 수행 프로그램 파일

수행 프로그램 파일(executive program file)은 목적 프로그램을 컴퓨터가 직접 수행시킬 수 있도록 편집해 주는 연계 편집기(link editor)에 의해서 컴퓨터가 사용될 하드웨어의 특성에 맞게 완전히 기계어로 바꾸어진 프로그램이 저장된 파일이다. 그 밖에 어느 특정업무에 많이 쓰이는 일련의 프로그램 수행명령(job control command)을 한데 묶어 보관하는 파일도 있다.

10.3.3 파일 디렉토리

파일 디렉토리(file directory)는 자기 디스크 장치와 같은 하나의 물리적 저장장치에 들어있는 파일들에 대한 정보가 저장된 파일이다. 디렉토리의 정보는 파일의 이름, 위치, 크기, 파일구조, 생성과 최근 사용 일시, 보안 형태 그리고 삭제 여부코드 등에 관한 것이 포함된다. 각 볼륨마다 최상위로 가지고 있는 디렉토리를 루트(root)디렉토리라고 하며, 각 디스크마다 파일 시스템이 지정하는 특정 영역에 할당되었다.

그러나 사용자가 많아져서 파일의 개수가 많아지면 파일을 정리하고 찾는 것이 루트 만으로는 어려워진다. 그래서 등장한 것이 계층적 디렉토리이다. 이 구조는 시스템 내부의 많은 파일들을 디스크의 종류와 형태에 관계없이 관리해 줄 수 있게 하는 기법을 제공하고 있다. 따라서 사용자는 파일을 위한 공간 배정 문제는 파일 시스템이 대신해 주므로 신경 쓸 필요 없이 논리적 디렉토리와 파일구조만에 신경 쓰면 된다. [그림 10.4]는 계층적 디렉토리 구조의 한 예이다.

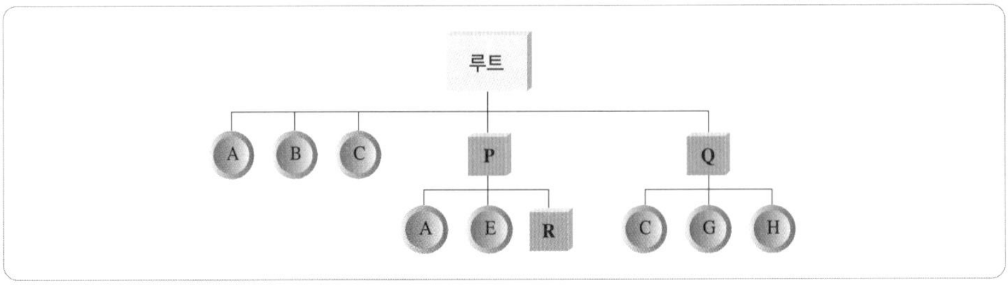

[그림 10.4] 계층적 디렉토리 구조 예

[그림 10.4]에서 직사각형은 디렉토리를 의미하며 원은 파일을 의미한다. 여기서 루트디렉토리(root directory)는 파일 A, B, C 와 서브디렉토리 P ,Q에 관한 정보를, 서브디렉토리 P는 파일 D, E와 서브디렉토리 R을, 그리고 서브디렉토리 Q는 파일 F, G, H를 유지하는 디렉토리 파일이다. 윈도우 운영체제에서는 디렉토리를 폴더라고 한다.

한편, 프로그램이나 데이타 정보가 아니라 프린터, 디스크, CD등의 입/출력 장치에 관한 정보를 가지고 있는 디렉토리를 **장치디렉토리(device directory)**라 한다.

1 루트 디렉토리

루트 디렉토리(root directory)는 서브디렉토리 파일의 위치를 지정해 주는 파일이다. 이 루트디렉토리는 대형 시스템인 경우 여러 대의 디스크 장치에 흩어진 서브디렉토리를 지정한다. 그 다음 또 서브디렉토리는 자기 자신이 가지고 있는 파일의 위치를 지정한다.

2 서브디렉토리

파일을 가리키는 디렉토리이지만 루트 디렉토리를 통해서만 지정할 수 있는 디렉토리파일이다.

10.3.4 확장자에 의한 파일종류

인터넷시대에 들어오면서 인터넷은 문서, 그림, 음악, 동영상 등 우리가 보고 듣고 하는 모든 자료가 파일이름으로 밤하늘의 별보다 많이 들어있는 보물창고가 되었다. 그러나 그 이름만 보고는 그 속에 어떤 내용의 정보가 저장되어 있는지 알기가 어렵다. 그래서 파일의 내용이 문서인지, 음성인지, 그림인지, 파일의 포맷 등을 알게 해주는 것이 파일이름에 추가로 붙여진 **확장자(file name extension)**이다.

PC사용자뿐만 아니라 윈도우즈 같은 운영체제에서도 확장자를 참조하여 데이터파일을 만들거나 읽어온 프로그램을 수행시킨다. 파일 확장자는 4,000여가지가 등장하여 있고 그 종류는 더 많아질 것이다. 윈도우즈 운영체제에서 사용되는 확장자는 크게 프로그램파일 확장자와 데이터파일 확장자로 구분된다.

프로그램파일 확장자는 워드프로세서나 게임 등 각종프로그램이 저장된 파일이라는 것을 보여주는 것으로 exe, com, bat로 되어 있으며 윈도우 탐색기를 수행시켜 마우스로 더블 크릭해 수행시킨다. 한편 exe, com, bat가 아닌 것은 거의가 다 데이터파일 확장자이다. 데이터파일은 그에 관련된 프로그램이 연결되어 수행될 수 있도록 된 파일과 그렇지 않는 파일로 분류되기도 한다.

다음은 많이 사용되고 있는 데이터파일의 확장자를 그 쓰임새에 따라 몇 가지로 분류한다.

1 문서파일 확장자

문서파일은 단어와 문장형태의 내용이 주로 저장된 파일이다. 기본적으로 메모장으로 만들어지는 문서는 ASCII코드이고 이 문서파일의 확장자는 txt이다. doc는 MS 워드프로세서로 작성된 문서파일 확장자이고 또 워드패드로도 만들어지며 문자뿐만 아니라 그림과 음악 같은 자료도 포함할 수 있다. hwp는 한글워드프로세서로 작성된 문서의 확장자이다.

그리고 html(htm)이나 xml은 웹 브라우저용 확장자이고 pdf는 Adobe사의 Acrobat Reader만이 파일의 내용을 볼 수 있는 확장자이다.

2 그래픽 파일 확장자(graphic file extension)

그래픽파일은 비트맵 파일포맷이라고 불리는 래스터 파일포맷(raster file format))과 벡터 파일포맷확장자로 구분되고 있다.

비트맵포맷(BMP: bit mapped format)파일은 사진과 같이 픽셀의 좌표에 필요한 색상값을 배정하여 이루어진 그래픽 정보가 저장된 파일이며 bmp, gif, jpeg(jpg), pict, 그리고 tiff 등이 있다. gif와 jpg는 웹 사이트에 많이 쓰이고 있으며 gif는 8비트색상을 jpg는 24비트색상에 거의 손실이 없는 압축표준 포맷이기 때문에 다양한 색상이 필요한 사진은 jpg확장자로 파일을 저장하는 것이 좋다.

벡터파일포맷(vector file format)파일은 그래픽스의 특성에 관한 정보를 선과 곡선의 그리고 색 등의 수치 값으로 으로 만들어진 파일이고 이 파일은 이수치 자료를 이용하여 많은 복잡한 계산을 거쳐 다시 비트맵 정보로 바꾸어 주는 프로그램에 의해 축소 확대, 회전등이 이루어져 보여 진다. 벡터파일포맷 확장자에는 dxf, iges등이 있다.

3 음성파일 확장자

마이크를 통해 입력된 소리를 저장한 파일의 확장자는 wav, ra, rm, mp3 등이 있고 소리는 없고 악보만 저장된 연주용 파일의 확장자는 mid이다. **음성**파일을 들을 수 있는 프로그램으로는 윈도우즈 미디어 플레이어, 리얼플레이어, 윈앰프가 대표적이다. 윈도우즈 미디어 플레이어는 wav, mid를 리얼플레이어는 ram, rm을 그리고 윈앰프는 mp3파일을 들을 때 주로 쓰이고 있다.

4 동영상파일 확장자

비디오(video)자료가 저장된 파일의 확장자로는 avi, mpg, asf, asx ram, rm, mov, vivo등 수없이 많다. 동영상 재생프로그램으로는 윈도우즈 미디어 플레이어가 avi, mpg, asf, asx를, 리얼플레이어는 ram과 rm을, 퀵타임 플레이어는 mov를 그리고 VIVO플레이어는 인터넷 실시간 동영상인 vivo파일을 재생하는 데 사용되고 있다.

5 압축파일 확장자

음성이나 그림 파일은 그 용량이 매우 커서 자료를 전송하려면 많은 시간이 소요되고 저장하려면 저장장치의 낭비가 커진다. 그래서 전송하거나 저장할 때에는 자료를 압축하여 파일의 크기를 줄이고 다시 보거나 들을 때에는 압축된 내용을 원래대로 풀어야한다.

내용이 압축된 파일의 확장자로는 zip, tar, ace 등이 있으며 파일을 압축하거나 푸는 프로그램으로는 윈집은 zip를 윈라는 tar를 그리고 윈에이스는 ace파일을 처리한다. 그리고 국산 프로그램으로 알집이나 지페놀 같은 프로그램은 다양한 종류 파일을 압축하고 풀 수 있다.

10.4 파일구성 방법

레코드를 파일에 저장하는 기법을 **파일구성(file organization)**이라 한다. 많은 양의 자료를 저장하고 있는 파일에 자료의 추가(add), 삽입(insert), 삭제(delete), 갱신(update), 검색(retrieval) 의 경우가 발생했을 때 파일의 구성 형태에 따라서 파일에 접근하는 방법이 다르기 때문에 시스템의 성능에 많은 영향을 미친다.

이 절에서는 대표적인 파일 구성방법 몇 가지를 설명한다. 이들 구성방법 중 어느 방법이 언제나 다른 방법에 비해서 좋은 것은 아니고 업무의 성격에 따라 그 성능은 달라질 수 있는 것이다.

10.4.1 순차 파일

순차 파일(sequential file)은 가장 단순한 구성방법으로 레코드가 발생된 순서대로 자료저장 장치에 저장된 파일이다. 대개의 경우 순차 파일은 저장된 레코드의 특정 자료항목(field)의 값에 따라 정렬된(sorted) 경우가 많다. 순차 파일의 예로는 전화번호부를 들 수 있다. 그런데 찾기가 편하도록 전화번호부는 성명이나 상호에 따라 정렬되어 있다. 이때 성명이나 상호를 정렬키(sort key)라고 한다. 순차파일은 일괄 처리로 만들어야할 보고서 작성 업무에 적합하지만 질의 응답 시스템에 사용하기가 불편하다.

10.4.2 직접 파일

직접 파일(direct file)이란 자기디스크 장치와 같은 저장장치에 저장된 파일의 레코드에 접근할 때 파일내의 레코드가 있는 위치를 직접 접근할 수 있게 만들어진 파일이다.

직접 파일에서는 찾으려는 레코드의 위치를 알아내기 위해서 사상함수(mapping

function)를 이용한다. 즉 레코드의 키 값이 디스크 장치의 주소와 일대 일로 대응되는 함수만 있으면 된다.

기본 키가 정수 일 때는 이 값을 그대로 디스크의 주소 값으로 사용하면 가장 간단한 방법이 되지만 보통 기본 키는 주민등록 번호와 같이 13 자리 숫자로 되어 있던가 아니면 "홍길동"과 같이 문자로 되어있다. 주민등록번호 전체를 킷값으로 쓴다면 최소한도 10조(10의 12승)개의 레코드를 저장할 디스크 공간이 필요하다. 그런데 우리 나라의 인구를 1 억으로 생각해도 이는 10만 배나 많은 기억공간의 낭비를 가져다준다. 또 저장장치의 기억공간이 작을 때는 이를 수용할 수도 없다.

이와 같이 키공간이 저장장치의 주소공간보다 훨씬 큰 경우에 많이 사용하는 사상함수로 **해싱함수**(hashing function)가 있다. 해싱 방법은 여러 가지가 있다. 그 중의 하나는 나눗셈이다. 예를 들면 3 자리로 된 키 값 123 을 13 개 이내의 주소 값으로 사상시키기 위해서는 123 을 13으로 나누고 그 나머지 6 을 실 주소 값으로 취하는 것이다. 그런데 이 때 서로 다른 키 값에 대해서 같은 주소 값이 계산 될 수 있다. 이런 경우에는 충돌이 일어났다고 말하며 해싱함수는 이런 충돌이 최소로 일어나면서 기억공간의 낭비를 줄일 수 있는 함수를 선택해야 한다. 그리고 동시에 직접 파일의 구성에서는 이런 충돌 문제의 해결방법도 강구되어야 하는 것이다.

직접 파일에서의 자료 접근 속도는 매우 빠른 장점도 있지만 사용자는 파일이 저장될 디스크 장치의 물리적 특성들을 알아야 하므로 프로그램 작성이 불편한 단점도 있다. 따라서 특별한 경우가 아니고는 이 방법은 쓰이고 있지 않다.

10.4.3 색인된 순차 파일

색인된 순차 파일(indexed sequential file)은 레코드들이 키 값에 따라 순차적으로 저장되어 있고 파일에의 접근은 색인을 통해서 그 색인이 지정하는 디스크의 주소부터 순차적으로 이루어 질 수 있도록 나열된 파일이다. 이 파일의 장점은 기억공간의 낭비를 줄일 수 있으면서 접근 속도는 빠르게 한다는 것이다. 색인된 순차 파일의 개념적인 구조는 [그림 10.5] 와 같은 트리구조이다. 트리구조는 제일 위에 근 노드(root node)에서 시작해서 다음 자녀 노드로 그리고 맨 아래에 단말노드(terminal node)로 구성된다.

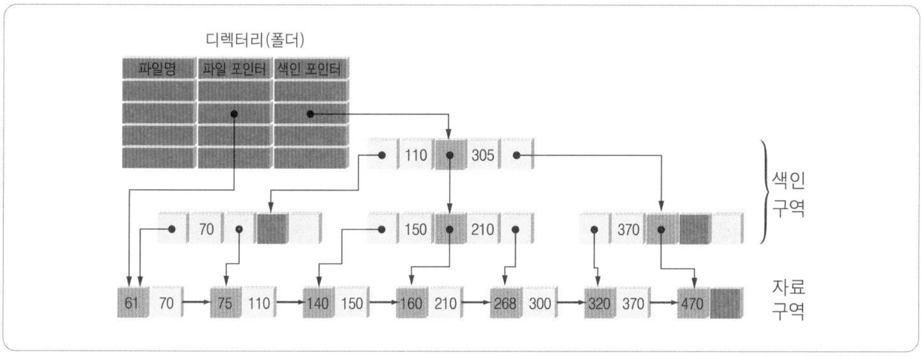

[그림 10.5] 색인된 순차 파일 구성의 예

[그림 10.5] 에서 먼저 자료를 접근하기 위해서는 파일 디렉토리에서 색인 구역의 시작 주소가 가리키는 포인터를 찾아가서 찾으려는 키 값이 110 보다 작거나 같으면 왼쪽 포인터가 지정하는 자녀노드로 내려가고, 크면 다시 305 와 비교하여 305 보다 작거나 같으면 중간 포인터가 지정하는 자녀 노드로 가고 305 보다 크면 오른쪽 포인터가 지정하는 자녀노드로 내려간다. 이와 같이 찾아가는 방법을 트리의 중간노드에도 적용하여 내려가다가 제일 마지막 단말 노드의 제일 왼쪽 레코드부터 순차적으로 접근하여 탐색하게 되는 것이다.

[그림 10.5]와 같이 색인된 순차파일은 자료구역에 레코드들이 정렬되어 순차적으로 연결포인터에 의하여 나열되어 있으므로 순차파일의 성격을 가지고 있으면서도 색인 구역에 의하여 어떤 임의의 레코드에도 읽기/쓰기 헤드가 빨리 접근할 수 있음으로 직접파일의 성격을 갖추고 있다.

여기서 각 단말노드의 레코드 수는 2개이지만 여러 개로 만들어지고 있다. 그리고 제일 오른쪽 레코드 자리의 사선 친 부분은 파일 끝이라는 코드가 들어간 것이다.

[그림 10.5]에서 보인 **색인 구조**는 B트리의 변형인 B+트리로 표현된 것이다. 자료구조 B+트리의 특징은 색인구역의 키 값을 가진 레코드들이 자료구역에 모두 있다는 것이다.

파일시스템이 색인 구성과 파일 접근(호출)방법을 제공하고 있으므로 사용자는 색인 구성 방법이나 접근 절차 등에 신경을 쓸 필요가 없게 된다.

10.4.4 다중 키 파일

앞 절에서 설명한 파일구성은 모두 하나의 키만을 이용한 단일키로 구성된 파일에 대한 것이다. **다중 키 파일(multi key file)**은 하나의 자료 파일에 여러 가지 경로로 파일에 접근할 수 있도록 레코드내의 여러 자료항목(field)을 키로 해서 여러 개의 색인을 만들어 놓고 여러 경로로 하나의 자료파일에 접근하게 할 수 있는 파일이다.

다중 키 파일의 기본개념은 이와 같이 같은 자료의 중복을 이용하지 않고 대신 여러 개의 색인을 이용해서 여러 가지 경로로 자료에 접근할 수 있도록 하는 것이다.

다중키 파일을 만드는 방법은 각각의 경로에 대해서 색인을 별도로 만들어 접근하는 **역 파일(inverted file)**구성과 레코드들 간에 다중으로 연결한 다중리스트(multi list)파일구성 방법이 있다.

1 역파일

어느 한 키의 **역 색인(inverted index)**은 자료파일에 저장된 레코드의 주소(address)다. 간단한 역 인덱스는 테이블 형태로 만들 수 있다. [그림 10.6]과 같은 학생파일은 학번이 기본 키이고 나머지 자료 항목들은 보조키로 생각할 수 있다.

레코드 주소	학번	이름	성별	학과	성적
1	111	홍길동	남	전산	90
2	131	이몽룡	남	통계	85
3	432	성춘향	여	전산	90
4	812	유 비	남	전산	90
5	962	심순애	여	통계	90

[그림 10.6] 학생 파일

이름만 가지고 성적을 검색할 경우 [그림 10.7](a)의 역색인 파일을 이용하면 역 색인표를 이용하지 않을 때보다 매우 빨리 찾을 수 있다. 즉, 역색인 파일을 순차대로 처음 레코드부터 읽어 가다가 해당 학생의 이름과 일치하는 레코드번호를 찾는다. 그리고 이 번호로 학생 파일의 레코드를 바로 읽어서 성적을 찾아 낼 수 있다. 이 색인표 파일은 가나다 순서로 된 용어와 용어가 실린 페이지 번호로 구성된 색인표와 같은 역할을 한다.

[그림10.7](b)의 역색인표는 특정 학생의 이름만으로 학번을 검색할 경우 이 역색인표만으로 빨리 찾을 수 있어서 유용하다.

그리고 [그림10.7](c)의 경우 "전산학과 학생은 몇 명인가"등의 질의에 대답하거나 "학

이 름	레코드 번호
성춘향	3
심순애	5
유 비	4
이몽룡	2
홍길동	1

(a) 이름에 의한 역 색인 표

이 름	학 번
성춘향	432
심순애	962
유 비	812
이몽룡	131
홍길동	111

(b) 이름에 의한 역 색인 표

학 과	학 번
전 산	111
전 산	432
전 산	812
통 계	131
통 계	962

(c) 학과명에 의한 역 색인 표

[그림 10.7] 여러 가지 경우의 역 색인표 예

과별 학생 수의 통계표"를 작성할 경우에는 학생파일을 전부 읽어 보는 대신에 오직 이 역 색인 표 파일 만으로 충분한 것이다.

역색인 표 파일을 여러 경우에 대해서 만들어 놓으면 특정자료를 빨리 검색하거나 통계표를 빨리 작성하는 경우에는 매우 효과적이다, 그러나 원 데이터 파일에 새로운 레코드가 추가되거나 삭제될 경우 그때마다 역색인표 파일도 갱신해야 하기 때문에 갱신하는 시간이 많이 소비된다.

또 역색인 파일을 저장해야 할 공간이 추가로 필요하므로 디스크의 용량을 많이 낭비한게 된다.

그래서 역 색인표 파일은 자주 그리고 가장 효율적으로 사용될 수 있는 것들만 만들어 운영해야 한다.

2 다중 리스트 파일

다중 리스트(multi-list)는 레코드의 각 보조키 값에 대해 하나의 다중 리스트 색인 파일을 유지하는 구조이다. 이 구조는 보조키 값과 각 보조키 값의 처음 포인터만을 쌍으로 하는 인덱스가 있고 같은 보조키 값에 대해서는 자료파일에 포인터 열이 추가된 자료파일이다.

색인(index)파일에서 지시된 레코드가 다음 번의 같은 키 값을 지정하는 포인터를 가지게 한 것이다. [그림 10.6]을 학과에 대해서 다중 리스트 파일로 구성하면 [그림 10.8] 과 같게 된다.

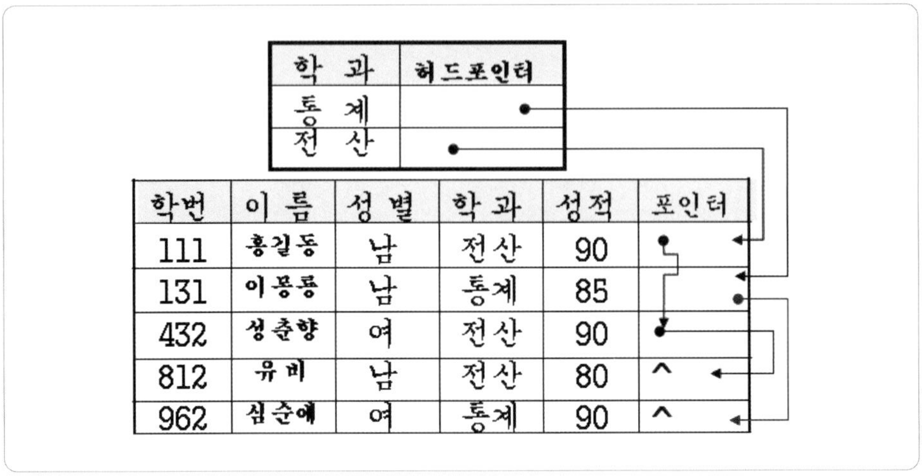

[그림 10.8] 다중 리스트 파일 구성의 예

[그림 10.8]에서 전산과 학생 명을 찾으려면 먼저 다중 리스트 색인에서 전산학과의 헤더(header)포인터를 찾아서 먼저 홍길동을 찾고, 다음 포인터를 따라가 성춘향을 찾으며 성춘향 레코드에서 지정하는 포인터를 따라가 유비를 찾을 수 있는 것이다. ∧은 레코드 끝임을 나타내는 포인터이다.

다중 리스트 파일 구조에서는 다중 리스트 인덱스를 구축할 때마다 자료 파일의 레코드에는 그 때에 필요한 포인터가 추가되어야 하므로 레코드의 포인터 필드가 증가되는 파일 구조이다. 자료파일에 구축되는 다중 리스트는 [그림 10.8]에서처럼 포인터가 한쪽 방향으로만 진행하는 단순 연결 리스트 뿐 아니라 반대 방향으로 진행하는 2중 연결 리스트를 여러 가지 방법으로 구현될 수 있다.

10.5 파일할당 기법

저장장치에 저장되는 자료는 파일단위로 기억되어 파일 디렉토리로 관리된다. 따라서 파일을 저장하기 위해서는 저장장치에 빈 공간(space)을 확보하여 파일에 할당하여야 한다. 그리고 사용되지 않는 파일에 할당된 공간을 회수도 하여야한다. 이와 같이 저장장치의 공간을 적절히 파일에 할당하는 방법을 파일시스템이 제공하고 있다.

입출력 제어시스템(IOCS)은 레코드를 블록화하고 장치구동프로그램으로 하여금 이 블록을 하드디스크의 물리적 공간에 저장하게 한다.

[그림 10.9]의 (a)는 파일이 0번지부터 블록이 연속적으로 구성되었다고 보는 논리적 관점이고 [그림 10.9]의 (b)는 디스크의 실린더와 트랙 그리고 트랙 내의 섹터 위치에 관계없이 디스크 전체가 파일에서처럼 연속적인 블록으로 구성되었다고 보는 논리적 관점을 보인 것 이다.

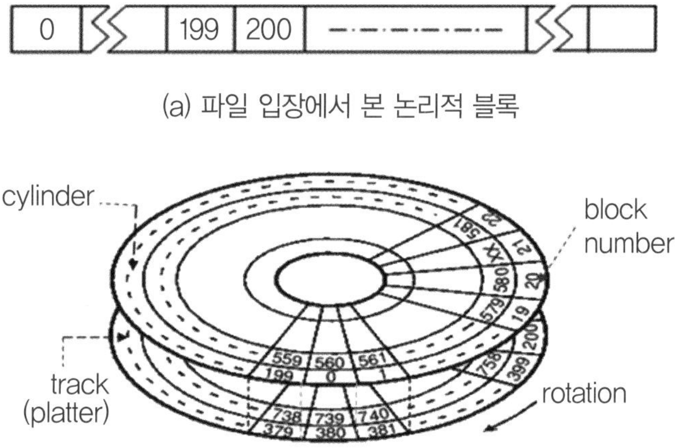

(a) 파일 입장에서 본 논리적 블록

(b) 디스크에서의 섹터 묶음으로 표현된 논리적 블록

[그림 10.9] 파일과 디스크의 블록

하드디스크의 논리적 블록주소는 보통 제일 바깥 트랙부터 윗면에서 아랫면으로 그리고 안쪽 트랙으로 으로 가면서 차례로, 연속된 섹터를 묶어 블록 번호가 부여된다.

블록 번호는 하드디스크의 실린더, 트랙, 섹터로 표시되는 실제적 물리 주소가 아니기 때문에 블록단위로 액세스하는 경우에는 블록번호를 실제 주소로 변환해 주어야 한다. 이런 방법을 논리블록주소 법(LBA : Logical Block Addressing)이라고 한다. 그리고 이 변환 작업은 제조사가 제공하는 하드디스크 장치 구동 프로그램이 수행한다.

하드디스크에서 섹터는 한 번의 입/출력 동작으로 데이터를 읽거나 쓰는 최소 단의 블록이다. 몇 개의 섹터를 하나의 블록으로 구성하면 연속된 섹터를 계속 액세스할 수 있기 때문에 헤드가 움직이는 거리가 적어지므로 기억장치와의 자료전송 시간이 짧아진다.

파일에 필요한 블록들을 하드디스크의 블록에 할당하는 방법에 따라 순차파일 구조를 이용한 연속할당, 다중리스트 구조를 이용한 연결할당, 그리고 색인된 순차파일 구조를 이용한 색인할당 등이 있다. 이절에서는 연속할당과 연결할당 방법만을 예로 설명한다.

10.5.1 연속할당

연속할당(continuous allocation)이란 저장장치의 연속된 공간에 하나의 파일이 들어갈 수 있도록 할당하는 방법이다. 이 경우에 사용자는 필요한 파일의 크기를 미리 예측하여 디스크에 연속된 공간을 만들어야 한다. 파일이름을 디스크 디렉토리에 등록하고 파일이 들어갈 영역을 확보하는 것을 파일생성(file creation)이라고 한다.

연속할당 방법은 프로그램이 읽어 가는 레코드의 순서가 저장장치에 저장된 순서와 같기 때문에 순차 접근 처리 때 그 속도가 매우 빠르다. 또한 파일 디렉토리는 파일의 시작 블록 주소와 파일의 길이만을 관리하면 되므로 그 구현이 비교적 쉬운 방법이다. 그러나 파일이 추가되거나 삭제됨에 따라 연속된 공간의 길이가 짧아 져서 하나의 파일을 저장할 수 없는 **단편화**(fragmentation) 문제가 발생한다. 따라서 단편화된 공백을 합쳐서 넓고 연속적인 디스크 공간을 여유 있게 확보해 놓아야 항상 새로운 파일을 생성할 수 있는 것이다.

따라서 주기적으로 단편화된 공백을 연속공간으로 통합하는 압축작업을 수행해야하는 불편이 있다. 더구나 파일이 시간의 경과에 따라서 늘어나거나 줄어들기 때문에 주어진 공간보다 많은 공간이 필요할 경우에는 넓고 연속된 새로운 디스크 공간으로 옮겨야 하는 불편함이 있다.

[그림 10.10] 연속파일의 단편화와 압축 예

[그림 10.10]은 하나의 디스크에서 파일 B가 삭제되고 그 자리에 파일 D가 추가된 후 단편이 생기고 **압축작업**을 수행하여 넓은 빈 공간을 확보하는 것을 보인 것이다.

10.5.2 연결 할당

파일은 미리 그 길이를 알기도 어려울 뿐만 아니라 시간이 흐르면서 레코드의 추가나 삭제로 인해서 늘어나거나 줄어들게 되어 있다. 파일을 연속된 디스크의 공간에 유지하지 않고 포인터를 사용해서 디스크 전체에 레코드를 흩어서 기록하는 방법을 **연결할당**(linked allocation)이라고 한다.

디스크 공간의 효율적인 사용과 단편화 문제를 해결해 주는 좋은 방법이 개발되면서 연속할당보다 연결할당 방법이 많이 사용되고 있다.

연결할당 방법에는 크게 섹터할당 방법과 블록할당 방법이 있다. 이 중에서 더 효과적인 방법은 블록할당 방법이다.

1 섹터 할당

섹터할당방법은 디스크 전체가 섹터로 구성되어 있는 것으로 보고 하나의 파일을 디스크 전체에 흩어져 있는 섹터들로 구성하는 방법이다. 하나의 섹터는 한 개 이상의 레코드를 포함할 수 있는 길이이며 보통 물리적으로 한번에 기억 장치와 디스크 장치 사이에서 전송되는 정보의 양이다.

하나의 파일에 속해있는 섹터들은 다음 섹터 주소를 가리키는 포인터를 섹터마다 가지고 있는 연결 리스트로 이루어지고 있는 것이다. 또한 파일 시스템은 디스크에 임자 없는 섹터들을 연결리스트로 구축해 두고 있어서 사용자가 요구하는 대로 섹터를 할당해 주고 사용자가 쓰지 않는 섹터는 회수하여 이 자유공간 리스트에 연결시켜 준다. 따라서 이 경우에는 단편화 문제가 발생하지 않아서 압축할 필요가 없는 장점도 있으나 레코드를 찾아다니는데 필요 없는 시간이 낭비된다. 또 자료가 차지할 공간을 포인터가 차지하게 되므로 저장장치의 공간이 낭비되는 단점이 있다.

2 블록 할당

섹터할당의 단점을 줄이기 위한 방법으로 하나의 파일을 구성하고 있는 요소들을 섹터 대신에 블록으로 보는 방법이다. 하나의 블록은 물리적으로 연속된 몇 개의 섹터로 구성된다.

파일의 할당은 이들 블록으로 이루어진다. 파일시스템은 사용중인 파일에 가장 가까운 빈 블록들을 파일에 새로이 추가하여 파일의 길이를 확장시킨다. 파일의 접근은 먼저 디렉토리에서 처음 블록의 주소를 찾고 다음 블록의 주소는 블록에 기록된 포인터에 의해서 찾아진다. 그리고 적합한 블록이 결정된 후 블록내의 적합한 섹터에 접근한다.

블록할당 시스템은 여러 가지 방법으로 구현된다. 그 중에서 현재 많이 쓰이고 있는 블록중심 파일사상(block oriented file mapping)기법만을 소개한다. 이 방법은 [그림10.11]에서 보는 봐와 같이 다음 블록의 주소를 가리키는 포인터 값을 블록 내에 포함시키지 않고 파일 사상 표에 따로 모아 관리함으로서 다음 블록에 직접 액세스하게 하여 저장장치의 공간도 절약하고 액세스 시간도 줄일 수 있게 한 방법이다.

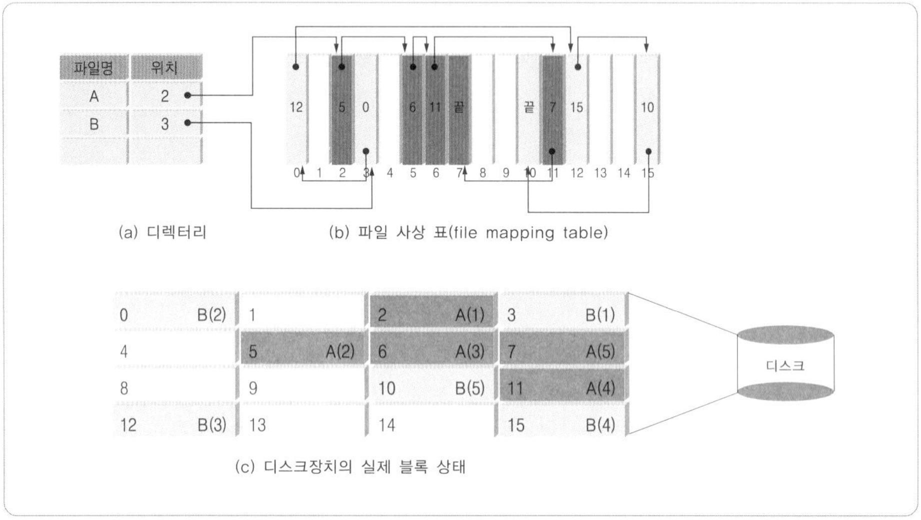

[그림 10.11] 블록 중심 파일사상 방법의 예

디렉토리 구역과 파일 사상 표(file map table) 구역을 제외한 나머지 디스크 공간에 블록 번호가 0 에서 15 까지 부여된 16개의 블록으로 된 디스크를 가정한다. 이 때 중요한 것은 [그림 10.11]의 (b) 와 같은 파일 사상 표이다. 파일 사상 표는 각 블록마다 다음에 이어질 블록의 번호를 유지하는 표이다.

이 그림에서 파일 A의 블록들을 찾기 위해서는 먼저 파일시상표의 2 번째 요소에서 다음 번 블록번호 5 를 찾고 이 번호를 이용하여 파일사상표의 5 번째 요소에서 다음 블록번호 6 을 찾는다. 이와 같이 하여 사상 표 요소의 내용이 “끝” 이 될 때까지 계속한다. 그러면 여기서 “끝”이란, 파일의 마지막 블록이라는 표시로 사용하자. 그러면 시작 블록부터 “끝” 기호가 나타날 때까지 블록들이 하나의 파일을 구성하는 것이다.

디스크에서 사용되지 않는 빈 블록을 찾는 방법으로 파일 사상 표를 선형으로 탐색하던가 빈 블록을 따로 시스템 내에 유지시키면 된다. 이 때 디렉토리와 파일 사상 표를 기억장치에 상주시키면 그 접근 속도는 연속 할당 방법만큼 빠르게 될 수 있다.

마이크로소프트사의 윈도우즈 운영체제에서는 이 블록을 클러스터(cluster)라 하고, 파일 사상표를 근간으로 파일을 관리해주는 파일 시스템을 파일 할당표(FAT: File Allocation Table)라고 한다. 그리고 윈도우즈 2000 이후 운영체제에서는 16TB까지 지원할 수 있는 NTFS(New Technology File System)으로 대체되었다.

10.6 데이터 베이스

기업의 비즈니스 데이터와 전자상거래 등 인터넷 업무의 폭주 그리고 값이 싸고 용량이 매우 큰 저장장치들이 등장함에 따라 데이터 베이스에 대한 연구와 개발 그리고 그 응용이 꽃을 피우고 있다. 데이터 베이스란 한 기관이나 조직에서 집중적으로 통제하는 통합된 자료의 집합체이다. 여기서 통합된 자료란 하나의 응용 프로그램이 독립적으로 관리하는 파일들을 공통의 목적을 가진 다른 응용 프로그램들이 특정 하드웨어나 응용프로그램 언어에 독립적으로 공유해서 쓸 수 있도록 [그림 10.12]과 같이 자료의 중복 없이 파일들이 합쳐진 것이다.

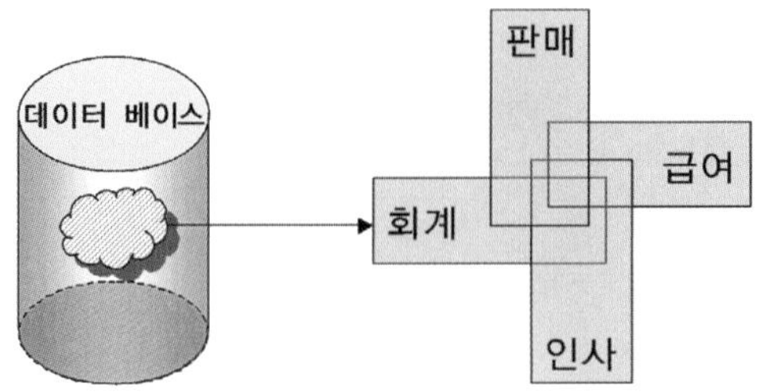

[그림 10.12] 데이터 베이스 개념

여기에서는 데이터 베이스 관리 시스템의 기능과 데이터 베이스 구축의 장단점, 그리고 데이터 베이스 모델에 대해서 간략히 설명한다.

10.6.1 데이터 베이스 관리 시스템의 기능

파일 시스템에서는 파일을 어느 프로그램이 개방(open)하여 사용하고 있으면 그 프로그램의 수행이 끝날 때까지 다른 프로그램은 개방되어 있는 파일을 사용할 수가 없다. 또 파일을 사용하기 위해서는 파일명과 그 파일의 접근방법 및 구조를 알아야 하는 불편한 점이 있다.

따라서 사용자는 필요한 자료가 이미 다른 사용자에 의해서 디스크에 만들어 저장되어 있어도 자기에게 필요한 자료구조로 다시 만들어야 한다. 이런 결과로 한 조직 내에 같은 자료가 여러 응용 프로그램을 위해서 중복(redundancy)되어 저장 관리된다. 또 파일의 구조가 변경되면 그에 따라 이미 만들어진 응용 프로그램은 다시 수정되어야 한다.

데이터의 중복 성과 프로그램의 파일 구조 종속성을 해결하고 데이터베이스의 구조나 물리적 저장형식에 관계없이 사용자들이 데이터베이스에 있는 데이터 중에서 자신들이 필요한 데이터에 언제든지 빠르게 접속해서 사용할 수 있도록 지원해 주는 소프트웨어가 데이터베이스 관리 시스템(DBMS : Data Base Management System)이다.

DMBS 는 [그림 10.13]와 같이 응용프로그램과 데이터 베이스 사이에서 응용 프로그램에서 보는 논리적 자료 구조와 실제 데이터 베이스의 물리적 자료구조 사이를 자동 연결해(mapping) 주는 소프트웨어이다.

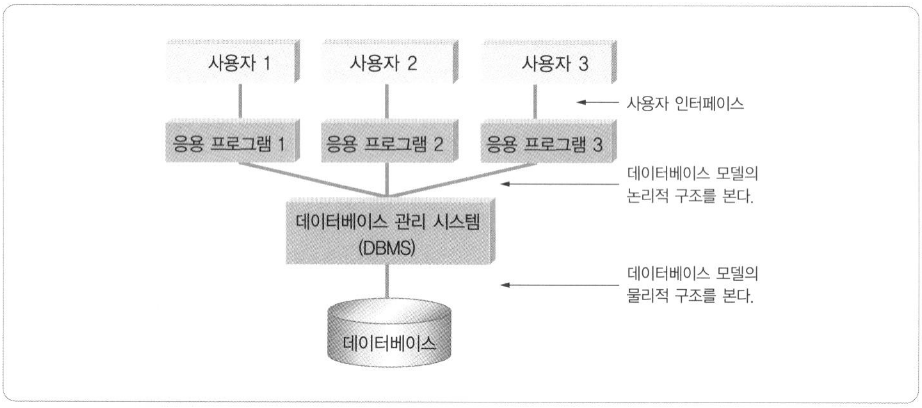

[그림 10.13] 데이터 베이스 관리 시스템의 기능

[그림 10.13]에서는 사용자 인터페이스라는 것은 업무에 관계된 응용 프로그램이 사용자에게 영상 화면으로 데이터 베이스와 대화할 수 있도록 해주는 기능을 의미하며 이 대화 기능을 통해서 사용자는 업무를 쉽게 수행할 수 있는 것이다.

논리적 데이터 베이스 구조란 디스크 장치에 저장된 데이터 베이스의 구성방법, 접근방법, 보안방법 등에 관계없이 응용 프로그램이 사용자의 입장(user view)에서만 자료구조를 보게 해주는 개념적 구조이다. 따라서 사용자는 디스크장치에 저장된 물리적 구조에 대해서 아무런 지식이 없어도 데이터 베이스를 이용할 수 있다.

따라서 응용 프로그램은 사용자와 대화를 통해서 사용자가 요구하는 정보를 논리적 구조로 DBMS 에게 제공하고, DBMS 는 이 정보를 찾아내기 위해서 디스크 장치에 데이터베이스를 파일처리 시스템 등을 동원하여 접근한다. 그리고 나서 찾아진 정보를 응용프로그램이 원하는 자료구조로 바꾸어 응용 프로그램에게 넘겨 준다. 그러므로 응용프로그램은 실제적으로는 물리적인 저장장치의 데이터 베이스를 접근(access)하는 것이 아니라 DBMS 가 제공해주는 기억장치내의 논리적 자료구조만을 접근하는 것이다.

10.6.2 데이터 베이스 관리 시스템의 장단점

데이터 베이스 관리 시스템을 사용함으로써 얻을 수 있는 장점은 주로 다음과 같다.

1) 데이터 독립성(data independence)의 유지

데이터 독립성이란 데이터 베이스의 물리적 구조나 접근방법의 변경이 응용프로그램에 영향을 주지 않는 것을 의미한다. 따라서 응용 프로그래머가 프로그램을 작성하거나 사용자가 질의어를 작성할 때 데이터 베이스의 물리적 구조나 접근 방법에 대한 사전 지식이 전혀 없이도 쉽게 프로그램을 작성하고 간단하게 질의어를 작성할 수 있다. 또 데이터 베이스의 구성에 변경이 발생해도 응용 프로그램은 수정될 필요가 없다.

2) 데이터 중복 (data redundancy)의 최소화

파일시스템은 같은 조직내의 같은 데이터라도 응용프로그램마다 자기의 파일을 별도로 관리하기 때문에 같은 내용을 표현하는 데이터가 중복적으로 디스크에 저장 되었으나 데이터 베이스는 데이터를 통합하여 구성하기 때문에 데이터의 중복을 최소화시킬 수 있는 것이다.

3) 데이터의 공동(data sharing)이용

파일시스템과 달리 새로 개발되는 응용 프로그램들은 기존의 데이터 베이스를 공유하여 사용하므로 자기의 데이터를 따로 관리할 필요가 없다.

4) 데이터의 일관성(data consistency)

데이터 베이스 관리 시스템은 데이터의 중복을 최소화 시켜줄 뿐만 아니라 중복된 데이터를 유지하더라도 이를 제어하여 중복된 데이터의 내용이 동일하도록 해 준다.

5) 데이터의 무결성(data integrity)유지

데이터 베이스의 중복된 데이터가 전혀 없더라도 부정확한 데이터가 여러가지 경로로 데이터 베이스에 저장될 수 있다. DBMS는 데이터가 저장될 때마다 그 데이타의 유효성을 검사하여 그 데이터의 정확성을 유지할 수 있도록 해준다.

6) 표준화(standardization)구축

DBMS 의 중앙통제 기능을 통해 데이터의 표현 방법, 업무처리 방식, 문서화양식 등이 강제적으로 표준화가 된다.

7) 데이터의 보안(security)통제

데이터를 중복 없이 중앙에서 통제함으로서 데이터 베이스의 관리 및 접근을 효율적으로 통제할 수 있다. 따라서 사용자의 확인, 데이터 접근 허용범위를 검사함으로써 데이터에 대한 안전을 확보한다.

이런 장점을 살리기 위해서는 반대로 단점도 있는 것이다.

1) 운영비의 증대

DBMS 소프트웨어는 값이 비싸고 대용량 기억장치와 방대한 용량의 디스크가 필요하고 처리속도가 빨라야 하기 때문에 비용이 많이 든다. 그러나 이제는 개인용 컴퓨터의 성능과 용량에서도 DBMS를 설치할 정도가 되었기 때문에 비용문제는 단점이라 할 수 없게 되었다.

2) 유지 관리의 어려움

데이터를 중앙에서 집중적으로 관리하기 때문에 데이터 베이스의 설계와 디스크의 확장, 백업(back up)과 회복(recovery), 보안과 성능 측정 등 보다 전문적이고 복잡한 일이 필요하다. 따라서 데이터 이스를 유지하고 관리해 주는 데이터 베이스 관리자(data base administrator)가 필요하게 된다. 그러나 이러한 단점에도 불구하고 사용자는 필요한 데이터가 데이터 베이스에 있다고 생각만 하고 데이터 베이스를 접근할 수 있어서 좀더 성능 좋은 데이터 베이스 관리 시스템을 이용할 수밖에 없게 되어 있다.

10.6.3 데이터 베이스 모델

자료구조에서 설명된 바와 같이 **논리적 자료구조**란 자료요소와 그들간의 관계를 추상화시켜 우리가 이들 자료의 생성과 추가 또는 삭제, 검색 등의 운영을 쉽게 하기 위한 개념적 구조이다. 즉 물리적 자료구조는 컴퓨터의 세계를 의미하며 자료가 실제로 디스크장치의 트랙과 실린더에 기억되는 방법이고, 논리적 자료구조는 사용자에게 의미가 있고 보는 방법에 따른 자료구조이다.

논리적 자료구조는 실세계의 자료요소와 그들만의 관계를 모형화 시켜놓은 개념세계인 것이다. 실세계의 자료간의 관계를 모형화 하는데 여러 형태의 논리적 자료구조가 사용되고 있다. 이런 논리적 자료구조를 **데이터 모델**(data model)이라고 하며 데이터 베이스를 지원하는 모델을 데이터 베이스 모델이라 한다.

가장 단순한 데이터 모델은 순차파일이고 좀 복잡한 모델은 역파일(inverted)이다. 현실 세계의 자료들은 여러 가지 방법으로 보다 더 복잡하게 상호 연결되어 있기 때문에 데이터 베이스에서 다루는 구조는 보다 복잡한 데이터 모델이 필요하다.

[그림 10.14]는 데이터 베이스 모델의 위치와 역할을 보인 것이다.

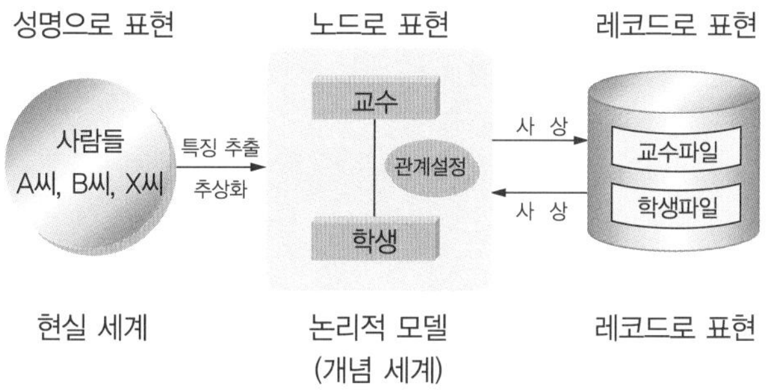

[그림 10.14] 데이터 베이스 모델의 위치와 역할

데이터 베이스화한다는 의미는 우리가 연구 대상으로 하는 현실 세계를 추상화하여 논리적 모델을 만들고 이 논리적 모델을 지원해 줄 수 있도록 레코드와 파일 등으로 현실 세계의 자료를 추출하여 컴퓨터에 저장시키는 것이다. 사용자는 이 논리적 모델만을 데이타 베이스 관리 시스템을 통해서 컴퓨터 세계를 들여다 볼 수 있기 때문에 응용 프로그램을 쉽게 작성할 수 있도록 한다.

데이터 베이스의 모델로 계층 모델(hierarchical model), 네트워크 모델(network model) 그리고 관계 모델(relational model)이 있으며 80년대 말까지만 해도 계층 모델이 많이 이용되었으나 이제는 관계 모델이 주로 이용되고 있다. 다음에는 관계모델에 대해서만 간단히 설명한다.

관계모델(relational model)은 [그림 10.15]과 같이 행과 열로 구성된 바둑판 모양의 2차원 테이블(table)과 이들 테이블간의 의미적 관계(relation)를 표현한 모델이다.

테이블에서 열의 개수는 테이블을 정의할 때 고정되어 있고 행의 개수는 이용자가 필요한 만큼 증감된다. 그리고 각 요소에는 성명이나 나이 등 기본형의 자료만이 기억될 수 있다.

성명	성별	나이	전공명
성춘향	여	19	전산학
이몽룡	남	20	통계학
홍길동	남	24	전산학

(a) 학생 테이블

전공명	교수수	전화번호
경영학	20	323-3456
전산학	17	777-5656
통계학	10	678-7777

(b) 전공 테이블

[그림 10.15] 테이블의 예

테이블에서 행은 개념적인 정보단위인 개체(entity)를 그리고 열은 개체의 상태를 설명하는 속성(attribute)을 표시한다. 학생 테이블의 개체명은 학생이고 그 속성은 성명, 성별, 나이 그리고 전공으로 구성되었다. 그리고 학생개체와 전공개체는 전공명을 통해서 "소속"의 관계를 가질 수 있다. 속성들이 구체적인 값을 가진 한 행을 인스턴스(instance) 또는 튜플(tuple)이라고 한다. [그림 10.15]의 경우 학생테이블은 3개의 튜플로 구성되어 있다.

테이블에 대한 연산을 하는 것을 테이블에 질문을 던진다고 한다. 테이블을 생성하고 조작하는 언어 중에 많이 쓰이는 것이 SQL(Structured Query Language)이다. SQL의 구문은 select 다음에 테이블의 열 이름(속성)들이 from 다음에 사용할 테이블 이름들이 그리고 where 다음에 선택할 기준들이 나열된다.

[그림 10.15]의 테이블에 SQL로 질문하는 예를 들면 다음과 같다.
"나이가 20이 넘은 학생의 성명을 나열하시오"는

```
SELECT 성명 FROM 학생 WHERE 나이>20;
```

와 같이 되고 "성춘향가 다니는 전공의 전화번호를 얼마인가."는

```
SELECT 성명, 전공명, 전화번호
FROM 학생, 전공
WHERE 성명="성춘향" AND 전공명.학생 = 전공명.전공 ;
```

와 같이 된다.

이 질의문의 결과 앞의 질문에는 "홍길동"이 다음 질문에는 "성춘향 전산학 777-5656"이 영상화면에 즉시 보여 진다. 실제 SQL 문에서는 테이블 명이나 속성명은 영문으로 써야하지만 설명의 편의상 한글을 사용하였다.

이 와같이 SQL은 단독으로도 사용되지만 C++나 Java와 같은 고급언어로 작성되는 응용프로그램에 포함시키어(embed) 데이터베이스를 쉽게 호출할 수 있는 장점이 있다.

프로그램 환경이 객체지향이 되면서 기대했던 상용화된 **객체지향 데이터베이스**(OODB: Object Oriented Data Base)의 출현은 거의 포기된 상태이다. 관계데이터베이스를 개념적으로 확장한 **객체-관계데이터베이스**(ORDB: Object-Relational Data Base)가 멀티미디어자료까지 저장할 수 있어서 관계데이터베이스를 많이 대체하고 있다.

객체-관계테이블은 테이블요소에 또 다른 테이블이나 문서정보, 지리공간정보, 소리나 화상 등 멀티미디어 대용량 자료도 저장할 수 있는 테이블이다.

이들 대용량 자료를 블롭(BLOB: Binary Large OBject)이라고 하며 테이블의 행렬 요소에 저장하는 방법에는 두 가지가 있다. 하나는 가변 길이 문자열이나 비트 열로 저장하는 방법과 다른 하나는 대용량 자료를 다른 곳에 별도로 저장해 놓고 그 저장 위치를 포인터 값으로 해서 행렬요소에 블롭으로 선언하여 저장하는 방법이다.

2011년 현재 가장 대표적인 객체_관계 데이터베이스(ORDBMS)관리시스템으로는 오라클사의 Oracle 11, IBM사의 DB2 10 그리고 마이크로소프트사의 SQL Server등이 주로 사용되고 있다.

그러나 웹의 발전과 함께 하루에도 수천에서 수억 명이 접속하는 웹사이트의 웹 자료를 지원하기 위해서는 이들 접속자를 운영하고 사용하기 편리한 특정 데이터모델 보다는 더 신속하게 사용자에게 응답할 수 있는 웹 데이터베이스 시스템으로 그리고 유비쿼터스 시대에서 발생하는 엄청난 량의 비정형 정보를 신속 정확하게 관리할 수 있는 시스템으로 데이터베이스 시스템과 SQL문은 계속 새롭게 발전할 것이다.

연습문제

10.1 비퍼링의 장점은 무엇인가?

10.2 큰 버퍼를 많이 설정하면 어떤 불편한 점이 생기는가?

10.3 파일의 논리적 이름을 실제 주소로 바꾸어 주는 시스템 이름은?

10.4 하나의 저장장치 볼륨에는 루트 디렉토리가 몇 개인가?

10.5 다음 파일 확장자에 대해서 설명하시오.
① bmp ② jpg ③ gif ④ mp3 ⑤ mpg ⑥ wav ⑦ pdf

10.6 디스크에 저장된 프로그램이나 자료를 찾아가기 위해서는 운영체제가 제일 먼저 찾아가는 파일 이름은?

10.7 키 공간이 주소공간보다 많은 경우 키 공간을 주소공간으로 변환시켜 주는 함수의 이름은?

10.8 직접파일 구성의 단점은 무엇인가?

10.9 [그림 10.5]에서 키 값이 160인 레코드를 찾고, 그 과정을 설명하여라.

10.10 [그림 10.5]에서 키가 90인 레코드를 삽입하려면 어떻게 하면 되는가?

10.11 [그림 10.7]의 역 색인표만을 이용하여 유비의 학과명을 제일 빨리 찾아가는 방법을 설명하시오.

10.12 역파일의 단점은 무엇인가?

10.13 연속 할당의 장단점은 무엇인가?

10.14 연결 할당의 장단점은 무엇인가?

10.15 블록 할당의 장점과 단점은 무엇인가?

10.16 교재의 [그림 10.11]의 연결할당방법에서

(a) 디스크공간은 몇 블록으로 할당되었는가?

(b) 파일 B에 할당된 블록의 번호를 순서대로 쓰시오.

10.17 블록 할당에서 블록을 관리해 주는 표의 이름은?

10.18 데이터 베이스 관리 시스템의 기능을 설명하여라.

10.19 데이터 베이스 관리 시스템의 장단점을 설명하시오.

10.20 행과 열로 된 데이터 베이스 모델의 이름은?

10.21 [그림 10.15]의 (b)에서 전화번호가 678-7777인 전공명을 찾는 SQL문을 만드시오.

11장 컴퓨터 통신

11장 컴퓨터 통신

정보는 음성, 문자, 영상, 그림, 기호, 사진 등 여러 가지로 표현되고 있다. 정보통신이란 이들 정보를 직접 눈으로 보거나 귀로 듣기가 어려운 먼 거리에 있는 사람에게 유선이나 무선 등의 통신매체를 이용해서 주고받는 것을 말한다.

1970년대부터 전기통신 기술과 컴퓨터 기술이 급속도로 발전하여 결합됨에 따라 컴퓨터들은 통신 선으로 연결되어 되었기 시작했다. 그리고 이 기술은 서로 발전하는 상승작용을 일으키었다.

통신기술은 컴퓨터 기술을 이용해서 더욱 자동화, 고속화, 고품질화, 지능화 되었고 컴퓨터 기술은 통신기술을 이용해서 전화기 같은 통신단말기로의 기능이 커졌다. 이 두 기술이 결합해 이루어내고 있는 사회의 모습은 우리의 상상을 초월하는 것이다. 현재 주머니에 넣고 다니는 컴퓨터가 핸드폰이며 앞으로 옷감의 일부가 되어 입고 다니는 컴퓨터도 등장할 것이다.

전화기에 의한 음성통신에 대응하여 컴퓨터들간에 이루어지는 통신을 데이터 통신(data communication) 또는 컴퓨터통신(computer communication)이라고 한다.

이 장에서는 컴퓨터 통신망을 살펴보고 데이터 통신을 위한 통신장비, 통신방법, 통신망의 형태, 통신망의 이용과 개방화 등에 대해서 설명한다.

11.1 정보통신의 역사

전화가 없었던 옛날에도 통신방법은 많이 있었다. 낮에는 연기로 밤에는 불꽃으로 위급한 소식을 알리는 봉화가 있었고, 비둘기 입에 물리거나 매의 발목에 편지를 매달기도 하는 방법, 또는 사람이 달려가거나 말을 타고 가서 직접 전하는 파발의 방식이 있었다.

현재와 같은 전기적 신호를 이용한 최초의 통신은 1844년 5월 24일 미국인 **모스**(Samuel **Morse**, 1791~1872)가 60km 정도 떨어진 워싱톤(Washington)시에서 발티모어(Baltimore)시로 전선을 통해서 도트( )와 대쉬(–)로 약속된 디지털화 된 전류신호를 보냄으로써 이루어졌다. 이때에 보낸 신호의 내용은 “what bath god wrought” 이였고 이

것이 세계 최초의 전신내용(telegraph message)인 것이다.

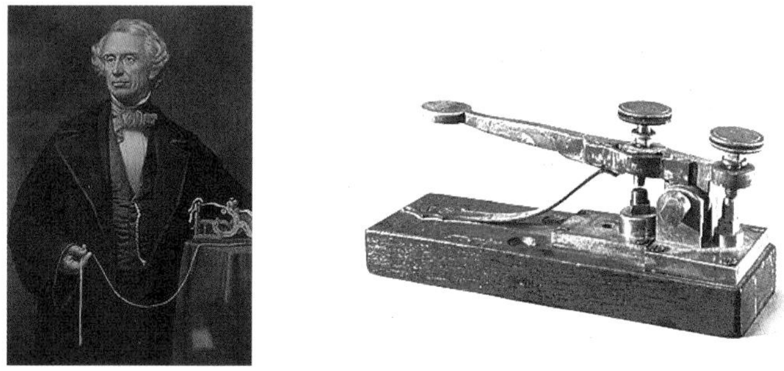

[그림 11.1] 모스와 2의 전신기

모스의 전산이후 30년이 지난 1876년에 **벨**(Alexander Graham **Bell**, 1847~1922)이 전화기를 발명하여 옆방의 조수에게 "왓슨씨 이리 오시오. 당신의 도움이 필요합니다." 라는 음성을 전송한 것이 유선전화의 시초이다. 그 해에 벨은 회사를 만들어 전화기를 팔기 시작하였고 이 회사가 오늘날 AT&T라는 세계 최대의 통신회사로 성장하였다.

[그림11.2] 벨과 벨이 만든 최초의 전화기

모스의 전신기가 발명된 2년 후부터 문자가 인쇄되어 나올 수 있는 전신기가 발명되었고 이것이 문자통신의 시초를 이루게 된 것이다. 1980년대에 발명된 팩스기계(fax machine)는 각종 통신회사의 뉴스 전달장치로, 본사와 해외지사간의 문서전달장치로 많이 이용되었다.

전파를 보거나 느낄 수 없기 때문에 전파를 알지 못하였는데 영국의 물리학자 **맥스웰**(James Clerk **Maxwell**, 1831-1879)이 자기가 만든 미분방정식에서 이 세상에 전파가 있다는 것을 1864년에 예언하였고 이 예언에 따라 독일의 물리학자 **헤르츠**(Heinrich Rudolf **Hertz**:1857-1894)는 1888년 전기불꽃 방전실험으로 전파의 존재를 증명하였다.

[그림 11.3] 맥스웰과 헤르츠

헤르츠의 실험방법을 실용화하여 대학에서 청강생이었던 이탈리아의 물리학자 말코니(Guglielmo Marconi, 1874~1937)는 1895년 무선통신 실험에 성공하였고 1901년에는 영국에서 무선통신 회사를 만들어 전파통신시대의 문을 열어 놓았다.

여기에 무선통신 기술의 핵심장비인 2극 진공관이 1905년에, 3극 진공관이 1914년에 발명되었고 1950년에는 진공관을 대신할 반도체 트랜지스터의 등장으로 무선통신 기술은 획기적으로 변혁이 이루어졌다.

전파를 이용함으로써 1920년 미국에서 KDKA 라는 방송국이 개국되어 **라디오**가 등장했고 1936년에는 영국의 BBC방송국이 TV방송을 시작하여 1950년에는 **텔레비전**이 일반 가정까지 보편화되었다.

우리 나라는 1927년에 라디오방송이, 1961년에 흑백 TV방송이, 그리고 1980년에 컬러TV방송이, 2004년 9월에는 디지털 TV방송이, 그리고 2005년 5월에는 **DMB**방송이 시작되었다.

1970년대 후반에 등장한 이동전화는 1990년대 후반에는 간단한 메시지 전달 정도의 인터넷기능을 가진 휴대전화가 보편화 되었고, 2010년부터는 인터넷 컴퓨터에 전화기능이 조금 들어간 스마트 폰의 등장으로 스마트시대를 열었다.

컴퓨터간의 데이터 통신은 1940년대에 미국의 스티비치(Geroge Stibitz)에 의해 이루어졌다. 릴레이로 만들어진 계산기에 전선을 통하여 디지털 화된 데이터를 보내고 계산기가 해석한 결과를 전선을 통하여 받아본 것이다. 이때 계산기는 뉴욕 시에 있었고 데이터를 보낸 실험실은 하노버 시에 있는 다트머스 대학이었다.

오늘날과 같은 의미의 컴퓨터 통신이 이루어진 것은 1962년이었다. 즉, 미국 아메리칸 항공사(American Airline)와 IBM사가 공동으로 개발한 비행기 좌석 예약 시스템(SABER)이 그것이다. 이 시스템은 미국전역에 걸쳐 2.000개의 단말기들이 전화선으로 중앙컴퓨터에 연결된 것이다.

미국 국방성에서 최초로 개발한 **ARPANET** 통신망은 1969년 12월 4개의 대형 컴퓨터를 연결하는 망으로 시작하여 수백 개의 연구기관에 연결되었다.

1990년대에는 통신망에 연결된 개인용 컴퓨터 중심의 컴퓨터 운영방법과 이용방법의 대 변혁이 이루어 졌으며, 기업의 조직과 기능이 재 구축되고 교육, 금융, 개인생활 등에서 엄청난 변화가 일어나기 시작했다.

ARPANET 기술을 기반으로 태어난 인터넷(INTERNET)은 1992년부터 세계를 연결하는 전화망처럼 지구 구석구석의 컴퓨터를 연결하는 컴퓨터 통신망이 되었다.

그리고 2006년 경부터는 유선망 기반 통신기술이 각종 사물과 환경에 숨어진 센서들을 연결하는 무선망 기반 통신 기술로 확장하여 발전하고 있다.

11.2 디지털 교환망

컴퓨터는 대량의 디지털 정보를 고속으로 처리하는 기계이기 때문에 컴퓨터간의 통신은 정확하고 고속이어야 한다. 그런데 아날로그형 전화망을 이용한 컴퓨터 통신은 어려운 점이 많다. 그 이유는 저속인 음성통신에 알맞게 전화망이 설계된 것이다. 음성은 속도가 느려도 전송 중에 잡음이 발생하거나 음량이 감소되어도 수신자가 알아들을 수만 있으면 될 수 있는 것이다.

우리나라도 초창기에는 전화망에 컴퓨터를 연결하였지만 이용 면과 기술적인 사항 및 경제적인 사항들을 고려해서 컴퓨터 통신을 위한 디지털 자료를 교환해 주는 망 구축 사업이 별도로 완성되었다.

디지털 신호를 전송해 주는 교환기를 **디지털 데이터 교환기**(DDX : Digital Data Exchange)라 하며 신호교환 방법에 따라 회선교환망과 패킷교환망으로 구분된다.

11.2.1 회선 교환 망

회선 교환 망(circuit switched network)은 전화 교환 망처럼 수신 컴퓨터가 접속된 전화번호를 키보드로 눌러서(dial) 통신선의 통로를 독점적으로 확보한 후 정보를 전달할 수 있도록 하고 전달사항이 끝나면 연결된 회선을 해제하도록 해 주어야 하는 [그림 11.4]와 같은 통신망으로 전화망보다 더 고속이고 고품질로 데이터를 교환해 줄 수 있도록 설계된 망이다.

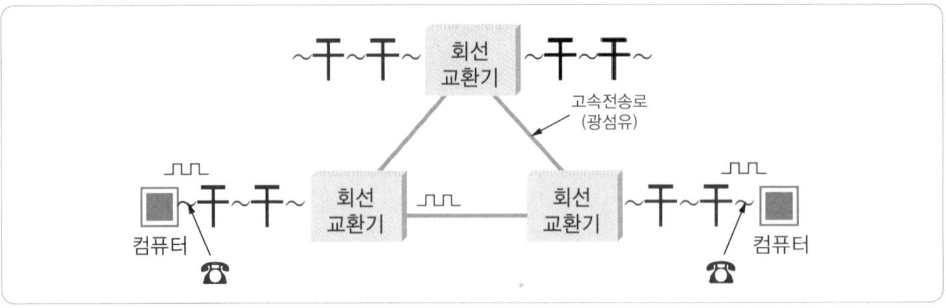

[그림 11.4] 회선 교환 망

이 방법은 가정에서 하나의 가입자선으로 전화, 팩시밀리, 컴퓨터 등을 연결할 수 있기 때문에 **종합 정보 통신망**(ISDN : Integrated Services Digital Network)이라고도 부른다.

우리 나라는 1979년 회선교환 디지털 서비스가 KT에 의해서 시작되었고 1993년부터 ISDN 망이 운영되었다.

11.2.2 패킷 교환 망

패킷(packet)이란 소포(package)와 뭉치(bucket)의 합성어로 송신할 정보를 일정한 크기의 뭉치로 나누고 여기에 뭉치의 순서를 나타내는 일련번호, 송신자와 수신자의 주소 그리고 오류 검출 등의 제어 정보를 추가한 것이다.

정보를 패킷단위로 두 컴퓨터간에 회선이 확보되기도 전에 패킷 전달 전용의 컴퓨터인 교환기에 보내면 패킷들이 교환기의 기억장치에 기억되어 가면서 스스로 수신자의 주소를 다른 사용자들의 패킷과 하나의 전송로를 공유하면서, 찾아가게 하는 것이 **패킷교환망**(Packet Switched Network)이다. **패킷교환방법**은 [그림 11.5]와 같다.

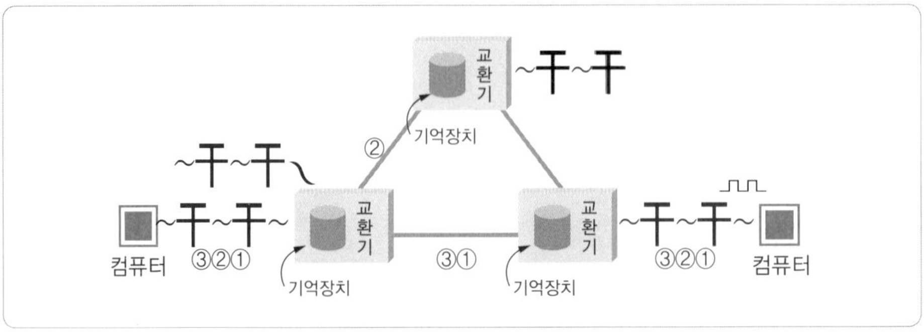

[그림 11.5] 패킷 교환 망

[그림 11.5]에서 컴퓨터 A의 정보는 통신프로그램에 의해서 일련 번호가 붙은 패킷으로 나누어지고 이것이 일단 가입자 교환기의 기억장치에 다른 컴퓨터에서 보낸 패킷과 함께 기억된다. 패킷 교환기는 기억된 패킷이 약속대로 만들어 졌는가를 검사하고 수신측 단말기의 주소를 검사하여 가장 빠른 선로를 확보하여 패킷을 다음 중계 교환기에 보낸다.

전달된 패킷의 오류를 수신 측 중계 교환기가 검사하여 오류가 발견되면 송신측 교환기로 하여금 전송한 패킷을 재전송 하도록 요구한다. 이런 과정을 거쳐 수신측 컴퓨터 B에 도달하게 한다. 여러 경로로 들어온 패킷들을 B 컴퓨터는 그 번호에 따라서 다시 순서대로 정렬하여 저장장치에 저장한다.

따라서 이 망의 장점은 전송중인 선로에 장해가 발생하여도 다른 경로를 선택할 수 있으므로 안전한 전송이 보장되며, 발신자 측과 수신자 측의 통신 속도가 달라도 무방하다. 그리고 요금부과방법은 사용량에 따른 정량제와 사용량에 관계없이 월정액으로 선택할 수 있다는 것이다.

전송속도는 초당 전송되는 비트의 수(bps: bit per second))로 표시하며 그 **통신 속도**의 단위는 [표 11.1]과 같다. 우리 나라에서는 1984년부터 패킷 교환 서비스가 시작되었고 대학 등에는 T3선으로 인터넷에 연결되기 시작하였다.

[표 11.1]에서 DS는 가입자선(digital subscriber)이고 OC는 Optical Carrier의 약자이다.

[표 11.1] 회선속도의 단위

명칭	속도(bps)	비고
DSO	64 K	
ISDN	144 K	
T1	1.544 M	24 DSO
T3	43.232 M	28 T1
OC3	155 M	100 T1
OC12	622 M	4 OC3
OC48	2.5 G	4 OC12
OC192	9.6 G	4 OC48

패킷 교환 망에 대한 규정은 ITU-TS에서 규정한 X.25 번호가 붙은 통신규약(protocol)에 의해서 설계되고 구현되고 있다.

디지털회로 기술과 광통신기술의 발달에 따라 통신 중 오류는 거의 발생하지 않기 때문에 통신 오류를 점검하기 위해 패킷에 많은 제어정보를 추가할 필요성이 없어지고 있다. 따라서 가변적인 패킷의 길이를 모두 같은 크기로 통일시키면 패킷 망 설계는 간단해지고, 제어정보의 길이가 단축되므로 단위시간당 전송량은 많아진다. 패킷의 길이와 오류정보 점검을 위한 프로그램의 수행이 적어지기 때문에 전송속도는 빨라진다. 셀(cell)이라 부르는 패킷은 48byte 의 정보구역과 5byte 의 제어구역으로 된 53byte 크기로 고정된 패킷이다.

셀을 교환시키는 망(cell switched network) 기술을 **비동기 전송 모드(ATM : asynchronous transfer mode)**방법이라고 한다.

ATM기술을 이용한 망을 ATM 망이라고 한다. ATM 교환기는 셀의 저장과 전진(store and forward)기술을 이용한 패킷교환방법이지만 엄청난 속도 때문에 거의 회선 교환기 같은 역할을 하고 있다. 그래서 ATM 교환기를 **가상 회선 교환기**(Virtual Circuit Switch)라고 한다. ATM 망의 전송속도는 초당 155Mbps 에서 12.8Gbps 까지 있다.

여기서 비동기 전송모드란 여러 선로에서 임의의 속도로 들어오는 음성이나 영상 및 문자등의 디지털 정보신호를 허브라 부르는 멀티플랙서로 다중화시켜 하나의 물리적 광섬유 회선으로 전송하는 형태를 의미한다.

11.2.3 초고속 정보 통신망

지난세기 말 KT는 ATM 교환기를 전국적으로 설치하고 광섬유 전송매체를 도시간에는 물론 모든 가정에까지 연결함으로써 **초고속 정보통신망**(information super highway)을 구현하였다.

광섬유를 전송매체로 이용하는 이유는 머리카락 굵기보다 작은 한 가닥의 광섬유가 현재 4,032 개의 전화선이 전송할 수 있는 정보를 동시에 전달할 수 있기 때문에 음성은 물론 동화상이나 영상 등의 방대한 정보를 빠른 속도로 전달할 수 있다.

따라서 초고속 정보 통신망은 기존의 전화망, 컴퓨터망, 팩시밀리 망 외에 유선 TV 망을 한 가닥의 광섬유 선에 수용할 수 있도록 통합하여 한 가지 기술과 방법으로 망을 설계하고 구축할 수 있는 기반을 제공하는 것이다.

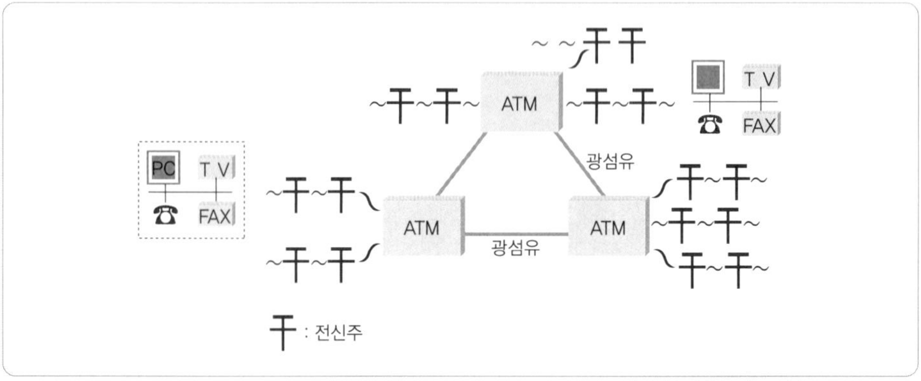

[그림 11.6] 초고속 정보통신망

[그림 11.6]에 보이는 바와 같이 초고속 정보통신망은 하나의 망 기술로 모든 정보를 전송할 수 있는 기술을 제공하기 때문에 교통망과 더불어 국가산업발전의 기간시설이고 기술인 것이다.

우리나라는 각 가정에까지 ADSL과 케이블TV망, 광통신망 그리고 무선망으로 2M~20M bps정도의 초고속통신망사업을 2003년에 완료하였고 2004년부터는 50~100Mbps를 제공할 수 있는 **광대역통합망(BcN:** Broadband convergence Network)을 구축하고 있다.

초고속통신망은 현재의 인터넷을 사용하기에는 문제가 없다. 그러나 기술과 예술의 융합, 문학과 기술의 융합, 기계와 기계의 융합, 방송과 교통 및 재난 정보의 융합 그리고 사물과 사물이 통신하는 유비쿼터스 시대에서는 본서 13장에 설명된 광대역통합망의 구축은 필요한 사업이다.

11.3 구내정보 통신망

전국적인 전화망이나 디지털 교환 망 또는 초고속 정보통신망은 우리 나라의 KT 같은 전문회사가 망을 구축한다. 그리고 가입자들은 사용료를 내고 필요할 때 어느 곳이든지 망에 접속하여 통신하고 있다. 우리나라는 아날로그 위주였던 전화망이 디지털망으로 통일되어 초고속 정보 통신망으로 대체되었다.

구내정보 통신망(LAN : Local Area Network)이란 어느 한 조직이 그들만을 위해서 컴퓨터의 종류나 운영체제에 관계없이 PC, 메인프레임, 워크스테이션들을 연결하여 고속으로 통신할 수 있도록 설치한 사설 망이다.

LAN은 컴퓨터 사이의 전류나 전파신호가 정확히 전달될 수 있는 거리로 한 기관의 한 빌딩 내에 설치된 컴퓨터 장비들을 조직원들이 가장 효과적으로 공동 사용할 수 있도록 연결된 고속의 사설 통신망이다. LAN구축의 목적은 고속의 통신망으로 조직원들이 빠르게 정보를 교환하여 업무를 할 수 있게 하고, 비싼 컴퓨터 자원들을 공유하고, 데이터베이스의 공동활용도를 높이는 것이다. 구내정보 통신망보다는 LAN 이라는 용어가 더 보통이기 때문에 이 책에서는 LAN으로 통일하여 사용한다.

1970년대 말에서 1980년 초에 제록스사(Xerox Co.)의 한 연구소에서 LAN에 관한 중요한 업적이 이루어졌다. 이 연구소에서 **이더넷(Ethernet:** 공기가 없는 진공상태의 공간에 전파가 흘러갈 수 있는 물질이 존재한다고 가정하여 지은 독일어 단어 "에테르"에서 따온 말)이라고 이름을 붙인 컴퓨터 연결방법이 처음으로 실용화 됐다.

이 절에서는 LAN의 구성요소, 망의 형태, 전송로, 망간의 연결 등에 대해서 설명한다.

11.3.1 LAN의 구성요소

LAN은 [그림 11.7]과 같이 연결된 컴퓨터들에게 클라이언트나 서버기능을 부여하고 운영해주는 망 운영체제, 컴퓨터를 LAN에 연결해주는 LAN카드, 그리고 컴퓨터들을 서로 연결해주는 전송매체 등으로 구성된다.

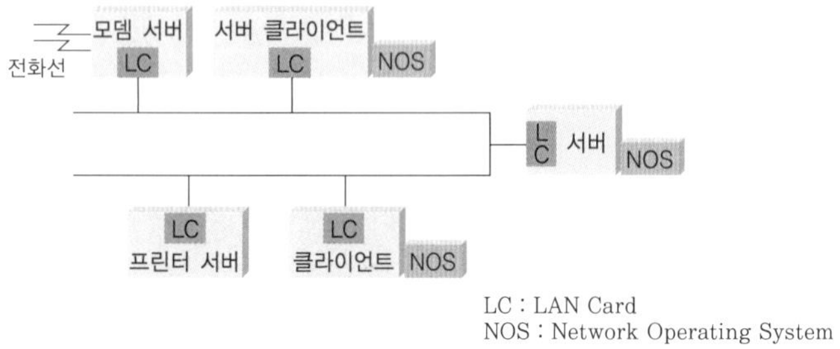

[그림 11.7] LAN의 구성요소

1 망 운영체제

LAN은 한 기관이나 조직체가 보유하고 있는 여러 종류의 컴퓨터가 가지고 있는 자원을 다른 컴퓨터들과 공유해서 이용할 수 있게 하는 것을 목적으로 한다.

이런 목적을 성취하기 위해서는 자원을 가지고 있는 컴퓨터는 자원의 사용을 요구하는 다른 컴퓨터에게 그 요구 사항을 들어줄 수 있어야 한다. 이때 자원의 사용을 요구하는 PC 등의 컴퓨터를 **클라이언트(Client)**라 하고, 이 요구사항을 들어주는 컴퓨터를 **서버(server)**라고 한다.

망 운영체제(NOS : Network Operation System)는 망에 연결된 컴퓨터에게 서버 기능이나 클라이언트 기능을 할 수 있도록 해 주며, 서버는 등록된 클라이언트의 이름과 부여된 권리를 검사하고, 클라이언트의 요구사항을 처리하고 그 결과를 클라이언트에게 전송하게 하는 고도의 네트워크 보안과 액세스(access) 권리를 관리하는 프로그램의 집합체이다.

서버에는 서버가 제공하는 서비스의 내용에 따라 응용서버, 데이터베이스 및 파일서버, 인터넷에 들어 갈수 있게 해주는 웹서버, 메일서버 그리고 프린터서버 등 공유할 수 있는 컴퓨터의 사용용도에 따라 분류되고 있다.

망 운영체제가 서버 기능을 워크스테이션급 이상의 컴퓨터들에게만 전부 주고 그 밖의 PC들에게는 클라이언트 기능만을 주었을 때 이를 서버 중심(Server Based) LAN이라 하고, 서버 기능을 여러 개의 PC와 워크스테이션에 분산시키었을 때 이를 점 대 점(Peer to Peer) LAN 이라고 한다.

망 소프트웨어에는 노벨(Novell)사의 Netware 등 독립적인 것이 있고, 마이크로소프트사는 윈도우(Window)운영체제의 일부분으로 되어 있으며, 매킨토시(Macintosh) 컴퓨터는 매킨토시끼리만 통할 수 있도록 제조 시부터 망 운영체제가 별도로 제공되었다.

그러나 1982년 TCP/IP로 표현되는 인터넷 운영체제 소프트웨어는 Unix 운영체제에 포함되어 무료로 제공되기 시작하여, 1990년대 중반부터는 Windows, Linux 및 Mac OS에 포함되었기 때문에 인터넷 운영체제는 별도의 망 운영체제로 구별하지 않는다.

2 LAN 카드

컴퓨터 내부의 확장 슬롯에 끼울 수 있는 **LAN 카드**는 컴퓨터와 전송 선을 이어주는 장치이다. LAN 카드는 전압이 낮은 컴퓨터의 2진 병렬 신호를 망의 선을 타고 멀리 갈 수 있도록 전압이 높은 직렬신호로 변환시켜주거나 반대로 직렬로 수신되는 신호를 병렬신호로 변환시켜부는 일종의 프로세서가 내장된 손바닥만한 크기의 [그림 11.8]과 같은 플라스틱 카드 회로기판(plastic circuit board)이다.

[그림 11.8] LAN카드 구조

LAN 카드는 통신망과의 접속장치이기 때문에 **망 접속카드**(NIC: network interface

card)라고도 한다.

망 접속카드에는 이 세상에서 망에 접속될 컴퓨터나 통신장비가 유일한 주소를 가져야 통신이 가능하다. 이 주소를 맥 주소(Media Access Control Address)라고 한다.

맥 주소는 미국 전기전자협회(IEEE)에서 관리하는 제조회사 번호 3바이트와 회사별 제품번호 3바이트 등 6바이트로 구성되어 망 접속카드의 ROM에 영구히 기억된다.

윈도우 운영체제 화면에서 "시작"을 클릭하여 "실행(R)"을 선택한 후 "열기(O)' 창에 "cmd"을 입력하고 "확인"단추를 눌러 검은색 바탕 화면으로 나타난 창의 "C:\...xp〉"에 "ipconfig/all"을 입력하여 16진수 12자리로 표현된 맥 주소를 확인할 수 있다.

3 전송매체

전송매체(transmission medium)은 전류신호를 전달하는 구리 등의 금속선과 빛을 통과시키는 광섬유, 그리고 전파로 연결되는 무선(wireless)이 있다. 무선을 이용하기 위해서는 PC 등의 컴퓨터에 조그마한 안테나를 설치할 수 있어야 한다.

이상에서 구성요소들을 살펴보았으나 망 연결 기술, 무선기술, 전송로 기술, 통신 소프트웨어 기술, 컴퓨터 기술 등의 발전에 따라서 망 운영체제와 LAN 카드 등은 날로 바뀌어 가고 있다. 그런데 LAN 구축 시에 제일 많이 드는 경비는 전송선로 가설공사이다. 따라서 전송 선을 잘 선택하고 설치하는 것이 망 설계의 제일 중요한 부분이 되는 것이다.

11.3.2 LAN의 형태

LAN의 형태(LAN Topology)는 여러 대의 컴퓨터가 2진 신호를 하나의 공용 전송선을 이용해서 보내야 하기 때문에 선을 연결하는 형태에 따라서 LAN 카드가 자기의 정보신호를 보낼 수 있는 순서를 결정하는 방법이 달라진다.

LAN의 형태에는 고전적으로는 버스 망(bus network), 고리 망(tokenring network), 성형 망(star network) 등이 있으나 정보전송 기술이 발전하면서 빌딩 설계 때부터 전화망, 무선망, 각종 LAN 망에 필요한 연결장비를 건물에 설치하여 전화선 코드를 연결하듯이 쉽게 여러 형태의 LAN 에 접속이 가능하도록 설계하고 있다.

여기서는 가장 많이 사용되고 있는 버스망과 무선(wireless)LAN이 개략적으로 설명된다.

1 버스 망(Ethernet)

버스 망(bus network)이란 [그림 11.9]와 같이 하나의 공통 선에 여러 개의 LAN카드(이더넷 카드)를 연결한 망으로 이를 **이더넷**(Ethernet)이라고도 한다. 컴퓨터는 LAN카드를 통해서 망과 연결된다.

LAN카드는 제조될 때에 전세계적으로 약속된 규약에 의하여 카드에 부여된 유일한 주소(MAC : Media Access Control)를 가지고 있다. 그래서 MAC주소는 물리적 주소가 되는 것이고 여기에 "총무과" 등의 논리적 주소를 부여하면 컴퓨터는 "총무과"라는 이름으로 통신망에 연결된다.

버스 망은 마치 차선이 하나밖에 없는 도로에서 소포 한 개를 실은 버스가 수취인의 이름을 창문에 붙이고 달리면 소포오기를 문 앞에서 기다리는 사람이 자기 것이면 버스를 세워서 물건을 받고 자기이름이 아니면 받지 않는 것과 같이 통신하는 방법에 비유할 수 있다.

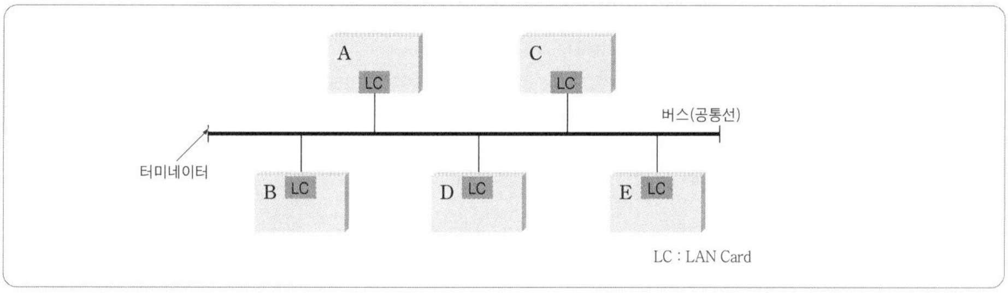

[그림 11.9] 버스 망(이더넷)

소포를 보내려는 각 가정에서는 먼저 다른 차와 충돌하지 않기 위해서 도로가 완전히 비어있는 것을 확인하고 나서 출발하여 도로변에 있는 각각의 가정을 좌우로 모두 방문한다. 집주인(컴퓨터)이 소포(패킷)수취인의 주소를 보고 자기 주소이면 소포를 받고 발신인에게 잘 받았다는 답장을 한다.

이 방법은 하나의 노드가 여러 노드에 패킷을 보내고 수신자가 선택하는 방법이므로 방송방법(broadcasting)이라고도 한다.

이 방법은 선로가 비어 있는 것을 확인하고 방송해야하기 때문에 공용 선로가 한 곳만 고장나도 전체 망의 기능이 상실되는 단점이 있지만 구축비용이 저렴하고 새로운 노드를 추가하기 쉽기 때문에 현재 가장 많이 사용되고 있는 망이다.

그러나 최초의 10Mpbs의 속도는 통신기술의 발전으로 100Mbps의 FAST 이더넷으로, 그리고 1998년부터는 **기가비트(Gbit) 이더넷**으로 발전였고, 설치가 쉽고 설치 비용이 가장 싸기 때문에 현재는 LAN하면 이더넷을 중심으로 구축되는 것으로 볼 수 있다.

이더넷에서 2컴퓨터간에 메시지를 보내기위해서 물리적으로 다른 장치들이 망을 사용하지 않고 비어있는 것을 확인하고 송신하는 프로토콜을 CSMA/CD(Carrier Sense Multiple Access/Collision Detection)라고 한다.

여기서 터미네이터는 주선이 되는 케이블의 양측 면을 막아 LAN에 연결된 모든 노드를 지나가서 데이터의 이동이 끝났다는 것을 데이터를 발송한 컴퓨터에 알려주는 기능을 한다.

2 무선LAN

무선 LAN이란 스마트폰이나 노트북을 이동 중에서도 전파로 유선LAN에 접속할 수 있는 것을 말한다. 연결방법은 스마트폰이나 노트북의 안테나가 부착된 무선 LAN 카드(NIC)를 통해서 무선 접속장치(AP: Access Point)와 고속통신이 이루어진다.

무선공유기라고도 하는 무선 접속장치는 버스망형(Ethernet Topology))의 LAN 허브에 유선으로 꽂아 연결된다. 이 무선망 이동통신 기술을 "와이파이(WiFi)"라고 하며 "WiFi" 상표가 붙은 모든 제품은 무선 LAN카드가 장착된 제품인 것이다.

무선 LAN 서비스는 컴퓨터를 연결하는 유선LAN의 연결단자에 300쪽 정도 책 한 권의 크기와 무게보다 작은 AP를 꽂으면 이루어지기 때문에 40대 이상의 PC가 동시에 무선 서비스를 받을 수 있다. 따라서 이미 유선LAN이 구축된 빌딩의 사무실에는 간단히 무선LAN 서비스를 실시할 수 있다. 그래서 무선LAN은 여러 사람이 함께 근무하는 사무실이나 학교의 교실 사람이 많이 모이는 길거리나 공원 그리고 호텔, 공항 등에 설치되고 있다.

3 LAN 접선장치 허브(hub)

[그림 11.10]와 같은 허브는 LAN에 연결될 선을 한 곳에 모아서 쉽게 접선할 수 있도록 그 내부에 배선이 이미 되어 있기 때문에 설치하는 사람은 전화기 소켓에 플러그를 꽂는 식으로 통신장비에 연결된 선(cable)을 허브에 꽂기만 하면 망이 구축될 수 있도록 해주는 배선박스이다. 이 허브는 그 기능에 따라 리피터 허브(repeater hub)와 스위칭허브(switching hub)로 구분된다.

리피터 허브는 단순히 접선을 한곳으로 모아 놓은 장치로 [그림 11.10]의 (a)와 같이 허브에 들어오는 패킷을 포트전체에 동시에 보내주는 통신 장비이고 **스위칭 허브**는 [그림 11.10]의(b)와 같이 동시에 들어오는 패킷을 패킷내의 목적지 MAC주소로 전송할 수 있도록 목적지 포트에만 전송해주는 장치이다. 스위칭허브는 따라서 허브라기보다는 통신 중계교환기에 그 기능이 가깝기 때문에 단순히 스위치라고도 불리고 있다.

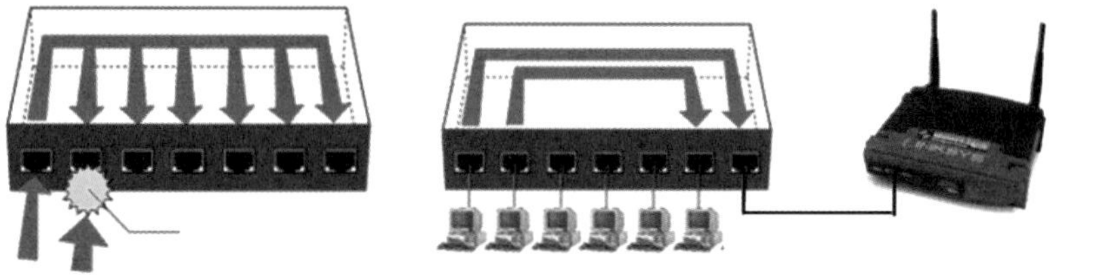

[그림11.10] 허브장치의 예

리피터 허브에는 이더넷허브, 토큰링 허브, 선형 망 허브 등으로 구분할 수 있다.

스위치는 동시에 많은 포트에서 입력을 받아서 동시에 목적지 포트로 패킷을 전송하는 일 외에 버퍼메모리를 가지고 있어서 들러오는 패킷을 일단 버퍼에 저장하여 오류가 있는 패킷를 제거하는 일, 느린 속도로 들어오는 패킷을 모아서 빠른 속도의 포트로 멀티플렉싱 하는 일이나 그 반대로 디 멀티플렉싱하는 기능 등이 있다.

[그림 11.10]의 (c)와 같은 무선LAN 공유기도 40여대의 이동단말기를 연결할 있는 무선 허브로 리피터허브나 쉬위칭허브에 연결하여 무선LAN으로 확장할 수 있는 게이트웨이인 것이다.

또 한 기관의 LAN을 여러 개의 서브 LAN으로 구축하는 경우에는 스위치를 계층화시키어 컴퓨터를 연결함으로서, 여러 계층의 속도가 다른 서브 망을 구축할 수 있다. [그림 11.11]은 한 기관의 이더넷 스위칭 허브를 이용한 LAN구성 예를 보인 것이다.

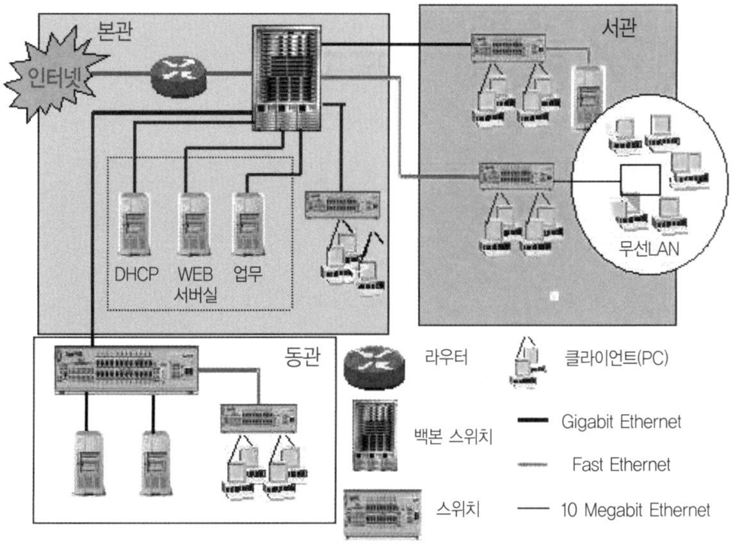

[그림 11.11] 스위칭 허브를 이용한 LAN의 구성예

위 그림의 구성 예에서 외부 인터넷과의 연결은 라우터를 통해서 백본 스위칭 허브에 연결되고 그 백본 스위치에서는 다시 그 하위에 속도가 낮은 스위칭 허브를 연결한 것을 보이고 있다. 그리고 무선 LAN은 유선과의 **접속장치**(AP: Access Point)에서 300m이내의 거리에서 무선으로 연결된다.

11.3.3 LAN과 LAN의 연결

본사 A 동에 설치된 LAN 과 B 동에 설치된 LAN 을 연결하거나 서울에 있는 본사의 LAN 과 부산에 있는 자사의 LAN 을 연결하고 더 나아가 세계각지에 퍼져있는 LAN 들과의 연결은 기업의 규모가 커지면서 정보의 요구가 많아지면서 필수적이 되었다. 우리가 마치 여행할 때 자가용을 이용하거나 터미널로 가서 고속버스를 타거나, 시내버스를 타고 기차역에 가서 특급 기차를 타거나 또는 비행기나 배를 이용하는 등 여러 가지의 교통수단을 이용하여 목적지에 갈 수 있는 교통망과 같이 여러 형태로 연결된 컴퓨터 통신망을 생각할 수 있다.

구리선이나 광섬유거나 간에 흐르는 전류의 세기나 빛의 세기는 전송되는 중에 정보의 신호가 손상된다. 따라서 먼 거리에 있는 LAN 간의 연결에는 신호를 증폭시키고 잡음을 제거하여 받는 쪽이 이해할 수 있는 통신규약(프로토콜)에 따라서 보내 주는 기술과 장치들이 필요하게 된다.

대개의 경우 우리 나라의 대학이나 회사들은 KT나 SKT와 같은 망 사업자가 구축해 놓은 **전용회선**(leased line)을 이용하여 장거리 LAN에 연결하고 있다.

먼 거리에 있는 LAN과 LAN을 연결해 주는 장비로는 리피터(Repeater), 브리지(Bridge)와 라우터(Router), 관문(Gateway), FDDI, 무선 등이 있다. LAN의 연결이 한 도시에서만 이루어질 때 이를 MAN(Metropolitan Area Network)이라 하고, 도시와 도시 또는 나라와 나라 사이에 이루어질 때 이를 WAN(Wide Area Network)이라 한다.

1 리피터

리피터(Repeater)는 손안으로 쥘 수 있을 정도의 작은 상자로서 자신에게 입력된 약해진 디지털 정보 신호를 다시 재생하여 중계하는 충전기와 같은 장비이다.

리피터는 값이 싸고 설치가 비교적 쉽지만 수 십 미터 이상의 거리에는 부적합하다. 인공위성도 일종의 전파 리피터 기능을 수행하는 것이다.

2 브리지

브리지(Bridge)는 리피터 기능에 통신규약 기능을 추가해서 [그림 11.12]와 같이 동일한 연결 방법(topology)을 사용하는 2개의 LAN을 연결할 때 쓰이는 장비이다. 이 경우 각각의 LAN은 서로 다른 형태의 케이블을 사용할 수 있어도 서로 다른 형태의 LAN을 사용할 수 없다.

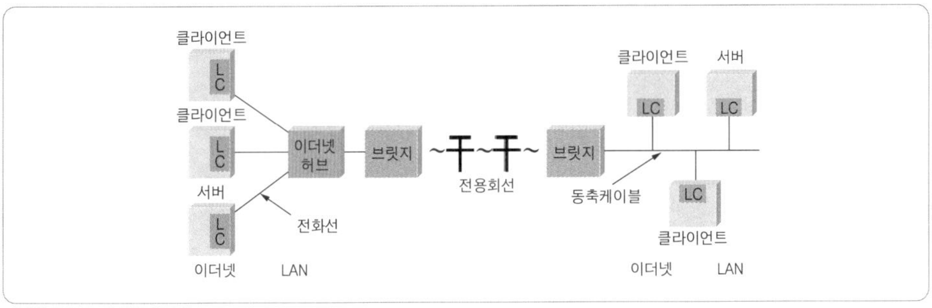

[그림 11.12] 브리지에 의한 LAN의 연결

3 라우터

라우터(router)는 브리지보다 복잡하고 값이 비싼 반면에 **연결방법(topology)**이 같거나 또는 다른 LAN과 LAN 을 [그림 11.13]와 같이 연결할 수 있는 장비이다.

이제는 라우터가 LAN 간의 연결에 주로 쓰이게 되었다. 인터넷에 있어서 라우터의 기능은 경로 정보(망상의 IP정보)를 가지고 있어서 하나의 LAN에서 다른 LAN으로 정보를 송신할 때 들어오는 패킷을 가장 적절한 경로를 선택하여 목적지 LAN으로 전송해 주는 일을 한다.

[그림 11.13] 라우터에 의한 LAN 의 연결

하나의 LAN에 연결된 라우터와 또 다른 LAN에 연결된 라우터 사이에는 전화국 또는

전문 통신회사에서 제공하는 디지털 교환망이나 전용회선으로 연결된다. [그림 11.13]에서 DSU(Digital Service Unit)는 컴퓨터 디지털 신호를 디지털 교환 공중망 신호에 맞게 만들어 주거나 수신될 때 손상된 신호를 재생시키는 장치로 공중 전화망에 연결할 때 쓰이는 모뎀과 비슷한 역할을 한다. 라우터 뒤의 허브는 대기업의 경우 기가비트 스위치와 같은 스위칭 허브가 위치하고 전용선은 T3이상의 선이 사용된다.

4 관문

관문(gateway)은 운영체제와 망 형태(topology)가 전혀 다른 통신망을 서로 연결해 주는 통신 소프트웨어이다. 본서 11장 5.3절에 설명된 OSI 통신망 참조 모델과 다른 구조의 통신망과 연결할 수 있도록 해주는 프로그램을 의미하기도 한다.

5 ATM 교환기

비동기 전송모드 교환기(ATM : asynchronous transfer mode switch)는 LAN에 연결된 컴퓨터들간에 초고속의 통신이 가능하게 하고 있다. [그림 11.14]는 ATM교환기에 연결된 LAN이 광섬유 통신 선에 의해서 멀리 떨어져 연결된 예를 보인 것이다.

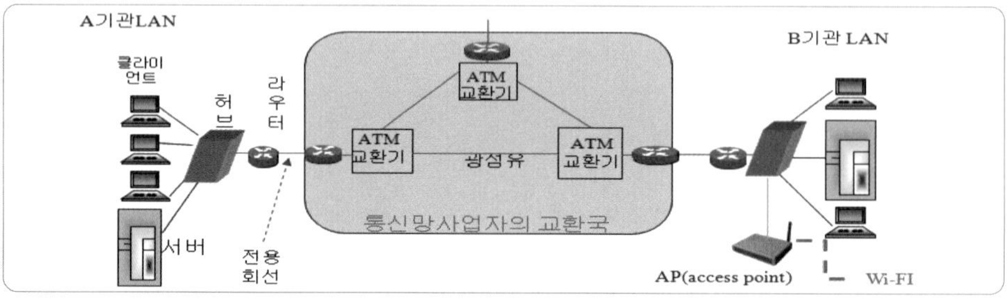

[그림 11.14] ATM 교환기에 의한 LAN의 연결

요즈음은 LAN과 LAN을 연결하여 구축되는 **원거리통신망(WAN : Wide Area Network)**은 주로 전화국에 설치된 ATM 교환기로 이루어지고 있다.

11.3.4 클라이언트/서버 컴퓨팅

클라이언트/서버(client/server) 컴퓨팅 시스템은 통신망을 통한 분산처리 시스템의 발전된 이용 형태로 망에 연결된 여러 종류의 컴퓨터들이 상호협조해서 응용프로그램을 수행하는 시스템이다. 이는 1976년 미국의 XEROX 사에서 이더넷(ethernet)이 발표된 이래 LAN 기술은 급속히 발전하고 표준화된 결과 나타난 시스템이다.

LAN의 특징은 배선을 통합하고 표준화해서 기종이 다르고 운영체제가 다른 컴퓨터들을 쉽게 망에 접속하여 연결된 자원을 공유하는 것이다.

클라이언트/서버 시스템은 서비스(service)를 요구하는 프로세스를 **클라이언트**라고 하며 서비스를 제공하는 프로세스를 **서버**라 한다. 일반적으로 하나의 컴퓨터는 서버이면서 다른 컴퓨터에 대해서는 클라이언트가 될 수도 있는 것이다. 여기서 **프로세스**란 수행상태에 있는 프로그램을 말한다.

예를 들면 [그림 11.15]와 같이 클라이언트는 데이터베이스 서버에 어떤 조건에 맞는 데이터베이스 검색을 요구하고 서버가 검색하여 응답한 데이터를 받아 그래프로 작성하는 프로그램을 수행한다고 하자.

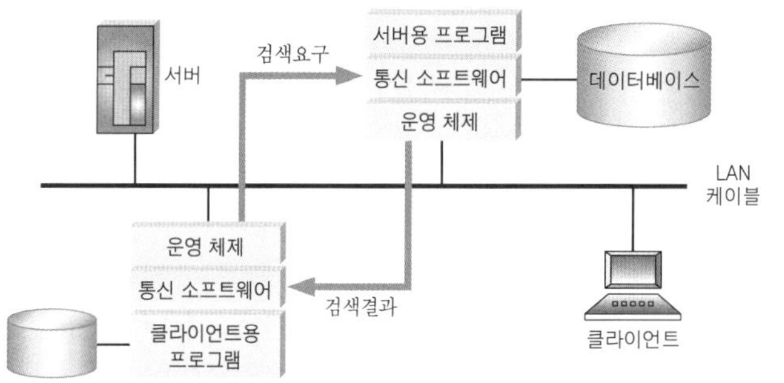

[그림 11.15] 클라이언트/서버 컴퓨팅 이용의 예

그러면 데이터의 검색은 서버가 하고, 정보 검색요구와 그래프의 작성은 클라이언트가 하게 된다. 그 결과 컴퓨터의 컴퓨팅 능력은 다른 컴퓨터에 분산되고, 서버의 검색프로그램과 데이터베이스는 다른 클라이언트들과 공유한다. 그리고 중요한 것은 클라이언트가 직접 데이터 베이스를 접근하지 않아도 되므로 데이터통신 양이 많지 않게 된다는 것이다.

특히 클라이언트가 PC 이고 서버가 고속인 메인프레임이나 슈퍼컴퓨터라 하면 대용량의 데이터베이스를 호출하여 그래프를 작성한다 해도 그 처리속도는 서버 속도에 비례한다.

클라이언트/서버 컴퓨팅이 워크스테이션이나 PC 중심으로 바뀌어져 과거의 메인프레임 급의 컴퓨터들이 하던 일을 대신해서 분담하게 해 가는 현상을 **다운사이징**(down sizing)이라고 한다.

클라이언트/서버 컴퓨팅의 방법도 여러 가지 구조로 나타났다. 그 하나는 2계층(two tier)구조이고 다른 하나는 3계층(three tier) 구조이다. 2계층 구조는 데이터베이스는 웍스테이션 급 이상의 서버에서 담당하게 하고 계산로직과 화면에의 표현은 PC급의 클라이언트에서 분담하는 방법이다.

그러나 2계층 방법은 계산로직이 바뀔 때마다 모든 클라이언트의 프로그램을 수정해야하기 때문에 매우 번거롭다. 그래서 클라이언트에서 분담하고 있는 업무처리 계산로직 부분을 떼어내 웍스테이션 컴퓨터에 분담시키고 데이터베이스는 성능이 좋은 웍스테이션이상의 컴퓨터에 분산시켜 프로그램 수정과 운영을 쉽게 하는 컴퓨팅이 3계층 구조 컴퓨팅이다.

분산처리방법에 반대되는 용어가 메인프레임위주의 중앙처리방법이다. 이 방법에서는 서버에 데이터베이스, 처리로직 그리고 화면 표현 프로그램을 모두 호스트라고 불리는 서버에게 주고 클라이언트라고 부를 수 있는 단말기는 단순히 서버가 지시하는 대로 자료를 입력시키고 서버의 정보를 출력하기만 하는 독립성이 없는 입출력장치에 불과한 것이었다.

이 경우 단말기를 신 클라이언트(thin client)라 하고 반대로 모든 계산처리와 화면작성을 단말기가 담당할 경우 이를 팻 클라이언트(fat client)라고 한다. 신 클라이언트의 경우 디스크가 필요하지 않고 메모리도 클 필요가 없기 때문에 컴퓨터의 두께도 얇게 된다.

이와 같이 하나의 응용 업무를 네트워크를 통해서 저장기능, 처리논리기능 그리고 화면에 보여주는 기능을 정보통신 량을 적게 하고 계산 량을 분산시켜 정보처리의 효율을 극대화하는 방법에 따라 여러 형태의 **분산처리 방법**이 있을 수 있다. 클라이언트/서버 분산처리 방법은 고속의 네트웍으로 이루어지기 때문에 **네트웍 컴퓨팅**이라고도 한다.

클라이언트/서버 컴퓨팅 방법은 컴퓨터 통신 초창기에는 대형컴퓨터의 업무를 PC에 분산한 다운사이징(down sizing)방법이 유행하였으나, 반대로 2011년부터는 다시 클라우드 컴퓨팅으로 PC의 업무를 클라우드 서버에 모아 올리는 **업 사이징**(up sizing) 시대로 변하고 있다.

11.4 전송매체

컴퓨터들을 연결시켜서 망을 이루게 하는 전송매체(transmit media)는 한번에 단 하나의 신호만 날라주는 매체이다. 구리와 같은 금속선은 전류신호를 규소와 같은 반도체 물질로 된 광섬유라고 불리는 유리 섬유 선은 빛 신호를 그리고 선이 필요 없는 마이크로파(microwave)는 전파신호를 날라주는 이동 통신과 위성통신 시대를 꽃피우는 무선통신 매체이다.

11.4.1 UTP선

UTP(Unshielded Twist Pair)선은 신호에 잡음이 석이는 것을 방자하기 위해서 두 가닥의 구리선을 꼬아 놓은 꼬임선이다. 100m까지 전송이 가능하며 현재 전화선은 2쌍의 꼬임선이 들어있고LAN에 쓰이는 선은 4쌍 혹은 6쌍으로 되어있다.

전화선은 음성전송매체로 적합하기 때문에 고속의 자료 전달이 필요하지 않은 경우에는 전화선으로 연결하기만 하면 망이 구축된다. 따라서 별도의 통신망을 구축하지 않고 전 세계의 어느 곳과도 연결이 되는 것이다.

11.4.2 동축케이블

동축케이블(coaxial cable)은 10 Mbps이상의 정보 전송량을 갖는다. 고속의 정보전송을 위해서 나온 것이 [그림 11.16]와 같은 동축케이블이다.

[그림 11.16] 동축케이블의 구조

동축케이블 중앙의 구리선에 흐르는 전기신호는 그것을 싸고 있는 외부 구리선 때문에 외부의 전기적 간섭은 적게 받고 전력손실이 적기 때문에 고속의 통신선로로 이용되고 있다. 또 동축케이블은 바다 밑이나 땅속에 묻어도 그 성능에 지장이 없다. 이 케이블의 값은 광섬유에 비해서는 값이 싸지만 전화선보다는 훨씬 비싸다.

11.4.3 광섬유 케이블

광섬유 케이블(optical fiber cable)은 미국 코닝사에서 1970년대에 개발되어 1980년대 중반부터 실용화된 것으로 머리카락 보다 가느다란 유리섬유(glass thread)를 [그림 11.17]와 같이 플라스틱 보호막으로 둘러싼 케이블로 레이저 같은 빛의 신호를 빛의 속도로 전달할 수 있는 매체이다.

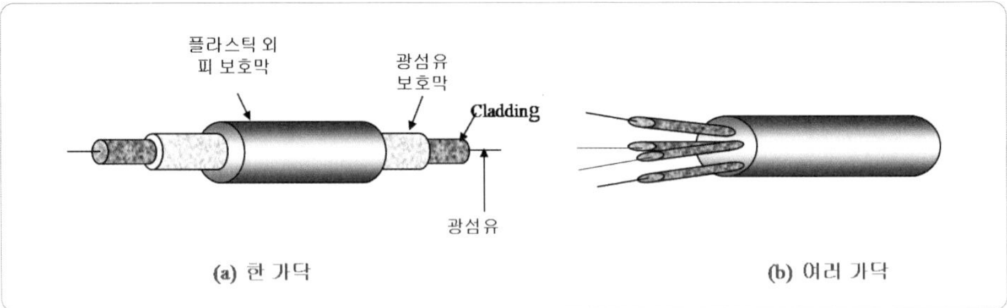

[그림 11.17] 광섬유 케이블

플라스틱 보호막은 외부에서 들어올 수 있는 빛을 차단하고 섬유의 손상을 방지하도록 만들어져 있기 때문에 전파나 전류에 의해서 방해받지 않으므로 고품질의 광 신호를 아주 멀리까지 초고속으로 전달 할 수 있는 것이다. 하나의 광섬유는 한쪽 방향으로만 빛을 전달할 수 있으므로 하나의 광케이블은 최소 두 가닥으로 되어 있다.

컴퓨터에서 나온 전기 신호를 광섬유에 보내기 위해서는 디지털 전기 신호를 빛신호로 바꾸어 주는 장치가 필요하다. 현재는 본서 4장의 광학장치에서 설명한 **발광다이오드(LED : Lighting Emitting Diode)** 장치가 주로 이용되고 있다. 또 수신 측에서는 빛으로 전달된 신호를 전기신호로 바꾸어 주어야 하는데 여기에 사용되는 장치가 **광 검출기(photo detector)** 라고 하는 **포토 다이오드(photo diode)** 또는 포토트랜지스터(photo transistor)이며 칩 제조 기술로 만들어진다. 광섬유 접속장치 위치를 [그림 11.18]에 보이고 있다.

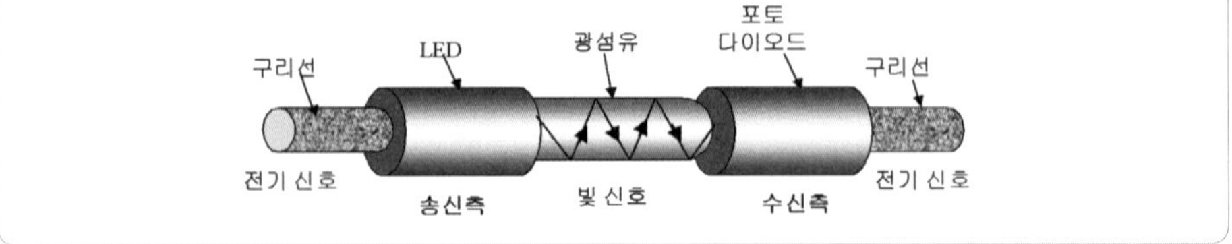

[그림 11.18] 광섬유 접속장치

LED에서 방출된 레이저 빛은 광섬유를 지나면서 광섬유에 코팅된 반사물질에 의해서 거의 전반사(全反射)되므로 빛이 광섬유 밖으로 새어 나가지 못한다. 따라서 장거리 고속 대용량 통신 선으로는 매우 경제적이다. 광섬유케이블은 하나의 광섬유에 많은 양의 통신

채널(Channel)을 제공한다. 예를 들면, 광섬유 40가닥이 들어있는 광섬유 케이블은 130만 통의 전화와 1920개의 TV채널을 동시에 전송할 수 있다. 또 한 가닥의 광섬유 선을 통해 32권 분량의 백과사전이 1초에 전달된다.

멀리 떨어진 지역에 있는 컴퓨터 들이 속도가 빠른 한 쌍의 광섬유 케이블을 공동으로 사용하여 [그림 11.19]와같이 많은 사람들이 선을 공유하고 있다는 것을 전혀 의식할 수 없게 통신할 수 있는 기술을 다중화(Multiplexing)라고 한다.

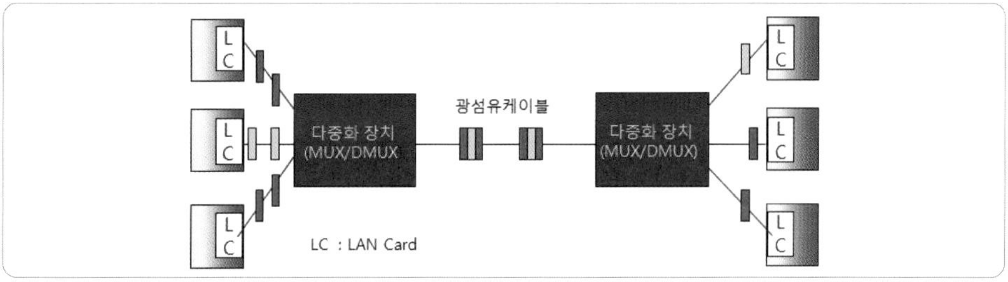

[그림 11.19] 다중화 장치의 기능

다중화 방식에는 주파수분할 다중화, 코드분할 다중화, 시분할 다중화 방식 등 여러 종류의 다중화 방법이 있다. 그 중에 시분할 다중화(TDM : Time Division Multiplexing) 방식을 설명하면 본서 3장 [그림 3.13]의 멀티플렉서의 입력 선에 컴퓨터들을 연결하고 일정 시간씩 차례로 주소선택에 입력 기회를 주어서 그 출력 정보를 광섬유에 차례로 실어 보내고 수신측에서는 디멀티플렉서를 통해서 각 컴퓨터가 차례로 수신하는 방식이다.

11.4.4 전파(radio wave)

전파란 초당 15,000 번 이상 고속으로 진동하는 전류가 안테나에 흐르게 되면 안테나에서 전력선과 자력선의 쌍으로 된 전기 에너지가 튀어나와 빛처럼 공중에 사방으로 방출되는 **전자파**(electro-magnetic wave)를 의미한다.

이 전파가 수신 측의 안테나를 지나가게 되면 이 안테나에 미치는 자력선의 영향으로 안테나에는 진동하는 **유도전류**가 생겨 송신 측에서 방출한 진동전류가 수신 측에서 그대로 발생하게 되는 것이다.

파동이 1 초 동안에 진동하는 수를 주파수라고 하며 주파수의 단위는 **헤르츠**(Hz: Hertz)로 표시한다. 파장은 파동이 한번의 진동으로 이동한 거리를 의미하기 때문에 파동이 초당 진행한 거리, 즉 속도는 파장에 주파수를 곱한 값이 된다. **전파의 속도**는 모두 빛과 같이 초당 30만 Km로 고정되어 있기 때문에 파장과 주파수는 서로 반비례한다. 즉 주파수가 낮으면 파장이 길어지고 높으면 파장은 짧아진다.

11.5 프로토콜과 통신망 계층

컴퓨터통신이란 컴퓨터들 간에 메시지를 교환하는 것이다. 이때 메시지의 표현 형식과 구조 그리고 전송 절차와 방법 등이 약속되어야 메시지를 받는 수신자가 컴퓨터 화면에 나타나는 메시지를 보거나 들을 수 있는 것이다. 이와 같은 약속을 프로토콜(protocol)이라고 한다. 그리고 이들 통신과정에 필요한 방대한 약속을 기능별로 나누어 놓은 것이 통신망의 계층구조이다.

여기에서는 프로토콜, 프로토콜에 관련된 표준화기구 그리고 컴퓨터나 운영체제의 종류에 관계없이 사용할 수 있도록 약속된 개방형 상호접속 통신망 시스템(OSI)의 계층적 프로토콜 참조모델을 설명한다.

11.5.1 프로토콜

통신이란 사람과 사람사이에 또는 컴퓨터와 컴퓨터사이에서 정보가 전달되는 것을 의미한다. 인간이 통신을 하기 위해서는 미리 약속된 말이나 글자를 알아야 한다. 아니면 두 가지 말을 알고 있는 제 3 자가 통역을 해야한다. 그리고 사람이 대화할 때는 상대방이 말을 이해했는가 확인해가면서 대화를 계속한다.

그리고 만약 전화를 이용해서 대화를 한다면 전화번호를 누르고 발신음을 확인한 후 이름을 불러 상대방을 확인하고 난 다음 말을 하면서 "잘 들었느냐", "알아들었느냐" 등의 말을 끼어 넣어 말이 정확히 전달되었는가를 확인하면서 대화를 계속한다.

여기서 상대방을 확인하고 정보가 잘 전달되었는가를 확인하는 정보를 제어정보라고 하고, 제어정보가 아닌 전달해야 할 정보를 메시지 또는 데이터 정보라고 한다.

통신할 때의 제어정보는 전송되는 메시지에 추가되어 전달해야 할 정보량이 많아지지만 통신을 제대로 유지하기 위해서 절대적으로 필요한 정보인 것이다.

컴퓨터 하드웨어기종, 운영체제, 그리고 통신운영체제 등 여러 가지로 서로 다른 컴퓨터 간에 투명하게 통신할 수 있도록 정보의 종류와 표현방법 그리고 전달 절차 등을 상세하게 규정해 놓은 문서를 **프로토콜**(protocol)이라고 한다. 따라서 프로토콜이 다른 통신망의 컴퓨터 간에는 통신이 불가능 한 것이다.

컴퓨터간에서의 통신은 인간의 언어로 표현된 정보를 컴퓨터 언어인 디지털 신호로 부호화해야 하고 부호화 된 정보는 부호화 된 제어정보와 함께 전송되어서 다시 인간이 알아볼 수 있는 정보로 바뀌어야 한다. 하나의 긴 정보를 여러 뭉치로 잘라서 일련의 번호를 붙이고 여기에 제어정보를 추가하여 **패킷**(packet)단위로 만들어 컴퓨터망을 통해서 상대방에게 전송한다. 오류 없이 전송된 패킷은 제어정보를 떼어내고 일련번호순으로 다시 정렬되어 의미 있는 정보로 컴퓨터에 저장된다. 이때 이 패킷을 만드는 과정에서 어떤 제어정보를 어디에 어떤 표현으로 추가해야할 것인가는 약속된 프로토콜에 따라서 만들어져야 정보가 정확히 전송될 수 있고 수신자가 알아볼 수 있는 것이다.

11.5.2 표준화 기구

프로토콜을 만들려면 이를 만드는 어떤 기구가 있어야 한다. 이들 표준화 기구로는 국가, 국가그룹 또는 세계적으로 인정할 수 있는 기구들이 있다. 우리 나라는 한국표준과학연구원과 지식경제부 기술표준원 등에서 국가 표준을 정하고 있다. 국제적으로 인정하는 표준화 기구를 몇개 소개하면 다음과 같은 것이 있다.

1 국제표준화기구(ISO)

ISO(International Standards Organization: 또는 International Organization Standardization)는 각종 공업제품에 대한 국제 표준을 정할 목적으로 1947 년에 설립된 민간기구이고, 본부는 제네바에 있다. 회원은 국가의 표준을 대표하는 정부기관이나 법률로 규정된 기관만이 회원의 자격이 있으며, 한 나라는 하나의 기관만이 가입할 수 있다. 우리 나라는 지식경제부 기술표준원이 가입되어 있다.

ISO의 조직은 특정기술 분야로 이루어진 기술 자문 위원회(TC : Technical Committee)로 구성되어 있다. 각 기술자문위원회는 분과위원회(SC : Sub-Committee) 들로 그리고 각 분과 위원회는 작업그룹(WG: Working Group)으로 나누어져 있다.

ISO 회원은 투표권이 있는 P(participation) 회원과 투표권이 없는 O(observer) 회원으로 구성되어 있다. 우리 나라는 P회원으로 가입되어 있다. 각 위원회는 생긴 순서에 따라 위원회의 명칭이 번호순으로 부여된다. 예를 들면 TC1 은 넛트(Nut)와 볼트(Volt)에 관한 표준위원회이고, TC97 은 컴퓨터와 정보처리를 다룬다.

실제적인 일은 주로 작업그룹에서 이루어지며 각 작업그룹에는 자기 회사의 기술이나 국가의 기술을 국제표준으로 만들려는 수십만 명의 회사직원, 공무원, 학술기관의 전문가들이 자원봉사자들로 참여하고 있다.

이 기구는 1978년 후반부터 컴퓨터의 기종이나 운영체제에 관계없이 컴퓨터간에 통신을 자유롭게 할 수 있도록 **개방형 시스템 간 상호접속(OSI: Open System Interconnection)**을 제정 추진하고 있다. 이 가운데 가장 중요한 것이 OSI통신망 계층모델이다.

2 국제 전기통신연합 통신 표준국(ITU-TS)

ITU-TS(Telecommunication Standardization sector of the International Telecommunications Union)은 통신장비와 시스템에 관한 국제표준화를 추진하는 국제 표준기구로 본부가 스위스 제네바에 있다.

이 기구는 1948년에 각 국의 정부기관과 통신 회사들에 의해서 UN의 산하기관인 **국제 통신연맹**(ITU: International Telecommunication Union)이 운영하는 국제 전신 전화 자문위원회(CCITT)가 수행하던 일을 1993년 ITU가 산하기관의 기구 개편을 하면서 이어 받았다. 이 기구는 전화망기술에 관한 것은 V.21과 같이 V로, 그리고 디지털 기술에 관한 것은 X.25와 같이 X로 시작하는 국제 표준안을 제안하고 있다.

3 미국전기전자기술협회(IEEE)

미국전기전자기술협회(IEEE : Institute of Electrical and Electronics Engineers)는 미국의 전기와 전자에 관한 학회이며 LAN 에 관한 국제적 표준화 활동은 IEEE 802 위원회에서 하고 있다.

4 IETF

IETF(Internet Engineering Task Force)는 인터넷 운영에 관한 프로토콜 표준을 정하는 기술협력위원회로서 인터넷 표준의 종합적인 관리와 개발을 담당하는 IAB(Internet Architecture Board)의 감독을 받는 산하기관이다. 이 위원회에서 규정한 표준은 RFC(Requests for Comments)라는 문서번호 형식으로 표현된다.

5 ICANN

ICANN (Internet Corporation for Assigned Names and Numbers)는 미국과 그 외 아시아/태평양 지역 등 4개의 큰 지역별로 인터넷 IP 주소와 최상위 도메인 이름(domain name)을 할당을 공식적으로 담당하는 세계 최상위 비영리 기관이다.

세계적으로 진행되는 컴퓨터 산업에서 앞서가기 위해서는 이 국제 표준화 기구에 가입해서 국제 표준이 어디로 가는가 하는 것을 빨리 이해하고 그 방향으로 제품을 설계하고 계발해야 하며, 우리가 고유하게 개발한 기술을 빨리 국제 표준으로 만들어 다른 나라보다 먼저 세계시장을 석권해야 할 것이다.

11.5.3 OSI 통신망 참조 모델

인터넷이 탄생하기 이전에는 컴퓨터생산 업체들이 각자 나름대로의 방법으로 통신규약을 정하고 있기 때문에 서로 다른 업체의 컴퓨터를 연결하여 통신을 하는 일이 너무 복잡하였다. 이 문제를 해결하기 위해서 각양각색의 컴퓨터, 통신선로, 통신장비, 단말기 등의 컴퓨터 통신망 구성 요소들이 가지고 있는 통신관련 요소들의 특징을 표준화할 필요성 절실했다.

개방형 상호접속시스템(OSI : Open Systems Interconnection)이란 다양한 종류의 컴퓨터들이 통신하고 있다는 사실을 느끼지 못할 정도로 투명하게 접속할 수 있도록 하기 위하여 국제표준화기구(ISO, International Organization for standardization)가 1983년에 [그림 11.20]과 같이 7계층으로 구성된 통신규약을 말한다. 이를 OSI 참조모델이라고 부른다.

이 모델에서 상대컴퓨터의 같은 층간에 정해진 규약을 **프로토콜**(protocol)이라 하다. 그리고 하나의 컴퓨터 시스템 안에서 상하 층 간의 데이터 전송과 수신 방법에 대한 약속을 **인터페이스**(interface)라 한다.

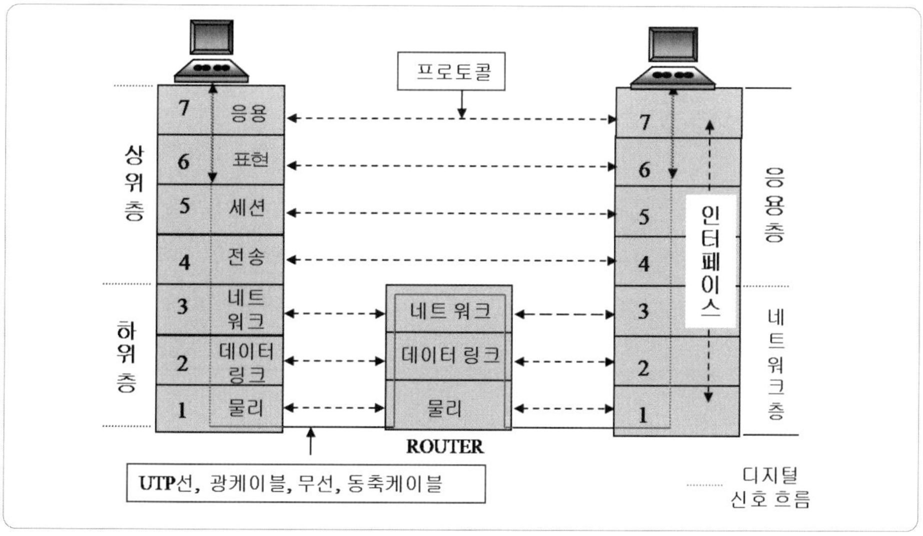

[그림 11.20] OSI의 7계층 모델

OSI 참조모델은 컴퓨터 간에 상호 접속을 위해서 각층에서 무엇을 할 것인지 그리고 층 간에는 데이터를 어떤 형식으로 주고받을 지를 정의한 것이지 어떻게 실제로 만드느냐의 구현상의 문제는 통신관련 기관이나 업자들에게 맡기고 있는 것이다.

이들 각 층이 하는 일을 12장 인터넷 프로토콜로 미루고 간단하게 요약하면 다음과 같다.

물리 층(physical layer)은 패킷이 안전하게 전송될 수 있도록 전기적 기계적 광학적 특성이 다른 물리적 통신 매체들 간의 접속 방식에 대한 규약이다.

데이터링크 층(data link layer)은 물리적 매체를 통해 패킷 전송 시 병목현상을 예방하며 또 수신된 패킷의 오류를 검출하고 수정하는 방법에 대한 규약이다.

네트워크 층(network layer)은 데이터가 목적지로 가야할 중계 경로를 설정(routing)하는 방법에 대한 규약이다.

전송 층(transport layer)은 패킷을 만들어 데이터가 유실이나 오류 없이 목적지까지 안전하게 전송할 수 있는 방법에 대한 규약이다.

세션 층(session layer)은 대화의 시작과 끝의 설정, 데이터의 쌍 방향 흐름의 조정, 오류발생시 재전송을 위해서 전송 데이터에 동기 점 삽입 등에 대한 약속이다.

표현 층(presentation layer)은 표현 형식이 다른 데이터를 상대 시스템의 응용 프로그램이 이 읽을 수 있는 방법에 대한 약속이다.

응용 층(application layer)은 사용자가 접할 수 있는 최상위 계층으로 상대방 컴퓨터 시스템의 응용프로그램에 접속하는 방법에 대한 규약이다.

이장의 앞에서 설명한 LAN과 LAN연결 통신장치 중에 리피터는 물리층만, 브리지는 물리층과 데이터링크 층까지 그리고 라우터는 물리 층에서 네트워크 층까지 지원한다,

그 위 4개의 상위 층은 모두 소프트웨어로만으로 구현된 것이다.

이와 같이 통신 기능을 계층화 시켜서 얻는 장점은 다음과 같다.

첫째, 어떤 한 계층에 새로운 기능이나 기술을 추가거나 수정해도 다른 계층에 영향을 주지 않는다.
둘째, 수진자의 주소가 아닌 이름을 사용할 수 있기 때문에 사용자는 통신망을 의식하지 않는 다.
셋째, 통신 기술을 기능별로 나누어 놓았기 때문에 컴퓨터 통신 과정을 이해하기 쉽다.

OSI 참조모델이 제시하는 규약 방대하고 복잡하여 이를 구현하는 데는 제조업체들 간의 이해관계 등으로 지연되어 12장에서 설명한 4계층으로 된 인터넷이 개방형 상호접속 통신 시스템으로 먼저 등장하였다.

연습문제

컴퓨터 과학개론

11.1 전기신호를 통신에 최초로 이용한 사람은?

11.2 전파는 어느 때 생기는가?

11.3 전파의 존재를 실험적으로 증명한 사람은?

11.4 디지털신호의 장점은 무엇인가?

11.5 패킷 교환 방법이 좋은 이유를 설명하시오.

11.6 철도망과 도로교통망은 각각 어느 디지털 교환망에 비유할 수 있는가. 그리고 그 이유를 설명하시오.

11.7 LAN이란 무엇인지 설명하시오.

11.8 LAN카드의 기능은 무엇인가?

11.9 LAN 토폴리지를 설명하시오.

11.10 라우터의 역할은 무엇인가?

11.11 광섬유의 장점을 설명하시오.

11.12 LAN과 LAN을 연결하는 장치로 무엇이 있는가?

11.13 라우터에 다중화기능을 포함한 제품이 있는지 조사해 보시오.

11.14 클라이언트/서버 컴퓨팅이란 무엇이고 이 기술이 가능하게 된 이유는 무엇인가?

11.15 프로토콜이란 무엇이고, 프로콜을 계층화 하는 이유를 설명하시오.

11.16 표준화기구에 참석해야 하는 이유를 설명하시오.

11.17 OSI참조모델이란 무엇이고 각 층의 이름을 쓰시오.

12장 인터넷

12장 인터넷

컴퓨터 기술의 발전은 통신기술의 발전을 촉진시키었고 통신기술은 반대로 컴퓨터 활용기술의 발전을 도와 주면서 나타난 것이 인터넷이다.

인터넷은 지구전체를 하나의 디지털통신기술로 통합하여 사람과 사람사이, 기계와 사람사이에 음성은 물론 문서와 동영상 등 모든 형태의 정보를 순식간에 저장하고 전송할 수 있게 하고 있다.

특히 2004년부터는 언제 어디서나 공기처럼 사용할 수 있도록 센서와 안테나를 내장한 시스템온칩(SoC: System on Chip)으로 구성된 극소형의 컴퓨터 시스템이 우리 생활 주변 환경의 사물에 심어지고 숨어져서 사람과 사물 간에 그리고 사물과 사물 간에 정보를 통신할 수 있는 유비쿼터스 네트워크(ubiquitous network)시대가 되어가고 있는 것이다.

이 장에서는 앞장들에서 설명된 하드웨어 칩, 소프트웨어, 데이터베이스 그리고 컴퓨터통신기술을 기반으로 하고 있는 인터넷의 기본 개념과 웹 관련 기술을 설명한다.

12.1 인터넷 기초 개념과 운영

인터넷(Internet)은 학교, 연구소, 정부, 기업 등이 개별적으로 설치하여 독자적으로 운영하고 있는 구내 통신망(LAN) 위주의 개별 통신망들이 국제적으로 [그림 12.1]와 같이 연결된 초고속 정보통신망이다.

인터넷은 컴퓨터 기종과 운영 체제에 관계없이 TCP/IP통신 프로토콜을 지원하는 운영체제를 설치하고 인터넷관리기관에서 IP주소만 확보하여 인터넷 전용망에 [그림 12.1]과 같이 라우터를 통해서 전용회선으로 연결만 하면 LAN에 연결된 모든 PC에서 지구 반대편에 있는 컴퓨터에도 바로 접근할 수 있다.

인터넷을 지원하는 LAN에 연결할 수 없는 개인이 인터넷에 들어가기 위해서는 개인이 인터넷에 들어갈 수 있도록 인터넷 서버를 설치하고, 사용기술과 시설을 지원하는 **인터넷 서비스 사업자**(ISP : Internet Service Provider)의 LAN 사용자로 등록하여야 한다.

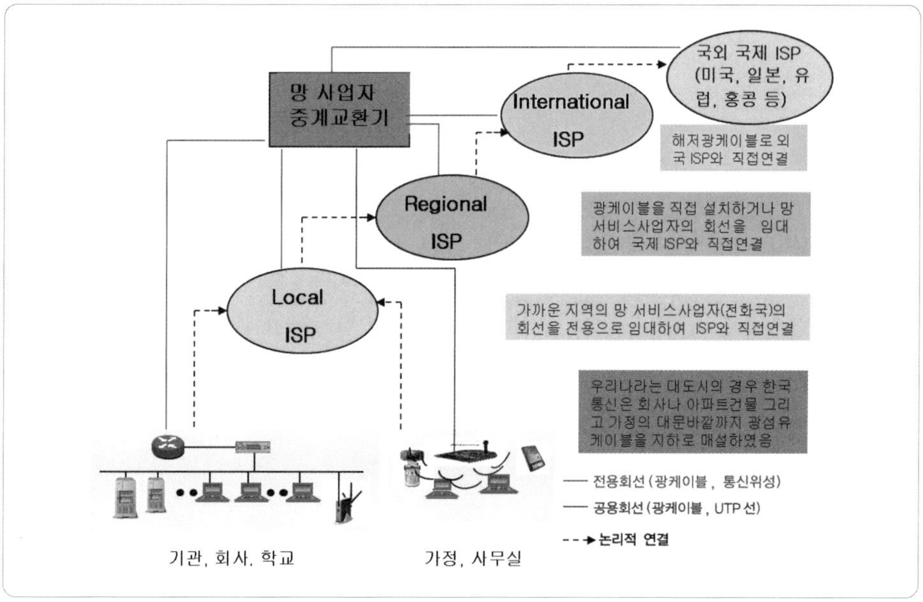

[그림 12.1] 인터넷 연결 방법

[그림 12.1]에서 점선 화살표는 논리적 연결을 표현한 것이며, 실제적으로는 망사업자가 운영하는 전용선이나 공용회선으로 연결된 것을 실선으로 보이고 있다. 회사에 설치된 LAN은 라우터를 통해서 그리고 가정의 홈랜은 건물내에서 무선으로 연결되는 것을 보이고 있다.

인터넷은 KT나 SKT와 같은 **망사업자**(NSP : Network Service Provider)가 설치한 고속의 전용 회선으로 연결되기 때문에 통신속도가 빠르고 비용이 극히 저렴한 것이 특징이다. 인터넷 사업자들은 전용회선 사용료를 망사업자에게 부담하지만 가입자가 많으면 많을수록 광고비 수입을 높일 수 있기 때문에 가입자에게서 받는 회비를 무료로 할 수 있는 것이다.

따라서 우리는 인터넷을 통해서 값싸게 관광도 하고 학교에도 가고 친구도 만나며, 직장에도 가고 ,영화와 오락을 즐기며, 시장도 보고, 사업도 하며, 동사무소는 물론 청와대나 백악관에도 갈 수 있는 것이다. 이 전자 촌에는 이 세상에 있는 모든 것들이 컴퓨터 속에 현실처럼 존재하고 있어서 컴퓨터를 통해서 우리 인간들은 이런 **가상현실**(virtual reality) 또는 **가상공간**(cyber space) 속에서 살아가게 해주는 것이다.

12.1.1 인터넷의 역사

인터넷의 탄생까지 매우 중요한 사건만을 열거하면 다음과 같다.

1 알파 넷의 탄생(1969년)

인터넷의 기원은 알파 넷(ARPANET)으로 미 국방성 고등연구 프로젝트 국(DARPA : Defence Advanced Research Project Agency)이 러시아(구 소련)의 핵 공격에도 두절되지 않는 컴퓨터 통신망을 구축하려는 연구의 결과로 생긴 세계 최초의 패킷 교환 통신망이다.

당시의 회선 교환기술의 문제점은 하나의 회선은 한 조의 사람에게만 점유되기 때문에 다른 사람은 통화가 끝날 때까지 기다려야 한다. 이런 불편함을 없애기 위해서 통신해야 할 자료를 어떤 크기의 뭉치로 나누고 여기에 발신자와 수신자 컴퓨터의 주소와 오류 점검 자료를 추가하여 패킷이라는 정보 덩어리를 만들어 통신을 진행시켜 여러 사람의 패킷이 동시에 한 회선을 따라 스스로 가장 빠른 경로를 선택하면서 목적지에 도착할 수 있게 하는 기술을 연구하였다.

이 기술을 실용화하기 위해서 미국 국방성은 대형 컴퓨터들이 설치되어 있는 4개의 대학(캘리포니아대학 산타바바라교, 스탠포드 국제연구소, 캘리포니아 대학 로스안젤레스교, 유타 주립 대학)을 연결하여 알파 넷(ARPANET)이라 불리는 최초의 패킷 교환망을 1969년에 구축하였다. 그 결과 국방관련 연구를 수행하는 각 대학의 연구원들은 슈퍼컴퓨터가 설치된 대학이나 연구소에 직접 찾아가지 않고 자신의 연구실에 앉아서 연구할 수 있게 되었다.

이 4개 대학의 실험이 성공적으로 이루어지고서 많은 대학과 연구소가 이 망에 가입하게 되었다. 그 결과 1972년에는 50여 개의 대형 컴퓨터들이 연결되었다. 초기에는 전자우편으로 자료를 주고 계산결과를 받아보는 방법으로 통신망을 이용하기 시작하였다.

2 TCP/IP 프로토콜의 탄생(1975년)

알파 넷 연구그룹(IFIO : International Federation of Information Processing working group)에 의해서 TCP(Transmission Control Protocol)와 IP(Internet Protocol)라는 개방형 통신 프로토콜이 탄생되었다.

이 때 벨(Bell) 연구소는 리치(Dennis Ritchie : 1941~2011)가 C언어로 재개발한 UNIX를 원시프로그램(source program)과 함께 대학과 연구소 등에 무료로 제공하기 시작하였다.

3 TCP/IP 와 UNIX의 결합(1982년)

많은 대학과 연구소에 UNIX를 운영체제로 하는 VAX라는 당시의 미니컴퓨터가 설치되었다. 그리고 버클리 대학에서는 알파 넷에서 성공한 **TCP/IP**를 UNIX안에 넣어 이를 대학 등 연구기관에 무료로 제공하였고 이에 의해서 패킷 통신기술의 실용성이 증명되었다. 그리고 미국국방성은 TCP/IP를 국방성의 표준 통신 프로토콜로 채택하였다.

4 인터넷의 탄생(1983년)

미국국방성은 연구전용망인 알파 넷에서 사용된 NCP(Network Control Program) 프로토콜을 TCP/IP로 변경하였다. 그리고 알파 넷의 연구 망에서 국방 전용 목적의 국방 망(MILNET)을 분리하였다. 그리고 이 두 개의 연구 망과 군방 망을 연결하여 인터넷이 탄생하였다.

선마이크로시스템(Sun Micro System)사는 일반 사용자를 위한 TCP/IP를 자사 제품인 워크스테이션 컴퓨터의 UNIX에 포함시켜 제공하기 시작한다. 이 결과 TCP/IP 프로토콜이 내장된 UNIX 계열의 컴퓨터만 있으면 쉽게 인터넷에 접속할 수 있게 되었다.

5 인터넷 중심 망(NSFNET)의 탄생(1986년)

미국의 **국립과학재단**(NSF : National Science Foundation)이 교육 사업을 지원하기 위해서 미국 전역에 있는 연구소와 대학의 슈퍼컴퓨터 센터들을 초고속 전화망(56 Kbps)에 연결하는 인터넷 기간 망(back bone network)을 구축하였다. 이 망을 국립과학재단 망(NSFNET)이라 하였다.

이 기간 망의 속도는 1989년에는 1.544 Mbps 인 T1 선으로, 그리고 1991년에는 45 Mbps 인 T3 선으로 대체 되었다. 그리고 1995 년에는 155 Mbps인 OC3 선으로 또 대체되었다. 그리고 1991년부터 미국 내에서 각각 별도로 운영되고 있는 교육 망, 연구 망, 국방 망 등이 **과학재단 망**(NSFNET)에 연결되었고 또 미국 이외의 나라에서 운영되는 개별 통신망들이 연결되면서 국립과학재단 망이 인터넷 중심 망으로 부상하게 되었다.

6 인터넷의 상용화 허용(1992년)

과학 재단 망에는 비영리 공익 기관만이 가입할 수 있었으나 1992 년 5 월부터는 어느 누구도 제한 없이 TCP/IP 만 있으면 이 망에 연결할 수 있도록 개방되었다. 그래서 인터넷에 관련된 상업적인 여러 종류의 전문 회사들이 많이 생겨나기 시작했다.

즉 인터넷 교육 전문 기관, 인터넷 서비스를 PC를 가진 개인들에게 제공해 주는 **인터넷 서비스 전문기관(ISP : Internet Service Provider)**, 인터넷 검색기관 그리고 ISP들을 고속으로 서로 연결하여 주는 **인터넷 중계교환기관(IX: Internet Exchange** or IXP: Internet Exchange Point)들이 그 것들이다.

12.1.2 국내 인터넷 연결 현황

우리 나라는 비 영리기관인 KT의 하나 망(HANA network)과 서울대학교에서 대학을 중심으로 운영하는 교육 망(KREN : Korea Education Network)이 그리고 1991년에는 대덕에 있는 시스템 공학 연구소에서 연구소 중심으로 운영하는 연구 망(KREONET: Korea Research Environment Open Network)이 국제 ISP에 연결되었다.

인터넷이 상용화된 이후 1994년부터는 KT가 일반인을 대상으로 코넷(KORNET: Korean Network)이라는 이름으로 인터넷 서비스를 시작하였다.

현재 우리 나라는 2011년 9월 현재 128여 개의 ISP와 ISP를 고속으로 연결해주는 6개의 IXP가 인터넷 서비스를 제공하고 있다. 이들 연결 현황은 수시로 변하고 확장되기 때문에 **한국인터넷진흥원**(KISA : Korea Internet & Security Agency)의 인터넷통계정보검색시스템(isis.nic.or.kr)에서 최근의 통계를 볼 수 있다. 한국 인터넷진흥원은 우리나라의 인터넷 대표기관으로 국가 인터넷 주소를 관리하고 인터넷 이용을 활성화하고 인터넷 주소를 안정적으로 확보하는 일 등을 한다.

가정에서는 가까운 곳에 있는 지역 ISP에 가입하여 인터넷을 이용할 수 있고 LAN이 설치된 학교의 학생들은 학교의 LAN을 이용하면 인터넷에 무료로 들어갈 수 있다.

12.1.3 인터넷 프로토콜

우리는 인터넷에 연결된 서버 컴퓨터와 정보를 주고받고 해야 한다. 인터넷에서 통신을 수행하기 위해서는 [그림 12.2]와 같이 4개층으로 계층화 된 TCP/IP로 대표되는 인터넷 프로토콜을 내장한 운영체제가 컴퓨터에 설치되어야 한다.

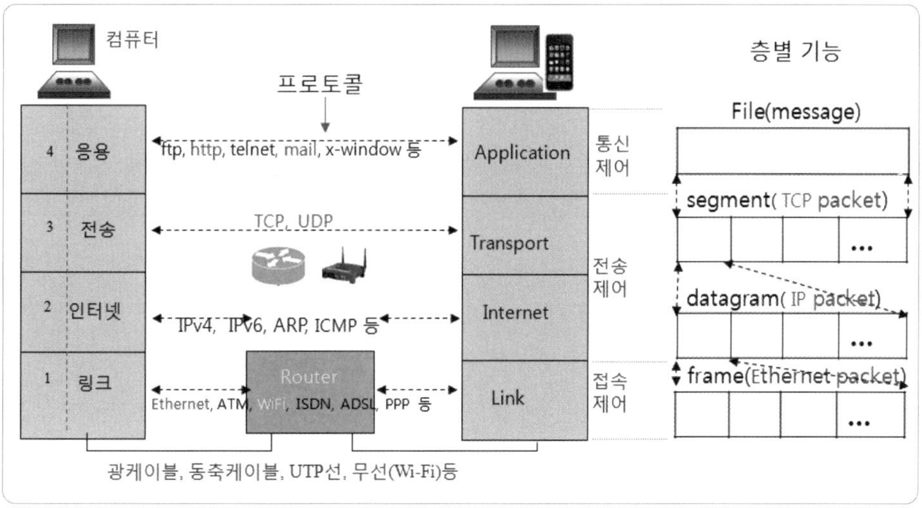

[그림 12.2] 인터넷 프로토콜과 기능

[그림 12.2]에서 각 층간에서 사용되는 인터넷 프로토콜(규약)들의 이름이 나열되었으며 제일 상위층의 응용층에서 현재 사용되고 있는 프로토콜은 이장의 2절 인터넷 서비스도구와 3절 월드 와이드 웹에 설명되어 있다. 그리고 링크 층의 프로토콜은 컴퓨터들을 물리적으로 연결해주는 기술들의 대표적인 이름들을 나열한 것이다.

TCP/IP 프로토콜의 4계층이 하는 일은 다음과 같다.

응용 층(Application Layer)은 웹브라우저 같은 응용프로그램을 수행시키는 최상위층이다. 이층에서 응용프로그램이 하는 일은 먼저 DNS서버에서 목적지(수신자) 사이트의 IP주소를 찾아 파일이나 메시지를 전송층에 보내다.

전송 층(Transport Layer)은 원격지에 있는 사용자자 간의 신뢰성 있는 통신을 보장해 주는 층으로 전송제어프로토콜(TCP: Transmission Control Protocol)을 주로 이용한다. 응용층에서 연속적으로 흐르는 물처럼 보내진 비트스트림(bit stream)형태의 긴 정보를 작은 뭉치로 나누어 여기에 발신자의 IP주소(Internet Protocol Address), 뭉치의 일련번호 그리고 오류점검정보를 추가한 세그먼트(segment)라 부르는 TCP패킷을 만들어 인터넷 층에 보낸다.

인터넷 층(Internet Layer)은 안전하게 패킷이 지나가야할 이웃하는 최적의 구내정보통신망(LAN)의 경로를 찾아 연결하는 일을 한다. 먼저 전송할 TCP패킷의 메시지를 더욱 작게 잘라 여기에 응용층에서 찾아온 수신자의 IP주소와 일련번호 그리고 오류점검정보를 추가하여 데이터 그램(datagram)이라고 하는 IP패킷을 만든다.

링크 층(Link Layer)은 같은 목적지 서버(호스트)에 패킷을 직접 보내고 또 같은 LAN의 인터넷서버들을 서로 연결시키거나 LAN이 구축되지 않는 PC를 전화망에 연결할 수 있게 한다. 이 층에서도 IP패킷의 메시지를 다시 나누어 여기에 송/신컴퓨터의 MAC 주소가 포함된 이더넷헤더를 추가한 플레임(frame)이라고 하는 이더넷 패킷을 만들어 자신이 속해있는 LAN의 라우터와 같은 통신 게이트웨이를 통해서 인터넷에 전송한다. 그러면 이 프레임은 이웃한 LAN 연결 장치인 라우터의 경로지시에 따라서 빠른 경로의 라우터로 진행을 반복하여 목적지 컴퓨터의 링크 층에 도달하게 된다.

수신할 경우에는 전송할 경우와 반대 과정을 거치면서 같은 계층의 프로토콜이 차례로 패킷을 풀어내는 언팩킹(unpacking)과정을 거쳐 수신된 메시지를 응용프로그램이 처리하여 수신자가 볼 수 있게 한다.

OSI모델이 복잡하고 방대하여 개발이 늦어진 관계로 ARPANET에서 실용화된 TCP/IP프로토콜이 인터넷 프로토콜로 채택된 것이다. 그러나 TCP/IP 인터넷 프로토콜은 통신선에 대한 물리적 규약을 정하지 않았으며 또, 구체적 내용에서는 OSI모델과는 전혀 같지 않다.
인터넷은 망과 망을 연결한다는 의미보다 TCP/IP프로토콜을 지원하는 운영체제를 가지고 망에 연결된 컴퓨터들의 집합을 의미하는 고유명사가 되었다.

12.1.4 인터넷 주소

전화를 걸때는 상대방의 전화번호가 필요하고 편지를 보낼 때에는 상대방의 주소가 있어야 한다. 인터넷도 주소가 있어야 통신을 할 수 있다. 그리고 인터넷에 직접 연결된 인터넷 서버 컴퓨터는 이 세상에서 오직 하나뿐인 주소를 가져야한다. 인터넷 주소에는 컴퓨터에 주어지는 IP(Internet Protocol) 주소와 인간이 알아보기 쉬운 **도메인 명**(Domain Name)주소가 있다.
인터넷 서버에는 웹서버, 파일전송서버, 메일서버, 서비스 기능에 따라 많은 종류의 서버가 있다. 그리고 인터넷 서버에 접속하려는 모든 컴퓨터는 IP주소를 반드시 부여받아 가지고 있어야 한다.

1 IP 주소

IP 주소는 32 비트 길이에 8 비트마다 10진수로 표시하여 마침표로 구분하고 있는 주소다. 8비트에는 0에서 255까지의 숫자를 표현할 수 있기 때문에 주소의 총 개수는 약 43억(=256 256 256 256)개가 있을 수 있는 것이다. IP주소는 또 서브 네트워크 주소와 그 네트워크 내에서의 호스트 컴퓨터 주소로 되어 있다. 예를 들면 "192. 209.0.92"하면 실제로 어느 한 호스트 컴퓨터의 IP주소가 되는 것이다.

IP 주소는 그 길이가 32비트이기 때문에 **IP주소의 최대 개수**는 43억(=2의32승)개 정도로 유한하다. 이를 지역별로 기관별로 기관내의 서브 망별로 나누고 특수한 번호는 망 운영 전용으로 제외해야 하기 때문에 사용할 수 없는 IP주소가 많다. 따라서 43억 개의 주소도 늘어나는 인터넷 사용 인구를 감당하기에는 어렵게되었다.

이 문제를 해결하기 위해서 128비트 주소 체계가 나타났다. 현재 사용중인 32비트 주소를 IPv4라 하고 시험운영중인 128비트 주소를 IPv6라고 한다. IPv6은 지구 표면을 사방 5cm 면적에 1개씩 부여해도 남을 무한개의 주소 체계이다.

그런데 전 세계 인터넷주소 배정 관리기관(IANA: Internet Assigned Number Authority)은 2011년 2월 4일 IPv4 주소가 모두 고갈되었다고 발표하였다. 그래서 우리나라는 스마트폰의 폭발적인 증가를 감당하기 위해서 IPv6 주소체계로 전환하기위해서 현재의 IPv4 기반기술에 IPv6을 사용할 수 있는 주소변환기술을 개발하여 시험운영하고 있다.

2 도메인 명 주소

숫자로 표시된 IP 주소는 외우기도 힘들고 또 어떤 망에 소속된 컴퓨터인지 분간하기도 힘들다. 그리고 인터넷 호스트가 기하급수적으로 많아지면서 어느 한 곳에서 이 숫자 주소를 관리한다는 것도 어렵게 되었다. 이런 어려운 점을 해결하기 위해서 인터넷 호스트의 주소를 지역별, 기관별, 소속별 등의 분야(domain)별로 묶어 호스트의 주소를 계층 구조로 부여하게 하는 방법을 **도메인 명 체계(DNS: Domain Name System)**라고 한다. 계층 구조로 표현된 도메인 명(domain name)을 인터넷에 연결된 호스트 컴퓨터의 주소로 표현하면 주소를 외우기도 쉽고 그 호스트가 하는 일이 무엇인지도 이름으로 짐작할 수 있는 것이다.

도메인 명 주소체계는 루트(root)라 불리는 도메인 아래에 제1단계 최상위 도메인(TLD: Top Level Domain)이 있고, 그 아래에 제2단계 제3단계의 계층적 구조로 되어 있다.

1단계 최상위 도메인은 일반 최상위 도메인(generic TLD), 특정분야 최상위 도메인(special TLD) 그리고 인터넷이 국제화 되면서 ISO 3166에 의거하여 세계의 각 국가들을 두 자리 영문약자로 표현한 국가 코드 최상위 도메인(country code TLD)로 구분하고 있다.

미국은 기관의 성격을 나타내는 일반과 특정분야 도메인이 최상위이고 제 2단계에는 기관명이 있다. 그러나 다른 나라는 국가코드가 최상위 도메인이기 때문에 제2단계 도메인은 기관의 성격을 표현하는 기관의 분류나 기관의 위치를 나타내는 시/도 등의 지역이 되고 제 3단계에 기관의 명칭을 사용하고 있다.

일반 최상위 도메인으로는 com, net, org, edu, gov, mil, int ,name, info, pro, biz와 특정분야 최상위로는 museum, coop, aero있으며, 한국은 kr, 일본은 jp 등 250여 개의 국가코드 최상위도메인이 있다.

최상위 도메인을 관리해주는 **루트도메인 관리 기관**은 1998년 11월 미국 캘리포니아에 설립된 ICANN (www.icann.org)이고, 2단계 도메인 명의 관리는 최상위 도메인 운영기관이나 나라를 대표하는 각국의 인터넷 운영기관인 망 정보센터에서 한다. 이때 최상위 도메인 운영기관이 제 2단계의 도메인 이름과 체계를 정하기 때문에 기관분류 도메인이나 등록 방법이 최상위도메인 별로 다를 수 있다.

[표 12.1]에 2004년 현재 미국의 최상위와 한국의 제 2단계 기관분류 **도메인 명의 예**를 보인 것이다.

[표 12.1] 기관 도메인 명의 예

한국(제2단계)				미국(TLD)			
도메인	기관	도메인	기관	도메인	기관	도메인	기관
co	영리	hs	고등학교	com	영리	biz	비지니스
or	비영리	ms	중학교	org	비영리	pro	전문직
go	정부	es	초등학교	gov	정부	aero	항공
ne	네트워크	kg	유치원	net	네트워크	coop	기업
re	연구	pe	개인	info	정보	name	개인
ac	대학	mil	국방	edu	대학	mil	국방

지역도메인과 기관도메인은 반드시 표시되어야하며 기관 명은 국가별 인터넷 운영기관에 신고하여 등록하여야한다. 기관 명 아래의 부서 명 등은 그 기관의 인터넷 운영 부서에 신고하여 등록하면 된다. 어느 경우든 고정된 IP주소를 확보하여야 한다.

다음과 같이 도메인명으로 표현된 인터넷 호스트 컴퓨터의 주소

board.cs.sookmyung.ac.kr

는 오른 쪽에서 왼 쪽으로 한국(kr)의 교육기관(ac)인 숙명(sookmyung)의 컴퓨터학과(cs)의 게시판(board)이라는 이름의 컴퓨터주소가 된다. 여기에서 kr은 지역도메인이고 ac는 기관도메인이며 cs.sookmyung은 기관 명이고 board는 호스트 명에 해당한다. 기관명과 호스트명 사이에는 과, 부, 국 등 부서 명이 다단계로 들어갈 수도 있다.

인터넷에서 **전자우편(e-mail)**을 사용하려면 인터넷 메일서버에 사용자로 등록되어야한다. 이때 개인이 가지는 전자우편 주소는 도메인명으로 표시된 호스트(메일서버)주소 앞에 등록된 사용자명(user identification)을 구분자(@)를 사이에 두고 써서 표현한다. 예를 들어 홍길동이라는 사람의 전자우편 주소가

gdhong@hanmir.co.kr

로 표현되었다고 하면 hanmir라는 회사의 메일서버에 gdhong이라는 이름의 개인사서함 파일이라는 것을 의미한다. 여기서 메일서버 컴퓨터의 이름이 표현되지 않았는데 이는 컴퓨터의 IP를 메일 서버로 지정해 놓았기 때문이다.

인터넷에서 메일주소를 가지기 위해서는 직장이나 학교의 인터넷 메일서버에 등록하거나 아니면 포털사이트에 가입하여야 한다.

개인적으로 IP와 도메인 주소를 확보하여 TCP/IP를 내장한 UNIX, Windows 또는 Linux 등의 운영체제로 인터넷서버를 가정에 구축하고 운영하는 것이 흔랜이다.

3 도메인 명의 관리

도메인 명으로 표현된 호스트의 주소는 패킷 헤더에 IP 주소로 들어가야 한다. 따라서 도메인 주소와 그에 대응되는 IP주소를 기억하고 있다가 언제든지 도메인 주소를 IP주소로 바꾸어 주어야 하는 일이 필요하다. 이런 도메인 명 체제를 관리해주는 인터넷 서버를 **DNS 서버**라고 한다.

LAN이 설치된 기관에는 자체의 DNS 서버를 설치하여 운영하고 있다. 패킷을 멀리 있는 컴퓨터에 보내려는 서버는 자신이 속해있는 LAN의 DNS 서버에 가서 IP주소를 찾아오고 거기에 없을 경우에는 이 DNS 서버가 지정하는 상위 기관의 DNS서버에 가서 거기서 IP주소를 찾아 오게된다. 상위의 상위 기관까지의 DNS 서버를 모두 찾아도 IP주소가 없을 경우에는

인터넷에 등록되지 않은 도메인명인 것이다.

그러나 자신의 LAN에서 자주 방문하는 주소를 DNS서버가 저장하고 있기 때문에 실제적으로는 자신의 DNS서버에서 대부분 해결한다.

따라서 사용자는 도메인 주소만을 쓰더라도 이 도메인 네임 서버가 IP주소를 찾아 주기 때문에 IP 주소에는 신경 쓸 필요가 없다. 따라서 인터넷의 어떤 호스트에 접속하고자 하는 경우 도메인 주소나 IP 주소 중에 어느 하나만을 쓰면 된다. 여기서 메일서버와 DNS서버는 하나의 호스트에 설치할 수도 있고 각각 별도의 호스트에 설치할 수도 있다.

실제적으로 인터넷을 사용하는 기관에서는 특정 IP주소에 연결된 호스트컴퓨터의 용도를 다른 호스트와 바꾸는 경우도 있고, 서브 망이 다른 건물로 이사를 하는 경우도 있다. 이 경우에는 도메인 주소는 그대로 두고 IP주소는 모두 바꾸어야 한다. 이런 경우에도 DNS서버에 등록된 IP주소만 갱신하면 외부사람은 도메인 주소로 계속 특정 서버를 사용할 수 있는 것이다.

4 IP주소의 동적 할당

한 기관에서 부여받은 IP주소는 그 숫자가 한정되어 있기 때문에 클라이언트인 PC마다 고정적으로 IP를 할당해 주면 PC의 대수만큼 IP의 주소가 필요하게 된다.

DNS서버는 도메인주소 각각에 때해서 하나의 고정된 IP주소를 관리하고 있지만 클라이언트만으로 사용되는 PC는 도메인 주소를 사용하지 않기 때문에 DNS서버가 관리할 필요가 없다. 그래서 특정한 호스트에 고정할 필요가 없는 한 기관의 IP주소를 DHCP (Dynamic Host Configuration Protocol)서버에 모아 두고 클라이언트가 부팅될 때에만 사용중이 아닌 IP주소를 배정하면 IP주소를 공용으로 사용할 수 있다.

DHCP서버를 활용함으로서 부족한 IP주소를 해결할 뿐만 아니라 노트북 PC등의 컴퓨터를 이동할 때마다 그 방에 배선된 LAN의 단자에 고정된 IP주소를 새로 설정할 필요가 없어서 편하고, PC가 사방으로 돌아다니는 무선LAN의 운영에서 DHCP서버는 필수적이다. 그리고 가정에서 ISP에서 운영하는 인터넷 서버에 가입했을때는 이 DHCP서버가 가정의 PC에 IP 주소를 임시적으로 부여해 주기 때문에 집에서도 인터넷을 사용할 수 있다.

5 IP주소와 경로확인 유틸리티

인터넷 사용 시 알아두면 편리한 TCP/IP에 포함된 진단 유틸리티를 소개한다.

Ipcontig/all 은 자신의 컴퓨터에 연결된 LAN카드의 MAC 주소와 DHCP서버에서 배정된 IP주소 그리고 사용자로 가입된 ISP사의 DHCP와 DNS서버 등의 IP주소를 보여주는 유틸리티 프로그램이다.

ping(packet internet groper)은 클라이언트가 액세스 하려는 원격 서버에 연결할 수 있는 지를 점검하는 유틸리티이다. 수신 서버의 IP나 도메인 주소를 사용하여 수신 컴퓨터가 응답하는데 걸리는 시간을 보여준다.

tracert는 클라이언트가 원격 서버에 접속할 때까지 지나가는 중계 경로의 IP주소와 소요되는 시간 등을 1,000분의 1초를 단위로 보여준다.

유틸리리티 명령 사용 방법은 윈도우 화면 좌측 하단부에 있는 "시작" 메뉴를 선택하여 드롭 업(drop up)메뉴에 나타난 "실행(R)"을 선택하면 실행창이 나타나다.

실행창의 "열기(O)" 입력창에 Command의 줄인 단어 "cmd"을 입력한다. 그리고 이어서 검은 바탕화면에 보이는 DOS 운영체제 환경의 프롬프트에 "ipconfig/all"을 입력하거나 "ping www.google.com" 이나 "tracert isis.nic.or.kr"와 같이 이력하면 된다.

12.2 인터넷 서비스 도구

인터넷 서비스도구란 TCP/IP 통신프로그램을 통해서 인터넷에 연결된 서버에 클라이언트가 접근하여 일할 수 있게 해주는 통신망 계층의 제일 상위계층의 프로그램을 말한다. 그런데 이들 각각의 서비스 도구들은 다음에 설명된 월드와이드 웹의 서비스로 통합되어 웹 브라우저를 통해서 사용하기가 쉬워졌지만 이해를 돕기 위해서 중요한 것 몇 가지만 설명한다.

12.2.1 원격 접속 서비스

원격접속(telnet)은 사용자와 PC가 옆방에 있건 아니면 지구 반대편에 있건 장소에 상관없이 인터넷에 연결된 호스트 컴퓨터와 접속하기 위한 응용 프로토콜이다. telnet 명령은 자신의 컴퓨터를 상대방 서버 컴퓨터의 단말기로 사용할 수 있도록 해서 자신의 키보드와 화면이 마치 상대방의 키보드와 화면의 역할을 하게 해준다. 그래서 서버컴퓨터의 자원을 클라이언트가 마음대로 사용할 수 있게 해 준다. 그러나 이 명령을 쓰려면 접속될 호스트에 가입해 있어야 한다. 즉 자기의 계정번호(account number) 또는 사용자 ID라고 부르는 로그인(login)명이 있어야 한다. [그림 12.3]에 telnet 개념 도를 보였다.

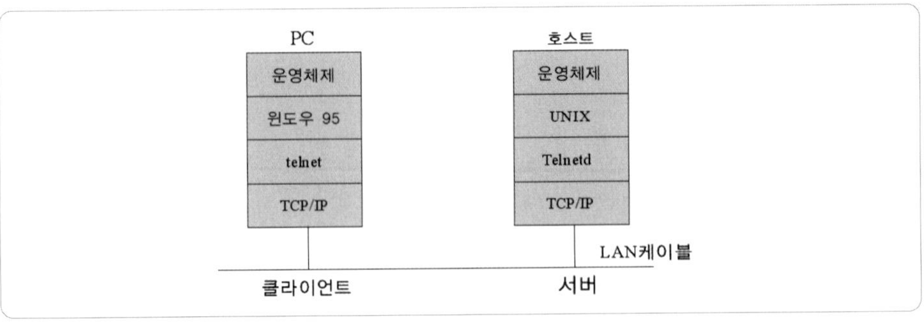

[그림 12.3] Telnet 개념도

[그림 12.3]에서 클라이언트는 자신의 운영체제명령으로 telnet 명령을 써서 접속될 호스트주소를 입력하면 항상 대기 상태에 있는 telnetd 라는 **서버 대몬**(server daemon)프로그램이 로그인명과 비밀번호를 묻고 이것이 등록된 것이면 클라이언트를 자신의 단말기로 인정한다. 서버는 클라이언트가 접속되었다는 것을 알려주고 그 다음 명령을 기다린다.

Telnet 명령은 운영체제에 포함되어 있기 때문에 UNIX의 프롬프트나 웹브라우저의 URL창에서 telnet과 서버의 도메인주소나 IP주소를 입력하면 된다.

12.2.2 전자 우편 서비스

전자우편(electronic mail 또는 email)서비스는 인터넷으로 편지를 전송할 수 있는 서비스이다. 여기에서는 전자우편 대신에 **이메일**(email)이라는 용어를 사용한다.

편지나 소포를 받아 이를 모아서 배달하는 기관으로 우체국이 있듯이 이메일을 전송하기 위해서는 LAN을 구축하고 인터넷과 연결된 우체국과 같은 기능을 하는 메일서버가 있어야한다. 그리고 이메일을 사용하기 위해서는 인터넷 서비스사업자(ISP)의 이메일 시스템 가입자로 등록해야한다. 이메일 시스템의 대략적인 구조는 [그림 12.4]와 같다.

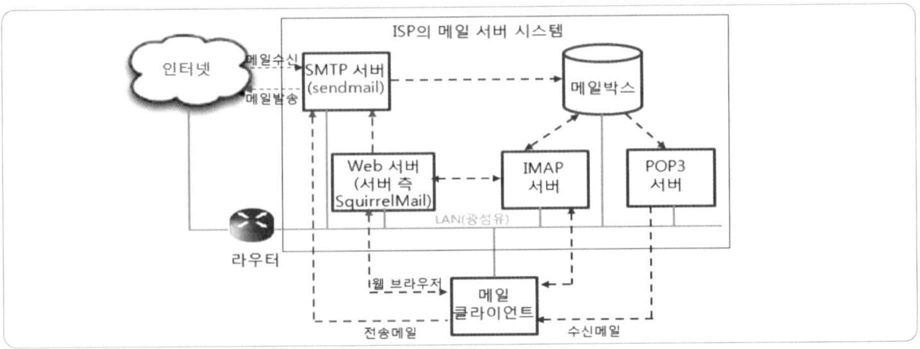

[그림 12.4] 이메일 시스템의 개략적 구조

[그림 12.4]에서 초록색 실선은 컴퓨터의 물리적 연결을 표시하는 LAN을 의미하며, 한쪽 방향은 화살표 방향으로만 읽거나 쓰는 것을 의미하며 쌍 방향 화살표는 양쪽 방향으로 읽거나 쓰는 것을 의미한다.

SMTP(Simple Mail Transfer Protocol)는 인터넷프로토콜의 응용층에 속하는 메일 발송과 메일수신에 관련된 규약이고 이를 프로그램으로 구현한 것이 우체국과 같은 기능을 하는 메일서버이다. SMTP서버는 메일클라이언트가 보내온 메일을 분석하여 수신자가 원격 외부 메일 시스템에 등록되어 있으면 이를 인터넷으로 전송하고, 내부 시스템에 등록된 수신자의 메일은 바로 가입자의 개인 메일 박스에 들어오는 순서대로 저장한다. 여기서 메일박스는 각 개인의 파일 폴더를 의미하고 메일 하나하나는 파일에 해당한다. 그리고 외부에서 수신된 메일은 무조건 개인메일박스에 저장한다. SMTP서버 프로그램으로는 30여개가 있으나 이중에 Sendmail, Qmail, Exim 그리고 Exchange 등이 가장 많이 사용되고 있다.

최초의 SMTP규약은 ASCII영문자 코드 단위의 텍스트파일만을 처리할 수 있도록 되어 있어서 많은 외국어, 이미지. 오디오나 비디오 등의 멀티미디어 파일을 전송할 수 없었다. 그래서 SMTP에 이들 멀티미디어 자료를 추가할 수 있는 규약이 MIME(Multi-purpose Internet Mail Extension)프로토콜이다. SMTP에 MIME이 가진 처리 기능을 추가로 확장한 것이 현재 주로 사용되고 있는 ESMTP(Extended-SMTP)규약이다.

메일박스(Mailbox)는 개인적으로 이메일이 저장되는 하드디스크 등의 저장 공간이다. STMP는 메일이 들어오면 곧 바로 사용자의 메일박스에 저장한다. 그리고 사용자는 메일클라이언트 프로그램으로 자신의 메일박스를 검색하고 단말기에 다운받아 읽거나 다른 사람에게 전달하거나 삭제한다.

SMTP서버가 수신하여 메일박스에 저장한 메일을 사용자의 PC로 가져오는 메일 수신 전용 프로토콜로 POP와 IMAP가 있다.

POP(Post Office Protocol)은 서버의 메일박스에 저장된 메일들의 메시지 헤더와 내용을 한꺼번에 사용자 PC의 디스크에 가져오고 메일박스에서는 삭제하는 프로토콜이다 . 그래서 한번 읽은 메일을 다른 컴퓨터에서는 읽을 수가 없는 것이다.

IMAP(Internet Message Access Protocol)은 메일박스에 있는 메시지들의 헤더만을 사용자에게 보여주고 사용자가 제목을 선택하면 내용을 사용자 PC로 복사해온다. IMAP는 메일박스에 사용자가 액세스해서 메일을 선택적으로 지우거나 다른 메일박스로 이동할 수 있고 또 여러 개의 메일박스를 추가로 만들어 편리하게 메일을 관리할 수 있게 한다. 특히 사용자가 휴지통 메일박스에서 지우기 전까지는 수신된 메일은 사용자의 메일 박스에 남았다는 것이다.

전에 비해서 서비스 기능을 획기적으로 개선한 것을 개정판(version)이라 하고 부분 수정한 것을 수정판(release)라고 한다. 2011년 현재 가장 많이 사용되는 개정판 표준규약은 POP3와 IMAP4이다. 소수점을 기준으로 앞자리는 개정 횟수를 뒷자리는 수정 횟수를 의미한다.

메일 클라이언트는 사용자가 ESMTP와 POP나 IMAP클라이언트를 하나의 프로그램으로 제작한 것으로 여기에는 100여개의 프로그램 중에 Outlook-express, Thunderbird, Messenger, Eudora 등이 많이 사용되고 있다.

메일 클라이언트는 사용하는 PC등의 단말기에 프리웨어사이트에서 다운 받거나 또는 별도로 구입해서 설치해야한다. 따라서 외부에 나가서 타인의 컴퓨터를 사용할 경우에도 새로 메일 클라이언트를 설치해야하는 불편이 있다.

웹 메일(Web based email)은 다음 절에 설명된 JSP나 PHP 등의 웹 프로그래밍 언어가 등장하면서 웹 브라우저에서 웹 메일 클라이언트를 불러다가 사용할 수 있기 때문에 웹 브라우저가 설치된 타인의 컴퓨터에서도 자신의 컴퓨터처럼 메일서버에 들어갈 수 있는 것이다.

웹 서버에 설치된 서버사이드 프로그램은 클라이언트에서 작성된 HTML파일 형식의 전송 메시지를 텍스트메시지로 바꾸어 SMTP서버로 보내든가 또는 IMAP서버를 통해 텍스트 기반 수신 메일 메시지를 입력으로 받아 이를 HTML파일로 변환시켜 메일 클라이언트에 전송한다.

웹서버에 서버 측 프로그램으로 설치되어 많이 사용되고 있는 프로그램은 SquirrelMail과 RoundCube 등이 있다.

대부분의 대학이나 인터넷서비스 업체는 웹 메일 서비스를 지원한다. 마이크로소프트사의 "Windows Live Hotmail“ 그리고 구굴의 ”Gmail“ 등은 모두 화사에서 붙인 웹 메일시스템 이름이다.

메일을 작성할 때 주의 사항

- 편지 제목은 수신자가 내용을 빨리 이해할 수 있게 작성한다.
- 내용은 간단하고 명료하게 작성한다.
- 꼭 필요한 경우가 아니면 약어나 기호는 사용하지 않는다.
- 작성한 내용을 확인하고 전송한다.
- 답은 빠른 시간 안에 또는 즉시 한다.

12.2.3 파일 전송과 수신 서비스

파일전송(FTP : File Transfer Protocol)은 FTP 서버에 있는 파일을 TCP/IP 를 통해서 자신의 클라이언트로 복사해 오거나 FTP서버에 전송하는 프로토콜이다.

인터넷에는 무수히 많은 정보가 널려 있으며, 이 중에 많은 정보가 무료로 공개되고 있다. 따라서 우리는 세계 도처에 있는 정보가 들어있는 파일을 찾아서 우리의 컴퓨터에 복사해 올 수 있다.

12.3 월드 와이드 웹

월드 와이드 웹(World-Wide Web) 이란 약어로 WWW 또 W3로 표현하며 간단히 줄여서 웹(Web)이라고 한다. 웹은 문자 정보뿐만 아니라 소리와 그래픽, 영상 정보가 저장된 지구상의 컴퓨터들을 인터넷에 의해서 거미줄 보다 더 복잡하게 연결한 전산망을 말한다.

웹은 스위스 제네바에 있는 유럽 입자 물리 연구소(CERN : European Laboratory for Particle Physics)의 연구원들이 연구소내의 여러 컴퓨터에 저장된 연구 정보를 쉽게 공유할 수 있도록 하기 위해서 1983년에 팀 **버너스 리(Tim Berners-Lee)**가 웹에 대한 연구를 제안하여 1989년에 개발된 정보 검색 도구이다.

처음에는 문자기반의 **하이퍼텍스트(hyper text)**문서만을 지원하였다. 그러나 이것이 발전하여 멀티미디어 환경을 지원하는 하이퍼미디어(hyper media) 문서를 1993년 네비게이터(Navigator)라는 브라우저가 나타나면서 화면에 나타난 화려한 영상과 함께 웹은 하루아침에 세계적인 인기 스타가 된 것이다.

이 절에서는 웹의 구성요소, HIML 문서에서의 하이퍼링크 표현, 웹사이트 검색사이트 등에 대해서 간단히 설명한다.

12.3.1 웹의 구성 요소

웹은 **하이퍼텍스트 전송규약(http** : Hyper Text Transfer Protocol)을 지원하는 분산처리 시스템으로 그 구성 도는 [그림 12.5]와 같다.

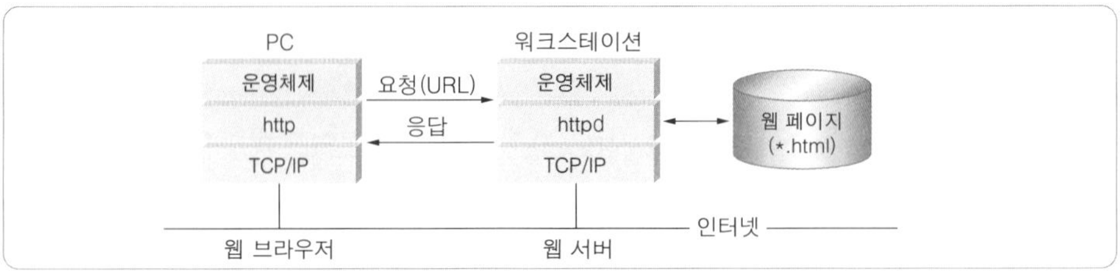

[그림 12.5] 웹의 구성 개념도

[그림 12.5]에서 클라이언트와 서버는 컴퓨터 그 자체를 말하는 것이 아니고 컴퓨터에 설치된 http 지원 프로그램을 말한다. 웹에서 클라이언트 프로그램을 **웹브라우저(Web Browser)**라고 하며 서버 프로그램을 **웹 서버**라고 한다. 여기서 웹서버를 정보가 가득 찬 항구에 비유하면 웹브라우저는 이들 항구에 드나들며 정보를 실어 나르는 배라고 할 수 있다.

1 웹 페이지

웹 페이지는 HTML(Hyper Text Markup Language)로 작성된 문서를 말한다. HTML로 작성된 문서는 파일단위로 저장되기 때문에 하나의 웹 페이지는 하나의 HTML 파일에 해당한다.

웹 페이지의 연결은 일반문서처럼 순서적으로 연결되는 것이 아니라 문서 내에서 **하이퍼링크(hyper link)**라고 하는 참조할 문자열이나 아이콘을 마우스로 누르기만 하면 참조할 페이지로 연결되므로 우리는 웹 페이지가 저장되어 있는 컴퓨터의 주소나 기종 또는 운영체제에 신경을 쓸 필요 없이 웹 페이지를 뛰어다니며 웹 브라우저를 통해서 보고, 듣고, 묻고 할 수 있는 것이다.

이들 웹 페이지들 중에서 웹 서버가 제일 처음 보여주는 페이지를 **홈페이지(home page)**라고 한다.

따라서 홈페이지는 수 백 페이지 짜리 책의 겉 표지와 같은 역할을 한다. 책을 다 만들어 놓고 겉 표지를 만드는 것처럼, 홈페이지를 만든다는 것은 개인이나 기관이 자신을 알리는 웹 페이지를 만든다는 의미가 된다. 때문에 자신이 만든 웹 페이지 전체를 홈페이지라고 하는 경우도 있다.

홈페이지를 만들 때에는 공개할 내용의 시나리오를 잘 만들어 독자들이 다음 페이지를 읽어보고 싶은 마음이 생기도록 디자인되어 있어야 한다.

그런데 전자상거래가 활발해 지면서 생기는 다양한 상거래문서, 공문서와 설계도면 등 더욱 복잡하고 다양한 형태의 문서를 웹으로 지원하기 위해서는 HTML만으로는 한계가 있다. 이를 위해서 1998년에 나타난 문서형식 언어가 **XML(Extensible Markup Language)**이다. 그리고 또 3차원 이미지로 홈페이지를 만드는 문서 형식으로 1995년에 나타난 **VRML(Virtual Reality Modeling Language)**이 있다. VRML은 이미지를 보면서 돌리기고 하고 옮기기도 할 수 있다. 그러나 3차원 이미지를 보기 위해서는 VRML 브라우저가 플러그 인(plug-in)으로 되어 있어야 한다. XML에 대해서는 전문서적을 꼭 읽어보기 바란다.

위와 같이 동영상이나 가상현실을 보기위해서 플러그인 등 무엇인가 설치하지 않고 웹 브라우저만으로, 각종문서, 음악, 동영상, 가상현실 등의 멀티미디어를 실행할 수 있게 해주는 태그를 자체에 포함하게 하는 **HTML5**의 초안 규격이 웹 표준화기구인 W3C(World Wide Web Consortium)에서 2012년 3월에 정식 권고안이 나올 예정이다. 그리고 모든 브라우저 사업자들이 적극적으로 여기에 참여하기 때문에 2012년까지는 HTML5를 지원하는 브라우저가 등장해 웹 프로그램 개발 작업이 보다 쉬워지고 사용자는 보다 편하게 브라우저를 이용할 수 있을 것이다.

2 웹 서버

웹 서버(web server)는 클라이언트의 요청을 받아 http 전송규약으로 자신의 웹사이트(Web site)에 저장된 웹 페이지를 가져다가 클라이언트에 전달해주는 프로그램이다. 요청이 HTML 형식의 문서이면 HTML 파일을 직접 클라이언트에 보내고 HTML 이 아닌 데이터 베이스 검색을 요구한 경우에는 CGI(Common Gateway Interface) 라고 불리는 데이터 베이스 게이트웨이 프로그램을 작동시켜 데이터 베이스를 검색하고 그 결과를 HTML 문서 형식으로 만들어 클라이언트에 전송한다.

그러나 CGI방법은 클라이언트가 요구한 자료를 서버에서 모두 처리하기 때문에 클라이언트는 단순한 터미널 기능밖에 없다. 그래서 클라이언트의 요구에 즉시 반응하거나 시간의 변화에 따른 동영상 등의 정보는 표현할 수가 없다. 그래서 클라이언트 컴퓨터가 스스로 필요한 계산을 할 수 있도록 하고 서버와 실시간으로 협력하면서 대화가 가능한 동적인 웹 페이지를 구축해야 하는 필요에 의해서 뒤에 설명된 웹 프로그래밍 언어가 등장했다. 즉 웹 프로그램은 데이터베이스와 연동을 하여 동적인 HTML 문서를 서버가 만들 수 있도록 해 주는 것이다.

웹을 지원하는 서버프로그램들은 주로 UNIX, Windows 그리고 Linux 등의 운영체제에 설치되고 있다. 그 중에서도 대표적인 서버의 예를 몇 개 소개한다.

1) CERN 서버

CERN 서버는 세계최초의 웹 서버로 1989년 유럽 입자 물리 연구소의 연구원 팀 버너스 리(Tim Berners-Lee)등이 만들었다.

2) NCSA서버

NCSA서버는 미국 일리노이 주립대학에 있는 NCSA(National Center for Super-computing Application)에서 1993년에 개발한 웹 서버이다. 1995년에는 기능이 확장되어 아파치(Apache)로 그 이름이 변경되었다.

3) Enterprise 서버

Enterprise 서버는 NCSA 서버를 개발한 사람들이 넷스케이프사(Netscape communication corp)를 설립하고 개발한 서버이다.

그리고 마이크로소프트사의 IIS(Internet Information Server), IBM사의 Domino 서버, 오라클사의 Oracle Application Server, Sun사의 Java Web Server 등이 있다. 웹서버의 기능도 계속 화장되고 있어서 새로운 버전이 계속 나오고 있는 것이다.

3 웹 브라우저

웹브라우저(Web browser)는 웹서버(Web Server)에 있는 웹 페이지를 가져다가 화면에 아름답게 출력해주는 웹클라이언트 프로그램이다. 그중 많이 사용된 웹브라우저는 다음과 같다.

1) 네비게이터

네비게이터(Navigator)는 일이노이(Illinois)대학의 NCSA연구소에서 1993년에 세계최초의 웹 브라우저인 모자익(Mosaic)을 개발한 팀의 마크안드레슨(Marc Andressen)이 1994년5월에 네스케이프(Netscape)사를 세우고 개발한 웹브라우저이다.

모자익은 컬러 그래픽화면과 마우스로 매우 쉽게 조작할 수 있었고 이를 기반으로 기능을 확대해서 개발된 네비게이터는 발표 2년 안에 웹이란 단어를 세계를 휩쓴 일상 용어로 만든 최초의 브라우저이지만 인터넷 익스플로러에 밀려 2000년경 부터 사용되지 않고 있다.

2) 인터넷 익스플로러

인터넷 익스플로러(IE : Internet Explorer)는 1996년 마이크로소프트사가 개발하여 자사의 윈도우즈95 운영체제에 포함시키어 배포한 브라우저이다. 이 브라우저는 윈도우즈확산에 힘입어 가장 많이 사용되는 대표적 브라우저가 되었다.

3) 파이어 폭스

파이어 폭스(FF : Fire Fox)는 2004년 2월에 모질라(Mozilla)재단에서 공개소프트웨어로 발표되었다. "불여우"로 번역되는 파이어 폭스는 스탠포드대학 2학년 학생인 19살의 **브레이크로스**(Blake Ross)가 주축이 되어 개발되었다.

인터넷 익스플로러보다 소프트웨어가 가볍고, 기능의 확장이 쉽고 그리고 웹 공개표준을 따르며 보안기능이 좋기 때문에 많이 사용되는 브라우저로 떠오르고 있다.

4) 크롬

크롬(Chrome)은 구글(Google)사가 2008년 9월에 공개 소프트웨어로 발표한 브라우저이다. '구글크롬' 은 더욱 편리한 주소창을 제공하고 검색속도가 빠르고 디자인이 단순하고 깔끔하다는 것이다.

기타 임베디드 소프트웨어 개발 점문회사인 노르웨이 오페라사의 **오페라**(Opera)와 애플사의 **사파리**(Safari) 등의 브라우저가 있다.

그러나 이들 웹브라우저는 정지화면만을 읽어 올 수 있도록 만들어 저 있기 때문에 음성이나 동영상 등의 멀티미디어 정보를 읽어낼 수 있는 전용의 브라우저가 필요하게 되었다. 이들 전용 브라우저 프로그램은 기존의 유명한 웹브라우저에 끼워져 사용할 수 있도록 제작되어 있기 때문에 이를 **플러그인**(plug-in)이라고 부르게 되었다.

12.3.2 웹사이트 주소지정 형식

웹 서버로의 주소지정을 통일적으로 표현한 형식을 **URL**(Uniform Resource Locator)이라고 한다. URL은 웹 서버에 있는 웹 문서들의 주소로 사용되며 URL을 웹 브라우저의 URL창에 입력하면 그 웹 페이지를 읽어 올 수 있다. URL의 형식은 다음과 같다.

프로토콜 : //호스트의 도메인 주소/경로명/파일명
프로토콜 : //호스트의 IP 주소/경로명/파일명

여기서 호스트 주소만 있고 경로명과 파일명이 없는 경우에는 루트 디렉토리의 index.html 파일을 홈페이지로 지정하는 것이고 경로 명이 없고 파일명만 있는 경우는 루트의 파일명을 홈페이지로 지정하며, 경로는 있고 파일명만 없는 경우에는 지정된 경로명의 index.html 파일을 홈페이지로 지정하는 것이다. 여기서 프로토콜은 하이퍼텍스트 문서교환 프로토콜인 http가 주로 쓰이고 있으나 원격접속 프로토콜인 telnet과 파일 송수신 프로토콜인 ftp 등이 될 수도 있다. URL의 형식 예를 몇 개 들면 다음과 같다.

1. http://www.whitehouse.gov/
   미국 백악관 웹사이트에 연결 루트디렉토리 아래의 index.html 이라는 홈페이지로 연결한다.
2. http://157.142.72.77/pharmacy/pharmint.html
   약학정보 사이트로 pharmacy 라는 경로 밑에 phamint.html 파일에 연결한다.
3. http://wings.buffalo.edu/world/
   미국 버팔로 대학에서 제공하는 웹서버의 디렉토리 "world"내의 index.html웹 페이지에 연결한다.
   이 페이지는 배낭족에게 세계각국의 유용한 정보를 제공한다.
4. http://ftsys.co.kr/worldcup
   2002년 월드컵에 관한 정보를 보여주는 worldcup 이라는 파일로 저장된 홈페이지로 연결한다.
5. http://email.com/explorency/broadway/bway.html
   미국 브로드웨이에서 상영되고 있는 뮤지컬에 대한 작품소개를 하는 홈페이지에 연결한 것으로 경로는 루트와 explorency를 지나서 broadway 내의 bway.html 파일이다.
6. ftp://ftp.krnic.net/
   krnic이라는 통신회사의 묵시적인(anonymous)ftp 서버에 연결된다.
7. news://han.net.announce
   뉴스그룹 han.net.announce에 연결된다.

12.3.3 HTML 문서

웹 페이지는 HTML(Hyper Text Markup Language 또는 Hyper Text Modeling

Language)문서 언어로 작성된 문서이다. 이 책에서는 문서의 구성, 다른 문서로의 연결 그리고 그래픽 자료의 표현방법 등의 중요한 점만 간략히 소개만 한다.

1 HTML 문서의 구성

HTML은 C나 Java와 같은 프로그래밍 언어가 아니라 웹 브라우저가 해석하여 보여주는 문서 안에 끼어있는 문서표현 언어이다. 따라서 HTML문서는 일반워드프로세서로 작성된 문서와 별로 차이가 없다. 차이가 있다면 전자는 문서가 어디에 있든 웹브라우저로 볼 수 있는 것이고 후자는 웹브라우저로 볼 수 없고 오직 자신의 컴퓨터에 있는 워드프로세서로만 볼 수 있다는 것이다.

HTML 문서는 문서의 시작과 중간 중간에 단어나 문장 또는 그림의 속성을 지정하는 태그 명령을 포함하기 때문에 일반 문서와 구별하고 있다. 태그명령의 시작기호는 "〈" 로 끝은 "〉"로 표시하고 있다. HTML에 사용하는 명령어를 **태그(tag)**라고 부르고 이를 웹 브라우저가 해석하여 문서를 태그가 지시하는 형태로 표현한다.

따라서 단순한 텍스트 에디터도 HTML 문서를 만들 수 있는 것이다. 그러나 마이크로소프트사의 프론트페이지(FrontPage), 마이크로미디어사의 드림위버(Dreamweaver) 등의 **HTML 문서 전용 에디터**는 멀티미디어 홈페이지를 쉽게 구축할 수 있도록 되어 있다. 그런데 웹 문서를 디스크에 저장할 때에는 확장자 명으로 txt나 hwp 대신에 html로 하여야 한다.

HTML 문서는 [그림 12.6]과 같이 크게 두 부분으로 구성되는데 하나는 문서의 제목이나 머리말을 기술하는 머리말(header)부분과 문서의 내용이 들어있는 본문(body) 부분이다.

[그림 12.6]에서 〈html〉은 HTML 문서의 시작을 의미하고 〈/html〉은 문서의 끝을 의미한다.

```
<html>
<head><title>홍길동 홈페이지</title></head>
<body>
<a href="history1.html">홍길동</a>홈페이지를 방문해주시 것을 환영합니다.
<p>아무리 약한자를 위해서 해낸 일이라고 하지만
<p>도둑질을 해서는 안 됩니다.
</body>
</html>
```

[그림 12.6] 홈페이지용 html문서의 예

머리말은 〈head〉로 시작해서 〈/head〉로 끝낸다. 〈title〉은 웹 브라우저의 제목 란에 표시되게 하며 제목의 끝은 〈/title〉로 표시한다. 본문의 시작과 끝은 〈body〉와 〈/body〉로 표시한다. 이 문서가 브라우저 화면에 나타난 모양은 [그림 12.7]과 같다.

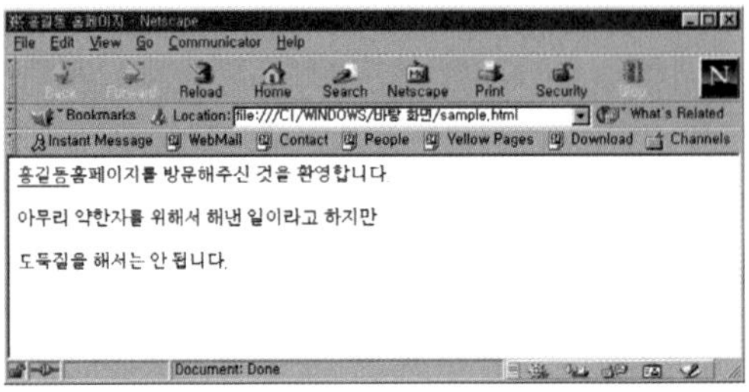

[그림 12.7] 그림 12.6의 HTML 문서가 웹 브라우저에 나타난 화면

이 그림에서 마우스를 "홍길동"에 가져가면 손가락 모양으로 커서가 바뀌고 마우스를 누르면 "hitory1.html"파일에 링크되어 그 내용이 화면에 나타난다.

본문에 사용되는 태그들은 글자의 크기나 형태, 문자의 위치, 그림의 위치, 화면의 배경 그림, 배경 색상과 글자 색상, 다른 문서로 연결해 주는 하이퍼링크의 표시 등에 사용하는 태그들이 있다. 이들 태그들의 규약은 본서의 범위를 넘으므로 HTML 전문서적을 찾아보기 바란다.

2 다른 문서로의 연결

HTML 태그 중에서 하나의 문서에서 다른 문서로 그것이 어느 서버에 있든지 간에 상관없이 참조하는 문서로 연결해 주는 **하이퍼링크 태그**는 다음과 같다.

〈a href = "URL"〉 단어나 문자열 또는 아이콘이나 그림〈/a〉

여기서 a는 닻(anchor)에서 따온 것이다.

예를 들면 HTML 문서의 본문 내에 다음과 같은 연결태그

〈a href = "http://www.joongang.co.kr/"〉 중앙일보 〈/a〉

가 있으면 현재의 브라우저 화면에는 중앙일보라는 단어가 파란색의 글자에 밑줄이 쳐져 나타난다. 마우스가 이 글자를 지나면 손가락 기호로 바뀌고 만약 마우스를 누르면 현재 연결된 웹서버와의 연결을 끊고 중앙일보의 웹사이트로 연결되어 중앙일보의 홈페이지가 클라이언트에 전송되어 화면에 나타난다.

만약 인터넷 주소가 생략되었거나 경로 명이 생략되었을 경우에는 현재 연결된 웹사이트의 경로 아래에 있는 파일과 연결하는 것이다. 예를 들면

〈a href =" web1.html"〉 홍길동 〈/a〉

이면 현재 연결된 웹사이트 디렉토리에 들어있는 web1.html 파일을 연결할 수 있다는 의미이고 화면에서 하이퍼링크 표시인 밑줄이 처져 있는 "홍길동"을 마우스로 누르면 web1.html 파일이 클라이언트에 전송되어 "홍길동"에 관한 문서가 나타난다.

음성파일에 연결하려면

〈a href = "x.wav"〉 홍길동의 음성 〈/a〉

로 표현한다. 그리고 "홍길동의 음성"을 화면에서 누르면 브라우저가 음성 재생 프로그램을 가져다가 x.wav에 디지털 신호로 저장된 음성을 재생하여 스피커에 출력하게 한다.

이미지 파일에 연결하려면

〈a href = "x.gif"〉 홍길동의 초상 〈/a〉

이나

〈a href = "y.jpg"〉 홍길동의 집 〈/a〉

이라고 하면 된다. 그러면 화면에서 마우스로 "홍길동의 초상"이나 "홍길동의 집"을 눌렀을 때 브라우저가 이미지 파일 뷰어(image file viewer) 플러그인 프로그램을 불러다가 그림이나 사진 등을 화면에 보여주게 한다.

3 웹 문서 내의 그래픽 자료 표현

앞의 예에서의 href 태그로 화면에 나타난 밑줄 친 단어를 마우스로 누르면 그 때에 한해서 그 단어와 연결된 파일이 클라이언트에 전송되는 것으로 현재 문서의 한 부분으로 표현되지 않는다. 하나의 웹 페이지에 포함시켜 그림이나 사진이 함께 나타나는 페이지를 만들거나 이이콘화 된 영상을 하이퍼링크로 지정하려면

〈img src = "URL"〉

태그를 쓴다. 예를 들면

〈img src ="logo.gif"〉

는 logo.gif 파일에 저장된 그림 파일을 브라우저가 화면에 보여준다.

〈img src ="icon1.gif"〉〈a href = "kkk.html"〉 홍길동 〈/a〉

이면 화면에 icon1.gif에 있는 그림과 밑줄 처진 홍길동이 나타난다. 또 "홍길동"을 눌으면 kkk.html 파일을 브라우저가 가져다가 보여준다.

〈a href ="hong.html"〉〈img src ="hong.gif" ALIGN=bottom〉홍길동 〈/a〉

이면 hong.gif 파일의 그림이 하이퍼 링크 아이콘이 되어 홍길동과 같은 줄에 나타난다. 이 경우에는 그림을 마우스로 선택해서 누르면 hong.html 파일로 연결된다. 이 때 이미지 파일은 디지털 카메라나 스캐너(scanner)등으로 읽어들여서 미리 hong.gif라는 파일로 저장되어 있어야 한다.

12.3.4 웹 프로그래밍 언어

html로 표현되어 제공되는 웹 문서는 서버에서 제공되는 대로 웹브라우저를 통해서 보고 듣기만 하는 일방 통행 방법이다. 사용자는 쌍방 통행의 대화를 원한다. 즉 게시판이나 자료실에 글을 올리기나 대화방에 들어가 채팅하거나 학교에 들어가 성적조회를 하거나 쇼핑몰에 들어가 물건을 구매하거나 실시간으로 접수현황 통계자료 등을 볼 수 있게 하는 것 등이다.

이와 같이 웹페이지의 기능을 확장하여 역동적인 홈페이지를 구축할 수 있게 해주는 언어가 **웹 프로그래밍 언어**이다.

웹서버와 클라이언트는 하는 일이 서로 다르고 기능적으로 독립적이기 때문에 웹서버에 의해서만 실행되는 서버 측 프로그램 (server side program)과 클라이언트의 웹브라우저에 의해서만 실행되는 클라이언트 측 프로그램 (client side program)이 있다. 이들 웹 프로그램은 컴파일러에 의해서 기계어로 번역되는 것이 아니고 HTML로 표현된 페이지에 끼어 있다가 웹서버나 브라우저에 의해서 해석되어 수행되는 언어이기 때문에 스크립트(script)언어라고 불리고 있다. 현재 계속적으로 많은 스크립트들이 생겨나고 경쟁적으로 발전하고 있다. 스크립트언어란 독립적으로 수행되지 못하고 다른 프로그램 안에 끼어 있다가 그 프로그램이 불러다가 수행하는 프로그램이다. 따라서 서버와 브라우저가 이들 언어를 해석하고 수행할 수 있도록 하는 기능이 지원되어 있어야한다.

1 서버 측 언어

서버 측 언어(스크립트)는 사용자가 웹브라우저를 통해 서버에 있는 웹 문서와 대화를 하게 하여주는 언어이다. 이때 주로 하는 일은 사용자가 웹 브라우저에로 요구하는 정보를 웹 서버로 하여금 데이터베이스와 연동시키어 다양한 형태의 HTML 문서를 만들어 사용자에게 제공하게 해주는 것이다. 이들 중 많이 쓰이고 있는 언어는 다음과 같다.

1) ASP (Active Server Page)

마이크로소프트사의 웹서버인 IIS(Internet Information Server)에서 실행되는 스크립트들이 포함된 HTML 페이지이다. 페이지에 심어질 스크립트로는 VBScript, JScript, PerlScript가 있다. 서버측 스크립트는 HTML문서의 " 〈% %〉" 태그 안에 이들 스크립트를 써넣으면 된다. 태그안의 스크립트의 실행결과가 웹브라우저 화면에 보이게 된다.

2) JSP (Java Server Page)

선마이크로시스템사가 개발한 것으로 ASP처럼 HTML문서에 Java 언어를 스크립트로 사용하고 윈도우,유닉스,리눅스 등에 설치할 수 있다.

3) PHP (Personal Home Page)

현재 가장 뛰어난 언어로 ASP처럼 HTML문서에 내부스크립트 언어로 C언어의 어려운 문법을 단순화시킨 PHP 스크립트를" 〈?php ?〉" 태그 안에 사용하기 때문에 C언어를 알고있는 사람은 배우기가 매우 쉽다. 개인용 컴퓨터에서도 사용할 수 있도록 윈도우즈와 리눅스 에도 설치할 수 있다.

2 클라이언트 측 언어

클라이언트 측 프로그램 언어는 사용자가 서버에서 전달받은 웹 문서에 심어져있는 스크립트를 웹브라우저가 해석하여 실행하는 언어이다. HTML안에 클라이언트에서 실행되어야 할 스크립트는 "〈script language=", " 〉" 태그와 "〈/script〉" 태그사이에 써넣어 진다. 클라이언트 측 스크립트 언어는 자바스크립트와 VB스크립트가 있다.

1) 자바 스크립트

자바 스크립트는 넷스케이프가가 개발한 것으로 자바언어를 기반으로 매우 쉽게 사용할 수 있도록 만들어진 언어이다. 자바스크립트의 태그표현은 다음형식을 따른다.

```
<script language="JavaScript">
자바 스크립트 코드가 쓰여짐
</script>
```

이 언어는 넷스케이프와 익스플로러 브라우저에서 모두 사용할 수 있도록 된 언어이다.

2) VB스크립트

VB스크립트는 BASIC언어의 많은 특징을 이어받은 언어이고 그 태그 표현방법은 다음과 같다.

```
<script language="VBScript">
비쥬얼 베이직스크립트 코드들이 쓰여짐
</script>
```

그러나 이 언어는 비주얼 베이직에 숙달된 사용자에게는 작성하기가 쉽지만 익스플로러에서만 실행되는 단점이 있다.

12.4 검색엔진

전 세계에 널리 산재해있는 수백만 개의 웹 사이트에서 필요한 정보를 쉽게 찾는 다는 것은 모래밭에서 금을 파는 것만큼이나 어려운 일이다.

인터넷의 웹 사이트가 가지고 있는 정보를 주제별 또는 단어별로 수집 분류하여 URL과 함께 데이터베이스로 만들어 놓고 사용자가 원하는 정보를 소유하고 있는 웹 사이트를 주제를 클릭하거나 키워드 등을 입력해서 쉽게 찾을 수 있는 서비스를 제공하는 서버를 **검색엔진** 또는 **검색도구**라고 한다. 정보수집 및 분석방법에 따른 검색엔진의 종류는 크게 키워드 검색엔진과 주제별 검색엔진으로 나눌 수 있다.

키워드 검색엔진(key word search engine)은 인터넷 웹 페이지들을 로봇프로그램(robot agent)이 수시로 돌아다니면서 갱신이나 추가되는 내용을 자동으로 수집하고, 문서내의 단어나 어휘들을 분석하여 키워드를 추출하고, 이를 데이터베이스로 만들어 놓고 단어와 검색 식을 이용해서 정보를 찾아갈 수 있는 엔진이다.

로봇프로그램을 **로봇**(robot), **스파이더**(spider), **크롤러**(crawler) 또는 **웜**(worm)등으로 불리기도 한다.

키워드 검색엔진은 방대한 량의 최신 정보를 가지고 있는 반면에 검색된 웹 사이트를 다시 방문해서 읽어 보아야 한다는 단점이 있다.

주제별 검색엔진(category search engine)은 사람이 정보를 수집하여 찾아가기 쉽게 대분류, 중분류, 소분류 등의 주제별로 구룹화하여 웹 페이지 정보를 저장해 놓고 사용자는 필요한 주제를 따라가면서 클릭해서 정보를 찾아가게 만들어진 검색엔진이다. 보통 이 경우에는 소유자가 직접 자신의 웹 페이지 정보들을 검색엔진에 등록한 후 이를 제공한다.

주제별 검색엔진은 **디렉토리검색엔진**(directory search engine)이라고도 하는데 사람의 판단에 의하여 분류되므로 질 높은 정보를 제공할 수 있으나 정보의 양이 키워드 검색엔진보다 매우 적고 최신의 정보가 아닐 수도 있다.

현재 대부분의 검색서비스를 제공하는 검색사이트에서는 키워드와 주제별 검색방법을 모두 제공하고 있으며, 이들 전문 검색사이트 외에도 포탈사이트(portal site)와 커뮤니티 사이트(community site) 그리고 언론기관 사이트 등에서도 사이트의 업무와 관련된 정보 검색기능을 제공하고 있다. 우리가 알아 두어야할 대표적인 검색엔진은 다음과 같다.

1 야후(http://www.yahoo.com)

야후(yahoo)는 스탠포드대학의 대학원생이었던 필로(David Filo)와 양(Jerry Yang)이 1994년 세계최초로 만든 주제별 검색엔진이다.

초기의 야후 URL은 http://akebono.stanford.edu/yahoo' 이었다. 이것이 발전하여 야후가 된 것이다.

야후는 10만개 이상의 사이트(Site)를 예술, 문화, 과학, 건강, 비지니즈 등 14개의 주제로 대분류한 후 계층적으로 다시 더 작은 소주제로 정리해 놓은 데이터베이스를 가지고 있다.

2 구글(http://www.google.com)

구글(google)은 스탠포드대학 박사과정 학생인 세르게이 브린(Sergey Brin)과 그의 동료인 래리 페이지(Larry Page)가 1998년에 만든 가장 뛰어난 키워드 검색엔진이다. 구글은 2,500만 달러를 공동출자하여 1999년 6월에 상장된 세계최대의 검색사이트가 되었다. 구글은 10의 100승을 의미하는 googol에서 따온 이름이라고 한다.

구글은 현재 세계에서 가장 많은 페이지를 수집하여 가장 빠르고(3초 이내) 쉬게 정보검색을 제공하고 있다. 특히 구글검색엔진의 이미지 검색은 특별한 기능으로 수억 개의 이미지와 이에 관련된 내용을 보여주고 있다. 그리고 원본 페이지의 이상에 대비하여 자체적으로도 그 내용을 저장하고 있다.

국내의 검색엔진으로는 국내 최대의 자료를 보유한 **네이버**(http://www.naver.com), 포탈사이트인 **다음**(http://www.daum.net)과 **네이트**(http://www.nate.com)등 수 많은 사이트들이 있다.

포탈사이트(portal site)란 인터넷에 들어가기 위해서 웹 브라우저를 클릭(click)할 때 제일 먼저 화면에 나타나도록 사용자가 지정해 놓은 사이트이다. 그래서 포탈은 검색 서비스 외에 쇼핑몰서비스, 메일서비스, 커뮤니티서비스, 지식정보서비스 등 다양하고 많은 정보를 제공해야 많은 사용자를 확보할 수 있다. 그래서 검색엔진사이트는 포탈사이트로 발전하고 있는 것이다.

포탈사이트를 추구하는 것은 네트워크의 가치 때문이다. **멧칼프의 법칙**(Metcalf's law)이라고 알려진 "네트워크의 가치는 네트워크사용자 수의 제곱 배로 증가 한다"는 법칙이다. 즉 가입된 사용자의 수가 2배로 늘면 네트워크의 힘 즉, 그 가치는 4배가 되고 사용자가 3배로 늘면 그 가치는 9배가 된다는 것이다.

멧칼프는 이더넷 LAN통신기술을 개발한 기술자로 이더넷카드와 통신장비를 생산하는 3COM사를 1981년에 설립한 기업가이기도 하다.

12.5 가상사설망

가상사설망(VPN: Virtual Private Network)이란 인터넷서비스사업자(ISP: Internet Service Provider)가 제공하는 인터넷과 같은 공중통신망을 마치 자사의 전용망처럼 안전하게 사용할 수 있는 [그림 11.8]과 같은 원거리 통신망 보안기술이다.

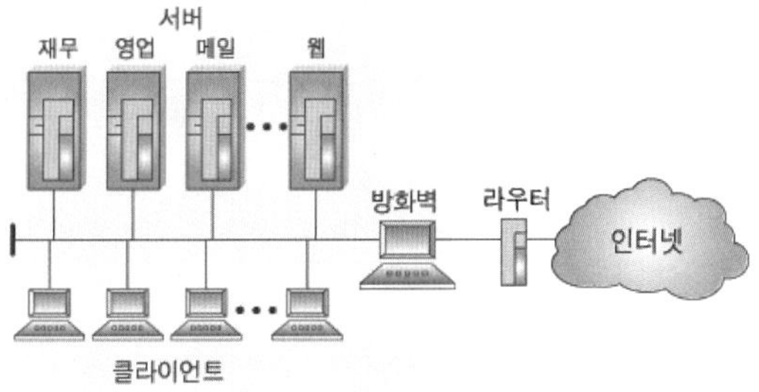

[그림12.8] 가상사설망의 개념

이 기술은 구내통신망(LAN)의 관문(gateway)으로 라우터 뒤에 14장 2절 2항에 설명된 방화벽(firewall) 컴퓨터를 설치하여 허가된 자만 외부에서 인터넷으로 특별히 부여된 암호를 사용하여 방화벽을 뚫고 조직 내부의 LAN에 들어갈 수 있도록 한 것이다. 이때 통신 도중에 정보가 도청당하지 않도록 통신패킷을 암호화하고 수신자나 발신자의 신원을 공적으로 증명할 수 있는 인증기술 등과 같은 보안기술이 가상사설망의 가장 필수적인 요소이다.

가상사설망은 인터넷 기술을 그대로 이용하므로 웹 브라우저만 있으면 어느 장소에서든지 업무서버에 접속할 수 있으므로 서버의 증설과 이용자의 증대에 따른 추가적인 일이 필요 없이 전 세계적인 전용망을 저렴한 비용으로 즉시 화장하여 운영할 수 있다. 이 책에서는 앞으로 가상사설망을 VPN으로 쓰겠다.

VPN은 인터넷으로 연결할 수 있는 서비스 내용에 따라 [그림 12.9]와 같이 본사와 지사간의 연결을 인트라넷(Intranet)이라 하고, 자사와 협력업체 등의 연결을 엑스트라넷(Extranet) 그리고 이동 중인 직원과의 연결을 원격접속넷(Remote Access Net)으로 분류되고 있다.

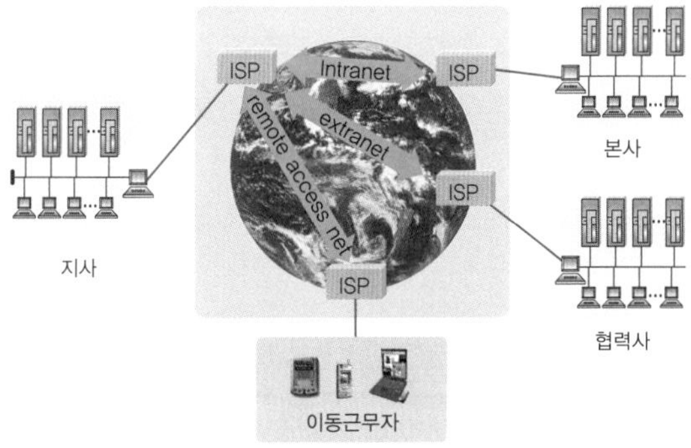

[그림 12.9] VPN 서비스의 종류

VPN의 장점은 사설 통신망을 따로 구축하거나 전용선을 비싼 돈으로 임대할 할 필요가 없다는 것이고, 고도의 암호와 인증방법을 이용하므로 완전한 보안을 확보할 수 있으며, 전 세계 어느 곳에든지 ISP가 그 근체에 있는 지역이면 항상 접속이 즉시 가능하다는 것이다. 그러나 단점은 정보의 공유범위와 기밀보안에 대한 정책이 먼저 수립되어야하고 방화벽에 많은 접속 요구가 있을 경우 통신 속도가 느려진 다는 것이다.

1 인트라넷

인트라넷(intranet)은 열려있는 인터넷에 대응해서 허가된 직원만이 인터넷으로 방화벽을 뚫고 내부로 들어 갈 수 있는 [그림 12.9]에서 보이고 있는 LAN과 같이 닫치어진 망이다. 여기서 방화벽 내부에 있는 직원들은 자신들의 ID와 비밀번호만을 가지고 허가된 서버의 정보에 접속할 수 있다. 그리고 외부 인터넷으로 나갈 때에는 아무런 제약이 없으므로 직원들에 의한 정보 누출은 제재할 수 없는 것이 단점이다.

인트라넷은 멀리 떨어진 본사나 지사 또는 영업소 같은 기업내에 설치된 자사의 LAN들이 방화벽을 통하여 인터넷에 연결된 기업 망(corporate world wide web)이다.

2 엑스트라넷

엑스트라넷(extranet)은 밀접한 관계에 있는 여러 개의 협력사와 서로 필요한 정보만을 제한적으로 공유하기 위해서 자사의 인트라넷에 협력사의 인트라넷을 연결하는 기업간 망이다.

주로 기업간 전자상거래(B2B: Business To Business)에 응용된다.

3 원격접속넷

원격접속넷(remote acess net)은 근무자가 사무실 밖에서 또는 이동하면서 집안의 PC로 또는 태블릿이나 스마트 폰으로 기업의 인트라넷이나 엑스트라넷에 연결할 수 있도록 제공되는 기업과 개인간의 사설 망이다.

초고속의 유/무선 통합 인터넷망의 구축이 성숙 단계에 이르고 있는 21세기에는 이동 근무자가 주류를 이루게 됨에 따라 VPN중 원격접속넷의 사용이 보편화 되고 있으며 또 인증과 암호기술이 발달되면서 인트라넷과 엑스트라넷 기술은 통합되고 있다. 그렇게 되면 VPN서비스의 분류는 의미가 없어 질 것이다.

12.6 가정의 초고속인터넷 연결

일반 가정에서는 고속의 전용회선을 설치할 수가 없다. 그래서 기존의 설치된 전화망이나 케이블TV망을 이용하여 초고속으로 인터넷에 연결하는 기술이 통신망 사업자들에 의해서 1998년부터 제공되기 시작하여 이제는 거의 모든 가정과 사무실에서 인터넷을 빠르고 쉽게 이용할 수 있게 되었다.

그리고 2004년부터는 집에서도 홈 네트워크(home network)가 구축되기 시작하였다. 이 절에서는 전화선의 여유 주파수를 이용하는 디지털 가입자선(DSL: Digital Subscriber Line)방법중에 제일 많이 쓰는 ADSL 대해서 설명한다.

ADSL(Asymmetric Digital Subscriber Line: 비대칭 디지털 가입자 회선)은 기존의 전화선을 이용하여 전화선에 할당된 주파수 대역(0KHz-2.2MHz)중 음성에 이용되지 않고 있는 높은 주파수대역(4KHz-2.2MHz)을 다시 주파수가 낮은 대역과 높은 대역으로 나눈다. 또 주파수가 낮은 대역은 PC에서 인터넷서버로 정보를 전송하는 상향(up loading)통신으로 그리고 높은 대역은 하향(down loading)통신으로 사용한다.

이론적인 전송 속도는 사용자의 PC에서 인터넷 서비스 제공회사(ISP: Internet Service Provider)의 서버로의 상향속도는 512Kbps에서 2Mbps이고 그 반대의 하향속도는 8Mbps에서 10Mbps이다.

ADSL은 현재 속도가 가장 빠른 전송 기술이고 한 지역의 사용자수에 따라 속도가 크게 영향을 받지 않지만 연결된 전화국이 5Km이내로 가까이 있어야 제 속도가 나온다는 것이다.

ADSL은 **ADSL모뎀**과 전화용 음성과 컴퓨터자료를 분리해 주는 분리기(splitter)가 통신장비로 추가된다.

우리 나라의 경우 ADSL은 집 근처 전화국의 **DSLAM(Digital Subscriber Line Access Multiplexor)**을 통해서 기존의 전화선에 [그림 12.10]과 같이 ADSL모뎀과 분리기를 설치하면 되기 때문에 현재 가입자가 가장 많다.

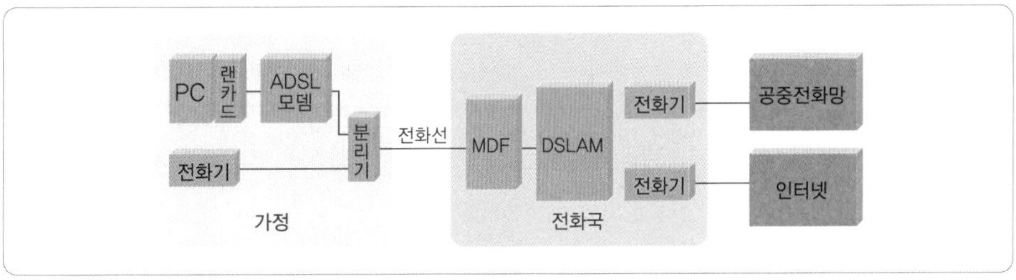

[그림 12.10] 전화국제공 ADSL의 연결구조

분리기는 전화선에 들어오는 신호를 주파주가 낮은 음성신호 주파수대역과 주파수(초당 진동수)가 높은 데이터신호 주파수 대역으로 분리해 주는 장비이고 MDF(Main Distribution Frame)는 가정의 전화선에 연결해주는 전화국의 집속 또는 분배장치이다. DSLAM은 전화국의 ADSL 모뎀기능을 수행하여 음성은 전화 교환기로 보내고 데이터는 ATM교환기를 통해서 인터넷에 연결한다. 전화국의 MDF를 아파트와 같은 대 단위 주거단지에 설치하고 이를 광섬유선을 통하여 DSLAM에 연결하기도 한다.

SKT 같은 통신사업자는 기 설치된 자체의 전화망이 없기 때문에 [그림 12.11]과 같이 대규모 아파트단지에 MDF를 설치하고 거기서부터 통신회사까지 광섬유 통신선로를 자체 구축하여 이미 설치된 댁내의 전화선에 PC를 연결한다.

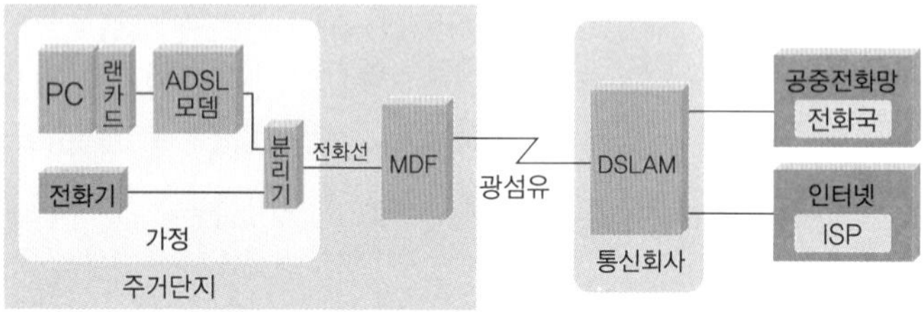

[그림 12.11] 자체 전화망이 없는 통신회사의 ADSL 연결구조

그런데 ADSL등 디지털가입지선은 주거단지의 MDF까지만 광섬유이고 가정까지는 구리선이기 때문에 10Mbps이내의 한계가 있다. 그래서 앞으로는 화상전화도 하면서 고품질의 영화도 볼 수 있도록 광섬유가 가정의 전화콘센트까지 연결되어 진정으로 초고속통신망이 실현될 것이다.

연습문제

컴퓨터 과학개론

12.1 인터넷을 정의하여라.

12.2 가상공간이란 무엇인가?

12.3 인터넷 서비스사업자(ISP)와 망사업자(NSP)의 역할은 각각 무엇인가?

12.4 ISP와 IX가 하는 일은 무엇인가?

12.5 인터넷 프로토콜의 각 계층에서 하는 일을 간단히 설명하여라.

12.6 IP주소와 도메인명 주소의 차이점을 설명하여라.

12.7 메시지가 송수신 될 때 실제적으로 인터넷의 어떤 주소가 패킷에 포함되어 수신자를 찾아가는가?

12.8 전자우편(email)시스템의 구성요소와 그 기능들을 간단히 설명하시오.

12.9 웹(web)의 구성요소를 설명하고 시맨틱웹이란 무엇인지 찾아 설명하시오.

12.10 홈페이지란 무엇인가?

12.11 DNS와 DHCP를 설명하시오.

12.12 웹 서버로의 주소지정 형식을 무엇이라고 하는가?

12.13 HTML 문서가 아닌 데이터 베이스 자료를 검색하여 웹 브라우저로 보내주는 프로그램 이름은?

12.14 ActiveX란 무엇인지 조사해서 간단히 설명하시오.

12.15 웹사이트를 뛰어 돌아다니다가 돌아 올 때는 지나간 웹사이트를 다시 거쳐서 돌아오는가?

12.16 다음과 같은 HTML 문이 작성되었을 때 하이퍼링크를 나타내는 문자는 무엇이고, 이 문자를 마우스로 눌렀을 때 어떤 현상이 일어나는가?

<a href="http://w3.sookmyoung.ac.kr/">숙명</A>

12.17 서버 측 프로그램의 이름을 나열하시오.

12.18 VPN이란 무엇인지 설명하시오.

12.19 MDF의 기능은 무엇인가?

12.20 IPv6이란 무엇인가?

12.21 ADSL이란 무엇이고 MDF의 기능은 무엇인가.

12.28 인터넷 전화의 장점은 무엇인가.

13장 유비쿼터스 컴퓨팅

13장 유비쿼터스 컴퓨팅

스마트폰이라는 아이폰이 2007년 처음 등장한 이후 사람이 직장에서 또는 일상생활에서 일하는 방법과 노는 방식이 때와 장소를 가리지 않고 이동하면서도 손가락 끝으로 이루어지는 세상이 되었다.

이제 스마트(smart)라는 수식어는 스마트 폰을 넘어 스마트 TV, 스마트 도로, 스마트 시티, 스마트 워크 등 스마트 시대의 혁명이 일어나고 있음을 의미하는 것이다. 스마트라는 의미는 우리 생활 주변의 모든 사물에 컴퓨터가 스며들어가 사물이 무선 인터넷으로 지능화되어 똑똑해진 것을 의미한다. 우리가 보는 것은 스마트한 물건과 환경이고, 그 안에 있는 것은 컴퓨터와 통신으로 이루어진 유비쿼터스 컴퓨팅 기술이다.

이장에서는 유비쿼터스 컴퓨팅을 정의하고 전파의 주파수 대역, 무선통신기술, 전파식별기술, GPS위치측정기술 그리고 클라우드 컴퓨팅 등 유비쿼터스 기반 기술과 위치기반 서비스, 증강현실 등 현재 나타난 몇 가지 유비쿼터스 응용기술을 설명한다.

13.1 유비쿼터스 컴퓨팅의 정의

유비쿼터스(ubiquitous)는 "어디에서나 존재한다."를 의미하는 라틴어 "유비크(ubique)"를 영어의 형용사로 바꾼 것이다. 이 용어는 1988년 미국의 제록스 팔로앨토 연구소의 마크 와이저(Mark Weiser : 1952~1999)가 "유비쿼터스 컴퓨팅이 메인프레임, PC에 이은 제3의 정보혁명의 물결을 이끌 것"이라고 주장하면서 처음으로 사용한 말이다.

마크와이저는 유비쿼터스컴퓨팅을 "사람을 포함한 현실공간에 존재하는 모든 대상물들을 지능적 공간적으로 연결하여 사용자에게 필요한 정보나 서비스를 즉시에 제공할 수 있는 기반기술이다"라고 정의하였고 그 특징을 다음과 같이 정리하였다

(1) 편재컴퓨팅(pervasive computing)

모든 사물에 특정 목적의 다양한 종류의 컴퓨터들이 도처에 보이지 않게 심어 있어야 한다.

(2) 조용한 컴퓨팅(calm computing)

컴퓨터의 존재를 의식하지 않고 손가락이나 말로 소통할 수 있어야 한다.

(3) 노매딕 컴퓨팅(nomadic computing)

무선으로 컴퓨터가 연결되어 언제 어디서나 컴퓨터를 사용할 수 있어야 한다.

(4) 엑조틱 컴퓨팅(exotic computing)

개인이 주변 환경의 변화에 따라 해야 할 일들을 컴퓨터가 알아서 서비스해야 한다.

컴퓨터시대 초기에는 대형 컴퓨터에 사람들이 찾아가 사용하는 메인프레임 시대이었다. 그러던 것이 하나의 칩에 더 많은 트랜지스터를 집적하게 되면서 1980년대부터는 개개인이 컴퓨터를 하나씩 가지게 된 개인용 컴퓨터시대가 열렸다. 그리고 1994년대부터는 개인의 컴퓨터가 인터넷에 연결되면서 전 세계의 서버라고 불리는 대형컴퓨터를 자신의 PC처럼 사용할 수 있는 인터넷시대가 되었다. 그리고 2003년부터는 우리 생활 주변에 널려있는 냉장고, 세탁기, 각종 사물에 내장된 컴퓨터들을 무선으로 연결하는 전파식별(RFID: Radio Frequency Identification)기술이 가능해지면서 이제는 컴퓨터들이 사람을 쫓아 몰려오는 유비쿼터스 컴퓨팅(ubiquitous computing)시대가 나타난 것이다

마크와이저의 정의와 특징들을 종합하여 정리하면 유비쿼터스 컴퓨팅이란 [그림 13.1]과 같이 가정, 도로, 동물, 상품 등 현실공간의 모든 사물에 심어진 RFID 태그라고 하는 극소형 컴퓨터 칩이 결합 된 센서들 간의 무선 근거리 통신망인 유비쿼터스 센서 네트워크(USN: Ubiquitous Sensor Network)와 세계의 모든 컴퓨터를 가상공간에 연결하는 인터넷을 통하여 사람과 사람이, 사람과 사물이 그리고 사물과 사물이 컴퓨터기종, 통신기술, 운영체제 등에 관계없이 언제 어디에서나 원하는 정보를 서로 주고받고 대화할 수 있는 컴퓨터 사용기술을 말한다.

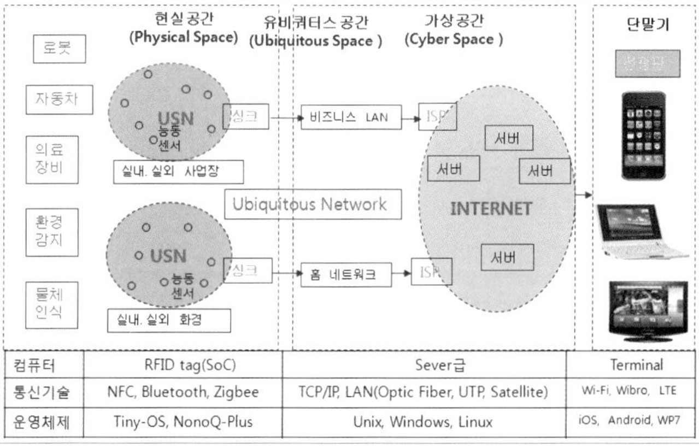

컴퓨터	RFID tag(SoC)	Sever급	Terminal
통신기술	NFC, Bluetooth, Zigbee	TCP/IP, LAN(Optic Fiber, UTP, Satellite)	Wi-Fi, Wibro, LTE
운영체제	Tiny-OS, NonoQ-Plus	Unix, Windows, Linux	iOS, Android, WP7

[그림 13.1] 유비쿼터스 컴퓨팅 개념

유비쿼터스 컴퓨팅은 컴퓨팅(사물의 지능화)의 관점에서 보는 입장이고 이를 통신망기술의 관점에서 일본 노무라연구소의 무라카미 데루야스는 1999년에 **유비쿼터스 네트워크**(ubiquitous network)으로 재해석했다.

[그림13.1]에서 공간이란 그 속에 사물이 존재하고 사물들 사이에 만남이 이루어져서 여러 가지 새로운 현상이 일어날 수 있는 장소를 말한다.

현실공간(physical space)은 인간이 사물을 직접 보고 만질 수 있는 3차원의 물리공간을 말하며, **가상공간**(cyber space)은 인터넷에 유/무선으로 연결된 컴퓨터의 웹브라우저 화면상에서 만날 수 있는 공간을 의미한다. **유비쿼터스공간**(ubiquitous space)은 현실공간의 사물에 컴퓨터를 심어 현실공간이 지능화되어 가상공간과 통합된 지능적 공간을 의미한다.

가상공간이 컴퓨터 속에 현실공간을 집어넣은 공간이라면 반대로 유비쿼터스 공간은 현실공간에 컴퓨터를 집어넣어 사물이 똑똑해진 공간이다. 이제 인간은 스마트폰과 같은 단말기를 통해서 언제 어디에서나 물리적 시간적인 장애물이 없이 유비쿼스공간의 현실사물과 대화할 수 있게 된 것이다.

13.2 전파의 주파수 대역과 수신 신호의 세기

전파는 안테나를 통해서 전류를 초당 1만 번 이상 진동시킬 때 전류에 가해진 힘이 파동의 힘으로 변하여 사방으로 퍼져나가는 전기 에너지이다. 전파는 진공 중에서도 빛과 같이 초당 30만 Km로 날라 가기 때문에 모든 이동통신기술의 기초가 된다.

전파는 초당 진동수 즉 주파수가 높을수록 단위 시간당 더 많은 정보를 실어 나를 수 있다. 이는 마치 같은 크기의 바퀴라도 더 빨리 회전(진동)하는 화물차(주파수)가 같은 시간 동안 한사람의 짐을 더 많이 옮기는 것과 같다.

다음에 주파수 대역(frequency band)이란 어떤 한 구간 내에 있는 최저 주파수와 최대 주파수 사이에 있는 모든 주파수를 의미하는 것으로 대역이 넓으면 널을 수록 더 많은 주파수를 가질 수 있어서, 여러대의 화물차가 더 많은 사람의 짐을 동시에 옮길 수 있듯이, 단위 시간 당 전체적으로는 더 많은 정보를 보낼 수 있다.

그런데 전기를 진동 시키어서 발생할 수 있는 진동수의 범위는 무한한 것이 아니라 유한하고 그 중에서도 무선 인터넷에 이용할 수 있는 전파의 대역은 2GHz이상 5GHz이하의 전파를 사용하도록 정해져 있기 때문에 또 제한적이다.

그래서 이동통신사업자는 용도에 맞는 주파수 대역을 먼저 확보해야한다. 그리고 허가된 주파수의 대역의 전기진동을 만들어 여기에 컴퓨터의 디지털 신호를 실어 송신 안테나에서 전파로 전송한다. 이를 변조(modulation)라고 한다.

또 전파수신기는 변조된 전파를 받아 디지털신호를 분리해 내어 컴퓨터에 보낸다. 이를 복조(demodulation)라고 한다.

하나의 주파수(화물차)에 한 사람의 짐만(디지털 정보)실고 달리게 하면 그 사람의 짐이 없을 때는 쉬고 있어야 한다. 그런데 여러 사람의 짐을 실을 수 있게 하면 쉴 사이 없이 달려서 더 많은 짐을 전송할 수 있다.

이와 같이 주파수 대역의 한계를 극복하기 위해서 주어진 주파수 대역(여러 대의 화물차)을 더 많은 정보를 송신할 수 있는 방법을 찾아 운영하는 기술이 무선통신 기술이다. 그래서 나타난 대표적 기술들이 [표 13.1]에서 보인 것 같이 속도 순으로 CDMA, WCDMA, LTE 라고 이름을 붙인 기술 등으로 발전하고 있는 것이다.

[표 13.1] 우리나라의 이동통신 기술의 발전 역사

세대 (명칭)	1세대 (analog)	2세대 (digital cellular)	3세대 (IMT2000)	4세대 (IMT2000 advance)
시기	1988-	1996-	2006.6-	2011.7-
전송능력	음성통화 전용	데이터 전송 (음성통화에 적합)	동영상 멀티미디어	인터넷 , 입체영상
기술 명	Analog	(미국식)CDMA ---▸ (유럽식) GSM ---▸	CDMA2000 ---▸ WCDMA ---▸	Wibro/(Evolution) LTE/(Advance)
단말기	화면 없음 투박함	음성,삐삐 및 메시지 흑백화면	음성, 제한된 인터넷,MP3, DMB	스마트 폰 인터넷 TV
주파수 대역	주파수 변조	800M Hz	2G Hz	2.3~5G Hz
전송속도(bps)		14.4~64k	144k~2M	100M~1G
교환 방법		Cell 기반	ATM 기반	Router 기반

이동통신기술의 세대를 정하는 기준은 UN산하 국제전기통신연합(ITU)에서 통신기술 발전 속도와 전파 적용분야를 감안하여 세부적인 기준과 상용화시기를 발표한다.

2008년 ITU에서 발표한 4세대의 통신 속도는 3세대보다 100배 이상 빨라서 고속 이동 중에도 3차원 영상을 선명하게 볼 수 있어야 한다는 것이었다.

그러나 나라마다 충분한 주파수 대역의 확보가 어렵고 또 4세대 전국망을 구축하는 데는 예산과 시간이 많이 소요되고 기술의 발전이 예정된 시기에 적용할 수 없게 되자 2010년 12월에 "3.9세대에 해당하는 Wibro와 LTE 같은 3세대 기술을 4세대에 포함한다." 고

개정하였다.

그래서 우리나라는 미국식 CDMA기술을 기반으로 우리나라가 상용화한 Wibro와 유럽식 기술인 LTE를 2011년 후반기부터 대 도시를 중심으로 WCDMA보다 5배정도 빠른 이동통신을 4세대로 서비스하기 시작하였고 스마트폰과 태블릿 사용자의 증가와 함께 진정한 의미의 4세대인 "Wibro_Evolution"과 "LTE-Advance"와 같은 획기적인 속도의 무선통신 기술들이 2013년 후반기 부터 등장하였다.

물리적인 주파수 대역의 폭이 넓으면 넓을수록 통신 속도는 더욱 빨라진다. 따라서 고주파 대역의 폭을 많이 이용하여 통신 속도를 빠르게 한 통신망을 광대역 통신망(broadband network)이라고 하며, 속도가 느린 통신망을 협대역 통신망(narrowband network)라고 한다.

그러나 광대역통신망이란 물리적 주파수 대역의 범위가 아니라 이제 초고속 인터넷을 의미하는 속도의 용어로 사용되고 있다.

그런데 이론적인 전파의 수신 전력의 세기는 그림 [13.2]에 보인바와 같이 송신기의 송신전력의 세기에 비례하고 또 주파수의 제곱과 진행거리의 제곱에 반비례한다.

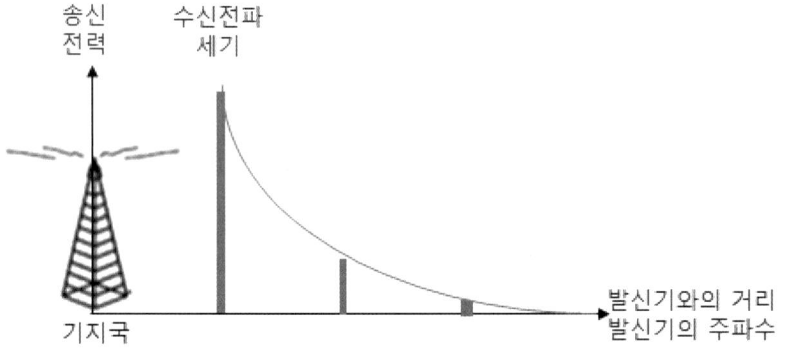

[그림 13.2] 수신주파수 세기의 원리

이동통신회사의 교환기에 유선으로 연결되어 있는 기지국(base transceiver station)은 전류신호를 전파로 만들어 이동단말기와 무선통신을 할 수 있게 하는 통신시설이다. 기지국은 약해진 전류신호에 전력을 보충하여 강한 전파신호로 만들어 송신하는 역할을 한다. 기지국에서 나는 진동소리는 전압을 올려주는 변압기에서 발생하는 것이다.

이동 통신 서비스를 제공하는 사업자는 서비스 제공 지역을 포괄하는 기지국들을 설치한다. 하나의 기지국이 서비스를 제공할 수 있는 범위를 셀(cell)이라 한다. 기지국들은 서로 인접하여 있어서 서비스 제공 지역 전체를 벌집처럼 덮어 사용자가 하나의 셀에서 다른 셀로 이동하더라도 지속적으로 서비스를 제공할 수 있게 설치된다.

그런데 전파는 금속이나 시멘트 그리고 물을 통과하지 못한다. 그리고 주파수가 높으면 파장이 짧아지기 때문에 높은 산이다 건물을 넘어가지 못하고 전파에너지는 장애물에 흡수되어 사라진다. 따라서 시멘트 건물이 밀집한 도시에서는 넓은 평야지역에 비해서 더 많은 기지국이 설치된다.

13. 3 유비쿼터스 컴퓨팅 기반기술

2010년부터 스티브잡스의 iPhon3이 유비쿼터스 컴퓨팅 단말기로 세계적인 인기를 끌면서 유비쿼터스 시대가 현실적으로 등장하였다.

유비쿼터스 컴퓨팅의 정의와 특징을 실현시키는 기반기술에는 컴퓨팅 기능을 가진 모든 사물을 연결하는 전파기술, 사물의 위치를 알아내는 위성위치측정 기술, 사물 속에 심어져 사물을 지능화 시키는 전파식별기술 그리고 하던 일을 장소와 단말기의 형태에 관계없이 연속적으로 계속할 수 있게 해주는 클라우드 컴퓨팅 기술을 개략적으로 설명한다.

13.3.1 무선 통신 기술

전파를 정보통신용에 사용하기 위해서는 통신거리와 사용되는 주파수 대역과 그리고 통신 속도 등을 기준으로 하여 국제표준 기술을 채택한다. 그리고 관련 산업에서는 표준화된 기술을 산업화하기 위해서 표준에 맞는 제품을 만든다.

그래서 연관된 산업의 기술발전과 끊임없이 변하는 사회적 요구에 따라 새로운 기술이 계속 태어나고 있는 것이다. 다음에는 현재 우리나라에서 사용 중인 몇 개의 기술을 설명한다.

1 근접장 통신(NFC)

근접장 통신(Near Field Communication) 기술은 10cm 이내의 거리에서 두 장치들 간에 속도는 느리지만 전력소모 없이 기지국을 거치지 않고 직접 데이터 전송을 가능하게 하는 무선 기술표준으로 스마트폰 간의 결제나 명함 및 공연 티켓교환 등에 활용범위가 넓은 기술이다.

2 지그비(ZigBee)

지그비는 빛, 소리, 압력, 기온, 습도 등을 감지하는 센서에 부착되어 감지한 정보를 10m 이내의 거리에서 송수신할 수 있는 무선기술 표준으로 2004년 말에 발표된 기술 명이다. 지그비는 지그재그로 날고 있는 꿀벌에서 따온 이름이다. 지그비 칩은 배터리 한 개로 3년 정도 사용할 수 있어서 사무실이나 가정의 냉난방, 가스/화재탐지, 도난방지, 병원의 환자관리, 자판기속의 재고관리 등 송신 빈도가 적은 센서 네트워크에 사용될 수 있다.

3 블루투스(Bluetooh)

블루투스는 주로 개인용 컴퓨터와 키보드, 마우스 등의 주변 기기들과의 무선통신기술로 휴대폰, 디지털 카메라, 타블렛 등 이동기기 그리고 냉장고 등 가전 기기들 간에 10m 정도 이내의 거리에서 속도가 4Mbps로 통신할 수 있는 기술이다. 블루투스 칩은 2002년부터 생산되기 시작했다. 블루투스 칩의 장점은 가격이 저렴하고 전력소모가 적다는 것이다. 블루투스라는 이름은 10세기 스칸디나비아 반도를 통일했던 바이킹족 왕의 이름에서 따온 것이라고 한다.

4 초 광대역무선통신(UWB)

초 광대역무선통신(Ultra Wide Band radio communication)은 20m이내의 거리에서 480bps 속도로 대용량 데이터를 전송하는 2002년부터 상용화된 기술이다. 이 속도는 영화 한편을 10초 이내에 전송할 수 있는 속도로 UWB칩은 디지털 캠코더, 스마트폰 등에 필수적이다.

5 와이파이(Wi-Fi)

와이파이(Wi-Fi: Wireless Fidelity)는 이동사업자의 유선 LAN에 책 한권 크기의 무선접속장치인 무선공유기(Access Point)라고 하는 무선 라우터(wireless router)를 통해서 무선 LAN카드나 칩이 내장된 노트북이나 스마트폰 같은 이동단말기가 인터넷에 접속할 수 있는 무선 랜(WLAN : Wireless LAN)기술 명으로 1998년에 국제표준화 되었다.

Wi-Fi 칩이 내장된 제품들은 무선공유기가 설치된 장소로부터 20m에서 100m정도의 거리에서 11Mbps에서 54Mbps의 속도로 인터넷에 들어갈 수 있다.

무선 공유기는 값이 매우 싸고, 공유기와의 거리가 짧기 때문에 단말기의 전력소모가 적고, 데이터를 반송파에 변조하여 송신하고 복조하여 수신하지 않는 기본대역(baseband)을 사용하는 인터넷 통신기술이기 때문에 장비가 간단하고 통신 속도가 빠르며 무료라는 장점이 있지만, 이동 중 사용이 불편하다는 것이 단점이다. 그래서 무선공유기는 실내나 사람이 많이 모이는 학교, 공항, 백화점, 공원 등 공공장소에 주로 설치되고 있다.

무선 랜이 가능한 지역을 Wi-Fi 존(zone)이라고 하며 우리나라는 전국적으로 2011년 말까지 10만 여개의 와이파이 존이 설치될 예정이다.

6 와이브로(Wibro)

와이브로(Wireless Broadband Internet)는 우리나라가 세계최초로 이동통신회사의 라우터에 유선으로 연결된 여러 개의 기지국을 통해 시속 100km 정도로 주행하면서도 인터넷에 접속하여 동영상을 수신 할 수 있는 4세대 광대역 무선통신기술 명이다. 이제 이 기술은 진정한 의미의 4세대 Wibro-evolution으로 진화할 것이다.

주로 도로변에 설치된 기지국에서의 통화거리는 3~5km 정도이다. 와이브로의 주파수 대역은 통신회사가 국가에게 막대한 돈을 지불하고 계약기간 동안 사용하고 반납해야하며 기지국하나 설치에도 1억 정도의 돈이 들어가기 때문에 사용료가 무선 랜(WiFi) 보다 비싸다. 해외에서는 와이브로와 거의 비슷한 기술을 WiMax라고 부르고 있다.

7 LTE/LTE_Advance

LTE(Long Term Evolution)이란 유럽 국가들이 중심이 되어 결성한 3GPP(3G Partnership Project)단체가 개발한 무선통신규격으로 2009년 12월 스웨덴에서 세계최초로 상용화한 패킷통신 전용 4세대 서비스이다. LTE는 많은 나라의 통신회사들이 참여하고 있어 우리나라도 2011년 7월부터 서비스하기 시작하였다.

그러나 LTE는 와이블로와 마찬가지로 3G 주파수 대역을 그대로 이용하고 있고 3세대 기술을 많이 사용하고 있다는 점에서 진정한 4G라고 보기는 어렵다.

한편 우리나라의 한국전자통신 연구원이 세계최초로 기지국, 단말기 및 관련 장비와 소프트웨어를 개발하여 2013년 6월 26일 주행 중에도 인터넷으로 3차원 영상을 볼 수 있는 진정한 의미의 4세대 LTE_Advance 서비스가 상용화 되었다.

위에서 NFC나 WiFi같은 통신거리가 100여 미터 이하로 짧은 기술을 근거리 통신 기술이라고 한다. 이 기술은 무료로 누구나 사용허가 없이 국가가 배정한 주파수 대역을 변조하지 않고 디지털신호로된 펄스 그 자체를 사용할 수 있는 기술이다.

그리고 전국을 대상으로 하는 Wibro나 LTE을 사용하기 위해서는 아직 사용되지 않고 있는 주파수 대역 중에서 필요한 대역의 사용권을 국가에서 허가 받아야 한다.
허가 받지 않은 무허가 발송 장치의 전파는 정상적인 통신에 방해를 하기 때문이다,
우리나라는 근거리 무선통신기술을 포함한 4세대 통신망 기술을 [그림13.3]에서 보인 광대역 통합 통신망(BcN: Broadband Convergence Network)이라고 명명하였다.

[그림 13.3] 우리나라의 광대역 통합 통신망

광대역 통합통신망은 [그림13.3]에 보는 바와 같이 유/무선과 위성으로 구성된 통신망 기술, LAN과 Router 기반의 인터넷 망 그리고 전파와 케이블로 이루어진 방송망 기술을 IPv6 패킷 기반기술로 통합하여 어떤 형태의 기기들 사이에서도 고품질의 멀티미디어 서비스를 제공할 수 있는 유비쿼터스 통신망을 의미하는 것이다.

13.3.2 인공위성 위치측정 시스템(GPS)

인공위성 위치측정 시스템(GPS; Global Positioning System)은 [그림 13.4]의 (a)에 보인 것 같이 20,200Km의 지구 상공에서 지구를 하루에 2회전하는 6개의 궤도에 24개의 위성들이 자신의 고유번호와 위치 그리고 전파 발송시간 등의 정보를 지구를 향하여 계속

적으로 발송하고 있는 시스템이다. 그리고 수신단말기는 그것이 지구상 어디에 있든지 간에 4개의 위성을 항상 볼 수 있도록 위성들이 배치되었다.

GPS 신호수신 단말기에 설치된 프로그램이 단말기의 위치를 계산하는 방법은 다음과 같다.

아날로그 신호로 수신되는 4개 위성의 정보를 받아 디지털로 정보로 변환한다. 그리고 [그림13.4]의(b)와 같이 피타고라스 공식을 이용하여 수신기의 위치를 실시간으로 계산한다.

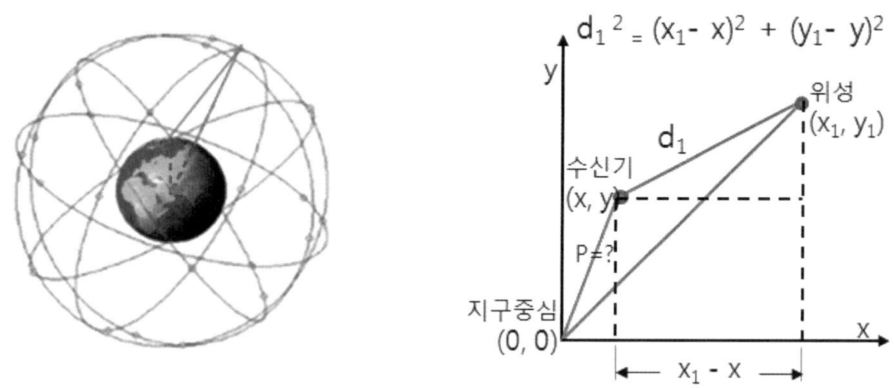

(a) GPS 의 구성 (b) 수신기의 위치계산을 위한 좌표 계

[그림 13.4] GPS위성 시스템과 위치계산을 위한 좌표 설정

즉, 미지수는 수신 단말기의 위도, 경도, 고도의 좌표 (x, y, z)와 위성 시계와 수신기 시계 의 시간 오차를 보정하는 시간 t 이다. 미지수가 4개이기 때문에 이들 미지수 값을 알아내기 위해서는 모두 4개의 연립방정식이 필요하다. 그 이유 때문에 수신기에 잡히는 신호들 중에 신호가 강한 4개의 위성을 이용하여, 2차원 평면에서 그려 놓은 [그림13.4](b)를 참조하여 다음과 같은 4개의 연립방정식을 만들 수 있다.

$$d_1 = c\,(e_1 - s_1 + t) = \sqrt{(x-x_1)^2 + (y-y_1)^2 + (z-z_1)^2}$$

$$d_2 = c\,(e_2 - s_2 + t) = \sqrt{(x-x_2)^2 + (y-y_2)^2 + (z-z_2)^2}$$

$$d_3 = c\,(e_3 - s_3 + t) = \sqrt{(x-x_3)^2 + (y-y_3)^2 + (z-z_3)^2}$$

$$d_4 = c\,(e_4 - s_4 + t) = \sqrt{(x-x_4)^2 + (y-y_4)^2 + (z-z_4)^2}$$

이 식에서 d는 위성과 수신기 사이의 거리이고, 이 거리는 수신기가 신호를 받는 순간의 수신기 시계의 시간 e에서 위성이 신호를 송신할 때의 위성시계의 시간 s를 빼고 여기에 빛의 속도 c를 곱한 것이다. 이때 시계의 시간은 GPS 표준시간을 사용한다. 그러나 위성에 탑재된 원자시계는 매우 정확한데, 수신기의 시계는 값이 싸기 때문에 위성 시계와 일치하지 않게 된다. 수신기의 시계 때문에 발생하는 시간 차의 오차 t를 보정해 주어야 한다. 그리고 이 연립 방정식의 아래첨자는 위성의 번호를 의미한다.

위 방정식은 수신기의 위치 x, y, z와 보정 시간 t를 미지수로 하고 방정식이 4개이므로 이를 수치해법으로 풀면 시간까지 보정한 수신기의 위치를 알아내다. 그리고 시간에 따른 수신기의 위치 정보를 이용하여 수신기의 진행속도와 방향도 함께 계산한다.

GPS는 미국 국방성이 1978년부터 군사용으로만 운영하였던 것이 1996년부터 일반에 무상으로 제공되면서 누구나 GPS모뎀이 부착된 수신기만 설치하면 지구상의 모든 곳에서 자신의 위치를 실시간으로 알 수 있다.
GPS의 응용분야는 스마트폰 외에 자동차, 선박 그리고 비행기의 네비게이터(navigator)로 또 바다위에 교량이나 초고층 빌딩을 건축 할 때 설계된 위치에 구축물을 올려 놓기 위해서 헬리콥터을 이용한다든지 또는 야생동물의 추적 등 움직이는 모든 물체에 부착하여 물체의 위치와 속도 그리고 방향까지도 추적할 수 있기 때문에 매우 광범위하게 쓰이고 있다.

인공위성을 이용한 위치측정 시스템은 미국의 GPS이외도 러시아의 GLONASS, 우리나라가 개발프로젝트에 참여하고 있는 EU의 Galileo, 중국의 베이더우(北斗)가 운영을 시작하였고, 일본과 인도 등에서도 준비중이다.

13.3.3 USN의 핵심 전파식별(RFID)기술

전파식별(Radio Frequency Identification)시스템은 본서 5장에 설명한 사물에 심어진 RF태그(RFID chip), RF태그에 기억된 정보를 100m 이하의 근거리 무선 통신 기술로 사

[그림 13.5] 전파식별 시스템의 구성

물이 무엇인지를 인식하여 데이터를 읽고 쓰는 기술이다.

전파식별 시스템은 RF태그와 태그리더기(reader) 그리고 리더기로 수집된 RF 태그의 정보를 저장 관리하는 각종 서버로 [그림13.5]과 같이 구성된다.

응용분야에 따라 태그의 종류와 기능이 결정된다. 동시에 어떤 특정 태그에서 수집된 데이터나 또는 대형 서버에 저장된 상황 정보를 이용하여 사용자에게 필요한 정보로 만들어 주는 프로그램의 기능에 따라 다양한 응용분야가 개발 된다.

전자태그라고도 하는 RF태그는 본서 7장에 설명된 SoC와 안테나만으로 제조된 손톱보다 작은 크기의 컴퓨터이다.

전자태그는 읽기 쓰기 방식에 따라 가격이 제일 싼 바코드와 같은 읽기만 가능한 방식. 사용자가 한번만 기록하고 수정할 수 없는 방식 그리고 읽고 쓰기가 가능한 방식이 있다. 그리고 배터리의 유무에 따라 수동태그와 능동태그로 분류된다.

수동태그는 배터리가 없고 안테나에서 들어오는 전파를 전원으로 사용하는 태그이다. 예로는 교통카드, 출입통제에 사용되는 신원 카드 그리고 주차관리, 화물운송, 상품판매 또는 도서관관리 등의 목적으로 차량, 화물, 상품, 도서 등에 붙어있는 태그들이다 ,

능동태그는 배터리를 전원으로 사용하는 태그다. 주로 모니터링시스템에 사용되고 있으며 예로는 동물의 위치추적, 산불과 태풍 등 각종 재난관리, 교량이나 철도 등 구조물의 안전관리 등 그 응용 분야는 무궁무진하다.

이들 지능화된 태그를 서로 연결하는 전파식별기술은 상품판매, 배송, 재고, 생산에 연결된 물류분야, 국방 분야, 의료분야 그리고 방범, 방재 등, 사물을 지능화하여 이들을 근거리 무선통신기술로 연결하는 유비쿼터스 센서 망을 이루는 핵심기술인 것이다.

차후 사물마다 읽고 쓰기가 가능한 태그에 고유한 인식번호로 IPv6기술을 사용하는 IP 주소가 부여되고, 현미경으로나 겨우 볼 수 있고 수명이 한 10년쯤 되는 나노 배터리가 상품화되면 사람과 사물이 그리고 사물과 사물이 세계 어느 곳에 있든 장소와 시간에 관계없이 대화할 수 있는 진정한 의미의 유비쿼터스 공간이 이루어지는 것이다.

USN은 먼저 사물이 무엇인지 알게 하는 인식정보를 제공하는 전자태그 단계에서 출발하여 전자태그에 환경감지 센싱(sensing)기능이 추가되고, 마지막으로 전자태그들 간에 서로 쌍방향 통신이 가능한 읽고 쓰기 기능이 추가될 때 진정한 의미의 USN으로 발전한다.

13.3.4 클라우드 컴퓨팅

클라우드 컴퓨팅(cloud computing)개념을 당시 구글회사의 직원이었던 26세의 클리스토프 비시글리아(Christophe Bisciglia)가 2006년 9월에 제시한 컴퓨팅 운영 개념이었다.

클라우드라는 이름은 인터넷을 표시하는 기호가 구름(cloud)이기 때문이다. 즉 크라우드란 인터넷을 의미하는 것이다.

클라우드 컴퓨팅 환경에서의 이용자는 입력과 출력 부분만을 인터넷 브라우저가 담당하고 나머지 모든 부분은 제 3의 인터넷 공간에서 하드웨어나 소프트웨어 및 콘텐츠를 빌려서 쓰고 사용한 만큼 사용료를 지불하는 [그림13. 6]과 같은 분산.시스템 개념이다.

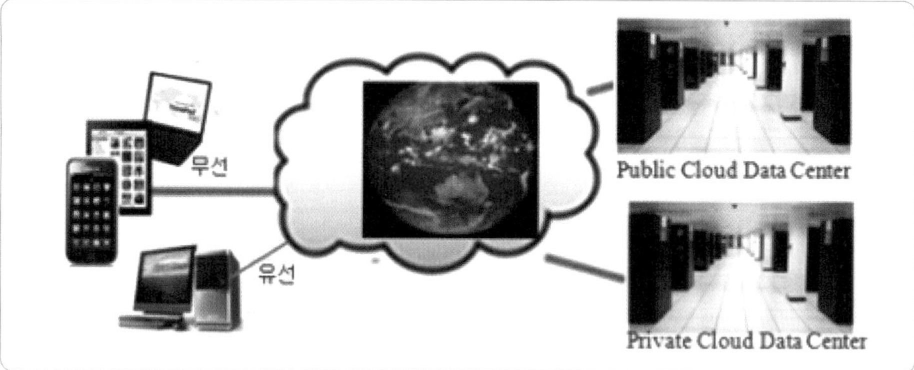

[그림 13.6] 클라우드 컴퓨팅 모델

[그림 13.6]에서 이동 단말기의 속은 빈껍데기이고 브라우저 프로그램과 "클라우드" 기반 구굴의 크롬운영체제(Chrome OS)만을 탑재한 20만 원대의 "크롬 북(Chrome book)"이 2016년부터 시판되고 있다. '크롬 북' 은 어느 클라우드나 들어갈 수 있고, 부팅 속도도 매우 빠르고 가볍운 것이 매우 큰 장점이다.

클라우드 센터는 대형 서버들을 묶어 수만 명의 사용자에게 실시간 처리를 해 줄 수 있는 시스템으로 그 안에 개인용이나 기업용 가상 서버(virtucl sever)를 구축하고 운영할 수 있어야한다.

클라우드 센터는 이제 운영비가 덜 들고 보안이 잘 될 수 있는 시골구석이나 섬 또는 해외에 까지 설치되고 또 천재지변에도 업무에 중단이 없도록 보안을 위한 백업 센터도 구축해야 한다.

그리고 개인이나 기업은 클라우드 센터의 가상서버에 지금 운영하고 있는 업무를 이관

하여야 하므로 철저한 계획을 세워서 클라우드 서버로 이행해야한다.

정보의 보안을 타인에게 위탁하는 일이 불안한 대기업의 경우에는 업무의 효율성을 높이면서도 경비를 절감할 수 있고 안전성을 확보할 수 있는 사설 클라우드 센터를 구축하고 있다.

통신망은 광섬유를 매체로 한 초고속 통신망에 4세대 이동통신과 무료로 사용하는 와이파이 존을 전국적으로 구축하여야 한다.

그래서 클라우드 컴퓨팅 환경의 구축이 와료 되면 단말기 종류에 관계없이 시간과 장소에 구애 받지 않고 클라우드 서버에 들어가 지금처럼 프로그램이나 콘텐츠를 다운받지 않고 자신의 단말기에 다운되어 있는 것처럼 즉시 업무를 보거나 오락을 하거나 메일을 볼 수있다. 이 경우 현재의 클라이언트/ 서버 컴퓨팅과는 달리 모든 데이터와 연산은 서버에서 하고 단말기는 입력하고 보고 듣고 하는 기능만을 가지는 것이다.

이것이 유비쿼터스 세상을 만들어 가는 진정한 의미의 유비쿼터스 네트워크인 것이다.

이 방법은 우리가 때와 장소를 가리지 않고 수도 꼭지를 틀기만 하면 물이 쏟아져서 사용하는 것과 같다. 우리는 정수장이 어디에 있는지 전혀 신경 쓰지 않고 사용한 만큼의 물 값을 지불하기만 하는 수도 운영시스템에 비유할 수 있다.

참고로 우리나라는 2010년 말 부터 수도꼭지에 해당하는 스마트폰이 확산되기 시작하였고 또 수도 파이프에 해당하는 고속의 4세대 무선 통신 서비스가 2011년7월에 시작되었다. 그간 인터넷 사용으로 경험을 충분이한 우리나라는 정수장에 해당하는 클라우드 센터의 서버 팜(server farm)에 몇 백 내지 몇 천대의 대형컴퓨터를 서버로 설치하여 하드웨어 시설이나 응용 소프트웨어 및 콘텐츠를 대여하는 클라우드 컴퓨팅 사업이 2011년부터 본격적으로 시작되었고 2013년도에는 많은 포털 사이트나 인터넷 사업자들이 개인이 사용할 수 있는 개인용 클라우드 서비스(PCC: Personal Cloud Computing)를 시작하였다. 이들은 수 GB에서 TB까지 대용량 저장공간을 무료로 제공해주기 때문에 개인들은 USB 드라이브가 필요 없게 되었고 데이터와 동영상 등 많은 컨텐츠를 마음대로 올려 정리할 수 있게 되었다. 이들 중에 대표적인 서비스들의 예는 최초의 iCloud외에 다음클라우드, Dropbox, SkyDrive 등 무수히 많다.

다음에는 클라우드컴퓨팅 기술 때문에 일러날 수 있는 현상은 미리 예측할 수 없을 만큼 많을 것이지만 몇 가지를 나열하여 유비쿼스 컴퓨팅 방법을 이해할 수 있도록 한다.

(1) 개인은 현재 PC에 있는 모든 정보를 공공(public) 클라우드 서버에 자신만의 가상 서버에 올리고 컴퓨터고장이나 소프트웨어 업데이트 및 보안에 신경 쓸 필요 없이 자신의 일에만 전념할 수 있다

(2) IP TV가 곧 등장할 것에 대비해서 N 스크린이라는 클라우드 환경에 맞는 기술이 나타나고 있다. 즉 집에서는 TV로, 야외에서는 스마트폰이나 클라우드 전용 단말기로, 회사에서는 PC로 지금 하고 있는 업무를 화면의 크기만 다를 뿐이지 클라우드 컴퓨팅기술 때문에 내용을 연 이어보고 작업을 할 수 있는 방법이다.

(3) 현재 사무실이나 가정의 PC는 없어지고 학교나 기업의 전산센터는 사라질 것이다.

(4) 페이스북과과 트위터가 동기화해서 정보를 페이스 북에 올리면 즉시 친구들의 스마트폰이나 컴퓨터에 푸시(push) 기술로 보내는 것처럼 클라우드를 통해서도 자신의 스마트폰이나 PC또는 페이스북 등 소셜미디어 사이트와도 동기화 할 수 있어 더욱 신속하게 친구관계를 맺고 의사 소통을 할 수 있게 된다.

13.4 유비쿼터스 컴퓨팅 응용

이동 통신기술, 전파식별기술로 무장한 스마트폰이나 태블릿 그리고 클라우드 컴퓨팅으로 뒷받침되는 유비쿼터스 컴퓨팅기술은 우리생활 방식을 크게 바꾸고 있다. 그 중에 두드러지게 나타나고 있는 유비쿼터스 컴퓨팅응용 기술을 간략히 설명한다.

13.4.1 위치기반 서비스

위치기반 서비스(LBS: Location Based Service)란 스마트폰 등 이동단말기에 이동통신 기지국이나 인공위성 위치측정 시스템(GPS)을 연결하는 칩을 부착하고 이를 전자지도 시스템(GIS: Geographic Information System) 등 타 정보시스템과 연계해 단말기 휴대자의 위치에 관련된 공공안전 및 이동 중에 편리하게 이용할 생활 정보 등을 음성과 함께 제공하는 서비스들을 총칭한 것이다.

예를 들면 이동통신회사는 망에 가입된 스마트폰 등의 이동단말기 소유자의 위치를 자사의 통신망을 이용하여 알아내고 이 위치에 관련된 교통, 관광, 기후 등의 생활 정보를 서비스 할 수 있다. 그리고 이동통신회사가 전국에 걸쳐 구축해 놓은 무수히 많은 무선통신망 기지국인 무선 탑(tower)의 위치정보와 각 기지국의 무선 반경으로 계산할 수 있는 셀(cell)의 넓이는 통신회사의 서버가 알고 있다. 이동단말기에서 수시로 발사되는 신호를 수신한 3개의 기지국 정보를 가지고 단말기의 위치를 그때마다 계산하여 발신자가 통화를 원하는 수신자의 위치를 빨리 찾아 연결해 주고 있다. 이와 같이 휴대단말기의 위치를 통신회사의 서버가 알고 있으므로 과거나 현재의 스마트폰의 위치를 추적할 수 있어서 미아 찾기나 인명 재난구조에 활용할 수 있다. 그리고 스마트폰 주변의 가까운 음식점이나 주유소 등의 위치도 알려준다.

스마트폰이 위치기반서비스와 결합되어 새롭게 등장할 서비스로는 장소를 이동할 때마다, 미리 입력해놓아야 하는 불편은 있지만, 이동 전후에 해야 할 일을 알려주기도 하고 또 친구끼리 위치를 공유하는 경우에는 서로 친구가 어디에 있는지 즉시 알 수 있기 때문에 심부름도 시킬 수도 있게 될 것이다.

13.4.2 텔레매틱스

텔레매틱스(Telematics)란 무선 통신기술(telecommunication)과 컴퓨터기술(informatics)이 융합되어 나타난 기술로 자동차업계에서 사용하기 시작한 용어이다. 처음에는 라디오가 차에 내장된 자동차에서 출발하여 2003년부터는 자동차에 다양한 컴퓨터 기술들이 내장되어 이동 중에도 인터넷으로 정보를 주고받으면서 안전하고 즐거운 여행이 될 수 있도록 한 자동차 전용 멀티미디어 서비스 기술을 텔레매틱스라고 부르고 있다.

즉, 텔레매틱스 자동차는 적외선 센서로 앞차에 너무 가까이 가면 속도를 줄여주거나, 지정된 속도를 초과하거나 차선을 넘어가거나 할 때 경종을 울려 안전한 운행에 도움을 준다. 그리고 GPS와 LBS를 이용하여 운행할 방향과 주변의 카센터, 주유소, 병원, 파출소, 관광지, 기후 등의 다양하고 필요한 정보를 추가로 제공한다.

그래서 이제는 좋은 자동차는 얼마나 안전하고 즐겁고 편리한 서비스를 제공하는 텔레매틱스 기능을 장착했느냐가 중요하게 되었다. 앞으로는 자동차 제조회사가 차를 만들어 올리는 수익보다 텔레매틱스 서비스를 제공하는 이동통신회사의 수익이 더 많을 것이다.

13.4.3 증강현실(AR)

증강현실(AR: Augmented Reality)이란 사용자가 눈으로 보는 현실 세계와 그 현실세계와 관련되어 이미 컴퓨터에 저장된 음성이나 영상 등의 추가적인 정보를 실시간으로 현실세계에 결합하여 컴퓨터나 스마트 폰 화면에 표현해주는 기법을 말하는 것으로 유비쿼터스 환경에 적합한 기술로 각광 받고 있다.

증강현실이란 용어가 처음 사용된 것은 1990년 비행기 제조회사인 보잉사의 톰 코델이라는 기술자가 항공기 전선 조립과정을 설명하는 영상을 실제 전선위에 띄워서 설명한 것이라고 한다.

[그림13.7]에서 보인봐와 같이 실제로 길거리의 관심 있는 건물을 스마트폰 카메라로 비추면 스마트폰에 들어온 영상자료와 스마트폰에 내장된 GPS수신 단말기의 위치정보와 전자 나침반에 의한 스마트 폰의 방향이 서버에 전송된다. 서버는 스마트폰에서 보는 방향의 주변 건물들의 영상을 폰으로 들어온 영상과 비교하여 카메라에 비친 건물을 찾는다. 그리고 이미 저장된 건물의 내부 정보를 폰의 화면에 있는 현실의 건물위에 추가적인 정보를 그래픽 등으로 표현해 준다.

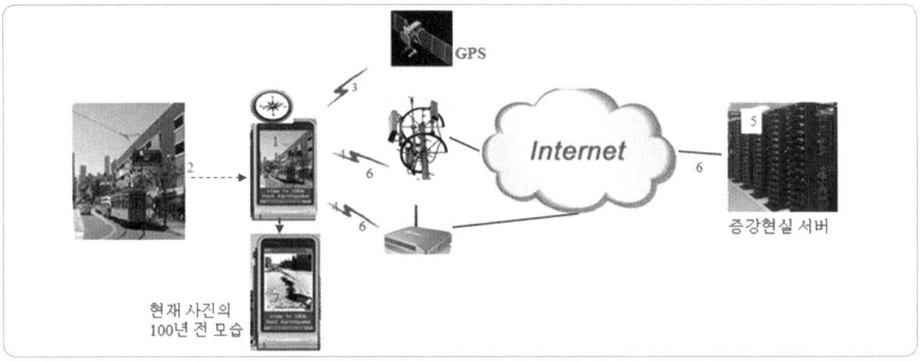

[그림 13.7] 스마트 폰에 들어온 증강현실의 예

[그림13.7]은 길거리의 어떤 건물에 스마트 폰을 대면 스마트폰에 들어온 영상과 위치및 방향을 기지국이나 또는 인터넷 무선공유기를 통해 증강현실 서버에 보내면 증강현실 서버는 100년 전의 영상을 찾아 스마트폰에 보여주는 것을 보여 주고 있다.

이런 일을 할 수 있게 만든 프로그램을 애플리케이션(application)이라고 하며 이런 응용프로그램을 개인이나 회사가 개발하여 기업에서 제공하는 애플리케이션 마켓에 올려서 저작권 사용료를 받는 사업을 할 수도 있다.

증강현실은 2010년 스마트폰의 폭발적인 확산으로 생활에 유용하게 사용되면서 "쓸만하네"로 그리고 광고에 응용되면서 이제는 "돈이 되네"로 발전하고 있는 기술이다.

13.4.4 생체인식(Biometrics)

생체인식(Biometrics)기술이란 평생 변하지 않으면서 사람마다 고유하게 가진 신체적 행동적 특징을 추출하여 컴퓨터에 저장한 후 이를 출입통제나 특정 웹사이트에 들어갈 때 개인 인증 수단으로 사용하는 응용프로그램을 총칭하는 기술이다. 주로 CCD카메라나 적외선카메라 등을 이용하여 신체의 영상을 얻는 방법을 이용한다.

가장 많이 사용되는 기술로는 지문, 얼굴, 홍채, 손바닥, 음성, 서명, 정맥핏줄인식 등이 있다.

이 중에서 CCD카메라를 이용한 얼굴인식 기술은 센싱 오류가 적고 사용자에게 불쾌하거나 거부감을 주지 않아 가장 많이 사용되고 있으며 지문인식 기술은 손가락을 센서에 대는 불쾌감은 있으나 사용하기가 간단해 많이 이용되고 있다.

현재는 출입통제에 주로 응용되는 기술이지만 차후 음성, 뇌파 등의 인식기술이 발전되고 또 카메라의 영상처리와 영상 인식기술이 발전하면, 얼굴과 음성 그리고 행동을 순간적으로 분석하여 그 사람이 누구이고 어떤 생각을 하고 있고 건강상태 까지도 인식할 수 있을 것이다.

13.4.5 유비쿼터스 홈네트워크

우리는 가정을 안전하게 보호하기 위해서 외부 침입자가 들어오거나, 화재가 발생했을 때 경찰서나 소방서에 자동으로 알려줄 필요가 있다. 또 가족들의 건강을 위해서 거동이 불편한 가족을 외부에서 보살피며, 건강상태도 자동으로 검사하여 병원 주치의에게 연락해 줄 수 있으면 좋을 것이다. 그리고 편안한 가정을 위해서 집안의 난방, 조명등을 자동으로 조절하면서도 전력의 소모를 최소로 하기를 바랄 것이다.

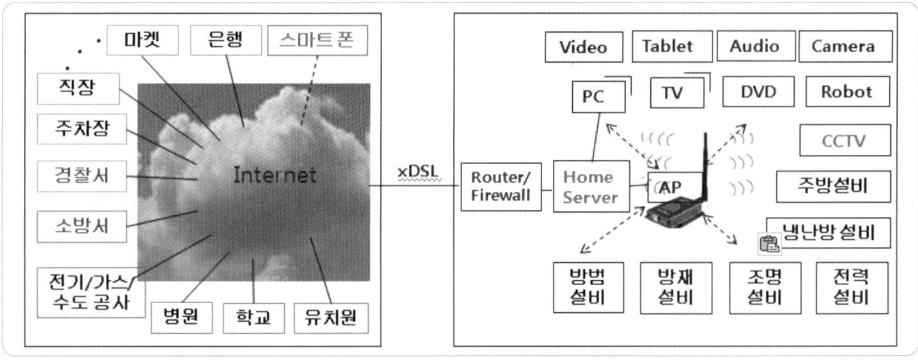

[그림 13.8] 유비쿼터스 홈 네트워크 개념도

유비쿼터스 홈네트워크(ubiquitous home network)은 [그림13.8]과 같이 댁내의 컴퓨터 자원들을 서로 공유하여 홈 서버(home server)를 통해서 ADSL이나 케이블 TV망으로 인터넷에 연결시키고, 필요한 사물에 RF태그가 내장된 센서를 심어 이들을 무선으로 서로 연결하여 홈 서버로 관리하도록 해서 안전하고 즐거운 가정을 만들 수 있도록 할 수 있는 통신망을 말한다.

앞으로 홈 네트워크의 홈 서버를 공공 클라우드 센터에 올려놓고 누구나 쉽게 홈 네트워크를 운영할 수 있다.

13.4.6 버스운행관리시스템

버스운행관리시스템은 GPS 위성을 이용한 위치측정 기술과 무선통신(wireless network) 기술을 기반으로 버스운행정보를 실시간으로 수집하여 해당버스의 현재위치와 도착예정시간 등을 버스정류장의 안내 게시판에 올리고, 인터넷이나 스마트폰으로 찾아 볼 수 있고 또 앞 뒤차의 간격 등을 통제해 주도록 할 수 있는 [그림 13.9]과 같은 시스템을 말한다.

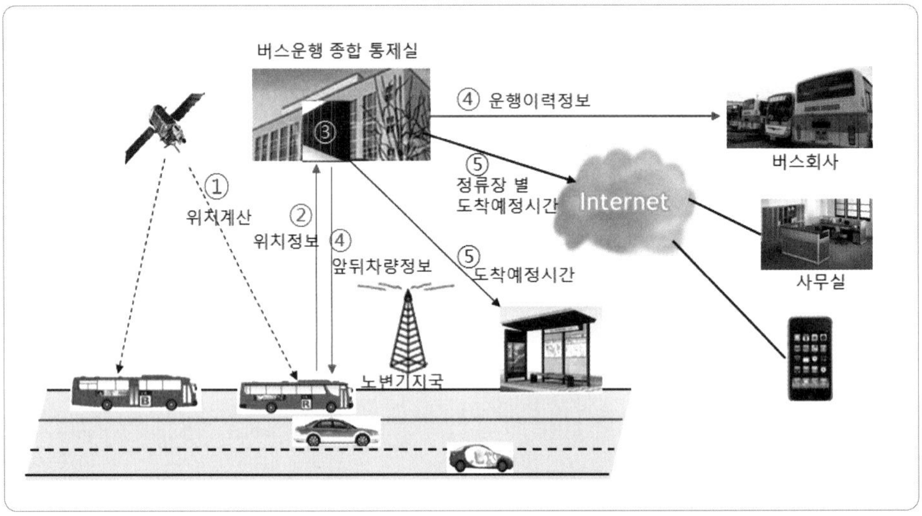

[그림 13.9] 버스운행관리 시스템 개념도

버스운행관리시스템의 기능은 다음 순서와 같다.

① 시내버스 차량단말기에서 GPS 위성 위치 좌표를 수신하여 차량의 위치를 계산한다.
② 차량단말기는 버스의 위치정보를 관련기관에서 도로변에 설치한 노변기지국을 통해 버스 종합 통제실 운행정보 서버로 전송한다.
③ 버스 종합통제실은 차량별로 수신된 위치 데이터를 이용하여 실시간으로 버스 운행 정보를 가공하여 운행 이력 데이터베이스를 갱신한다..
④ 앞뒤 차량 정보와 도착예정 정류장과 시간 등을 기지국을 통해 버스 단말기에 알려 준다. 그리고 버스 회사에는 가상사설망(VPN)으로 소속회사 버스의 운행정보와 이력

정보를 제공한다.

⑤ 버스운행정보를 인터넷으로 시민에게 제공하고, 노변기지국을 통해 정류장 버스쉘터(bus shelter)에 제공한다.

이 운행정보 시스템에 서 수집된 데이터베이스를 이용하여 시간별, 노선별, 버스회사별 승객수와 수입 등의 통계표를 작성할 수 있고 노선별 버스운행 계획을 세워 효과적으로 집행할 수 있는 등 여러 가지 업무에 이용할 수 있다.

13.4.7 소셜미디어

소셜미디어(social media)란 특정기관이 뉴스를 독점하는 신문이나 방송 같은 매스미디어가 아니고 일반 사람들이 자신의 생각과 의견, 경험, 관점 등을 서로 공유하기 위해 사용하는 개방화된 쌍방 소통이 가능한 인터넷 기반 웹사이트를 말한다.

소셜미디어에는 관계형기반과 개방형 기반의 2부류가 있다.

관계형기반은 기존의 친구들과의 관계를 더욱 긴밀히 하고 새로운 친구를 만들어 가는 SNS(social network service)와 같은 사이트를 말한다, 그 예로는 세계최초로 탄생한 우리나라의 싸이월드와 카카오톡, 그리고 미국의 페이스북, 트위터 등이 있다. 그런데 이들 서비스는 올린 글을 누구나 볼 수 있고 퍼갈 수 있는 공개형 사이트로 동호회나 친목모임 등 사적 공간으로 활용이 어렵다. 개설자가 초대한 사람만 가입할 수 있는 폐쇄형 서비스가 우리나라에서 2013년 8월에 처음으로 등장한 밴드(BAND)다. 앞으로 다양한 성격의 폐쇄형 SNS가 등장할 것이다.

개방형 기반은 자신의 의견을 올려 누구나 볼 수 있고 의견을 달수 있는 웹사이트를 말한다. 개방형의 예는 인터넷 신문 등에서 제공하는 블로그(blog; web log)나 멀티미디어정보 공유 사이트인 유튜브와 같은 것 들이다.

이들 소셜미디어의 특징은 제작비용 측면에서 볼 때 매스미디어에 비해 거의 무료이고, 뉴스를 현장에서 즉시 전송 할 수 있다. 그리고 신문이나 방송과 같은 일방적인 매스미디어와 달리 상대방의 반응에 즉시 대응하는 쌍방통신이 가능하기 때문에 정치적, 사회적 여론을 형성하고 이끌어 가는데 영향력이 매우 크다.

스마트폰이 소셜미디어와 결합되면서 지금까지 경험해보지 못한 전혀 새로운 사회가 등장하고 있는 것이다. 예를 들어 사회적 관계를 확장해주는 소셜 네트워크 서비스(SNS: Social Network Service)가 다양해 지면서 이제는 국내는 물론 해외 전자상거래 사이트에 직접 들어가 물건을 구매하는 직구시대가 되었다.

13.4.8 스마트 TV 셋톱박스

스마트TV란 기존 TV기능에 인터넷 PC 기능을 결합한 TV이다. 실시간 지상파 방송 시청과 인터넷 서핑, 인터넷 쇼핑, 기존방송 다시보기는 물론 스마트 TV 앱을 다운 받아 현재 스마트폰에서 이루어지고 다양한 일들을 할 수 있는 TV다.

인터넷 접속 PC 기능을 내장하고 있는 값 비싼 일체형 스마트TV와 기존 TV에 별도의 셋톱박스(Set-top Box)를 연결하는 분리형 스마트 TV가 있다. 일체형 스마트 TV는 새로운 기술을 추가하기가 어렵기 때문에 이 절에서는 기술변화에 대응하기 쉽고 다방면에 사용할 수 있는 스마트 TV셋톱박스만을 설명한다.

스마트 TV 셋톱박스(Set Top Box)는 일반 TV모니터를 스마트 TV 모니터로 바꾸어 주는 기능을 제공해주는 [그림13.10]과 같은 제품이다.

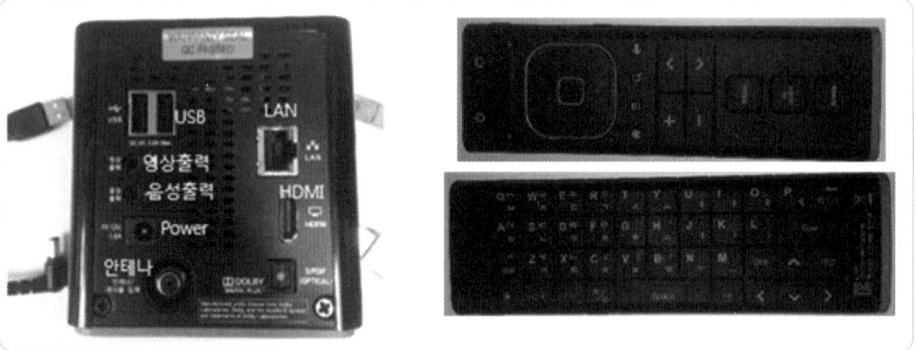

[그림 13.10] 스마트 TV 셋톱박스와 리모컨 앞뒤면

세톱박스는 인터넷 멀티미디어 컴퓨터 기능과 TV튜너 기능이 내장된 제품이다. 셋톱박스에는 인터넷연결을 위한 LAN포트와 무선 LAN카드가 내장되어 있고 기존 TV에 연결할 수 있는 HDMI(High-Definition Multimedia Interface)포트가 있다. 그리고 대용량 USB드라이브를 영결할 수 있는 USB 포트와 지상파 방송 수신 안테나 포트가 있다.

셋톱박스를 일반 TV 대신에 빔 프로젝트를 영상출력 포트에 그리고 음성출력 포트에 스피커를 연결하면 안방극장 (Home Theater)처럼 대형 스크린으로 시청할 수 있다.
리모컨의 뒷면에는 쿼티자판(Qwerty Key Board))이 있어 쌍방향 대화가 가능하다.

스마트TV 기능은 클라우드 컴퓨팅 기술과 그 응용 기술의 발달에 따라 안방극장에서 [그림 13.8]에 있는 홈 네트워크 시스템의 대화창구로 그리고 여러 명이 한자리에 앉아 같이 즐길 수 있는 게임기로 그 응용범위는 제한 없이 발전할 것이다.

연습문제

컴퓨터 과학개론

13.1 유비쿼터스 컴퓨팅의 기반 기술들은 무엇인지 설명하시오.

13.2 지그비 칩의 응용분야의 예를 3개 이상 설명하시오.

13.3 무선마우스나 무선 키보드를 사용하기 위한 무선 기술은 무엇인가?

13.4 근거리통신 기술의 장점은 어떤 것들이 있는지 설명하시오.

13.5 공항에서 인터넷을 사용하기 위한 무선 기술은 무엇인가?

13.6 우리생활에 유용하게 이용할 수 있는 GPS응용분야를 생각해서 설명하시오.

13.7 GPS관제국의 실수로 우리나라 상공을 통과하는 위성들에 사고가 발생했을 때의 대책을 생각해 설명하시오.

13.8 클라우드 컴퓨팅이 왜 유비쿼터스 컴퓨팅하고 같은 의미인지 설명하시오.

13.9 RFID시스템의 장점과 단점을 3가지씩 찾아 쓰시오.

13.10 개인용 클라우드 서비스의 예를 5개 이상 쓰고 제공회사와 그 서비스의 특징을 조사하여 간단히 설명하시오.

13.11 공공 클라우드 센터의 문제점은 무엇인지 설명하시오.

13.12 위치기반서비스를 설명하고 본인이 생각하는 새로운 서비스를 제안 해보시오.

13.13 스포츠를 중개할 때 증강현실기술을 어떻게 응용할 수 있는 지 설명하시오.

13.14 CCD카메라의 얼굴인식 기술은 렌즈 자체를 의미하는가 아니면 찍혀진 영상을 처리하는 소프트웨어를 말 하는가. 그리고 답으로 택한 이유를 설명하시오.

13.15 유비쿼터스 홈네트워을 구축하는 이유는 무엇인지 간단히 설명하시오.

13.16 버스운행관리 시스템이 무엇인지 설명하시오.

13.17 소셜미디어는 정치 사회적으로 어떤 영향을 미치고 있는지 설명하시오.

13.18 자신의 블로그를 개설하고 올린글을 제출하시오.

13.19 공공클라우드 데이터 센터의 문제점은 무엇인가.

14장 유비쿼터스 시대의 정보보안

14장 유비쿼터스 시대의 정보보안

유비쿼터스 공간은 스마트폰의 등장으로 보다 현실적으로 우리 생활에 깊숙이 들어왔다.

즉 스마트폰이 하늘에 심어 놓은 GPS 위성의 위치를 GPS 모뎀으로 전달받아 계산한 자신의 위치가 이동 통신회사의 위치추적서버에 기록되고 있으며. 국민의 안전을 위한 방범을 목적으로 곳곳에 설치 된 CCTV가 개인의 행동을 녹화하여 경찰청 등 관리서버에 기록하고 있다.

그리고 상품에 부착된 상표, 물건을 살 때 사용하는 신용카드, 돈 거래에 관련된 은행 현금 카드, 차를 타고 내릴 때마다 사용하는 후불 형태의 교통카드, 공공기관을 출입할 때 사용하는 신원 카드 등 각종 카드에 붙여진 무수히 많은 RFID 태그 등도 사용할 때마다 유비쿼터스 네트워크를 통해서 그 내용이 태그리더를 설치한 기업이나 기관의 관리서버에 기록되고 있다.

그런데 이들 전파식별 센서 리더기는 리더기의 설치장소가 관리서버에 등록되어 있기 때문에 이들은 카드를 사용한 개인의 위치와 시간뿐만 아니라 대금 지불 내역과 동시에 금융 변동정보에 관련한 활동까지도 이들 관련 업체나 기관의 관리 서버를 통해서 추적할 수 있다.

이들 개인 활동 정보는 관리자의 실수나 외부의 금전적 유혹에 의해서 아니면 정부 권력이나 해커에 의해서 누출될 수 있는 것이다.

우리 속담에는 "낮의 말은 새가 듣고, 밤의 말은 쥐가 듣는다." 가 있고, 외국속담에는 "벽에도 귀가 있다"가 있다. 이는 정보를 보안하는 일이 얼마나 어려운가를 말하는 것이다.

유비쿼터스 시대에는 벽속에 귀 이외에도 카메라와 같은 눈이 있어서 보안이 더욱 어렵기는 하지만 컴퓨터 소프트웨어 기술로 매우 안전하고 믿을 수 있는 보안환경을 구축해야 한다.

이장에서는 보안의 위협요소, 기업차원의 정보 보안방법, 개인차원의 정보보안 방법 그리고 센서 보안 방법이 논의 된다.

14.1 보안의 위협요소

컴퓨터와 인터넷에서의 보안에 위협을 주는 요소는 남의 컴퓨터에 침입하여 해를 가하거나 통신중의 기밀정보를 훔쳐내는 전문기술을 가진 사람과 악의적으로 만들어진 프로그램이다. 여기서는 이들 범죄성격을 가진 사람과 위협 요소적인 프로그램을 간략히 설명한다.

1 해커(hacker)와 크래커(clacker)

해커는 운영체제와 프로그래밍 언어에 대해 전문적 지식을 지니고 시스템의 오류와 원인을 파악할 수 있는 능력까지 지니고 소프트웨어적인 보안 허점을 이용하여 목적하는 서버에 불법적으로 침범하여 정보를 빼내는 기술을 연마하는 사람을 의미한다.

그래서 이러한 해커들은 자신들이 밝혀낸 사실들을 다른 사람들과 공유하려하고 악의적인 목적으로 침입한 컴퓨터의 데이터 베이스 등을 파괴하지 않는다는 것이다.

크래커는 해커와는 달리 악의적인 의도로서 접속 권한이 없는 서버에 침입하여 시스템을 파괴하는 사람을 일컫는 말이다. 크래커는 권한이 없는 컴퓨터와 정보에 액세스를 시도하여 중요한 데이터를 파괴하거나 자신이 만든 목표대로 침범한 컴퓨터에 문제가 발생하도록 시도한다. 이러한 크래커는 악의적인 행동으로 인해 쉽게 발견된다.

그러나 해커도 의도에 관계없이 남의 컴퓨터에 침입하여 정보를 가져오기 때문에 정보를 훔치거나 변조하거나 파괴하는 일을 하는 크래커와 같은 나쁜 의미로 사용되고 있다.

해킹방법은 정상적인 시스템 사용자계정으로 로그인하거나, 시스템에서 제공하는 인터넷 서비스들이 가지고 있는 프로그램의 허점을 이용해서 시스템에 존재하는 관리프로그램의 보안허점을 찾아내어 시스템 관리자 계정을 획득하고 관리자 계정의 루트 권한을 탈취하여 침입서버를 마음대로 원격 통제하는 것이다. 그리고 다음에 설명된 **트로이목마**(trojan horse)도 언제든지 **비밀 번호**(password)없이 다시 침입할 수 있는 후문(back door)프로그램으로 이용하여 쉽게 해킹할 수 있다.

해킹에 호기심이 많거나 악의적인 크래커들의 노력으로 계속 새로운 후킹이나 피싱등의 해킹방법이 등장하고 있다.

1) 후킹

후킹(hooking)이란 정상적인 프로그램의 수행을 중간에서 가로채어 다른 일을 하게 하는 것이 있다.

인터넷후킹의 예로는 네티즌이 원래 가고자 했던 인터넷 사이트가 아니라 해커들이 지정한 자신들의 사이트로 가도록 만들고 네티즌들이 팝업 창에 뜬 쇼핑몰 등의 광고창을 클릭할 경우 네티즌의 사이트 방문기록이 자신들의 사이트에 기록되게 하여 다른 광고 대행업체가 가져가야 할 수수료 등 인터넷 광고수익을 자신들의 사이트에서 누른 것으로 만들어 가로채는(hooking)등의 범죄행위이지만 이런 방법의 후킹은 네티즌의 컴퓨터에는 아무 해를 끼치지 않기 때문에 발견되기가 어렵다.

일종의 웜인 후킹프로그램은 해커들에 의해서 자신들의 사이트방문자나 전자메일을 통해서 개인 컴퓨터에 전파된다.

2) 피싱

피싱(phishing)이란 위장 웹사이트를 만들어 놓고 금융기관이나 공신력있는 기관을 사칭하여 고객을 전화나 전자메일로 유인해 개인의 인터넷뱅킹정보를 빼내 인터넷계좌이체로 돈을 훔쳐가는 것이다.

피싱의 어원은 개인정보(private data)를 낚시(fishing)한다는 설이 유력하다.

2 바이러스(virus)

컴퓨터 **바이러스**란 1984년 처음으로 코헨(Fred Cohen)에 의해서 사용된 크기가 작은 프로그램이다. 이 프로그램은 다른 정상적인 프로그램에 붙어서 저장장치에 저장되어 있다가 그 프로그램이 수행될 될 때 자기 자신을 복제하여 다른 곳의 저장장치에 저장하는 명령어를 가지고 있다. 컴퓨터 바이러스는 자기복제능력 이외에 자기 디스크 등의 저장장치와 실행상태의 프로그램파일을 감염시켜 그 정보를 파괴하거나 변경 등 다양한 부작용을 일으킨다. 감염의 증상은 컴퓨터의 시동불능, 프로그램 실행불능, 프로그램의 실행시간지연, 파일목록 확인 시간 지연, 파일목록 이름변경 등 여러 가지 형태로 나타난다.

컴퓨터 바이러스는 감염된 USB메모리, 파일공유, 전자메일의 첨부파일 또는 인터넷에서 FTP로 다운받은 감염된 프로그램에 의해서 감염된다. 특히 불특정 다수에게 보내지는 원하지 않은 광고성 메일을 **스팸메일**(spam mail) 이라고 하는 데 여기에 바이러스가 첨부될 경우가 많다. **바이러스**는 프로그램에만 붙어서 감염되기 때문에 전자메일 같은 텍스트파일에는 바이러스가 감염되지 않고 게임이나 워드 또는 엑셀과 같은 프로그램 파일 등에 붙어 있기 때문에 게임 등의 수행 프로그램을 프리웨어 사이트에서 다운받을 때에는 특히 바이러스를 조심하여야한다.

바이러스는 바이러스를 찾아내 치료해주는 최신의 백신프로그램으로 자주 검사를 해주어야하며 또 중요한 정보는 CD-R등에 백업해 놓아야한다.

그런데 백신프로그램은 바이러스를 치료해 줄뿐 침입을 근본적으로 차단하지 못한다. 이는 운영체제자체에 미리 예측하지 못한 보안상 허점이 있기 때문이다. 이런 허점을 메워주는 프로그램을 **보안 패치**(patch)라고 한다. 따라서 보안 패치프로그램을 설치하여 주기적으로 사용중인 운영체제의 보안 허점을 메꾸어 주어야 한다.

3 웜(worm)

웜은 뉴스그룹이나 전자메일을 통해 자신을 인테넷에 복제 전파할 수 있는 악성 프로그램이다. 1988년 11월 2일에 코넬대학의 대학원 학생이었던 모리스(Robert Morris)가 컴퓨터 자체의 기억장치 내에서만 만들어지도록 하는 자기복제 프로그램을 만드는 과정에서 계산상의 실수로 인터넷에 자기복제가 되는 프로그램이 만들어져 이 프로그램은 인터넷에 연결된 다른 컴퓨터들에 접속을 시도하고 거기에 몇 번이고 가능한 대로 자기복제를 만들었다. 이 것이 최초의 웜이다.

최초로 등장한 인터넷 웜의 경우에는 인터넷을 통해 사용자의 의도와는 상관없이 자동으로 웜에 감염된 컴퓨터들이 또 **자기복제**를 인터넷에 연결된 다른 컴퓨터에 계속하기 때문에 감염속도가 매우 빨라 1시간만에 미국 대학과 연구소에 연결된 7,000여대의 컴퓨터는 웜에 감염되었다. 그 결과 정상프로그램의 수행이 느려졌고 인터넷의 속도는 이 웜의 전달로 마비상태에 이르렀다.

처음에 이 웜은 다른 컴퓨터에 해를 끼치는 악의적인 의도가 없었지만 해커들이 이 웜을 응용하여 자기들의 프로그램을 다른 컴퓨터에 관리자의 감시를 피하여 침투하거나 전파하는 웜을 만들게 되었다.

4 트로이목마(Trojan horse)

트로이목마는 바이러스와는 다르게 자기 복제 능력이 없고 악의의 기능을 가지는 코드를 유틸리티 프로그램에 내장하여 배포하거나, 그 자체를 유틸리티 프로그램으로 위장해 배포된다. 새로운 유틸리티 안에 숨어 있는 트로이목마는 새로운 시스템 기능에 대한 정보를 보여주거나 새로운 게임 프로그램을 보여준다. 즉, 전형적인 트로이목마는 유용한 소프트웨어로 가장하여 사용자가 그 프로그램을 실행하도록 속인다. 사용자가 의심하지 않고 그 프로그램을 실행하게 되면 실제 기대했던 기능을 수행하지만 그 목적은 사용자의 합법적인 권한을 사용하여 시스템의 방어 체제를 침해하여 접근이 허락되지 않는 정보를 획득하는 것이다.

트로이목마가 숨어있는 프로그램의 사용자는 그 프로그램의 로그인 프롬프트(login :)를 보면 로그인하고, 프로그램은 정상적인 로그인 순서로 로그인하고 있다고 생각하게 한다. 하지만 트로이목마가 포함된 프로그램은 로그인 ID와 패스워드를 받으면 이 정보를 공격자 소유의 파일에 복사하거나 메일로 공격자에게 전송한다. 그리고 "login incorrect"라는 오류 메시지를 보낸다. 사용자는 자신이 잘못 입력하였었다고 생각하고 로그인 ID와 패스워드를 다시 입력하게 된다. 그 동안 트로이목마를 가진 프로그램은 빠져 나오고 실제 login 프로그램에게 컴퓨터 사용의 제어권을 넘겨준다. 다음에 사용자는 성공적으로 로그인하게 되고 자신의 로그인 ID와 패스워드 정보가 유출되었다는 사실을 전혀 의심치 않게 된다.

5 스니퍼(sniffer)

스니퍼는 원래 네트워크 관리를 효율적으로 수행하기 위해서 네트워크상의 트래픽 상태를 감시하여 관리자에게 보여주면서 각종의 유용한 통계자료를 그래프로 보여주는 프로그램이다. 그래서 네트웍 관리자는 네트워크상의 트래픽 데이터를 분석하여 개선점을 알아내거나 네트워크에 장애가 발생할 때 그 원인을 신속히 파악해서 해결하게 해주는 도구로 스니퍼를 사용하고 있다.

그러나 스니퍼는 통신망의 케이블을 타고 전송되는 패킷들이 어떤 사용자가 어느 호스트에 로그인 했다는 정보 등을 알아내기 때문에 통신장비를 통해 흘러가는 패킷에서 사용자들의 패스워드를 알아내는 해킹기술에 이용되고 있다.

해킹에 이용되는 스니퍼는 네트워크의 어느 한 호스트에서 실행되어 그 네트워크를 통과하는 패킷들에서 사용자의 계정과 패스워드를 알아내어 침입자들에게 전해준다. 스니핑에 의한 해킹에서는 아무리 보안이 잘된 호스트라도 주변의 호스트가 공격당하여 스니핑을 위한 기지로 사용되면 보안에 큰 구멍이 나고 마는 것이다.

6 서비스거부공격

서비스거부(DoS;Denial of Service)공격이란 인가되지 않은 사용자가 웹사이트시스템에 침입하여 통신선이나, CPU시간 또는 RAM 메모리 등 시스템의 자원을 모두 차지하여 정상적인 사용자가 액세스할 수 없게 병목현상을 만드는 행위다. 특히 능동형태그가 포함된 센서 망에서는 특정센서 노드의 배테리의 전력까지도 소진해버리는 것이다.

분산 서비스거부(DDoS : Distributed DoS)공격이란 수많은 타인의 개인컴퓨터에 바이러스나 트로이목마 등의 악성코드(프로그램)를 감염시키고 이들이 서비스 거부 공격자가 지정하는 시간에 특정 서버를 동시에 공격하여 서버의 기능을 마비시키는 해킹 방법을 말한다. 이때 악성코드가 침투되어 감염된 컴퓨터를 **좀비**(zombie) PC라고 한다.

7 센서공격

센서는 제한된 용량에 사용용도에 따른 특정한 처리 기능이 내장된 마이크로 컴퓨터 시스템이다. 그리고 실내외를 가리지 않고 필요한 곳에 설치된다. 따라서 센서를 읽어내는 기능들이 핸드폰 등 이동 단말기 추가되면 센서를 통한 공격 방법은 센서가 가지고 있는 기능과 설치된 위치에 따라서 상상을 초월할 것이다.

첫 번째가 센서를 복제하여 정보를 피싱하거나 센서를 통해서 서버를 공격할 수도 있게 되며 또는 센서의 내부 기능을 변조하여 감지되는 정보를 바꿀 수 있다.

두 번째는 능동태그 인 경우 센서의 배터리를 공격하여 전원을 무력화시키거나 또는 온도나 습도 상승 등의 환경을 인위적으로 조작하여 센서의 기능을 무력화 시킬 수 도 있다.

8 개인 정보의 노출

이제 우리는 신용카드 등 ID 카드를 몇 개씩 소지해야 대중교통을 편하게 이용할 수 있고 항공기도 탑승할 수 있으며 쇼핑도하고 공과금도 납부하고 현금도 찾을 수 있다. 그리고 인터넷에 회원으로 가입하기 위해서 필요 이상의 정보를 회사에 제공하고 있다.

방범을 목적으로 누가 설치한 지도 모르는 각종 감시카메라에 무의식중에 노출되어 있으며, 이동 단말기는 자신의 위치를 가까운 기지국을 통해 통신회사의 경로관리 서버에 계속 보고 하고 있다. 이유는 송신자가 요구하는 단말기가 있는 지역을 신속하게 찾아 통신 경로를 설정하기 위한 것이다.

가정에서 홈 네트워크을 운영하게 되면 인터넷을 통한 가정관리 센서 정보가 더 많이 노출될 수밖에 없다. 즉, 머지않아 가정에 심어진 건강 점검 센서는 병원에 응급사항을, 냉장고 안의 센서는 음식 재고를 인식하여 부족분을 백화점에 자동 주문하게 된다.

그런데 개인의 동의하에 의도적으로 노출되든 이동통신회사의 기술적 한계 때문에 어쩔 수 없이 노출 되는 개인 정보는 정보를 제공한 개인의 손을 떠나 그 정보의 사용 및 보안과 관리의 책임이 외부 기관으로 가게 되는 것이다.

14.2 기업차원의 보안

14.2.1 비밀번호(password)에 의한 보안

학생증이나 각종 면허증은 그 사람의 신분을 인정하고 또 확인하기 위해서 국가 기관이나 기업 등 신뢰성 있는 기관에서 발급한다. 그래서 신분증에 허가된 권리를 가지고 발급한 기관이나 그 기관에서 지정한 기관을 출입하거나 특정 물건을 사용하는 권리를 가지는 것이다. 그래서 소지자가 그 신분과 동일인이라는 것을 통제자가 인정할 수 있는 사진이 반드시 붙어있어야 한다.

컴퓨터에 있어서 사용자의 신분확인을 반드시 해서 불법적인 사용자가 시스템에 들어오지 못하도록 해야한다. 컴퓨터는 신분증의 사진과 같은 역할을 하는 다른 방법이 없으므로 그 대신 비밀번호(password)를 사용한다. 그리고 이 비밀번호는 시스템의 사용자파일에 사용자계정(ID: identification number)과, 암호화된 비밀번호, 계정등록일시, 비밀번호갱신일시 그리고 정보접근권한 등이 기록된 사용자 파일에 기록된 비밀번호와 비교하여 정당한 사용자임이 확인되면 시스템에 들어올 수 있도록 허락한다.

그리고 사용자가 사용자계정과 비밀번호를 입력하고 컴퓨터를 사용하기 시작(login)하면 컴퓨터 출입내역을 로그(log:사용일지)파일에 기록하게 하여 차후 문제가 있을 때 추적검사 할 수 있도록 한다.

허가된 사용자는 자기가 사용하는 서버에 타인이 침입할 수 없도록 자기의 비밀번호를 자주 변경하여 타인이 이용할 수 없도록 잘 관리하여야 한다.

14.2.2 방화벽(fire wall)에 의한 침입자 차단

인터넷은 TCP/IP프로토콜 설계 및 구현상의 취약점이 완전히 제거된 시스템이 아니기 때문에 불법적인 침입자들로부터 구내 정보통신망에 연결된 정보시스템들이 안전하지 않다.

방화벽(fire wall)이란 아파트나 빌딩에서 화재가 났을 때 이 불길이 다른 부분으로 번지는 것을 막기 위해서 연결통로를 차단하는 방화벽에서 따온 용어이다.

방화벽은 인터넷과 내부망(LAN)사이에 위치하여 인터넷에서 내부 망으로 들어오는 불법적인 침입자는 막고 정당한 사용자는 내부 시스템에 방해 없이 들어오게 하여 인터넷의 보안사고가 내부 망으로 확대되는 것을 막아내는 침입차단 시스템이다. 보통 방화벽은 하나의 호스트 컴퓨터에서 단독으로 설치 운영된다.

방화벽의 중요한 기능은 내부 망에의 접근 통제, 사용자 신분확인, 로그정보유지의 유지관리 등이 있다.

내부 망의 접근통제는 인터넷에서 들어오는 패킷의 IP주소나 서비스(telnet, http...)의 포트번호를 분석하여 내부 망에로의 접근을 허용하는 것이다. 이는 패킷필터링 규칙에 의해서 허용된 서비스와 IP주소의 패킷은 통과시키고 금지된 IP와 서비스를 요구하는 패킷은 금지시키는 것이다.

사용자 신분확인이란 외부 인터넷과 내부 망 사용자들이 호스트컴퓨터에 접속하려고 할 때 사용자의 계정과 비밀번호(ID와 Password)를 이용하여 사용자를 식별하고 이를 신분이 정확한지 인증(authentication)하는 것이다.

그리고 **로그정보유지관리**란 방화벽에 들어온 모든 접근에 대한 정보를 모니터링하거나 로그파일에 기록하는 기능을 가지고 있어서 이를 근거로 보안사고가 발생하면 그 사고의 원인을 추적 감사할 수 있게 한다. 또 방화벽 로그파일을 시스템 접근에 대한 사용자들의 통계적 분석 정보를 작성하여 보안대책을 수립한다.

인터넷 보안에는 방화벽은 필수적이다. 그러나 방화벽만으로 모든 보안위험을 막을 수는 없다. 먼저 방화벽은 내부 망에서 인터넷으로 나갈 때에는 통제를 하지 않으므로 내부 사용자에 의한 보안침해를 막지 못한다. 사실 컴퓨터 정보보안 사고를 제일 많이 일으키는 사람은 외부보다 내부의 직원들에 의해서 실수에 의해서든 고의적이든 더 많이 발생한다. 따라서 내부 사용자에 대한 보안방법은 따로 수립해야한다.

그리고 방화벽은 패킷의 제어정보 이외의 내용을 검색할 수 없으므로 패킷에 숨어있는 바이러스 등은 찾아내지 못한다.

방화벽의 종류에는 방화벽 프로그램을 라우터의 프로그램과 긴밀히 협조하여 허용된 패킷만 내부로 들어오게하는 **패킷필터링 방화벽**(packet filtering firewall)과 응용서버를 대신하여 내부 응용서버에 접근을 차단하는 **프락시 서버 방화벽**(proxy server firewall)이 있다.

또 내부 망 전체를 보안하기 위해서 방화벽을 인터넷 라우터 바로 뒤에 설치하면 방화벽의 부하가 증가하여 망의 전체적인 속도가 느려지거나 방화벽에 장애가 발생할 경우 내부 망 전체가 마비되기 때문에 보안이 필요한 호스트들을 서브 망으로 구축하고 여기에 각각 필요한 기능의 방화벽을 설치할 수도 있다.

14.2.3 암호시스템(cryptosystem)에 의한 보안

인터넷에서 정보를 전송할 때 송신정보의 누출이나 가로채기 등의 위험에 대처하기 위해서는 암호화 기술이 절대적으로 필요하다.

우리가 볼 수 있는 문자, 그림 그리고 들을 수 있는 소리 등의 평문(plain text)을 어떤 사람도 읽을 수 없는 암호문(cipher text)으로 **암호화(encryption)**하고 암호문을 다시 평문으로 복호화(decryption)하는 방법을 **암호화 기술(cryptography)** 이라고 한다. [그림 14.1]은 "안녕하세요?"를 암호문으로 다시 평문으로 바꾸는 과정을 보인 것이다.

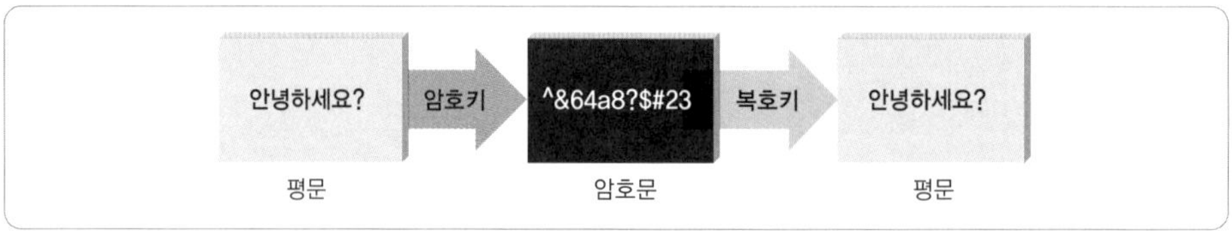

[그림 14.1] 암호시스템

우리는 중요한 문서나 물건을 금고에 넣고 자물쇠(lock)로 잠그고 열쇠(key)로 열 듯이 평문으로 된 메시지를 암호키로 암호문을 만들고 복호키로 평문을 만든다.

컴퓨터에서 평문과 암호키를 가지고 암호문을 만들고 복호키와 암호문을 가지고 평문을 생성한다.

하나의 키로 암호화하고 복호화하는 암호화 방법을 단일키 또는 비밀키(secret key)로 암호화하는 방법 이라고 하며 암호키와 복호키가 다를 때 공개키(public key) 방법이라고 한다.

다음에 설명할 이들 방법은 모두 복잡한 수학적인 함수를 이용한다. 여기서는 매우 간단한 함수 예를 사용하여 키의 개념만을 비유적으로 설명한다. 그러나 실제적으로는 이런 간단한 함수가 전혀 아니고 매우 난해한 함수와 복잡한 과정을 거치고 있다는 것을 이해해 주기 바란다.

1 비밀키 암호화

비밀키 암호화란 자물쇠를 동일한 열쇠로 잠그고 여는 방법이다.. 그러나 열쇠의 돌리는 방향만 서로 다를 뿐이다. 비밀키 암호화 방법은 암호키와 복호키의 값이 같은 값을 사용하여 암호화하고 또 복호화 하는 기술이다. 따라서 이 방법을 **대칭키**(symmetric key)암호화 라고도 한다.

평문을 X로 암호문을 Y로 보고 이들 암호화식을 Y = X + a로 가정한다면 복호화 함수는 X=Y-a 가 된다. 이 경우 a는 비밀키에 해당한다. 보내는 측과 받는 측이 암호에 사용될 방법 즉, 어떤 함수를 이용하자고 사전에 약속하고 보내는 측은 X에 a를 더한 후 Y를 보내고 받는 측은 Y에서 a를 빼서 X로 변환해서 읽을 수 있다.

이때 a는 두 사람 사이에서 미리 약속되어 두 사람만이 알고 있어야한다. 그리고 비밀키 a의 크기가 커야 a가 가지는 경우의 수가 많게 되어 메시지를 가로채는 해커가 이 비밀키를 찾기가 어려운 것이다. a 값의 경우의 수가 100개이면 100번을 시도하면 암호문이 풀릴 수 있지만 100조의 100조정도의 개수이면 현재의 슈퍼컴퓨터를 이용하여도 몇 천년 이상이 걸려도 이를 찾을 수 없는 것이다. 그래서 암호키는 길어야 좋은 것이다.

비밀키 알고리즘으로 가장 많이 사용되는 것이 미국국립표준기술원(NIST: National Institute of Standards and Technology)에서 1977년에 **DES**(Data Encription Standards)를 그리고 2000년 10월에는 **AES**(Advanced Encryption Standard)로 Rijndael을 DES 대신의 표준으로 정했다. 또 DES는 56비트 키로 7천조개의 가능한 키를 가지고 있다. 그러나 안정성을 높이기 위해서 128비트가 사용되고 있다.

그런데 이 방법은 두 사람 사이에서만 비밀정보를 주고받는 경우에는 두 사람만이 이 비밀키를 공유하여 알고 있으면 비밀이 유지되지만 비밀을 주고받을 사람이 많은 경우에는 이 키 값을 비밀로 유지하기가 어려운 것이 문제이다.

2 공개키 암호화

공개키 암호화는 비밀키 방법과는 달리 자물쇠를 잠그는 열쇠와 여는 열쇠가 다른 경우의 방법이다. 메시지를 전송하기 위한 암호화는 **공개키(public key)**을 이용하고 수신자가 암호문을 복호할 때에는 **개인키(private key)**를 사용하는 방식이다. 따라서 이 방법을 **비 대칭키(asymmetric key)**암호화 라고도 부른다.

X는 평문이고 Y는 암호문인 경우 암호화 함수 식은 Y = aX와 같은 곱셈 암호화에 비유하여 설명한다. 이 경우 전송자는 평문에 a를 곱해서 암호화하여 전송하고 수신자는 X = Y/a의 함수식을 이용하여 암호문 Y에 1/a를 곱하여 평문으로 해독한다. 즉 송신자는 암호키 a로 암호화하고 수신자는 1/a로 복호화하여 해독한다. 그래서 a를 공개키라 하고 1/a를 개인키라고 한다. 따라서 인터넷 사용자 갑돌이는 자기 컴퓨터에 설치된 공개키 암호시스템으로 공개키와 개인키 쌍을 생성하여 인터넷에 공개키 a를 공개하고 개인키 1/a는 비밀로 간직한다. 그래서 인터넷에 공개된 갑돌이의 공개키로 갑순이는 비밀 메시지를 암호화하여 갑돌이에게 보낼 수 있고, 갑돌이는 자기의 개인키로 그 메시지를 열어 볼 수 있다.

또 반대로 갑돌이가 개인키로 메시지를 암호화하여 갑순이에게 보내면 갑순이는 갑돌이의 공개키를 이용하여 그 메시지를 복호하여 읽을 수 있다. 그 이유는 공개키와 개인키는 서로 쌍이기 때문이다.

좋은 암호키는 개인키로 풀기는 쉽지만 해커가 풀기에는 불가능한 키이어야 한다. 공개키 암호화방법은 암호화하거니 복화화하는 데 시간이 많이 소모되는 것이 비밀키 방법보다 단점이다. 그러나 해커들이 공격하기에는 불가능하고 개인키의 비밀유지가 쉬운 것이 매우 큰 장점이다, 그래서 암호키의 길이에 따라서 미국에서는 해외에 수출이 금지되고 있다.

현재 공개키 알고리즘으로 대표적인 것은 1978년 발표되어 많이 쓰이고 있는 **RSA**란 공개 키 암호화 기술이다. 이 알고리즘은 개발자인 MIT공대의 Ronald L. Rivest, Adi Shamir. 그리고 Leonard M. Adlemann의 첫 자를 따서 만들어진 이름이다. RSA에서 사용하는 키의 길이는 1024비트와 2048비트가 권장되고 있다.

3 공개키 시스템의 활용

인터넷 세상에서는 기밀문서나 개인의 프라이버시가 노출될 위험이 많다. 그런데 인터넷에 공개된 공개키의 소유자가 가짜가 아니다는 것을 신뢰성 이 있는 제 3자가 인증(certificate)해주면 메시지를 보내는 사람은 그 공개키를 믿고 암호화하여 전송할 수 있다.

이와 같이 법적으로 인정한 공개키 인증기관(CA: Certificate Authority)의 설치 및 공개키 암호 시스템이 안전하게 운용될 수 있는 전반적인 관리와 운영기술을 **공개키 기반구조(PKI: Public Key Infrastructure)**라고 한다. 기반구조(Infrastructure)라 하면 대개 고속도로나 철도와 같이 산업발전의 기본이 되는 시설이지만, 개인이나 사기업이 감당하기에는 너무 부담이 되는 시설들을 의미한다.

PKI가 안전하게 구축되어 가고 있는 이 사회에서는 전자우편(e-mail)번호와 함께 명함에 개인의 공개키가 기록되어 기밀문서 프라이버시에 관련된 메시지 전송용도로 많이 쓰이게 될 것이다.

그래서 공개키 암호 시스템은 인터넷 뱅킹, 보험 및 전자상거래에서 필수적인 전자 인증, 전자서명, 무결성, 기밀성, 부인방지 그리고 비밀키 교환 등의 보안 서비스를 보장해주는 기술로 이용되고 있다.

전자인증(digital certificate)이란 공개키의 소유자가 확실하다고 제 3자가 증명(certificate)하는 것으로 기본적인 목적은 공개키와 사용자를 연결시키는데 있는 것이다. 인증서의 내용은 인증서 버전, 인증서 일련번호, 인증서의 유효기간, 발급기관 이름과 발급기관이 사용하는 전자서명 알고리즘 정보, 사용자 이름과 사용자의 공개키와 전자서명 알고리즘 등의 내용이 들었있다.

전자서명(Digital signature)이란 일반 문서에 대한 도장이나 서명과 같은 특성을 전자문서에 기록하는 것이다. 계약서 등 문서의 내용이나 그 요약을 서명자의 개인키로 암호화하면 그 사람의 공개키 이외에의 타인의 키로는 복호가 불가능하므로 나중에 서명했다는 사실을 부인할 수가 없게 된다.

무결성(integrity)이란 수신자의 공개키로 암호화되어 수신된 문서는 수신자의 개인키로만 해독할 수 있기 때문에 수신자 이외의 타인에 의해서 전송 중에 위조될수 없다는 것을 말한다.

기밀성(confidentiality)이란 수신자의 공개키로 암호화된 메시지는 수신 당사자의 개인키로만 해독할 수 있으므로 당사자 이외의 타인이 볼 수 없다는 것을 말한다.

부인방지(non-repudiation)란 개인키로 문서를 보낸 사람이 문서를 보내지 않았다고 주장하는 것을 방지하는 것을 말한다.

비밀키 교환(secret key distribution)이란 비밀키를 수신자의 공개키로 암호화해서 교환하면 수신자는 수신자의 개인키로 암호화된 전송자의 비밀키를 복호해서 전송된 비밀키를 알아내고 이 비밀키로 암호화 하여 전송된 문서를 해독하는 것이다. 비밀키(대칭키)를 교환하는 것은 암호문을 풀어내는데 비밀키 방법이 공개키 방법보다 매우 빠르기 때문이다.

인터넷에서 인터넷 서버와 브라우저간에 금전관계나 계약서 등 암호화된 안전한 통신을 하고자 할 때 서로간의 신원확인과 비밀키 교환 등을 안전하게 전송 할 수 있도록 구현된 인터넷 보안프로토콜로 1994년에 넷스케이프사가 개발한 **SSL**(Secure Sockets Layer)과 1999년에 발표된 TLS(Transport Layer Security)을 웹브라우저에서 지원하고 있다. Explorer에서는 도구, 인터넷옵션, 고급 메뉴를 선택하고 보안 메뉴에서 SSL 이나 TLS를 찾아 설정할 수 있다. 웹브라우저는 안전한 전자상거래, 전자투표, 전자결제, 좌석 예약 그리고 민원수발업무 등 신용사회로 들어가는 관문의 역할도 함께 하고 있는 것이다.

14.2.4 침입탐지시스템에 의한 보안

인터넷 사용이 증가하고 통신망 기술이 복잡 다양해지면서 외부에서 들어오는 패킷을 분석하여 해커의 침입을 방화벽만으로 안전하게 차단하기에는 한계가 있고, 특히 내부 사용자가 자신에게 주어진 권한이외의 회사정보에 접근하려는 시도를 차단할 방법이 없다.

침입탐지 시스템(IDS: Instrusion Detection System)이란 내부망인 LAN상의 패킷을 실시간으로 수집 분석하여 해킹여부를 탐지하여 외부 해커와 내부 사용자가 불법적으로 기업의 정보에 접근하려는 시도를 미리 차단하고 이를 보안 관리자의 콘솔에 보고하여 내부 정보의 불법적인 외부 유출을 방지하여 그 피해를 최소화하는 프로그램이라고 정의할 수 있다.

방화벽이 출입자를 확인하는 출입구의 경비원에 비유하면 침입탐지 시스템은 무인감시카메라에 해당한다고 볼 수 있다. 침입탐지시스템은 특히 Mail이나 FTP 또는 Telnet을 분석하여 내부정보의 외부유출을 탐지하고, 내부직원들의 인터넷 접속을 기록한 로그(log)파일을 만들고 이를 분석 통제하며 보안 정책을 만드는데 도움을 주는 일도 한다.

침입탐지 기술에는 사용자의 시스템접속 행위에 대한 정보를 계속적으로 수집 분석하여 사용자의 행위를 통계정보로 만들어 두고 이로부터 벗어난 행위 정도를 기준으로 침입을 탐지하는 **행위기반침입탐지**(Behavior-based Intrusion Detection)**방법**과 이미 알고 있는 공격유형에 대한 정보를 미리 데이터베이스로 만들어 놓고 이와 유사한 공격이 있으면 이를 침입으로 판단하는 **지식기반침입탐지**(Knowledge-based Intrusion Detection)**방법**으로 구분되고 있다. 전자를 **비정상행위 탐지**(Anomaly Detection) 후자를 **오용탐지**(Misuse Detection)**방법**이라 불리기도 한다.

행위기반방법은 축적된 사용자의 시스템 사용습관의 기준을 어떻게 설정하느냐에 따라 정상이 비정상으로 판정되기도 하고, 반대로 비정상이 정상행위로 판단되는 오류를 발생할 수 있다. 지식기반방법도 데이터베이스에 아직 갱신하지 않았거나, 알려지지 않은 공격을 탐지할 수 없다. 이와 같이 두 방법 모두 앞으로는 더욱 완벽한 탐지기술이 개발되겠지만 아직은 장단점들을 가지고 있기 때문에 현재의 침입탐지시스템은 이 두 방법을 모두 사용하여 제공되고 있다.

14.2.5 PC 가상화에 의한 보안

스마트폰 보급 활성화와 4세대이동 통신서비스가 시작되어 2011년부터는 직원들이 스마트폰이나 태블릿 또는 노트북 PC를 휴대하고 직장 내에서뿐만 아니라 출장 중에도 길거리에서도 근무하는 스마트워크(smart work)시대를 마지하게 되었다. 따라서 직원 개개인이 들고 돌아다니면서도 이동 단말기에 저장된 기업의 중요한 정보가 외부로 누출되지 않도록 해야 한다.

이 문제를 해결하기 위해서 나타난 기술이 바탕화면(desktop) 가상화라고도 불리는 PC 가상화(PC Virtualization)기술이다.

PC 가상화는 서버기반컴퓨팅(SBC : Sever Based Computing) 방식의 서비스를 말하며, 기술적으로는 미묘한 차이는 있지만 데스크톱 가상화 또는 가상 데스크톱(VDI : Virtual Desktop Infrastructure)이라고 불리기도 한다.

PC가상화란 회사의 서버에 개개인의 PC환경을 만들어 그대로 구축해 놓고 이를 마치 자신이 들고 다니는 PC처럼 사용하게 하는 방법이다.

가상화 PC에서 입력 작업은 자신이 들고 다니는 단말기로 실행 하지만 응용프로그램은 클라우드 데이터 센터의 서버에서 실행되도록 관리한다.

따라서 자신의 개인 단말기의 저장장치에 파일을 다운받거나 프린트할 수 없으며, 외부로 업무에 관련된 파일을 전자메일로 보낼 경우에도 자신의 단말기에서 이루어지는 것이 아니라 서버에서 이루어지기 때문에 스마트폰이나 태블릿 및 회사 내의 PC들에 의해서 처리되는 회사의 정보가 담당직원들의 PC에 의해서 외부로 누출될 수 없는 것이다.

PC가상화의 장점은 기업의 정보뿐만 아니라 직원들이 업무와 관련되어 하고 있는 전자메일을 포함 모든 일의 기록이 서버에 저장되어 기업에서 운영하는 강력한 보안환경에 두고 관리하기 때문에 정보누출이 거의 없다는 것이고, PC를 사용하는 방법에도 달라진 것이 없기 때문에 직원들이 바로 적응할 수 있다는 것이다. .

PC 가상화에 필요한 또 다른 기술은 가상화면이 스마트폰이던, 태블릿이든, 유선에 연결된 사무실의 PC든, 집에 있는 스마트 TV 등 화면의 크기와 종류에 관계없이 하던 업무에 계속 이어져서 같은 화면을 보여주어야 한다. 이와 같이 연속적으로 근무환경에 따라 계속 이어지는 화면 표현 기술을 N스크린이라고 한다.

가상화 기술을 구축한 회사의 서버에 들어 들어가는 순간 자신의 PC는 회사에서 제공하는 가상의 PC환경으로 바뀌지만 들어가지 않는 경우에는 개인적인 일을 자신의 PC에서 처리할 수 있다. 즉 한 대의 PC를 기업용과 개인용으로 나누어 사용할 수 있는 것이다.

이들 보안 방법은 모두 소프트웨어적인 보안 방법을 설명한 것이다. 아무리 좋은 보안 소프트웨어를 설치하였다 하드라도 보다 더 중요한 것은 내부 업무담당직원의 실수 및 고의적 정보유출을 거절할 수 있는 워터마킹(Water Marking)과 디지털저작권관리(DRM: Digital Rights MManagement)기술을 도입하여 활용하고 또 전사적 보안 규칙과 보안사고의 보고 및 복구 정책이 수립되고 또 이를 집행 관리 감시하는 조직과 관리체계가 잘 확립되어야 한다.

14.3 개인차원의 정보보안

전절에 설명한 보안은 중요한 정보가 들어있는 서버 보안에 관련된 보안방법이다. 그런데 개인이 사용하는 클라이언트 PC에는 각종 바이러스와 윈도 운영체제의 허점을 통해 해커가 침입하므로 다음 일은 부지런히 해야 한다.

1) 백신프로그램을 설치하고 항상 갱신하고 주기적으로 바이러스감염을 검사하고 치료(삭제)한다.

2) 알지 못하는 이메일 첨부문서를 열거나 플러그-인 프로그램을 설치할 때 또는 소프트웨어를 다운로드 받을 경우에는 조심한다.
3) 바이러스가 공격하는 것은 운영체제이고 웹브라우저를 통해 침투하므로 운영체제 개발 업체에서 보내주는 패치(patch)파일로 운영체제의 허점을 반드시 메운다.
4) PC는 반드시 비밀 번호나 지문인식 등을 사용하는 비밀 키를 설정하여 타인의 사용을 제한한다.
5) 홈 네트워크을 구축할 경우 규모는 작지만 기업차원에 버금가는 정보보안 정책을 수립하고 이에 맞는 방법을 강구하여 보안 시스템을 설치하고 열심히 관리한다.
6) 인터넷회원으로 가입할 경우 신뢰할 수 있는 기관인지 확인하고 계약서를 꼼꼼히 읽어보고 가입한다.

개인이 자신의 정보가 어쩔 수 없이 외부에 노출되고 개인이 통제할 수 없어서 보게 되는 피해를 예방 방지하기 위해서는 국가 차원의 법적 제도적 장치가 시대에 변화에 맞게 신속하게 마련되어야 하고 개인 스스로도 개인 정보 보안과 보호에 신경을 써야 한다.

14.4 센서 보안

센서도 하나의 컴퓨터 시스템이다. 단 차이점이 있다면 매우 작은 제한된 크기와 용량 그리고 제한된 기능을 가지고 주로 무선망에 의해서 센서들 사이에 그리고 센서와 센서리더기 사이에 통신이 이루에 진다는 것이다. 그래서 바코드 대신에 사용되고 있는 전자태그와 의료목적의 바이오센서 그리고 ID카드 등 센서의 기능이 다르다는 것이다.

그래서 현재의 소프트웨어 적인 보안 방법이 센서의 기능과 망에 따라 그 기능에 맞게 기존의 보안방법이 축소되고 개량되어 센서에 내장될 될 것이다.

이는 센서의 활용용도의 확산에 따라서 그 기능을 보안 할 수 있는 센서의 보안과 유비쿼터스 센서 네트워크 보안 방법들이 연구 개발 될 것이다.

그런데 센서가 너무 많이 우리 주변에 심어져 있으면 센서의 관리와 유지 및 보수가 매우 크고 복잡한 일로 대두될 것이다. 센서의 파괴, 배터리 공격, 무선 도청 등에 대한 공격을 자동진단하고 위치확인과 관리에 대한 소프트웨어도 나타날 것이다.

그러나 장비들이 외부로 노출 될 확률은 매우 높아지고 또 보안의 공격기술도 발전 할 것이므로 유비쿼터스 시대에는 정보화보다 더 중요한 것이 소프트웨어적인 보안 못지않게 정보보안과 개인 정보보호에 대한 관심과 법 제도의 확립과 교육이다.

유비쿼터스 컴퓨팅 시대에는 인터넷이든 센서네트워크든 유무선 네트워크에 연결된 모든 컴퓨터와 센서 칩들은 해킹의 대상이고 동시에 해킹의 도구이며 무기이다.

이제는 프리웨어와 공개소프트웨어 때문에 전문 해커가 아닌 사람들도 해킹 프로그램들을 쉽게 구하여 사용할 수 있는 세상이 되어가고 있다.

각종의료장비나 의료보조기구에 심어져 있는 컴퓨터 칩을 공격할 경우 이는 곳 살인 무기도 될 수 있다. 이제 보안 대책 없이 사용되는 유비쿼터스 네트워크는 개인의 생명과 재산 그리고 프라이버시를 치명적으로 공격하는 무기가 될 수 있는 것이다.

계속해서 새롭고 다양한 보안의 허점을 이용한 공격방법이 등장하고 있으며 이런 공격의 형태는 미리 알아 내기가 어렵다는 것도 문제이다.

이 장에서는 유비쿼터스시대의 매우 광범위한 보안 공격의 가능성과 중요한 보안 방법만을 설명하였다. 화려하고 편리한 유비쿼터스시대의 장미 빛 미래만을 생각하기에 앞서 각종 마이크로칩으로 운영되는 센서들을 통하여 쉽게 노출되는 개개인의 사생활이 잘못 이용되거나 남용되는 일이 절대 없는 소프트웨어적인 기술개발 및 보안관련 법과 제도의 확립 필요성을 제기한 것이다.

그리고 무엇보다도 보안에 중요성을 인식하고 개개인이 자신의 정보를 스스로 그리고 적극적으로 관리하고 보안하는 데 노력하기를 강조하는 것이다.

연습문제

컴퓨터 과학개론

14.1 핸드폰에서 노출될 수 있는 개인정보는 어떤 것인가?

14.2 신용카드에서 노출될 수 있는 정보는 어떤 것이 있는가?

14.3 해커와 크래커의 차이점을 설명하시오.

14.4 어떤 사람들이 주로 해커를 하는 지 찾아 설명하시오.

14.5 바이러스와 웜의 차이점을 설명하시오.

14.6 스니퍼란 무엇인지 설명하시오.

14.7 비밀키 암호와 공개키 암호의 장단점은 무엇인가.

14.8 방화벽이란 무엇이고 VPN과 어떤 관계인지 알아보시오.

14.9 전자 인증이란?

14.10 전자 서명이란?

14.11 SSL이란?

14.12 데스크 탑 가상화를 간단히 설명하시오.

14.13 기업차원의 보안은 내부 직원에 의한 정보 누출이 더 많다고 한다. 내부 직원을 누출에 대해서 보호하고 막을 수 있는 방법을 생각해 보시오.

14.14 워터마킹과 DRM의 기능이 무엇인지 검색해서 간단히 설명하시오.

14.15 개인차원에서 교재에서 설명한 방법 외에 꼭 필요한 보안방법이 있으면 설명하시오.

14.16 센서 공격의 가능성과 허점을 생각해서 설명하시오.

15장 제4차 산업 혁명

15장 제4차 산업 혁명

앞 장에서 설명한 "메인플레인 컴퓨터"에서 "시스템 온 칩"까지 그리고 "기계어"에서부터 알파고와 같은 인간의 지능을 뛰어 넘는 "딥러닝(deep learning)"까지 그리고 "인터넷"에서 "유비쿼터스 사물인터넷"까지 디지털 기술은 기하급수적 속도로 발전하고 이에 따라 우리가 살아가는 세상은 전혀 새로운 세상으로 급변하고 있다.

제4차 산업혁명은 클라우스 슈밥 (Klasu Schwab)이 의장으로 있는 세계경제 포럼 (WEF: World Economic Forum)2016 년차 대회에서 슈밥이 주장한 용어이다.

그러나 제3차 산업혁명"을 저술한 리프킨(Jeremy Rifikin)은 현재도 제3차 산업혁명이 진행 중이라고 주장하고 있으며, 하버드 대학교 경영대학원 (Harvard Business School)에서는 기업의 제품생산 방식과 경영 측면에서 디지털변혁(Digital Transformation)시대라고 정의하고 있다.

아직도 용어와 개념이 학계에서도 정립되지 않고 있지만 앞으로의 화두는 유비쿼터스 컴퓨팅 기반 4차 산업혁명 시대로 정립될 것이기 때문에 이장에서는 4차 산업혁명의 기반 기술 그리고 새롭게 등장한 기반 기술의 활용사례들을 예를 제시한다.

15.1 산업혁명의 역사

산업 혁명(Industrial Revolution)이란 새로운 기술의 등장으로 사는 방식 일하는 방식 등의 큰 변화가 생기는 현상을 말한다.

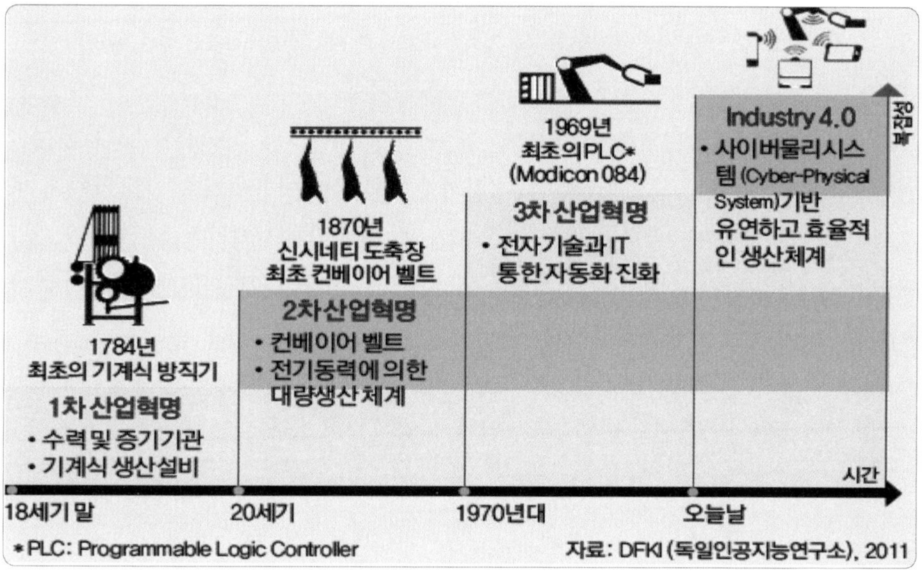

[그림 15.1] 산업혁명의 역사

제1차 산업 혁명은 영국에서 1784년 수증기를 이용하는 증기엔진기관이 발명된 이후 각 종 생산시설이 기계 화 됨에 따라 농촌 인구가 일자리가 많은 곳으로 몰려들면서 촌락이 도시사회로 변했다.

제2차 산업 혁명은 1870년 전기를 이용한 전력으로 컨베이어벨트가 등장하면서 대량생산 체제의 공업화가 일어났다. 전기를 동력으로 쓰면서 자동차, 전화, 전구, 축음기 등이 새롭게 등장했고 도시화는 가속되어 고층빌딩이 등장했다.

제3차 산업 혁명 전자의 흐름을 통제할 수 있는 반도체 산업 발달로 1969정부기관이나 기업에 대형 컴퓨터가 보급되고 1980년대부터 개인이 컴퓨터를 소유할 수 있게 됨에 따라 모든 일상이 컴퓨터를 통해 이루어지는 현재와 같은 디지털 시대가 되었다.

제4차 산업 혁명은 초소형 센서를 사물들에 내장시켜 사물이 지능화되고 스스로 동작할 수 있게 되어, 이들이 사물인터넷으로 연결되고 클라우드 서비스를 통해 사람과 사람, 사람과 사물, 그리고 .사물과 사물들이 때와 장소를 초월하여 통신할 수 있게 된 인공지능시대를 말한다.

4차 산업 혁명 시대에는 인공지능 기술 개발로 스마트폰이 우리 생활 방식을 바꾸었듯이 지능화된 사물들이 서로 연결되면서 또 한 번 세상을 상상 할 수 없을 만큼 바꾸고 있다.

인간과 인공지능 로봇이 서로 도우면서 살 게 될지 아니면 로봇과 싸우면서 살지 예측하기도 어렵다. 이미 바둑전문 구글의 "알파고"는 바둑 최고 고수들을 이기고 있으며, 암환자들은 암 진단 및 처방 전문 "IBM 왓슨"을 더 신뢰하고 의사들의 판단을 돕고 있다.

다음에 설명할 핵심기술 발전에 의해서 수십억 명의 사람들이 구글이나 페이스북 또는 카카오톡에 의해서 연결되는 것처럼 사물들까지 연결되는 초 연결 사회가 될 것이고, 비즈니스도 호텔 방하나 소유하지 않는 AirBnB가 몇 년 사이에 세계최대 호텔업자가 되었으며 차가 한대도 없는 UBER가 세계최대 택시 회사로 성장한 것처럼 가진 것을 서로 나누어 쓰는 공유경제 시대가 되고 있다.

우리나라에서도 SNS회사 카카오톡이 인터넷 금융서비스 카카오뱅크를 설립하여 쉽게 가입하고 수신자의 계좌번호를 몰라도 송금할 수 있게 하고 있다.

15.2 제4차 혁명시대의 핵심 기술

트랜지스터라는 전자제어 기술로 태어난 3차 산업 혁명 기술을 기반으로 발전하고 있는 4차 산업혁명의 핵심기술로는 인공지능, 빅 데이터, 3D 프린터. 5세대 이동통신, 사물인터넷 그리고 블록체인 기술들을 꼽고 있다.

15.2.1 인공지능(AI; Artificial Intelligence)

인공지능이란 인간의 학습능력, 사고판단 능력 등 인간의 지능을 컴퓨터 소프트웨어로 구현하여 인간처럼 생각하게 한 것이다.

이미 문자인식, 음성, 이미지, 지문인식 등 패턴인식 기술은 현실화 되어 우리 생활 곳곳에 사용되고 있다. 그러나 이들은 스스로 인간처럼 학습하는 인공지능 기술이 아니다.

인간처럼 학습 능력을 가진 인공지능기술은 딥러닝(Deep Learning. 심층학습)기술을 기반으로 컴퓨터가 사람처럼 스스로 학습하며 배우고 생각하고 사고 판단할 수 있도록 하는 기술이다.

딥러닝은 인공신경망(Artificial Neural Network)알고리즘을 기반으로 컴퓨터가 스스로 인지추론을 하게 하여 예측하여 실행하는 프로그램들이다.

딥러닝이 정확한 추론을 할 수 있으려면 방대한 과거 최신 자료를 기반으로 이를 고속으로 처리할 수 있는 병열처리 컴퓨터가 필요하다.

빅 데이터를 수행할 수 있는 클라우드 컴퓨팅 환경이 되면서 인공지능기술은 빠르게 발전 구현되고 있다.

딥러닝에 사용되는 프로그램 언어에는 Python, C++, Java, JavaScript, Lisp 등 많은 언어가 있고 계속 새로운 언어가 등장하고 있다. 그리고 이들 언어를 이용해 알고리즘을 쉽게 개발할 수 있도록 지원해주는 많은 라이브러리 들이 있다. Phython의 Theason 라이브러리, C++의 Caffe 라이브러리 등이 그것이다.

최근 30초마다 한 건씩 기사를 내보내는 인공지능(AI) 기자 '퀼', 사용자의 뇌파기록을 학습해 '기분 좋아지게 하는 음악', '기분 가라앉히는 음악' 등을 1분에 한 곡씩 작곡하는 'AI 헤드폰'이 등장한 것도 바로 이러한 딥러닝 기술 덕분입니다.

미국의 미래학자이고 구굴의 인공지능 연구소 소장 커즈와일(Allen Kurzweil : 1948~)은 2005년 '특이점이 온다(The Singularity Is Near)라는 책에서 인공지능 기술이 인간의 지능을 초월하는 순간을 특이점(Singularity)이라고 정의 하였다,그 리고 구굴, 나사와 공동으로 10주 코스의 창업학교 싱귤래리티대학을 2008년 실리콘밸리에 설립하고 세계적으로 도정정신이 많은 우수한 학생들을 선발하여 싱귤래리티 이후를 대비하여 교육하고 있다.

15.2.2 빅 데이터(Big Data)

개인의 생활하면서 사용하고 있는 스마트폰, 신용카드, 교통카드, 네비게이터 등 수많은 디지털 기기가 인터넷에 연결되면서 매 순간 일어나는 데이터와 SNS, Blog, YouTube 등에 올린 사진과 영상 데이터 그리고 방범과 환경 감시를 위해서 곳곳에 설치된 CCTV 영상 등 디지털화 되는 엑셀형식의 정형 데이터와 신문, 음성, 영상 등 비정형 데이터가 매일 어마 어마하게 인터넷 서버에 쌓이고 있다. 이를 빅 데이터(Big Data)한다.

수십억 건에 달하는 복잡한 빅 데이터를 모래사장에서 금을 찾아내듯 필요한 데이터를 수집하여 쉽게 분석하고, 그 결과를 지역별로 시간별로 시각적 도표나 그래프 또는 색상으로 표시하여 직관적으로 이해할 수 있게 해주는 프로그램이 필요하다. 이들 빅 데이터 처리 언어로는 R, Python, Tableau 등 많은 분석 프로그램이 나와 있고 발전하고 있다.

15.2.3 3D 프린터(3D Printer)

3D 프린터는 본서 5장에 프린팅 원리가 설명되었으며, 초창기에는 플라스틱분말을 열로 녹여 이를 잉크를 사용했으나 점차 종이, 고무, 콘크리트, 금속, 식품에 이르기 까지 재료의 범위가 다양해지고 있다. 이로 인해 단순한 조형물 제조를 넘어 이제는 각종 기계 설비 제조, 건축, 고급요리 등으로 확산되고 있다.

인공지능 로봇이 3D 프린터로 신발과 옷도 만들고 자동차도와 드론도 만들며 건물도 짓고 요리도해서 전달도 하는 시대가 되었다.

제품도 주문한 사람에게 배송 되는 것이 아니라 도면이 가정에 설치된 3D 프린터에서 출력되는 날도 있을 것이다.

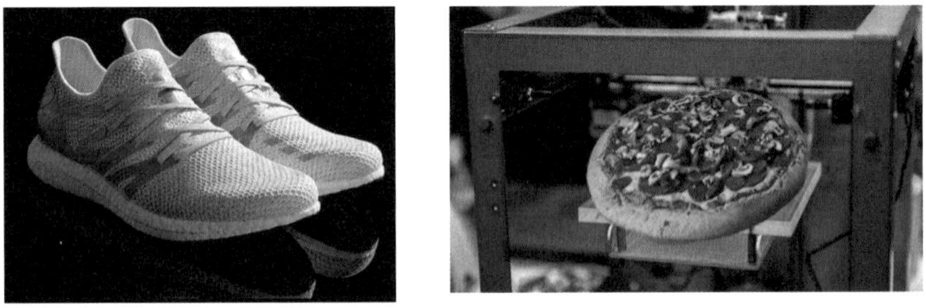

[그림 15.2] 3D 프린터로 만든 운동화와 피자

15.2.4 5세대(5G) 무선 이동 통신

2020년에 국제표준이 완성되는 “IMT2020”이라고 불리는 5세대는 13장에 설명된 “IMT2000 advance” 라고 하는 4세대 LTE 보다 100배나 많은 데이터를 전송하는 초고속 이동(무선)통신 기술이다.

이 속도는 화질이 굉장히 좋은 영화 한편을 스마트폰에 내려 받는데 지금은 40초 정도 걸리지만 5G 시대엔 2초면 되고 멀리 있는 자동차에 멈추라는 신호를 보냈을 때 지금의

4G 통신으로는 그 신호를 자동차가 받아들이기까지 100분의 1초가 걸리지만 시속 100㎞로 자동차가 달리고 있었다면 30㎝나 미끄러져 갈 시간이다. 5G 시대엔 멈추란 신호를 자동차가 1000분의 1초 만에 받아들일 수 있어 3cm정도 미끄러지지만 그만큼 안전하고 빠른 원격 제어가 가능해지는 것이다. 또 많은 사람이 통화하는 장소나 시간대에 스마트폰 통화가 끊기거나 문자가 잘 전송되지 않는 일도 없게 될 것이다.

우리나라는 2018년 평창 올림픽에 맞추어 5세대 이동통신 기반 시설을 구축하고 있다. 여기서 시범적으로 구축된 기술들이 IMT2020의 표준이 되면 우리나라의 기술이 해외 시장을 선점하는 좋은 기회가 되어 기술 사용료로 막대한 수익이 창출이 될 것이다.

그러나 사물에 더 많은 센서가 계속 심어지고 인터넷으로 연결되고 있기 때문에 5세대 이동통신 속도도 부족하여 다음세대로 발전할 것이다.

15.2.5 사물인터넷(IOT: Internet of Things)

사물 인터넷이란 본서 5장에 설명된 사물의 사용목적에 따라 사물에 내장시킨 시스템 온 칩 마이크로컴퓨터인 인공지능 센서를 인터넷에 연결하여 사물과 사물 간에 그리고 사물과 사람 간에 정보를 실시간으로 주고받고 원격으로 사물의 행동을 조정 통제 할 수 있게 하는 무선 인터넷 기술을 의미한다.

몇 년 전만 해도 13장에 설명한 유비쿼터스 센서 망(USN: Ubiquitous Sensor Network) 이라고 했는데, 응용분야가 넓어지고 기술이 더 발전함에 따라 같은 기능의 기술도 시대와 보는 관점에 따라 최대한 그 기술의 의미를 쉽게 전달할 수 있는 새로운 용어가 등장하고 있다. 즉, Ubiquitous Sensor Network(USN), Wireless Sensor Network(WSN), Machine to Machine(M2M), Internet of Everything(IoE ; 만물인터넷), Industry Internet(산업인터넷) 등 다양한 용어들이 등장했으며 현재는 사물인터넷이 대세로 국제 통신 표준 용어가 될 것 이다.

사물인터넷의 핵심기술은 본서 13장 "유비쿼터스 컴퓨팅 기반기술"에 설명하였다.

4차 산업혁명의 시대에서 IoT 기술 발전에 따라 자율주행 차, 자율주행 선박들이 상용화 될 것이며 수도, 난방, 전력, 도시가스 사용량 등의 검침 기기가 무선 검침기 로 바뀌고 있어 사물인터넷 기기는 폭발적으로 증가하고 있다.

15.2.6 블록체인(Blockchain)

블록체인 기술은 2016년 초 다보스 세계경제포럼(WEF)에서 제4차 산업혁명 시대를 이끌 핵심기술 중 하나로 선정되었다.

블록체인은 네트워크에서 거래정보가 발생할 때 마다 거래정보를 일정 길이로 암호화하고 암호화 된 데이터만 블록으로 만들어 바로 전의 거래 원장 블록과 연결하여 해당 네트워크에 가입한 구성원들의 컴퓨터에 중앙 서버를 통하지 않고 동시에 분산 기록하고 공유되게 하는 [그림 15.3]과 같은 개념의 기술이다.

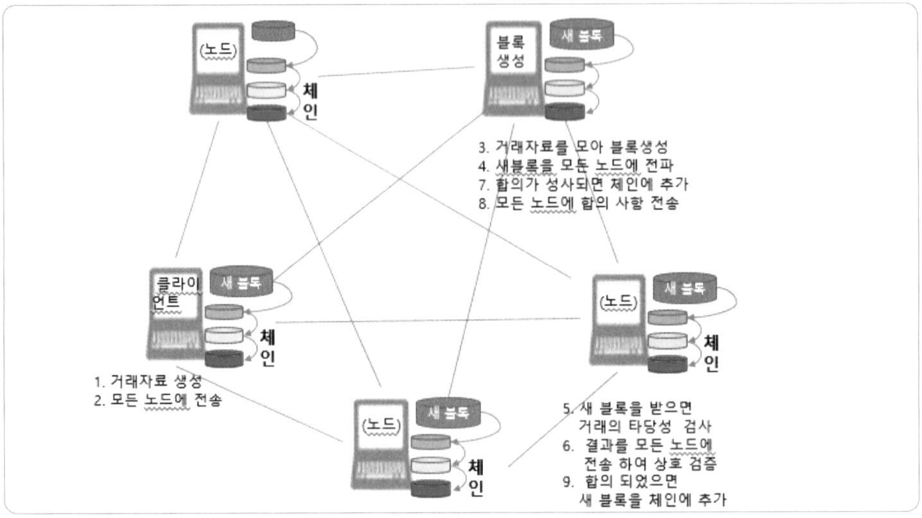

[그림 15.3] 블록체인 생성 개념도

[그림 15.3]에서 블록체인 네트워크는 P2P(peer to Peer) 방식으로 디지털 정보를 쉽고 빠르게 무료로 공유할 수 있는 분산 통신망 운영방법이다. 가입자인 노드(node)들은 인터넷주소(IP)가 있어야 하며 클라이언트와 서버기능을 동시에 가지고 동등한 위치에서 정보를 전송하고 수신 할 수 있다.

노드 중 거래자료(transaction)를 생성하는 가입자를 클라이언트(client)라고 한다. 그리고 블록생성 노드를 정하고 올바른 블록을 선택하여 체인에 추가하는 과정은 분산합의 알고리즘에 따라 달라진다.

새로운 거래정보가 발생할 때 마다 분산되어 저장된 블록체인 거래원장들의 내용을 비교하여 분산된 컴퓨터들 중 51%의 컴퓨터가 블록체인 값이 같다고 합의 될 때만 새로운 거래가 블록에 기록되어 체인에 추가 된다. 따라서 거래정보 문서가 위조 변조되거나 해킹할 수 없게 보안된다.

2009년 가상 화폐(virtual currency) 비트코인(Bitcoin)이 블록체인 기술이 실현 가능함을 입증해 주었다.

블록체인 기술 활용분야는 가상 화폐 외에 전자신분증, 전자투표 등 보안에 관련된 분야, 건물 토지 유가증권 등의 재산관리 분야, 그림, 영상, 음악 등 저작권 관련 분야, 학적부 등 기록 분야, 전자상거래, 메일 정보 등 보안과 위조방지 불법사용 방지 등 많은 개발분야가 있다.

이런 특정분야에 맞는 소프트웨어를 블록체인 기술을 기반으로 개발하야 한다. 그리고 저장용량문제, 처리속도문제, 활용의 법적 인정문제 등이 해결되어야 한다.

블록생성 노드는 클라이언트들이 보내온 각종의 거래정보들의 타당성을 검사하고 이들을 모아 일정시간 간격으로 블록을 만들어 전 노드에 방송한다.

블록체인은 암호화 기반 기술이기 때문에 이 암호를 해독한다는 것은 현재의 컴퓨터 속도로는 수백 년이 걸리다. 그러나 양자 컴퓨터가 상용화되고 양자 컴퓨팅 기술이 실현되면 현재의 암호는 순식간에 해독 될 수 있어 문제가 될 것이다.

15.3 응용 사례

인공지능, 모바일 무선 인터넷, 클라우드 컴퓨팅, 사물인터넷, 빅 데이터 기술 로봇 등 지난 10년간 디지털기술의 발전과 융합으로 지능화, 자동화 기술이 가속되면서 전 산업에 엄청난 변혁이 일어나고 있다.

사물이 앞에서 설명한 핵심 기술을 바탕으로 지능화 되면서 사물이 "똑똑 하고 영리하다."고하여 사물 앞에 "스마트"라는 용어를 많이 붙인다.

무선 통신 기술, 인공위성 위치측정 시스템, RFID전파 식별기술, 클라우드 컴퓨팅, 텔레매틱스, 증강현실, 스마트 홈 그리고 버스도착시간을 알려주는 버스운행관리 시스템은 13장에서 설명했기 때문에 이절에서는 "4차 산업혁명"시대를 맞아 몇 년 전부터 실용화 되고 있는 몇 가지 사례를 설명한다.

15.3.1 스마트 팩토리(Smart Factory)

스마트 팩토리는 디지털기술을 기반으로 물리적인 제조공정의 기계 설비에 수많은 센서를 내장시키고 생산 공정에 수많은 감시 카메라를 설치한다. 그리고 이들 센서와 카메라는 IoT(사물인터넷)로 연결된다. 제품 생산 중에 발생되는 센서 정보는 실시간으로 수집된다.

순간 수간 수집된 빅 데이터를 분석하고 이를 이용하여 인공지능 통제 시스템은 공정상의 어느 기계 설비에서 문제가 있는지 파악하고 조치하면서 사람을 대신하여 전체공정을 제어 하면서 자동으로 제품을 생산하는 지능형 공장을 말한다.

[그림 15.4] 독일 지멘스회사의 스마트 팩토리

[그림 15.4]는 독일 남부 암베르크(Amberg)에 위치한, 전기전자기업 지멘스의 스마트 팩토리 'EWA(Electronics Works Amberg)' 다. 독일식 창조 경제 해법인 '인더스트리 4.0 '의 표준 모델이 되고 있다. 이 공장내부는 반도체 공장처럼 먼지하나 없는 청정 환경에서 매일 실시간으로 수집하는 5,000만 건의 정보를 통해 제조 공정마다 자동으로 작업 지시를 내린다.

15.3.2 무인비행기 드론

조종사가 비행체에 직접 탑승하지 않고 지상에서 사람이 원격조종하는 '붕붕'하는 벌 소리를 내는 드론은 활용용도에 따라 카메라, 적외선 카메라, 온도, 습도, 기압 등 각종 센서를 내장하고, GPS수신 단말기도 부착하여 다양한 장비나 물건을 싣고 하늘을 저고도로 날수 있어 그 활용도는 무궁무진하다.

즉, 군사용 무기, 응급환자 구조, 건설, 교통감시, 농장관리, 환경오염 측정, 항공 사진과 동영상 촬영, 물건택배, 측량, 산불과 홍수 감시, 범죄자 추적, 인터넷 중개 기지국, 드론 불꽃 축제 등 많은 분야가 있다.

[그림 15.5] 4개(2쌍)의 프로펠러가 설치된 드론 예

드론은 비행기와 같은 원리(날개 · 프로펠러)로 나는 드론도 있지만, 대부분의 드론은 여러 개의 프로펠러 동작을 조합해 뜨고 나르고 한다. 드론의 프로펠러는 모두 짝수 개로 되어 있으며 4개가 달려 있는 것이 많다.

드론이 날아오를 땐 모든 프로펠러들을 같은 속도로 빨리 돌리면 아래 방향으로 내쏘는 바람을 추진력으로 뜨게 되고, 천천히 돌리면 드론의 무게로 인해 아래로 내려가게 된다.

전진할 때는 앞쪽의 프로펠러들을 약하게 그리고 뒤쪽의 프로펠러들을 빠리 회전시키면 뒤에서 앞쪽으로 밀러 내는 추진력이 발생하여 전진하고, 후진할 때는 반대로 하면 된다. 그리고 나르는 속도는 프로펠러의 회전 속도를 조절하면 된다.

방향을 왼쪽으로 바꿀 땐 오른쪽 프로펠러들이 더 빨리 그리고 오른쪽으로 바꿀 댄 왼쪽 프로펠러들이 더 빨리 돌게 한다.

드론을 제자리에서 회전 시킬 때에는 대각선 방향의 프로펠러 짝의 회전 속도를 조절한다, 즉 왼쪽으로 제자리 돌게 하려면 오른쪽 대각선 방향을 프로펠러 짝의 회전 속도를 높이고 오른 쪽 방향으로 제자리 돌제하려면 왼쪽 대각선 프로펠러를 더 빨리 돌리면 된다.

드론의 위치는 미국이 운영 하는 GPS와 러시아가 운영하는 GLONASS 수신기를 통해 이루어진다.(13장 인공위성 위치측정 시스템 참조)

15,3,3 스마트 자동차

2000년대 중반까지 자동차는 철제로 만들어져 휘발유 등 화석 연료를 엔진에서 태워 시끄러운 소음과 환경오염을 시키는 배기가스를 내면서 도로를 달리고 있다. 그러나 스마트자동차는 정보기술(IT)의 급격한 발달로 엔진이 없는 전기자동차, 전기자동차에 무선 인터넷 기능이 추가된 커넥티드 자동차(Connected Car) 그리고 운전자의 조작 없이 목적지만 입력하면 자동차가 스스로 안전하고 빠른 길을 찾아 주행하는 자율 주행 자동차(Self Driving Car)로 발전하고 있다.

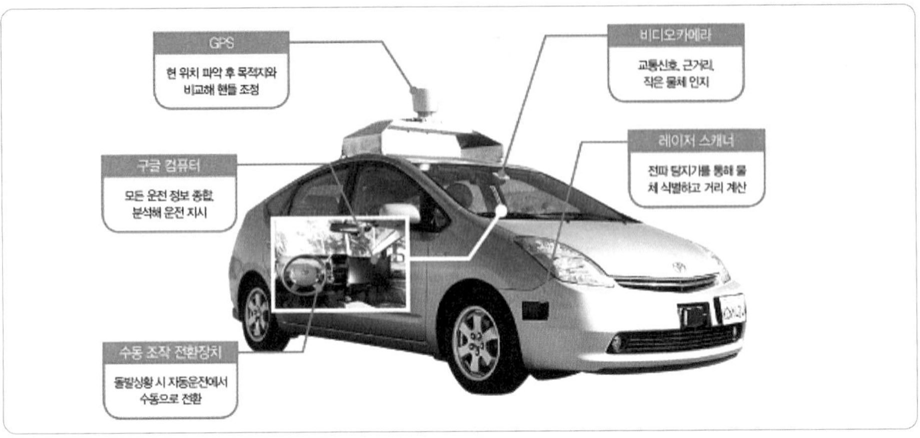

[그림 15.6] 구글 자율 주행 자동차

미래의 자율주행 자동차는 무선연결(와이파이, 블루투스, 4G/5G), 무선통신 기지국과 GPS를 이용한 정밀한 위치측정, 인공지능과 빅 데이터 기술 등 "제4세대 산업혁명"의 핵심 기술로 이루진 자동차이다.

앞으로 20년 내에 상용화될 것으로 보이는 완전 자율주행자동차는 단순한 이동 수단을 넘어 달리는 편리한 생활문화 공간으로 달리는 스마트 폰처럼 될것 이고, 모든 것을 항상 알아서 챙겨주는 매우 똑똑한 비서 역할을 하게 될 될 것이다.

찾아보기

ㅅ

ㅇ

ㅈ

ㅍ

ㅎ

E-mail:
jnpark@sookmyung.ac.kr

저자약력

1966. 고려대학교 이과대학 물리학과 졸업(이학사)
1969. 고려대학교 대학원 물리학과 졸업(이학석사)
1970. 함부르크대학 전산학 전공
1973. 고려대학교 전자계산소 총간사
1979. 전남대학교 자연대학 계산통계학과 교수
1981. 고려대학교 대학원 물리학과 졸업(이학박사)
1983. 숙명여자대학교 컴퓨터과학과 교수
1987. 숙명여자대학교 전산소장
1991. 숙명여자대학교 사무처장
1997. 숙명여자대학교 전산원장
2002. 숙명여자대학교 이과대학 학장
현 재. 숙명여자대학교 정보과학부 명예교수

4차 산업혁명시대 컴퓨터 과학개론

1판 1쇄 인쇄 | 2018년 01월 20일
1판 1쇄 발행 | 2018년 01월 31일

저　　자 | 朴在年
발 행 인 | 이범만
발 행 처 | **21세기사** (제406-00015호)
경기도 파주시 산남로 72-16 (10882)
Tel. 031-942-7861　Fax. 031-942-7864
E-mail : 21cbook@naver.com
Home-page : www.21cbook.co.kr
ISBN 978-89-8468-739-4

정가 : 25,000원